Kohlhammer

Klaus Fröhlich-Gildhoff

Angewandte Entwicklungspsychologie der Kindheit

Begleiten, Unterstützen und Fördern in Familie, Kita und Grundschule

Unter Mitarbeit von Carolin Eichin

Verlag W. Kohlhammer

Dieses Werk einschließlich aller seiner Teile ist urheberrechtlich geschützt. Jede Verwendung außerhalb der engen Grenzen des Urheberrechts ist ohne Zustimmung des Verlags unzulässig und strafbar. Das gilt insbesondere für Vervielfältigungen, Übersetzungen, Mikroverfilmungen und für die Einspeicherung und Verarbeitung in elektronischen Systemen.

Die Wiedergabe von Warenbezeichnungen, Handelsnamen und sonstigen Kennzeichen in diesem Buch berechtigt nicht zu der Annahme, dass diese von jedermann frei benutzt werden dürfen. Vielmehr kann es sich auch dann um eingetragene Warenzeichen oder sonstige geschützte Kennzeichen handeln, wenn sie nicht eigens als solche gekennzeichnet sind.

Es konnten nicht alle Rechtsinhaber von Abbildungen ermittelt werden. Sollte dem Verlag gegenüber der Nachweis der Rechtsinhaberschaft geführt werden, wird das branchenübliche Honorar nachträglich gezahlt.

Alle Rechte vorbehalten
© 2013 W. Kohlhammer GmbH Stuttgart
Umschlag: Gestaltungskonzept Peter Horlacher
Umschlagabbildung: © istockphoto.com/skynesher
Gesamtherstellung:
W. Kohlhammer Druckerei GmbH + Co. KG, Stuttgart
Printed in Germany

ISBN 978-3-17-021333-3

Inhalt

Vorwort 9

1 Einleitung 11
   1.1 Das Gebiet der Angewandten Entwicklungspsychologie 11
   1.2 Methoden zur Erfassung von Veränderungen 12
   1.3 Zielebenen 14
   1.4 Der Kreislauf differentiellen, passgenauen Handelns 16
   1.5 Die Bedeutung von Programmen 18
   1.6 Der Aufbau des vorliegenden Buches 22

2 Ausgangspunkte: Perspektiven auf Entwicklung 24
   2.1 Bio-Psycho-Soziales Entwicklungsmodell 24
   2.2 Bewältigungs(Coping)-Perspektive 28
   2.3 Risiko- und Schutzfaktorenkonzept; Resilienz 29
   2.4 Entwicklungsförderliche Umwelten 35
      2.4.1 Das sozialökologische Modell von Bronfenbrenner 35
      2.4.2 Die Bedeutung von Übergängen 37
      2.4.3 Die Bedeutung von Kultur 39
      2.4.4 Die Bedeutung von Beziehungen 41
   2.5 Relevante Entwicklungsdimensionen auf personaler Ebene 42
      2.5.1 Die Bedeutung früher Bindungserfahrungen 43
      2.5.2 Die Bedeutung kindlicher Emotionsregulation
            und Affektabstimmung 44
      2.5.3 Die Bedeutung der sozialen Perspektivenübernahme
            und des Aufbaus sozialer Kompetenz 49
      2.5.4 Die Bedeutung des Erlebens von Kontrolle
            und Selbstwirksamkeit 51
      2.5.5 Der Aufbau kognitiver Schemata und allgemeiner
            Problemlösekompetenzen 52

3 Systematisierung entwicklungsfördernden Handelns 54
   3.1 Erkennen, Verstehen, Interpretieren (Beobachtung und Diagnostik) 54
      3.1.1 Der allgemeine Prozess 54
      3.1.2 Erkennen und Einschätzen von Auffälligkeiten 63
      3.1.3 Schwierigkeiten im diagnostischen Prozess 69
   3.2 Passgenaue Antworten 71

4 Entwicklungsunterstützung im Alltag 75
   4.1 Entwicklungsbegleitung und -förderung
       in der Entwicklungsumwelt Familie 76
       4.1.1 Erziehungsstile 78
       4.1.2 Programme und Möglichkeiten zur Unterstützung
            von Familien 79
   4.2 Entwicklungsbegleitung und -unterstützung
       in der Entwicklungsumwelt Kindertageseinrichtung 81
       4.2.1 Veränderungen in der frühkindlichen Bildung, Betreuung
            und Erziehung 81
       4.2.2 Zentrale Aspekte der Förderung von Kindern
            in Kindertageseinrichtungen 84
       4.2.3 Spezifische Programme zur Unterstützung der Entwicklung 91
       4.2.4 Die Bedeutung der Übergänge 101
   4.3 Entwicklungsbegleitung und -unterstützung
       in der Entwicklungsumwelt Grundschule 104
       4.3.1 Erkenntnisse zu den Chancen der Entwicklungsumwelt
            Grundschule 104
       4.3.2 Förderung der seelischen Gesundheit im Setting
            Grundschule 107
       4.3.3 Individualisierte Bildungsplanung 111
       4.3.4 Spezifische Programme zur Unterstützung der Entwicklung
            im Grundschulalter 113
   4.4 Entwicklungsunterstützung in der Gemeinde und weiteren
       Umwelten 119
       4.4.1 Gemeinde als Einflussgröße 120
       4.4.2 Kennzeichen positiver, entwicklungs- und resilienzfördernder
            Nachbarschaft 121

5 Gezielte Prävention von Verhaltens- und Entwicklungsauffälligkeiten .. 126
   5.1 Frühe Hilfen für Familien 127
       5.1.1 Frühe Hilfen in Deutschland 130
       5.1.2 Frühe Hilfen – Programme zur Stärkung der frühen
            Beziehungs- und Erziehungskompetenz 135
   5.2 Gezielte Prävention von Verhaltens- und Entwicklungsauffälligkeiten
       in der Entwicklungsumwelt Kindertageseinrichtung 141
       5.2.1 Prävention von Verhaltensauffälligkeiten 142
       5.2.2 Prävention von Auffälligkeiten in der Sprachentwicklung .. 145
       5.2.3 Prävention von Auffälligkeiten in der Entwicklung
            mathematischer Kompetenzen 149
   5.3 Gezielte Prävention im Setting Grundschule 150
       5.3.1 Prävention von Gewalt (und Sucht) 151
       5.3.2 Prävention von Lese-Rechtschreibstörungen 155
       5.3.3 Förderung in weiteren Bereichen 157
   5.4 Gezielte Unterstützung im weiteren Umfeld 158

6 Unterstützung bei (Verhaltens-)Auffälligkeiten 161
  6.1 (Pädagogische) Frühförderung 162
  6.2 Die Unterstützung von Kindern mit Verhaltensauffälligkeiten
      in Kita und Grundschule 165
  6.3 Kinder- und Jugendlichen-Psychotherapie 169
      6.3.1 Grundkonzept und Praxis der Kinder- und Jugendlichen-
            psychotherapie 169
      6.3.2 Verhaltenstherapeutisch orientierte Programme 176
  6.4 Jugendhilfe/Hilfen zur Erziehung 179

**7 Die Zusammenarbeit von Bildungsinstitutionen und Eltern
  bzw. Familien** 182
  7.1 Die Kooperation von Eltern und pädagogischen Fachkräften
      in Bildungsinstitutionen 183
      7.1.1 Die Bedeutung der Zusammenarbeit zwischen Fachkräften
            und den Eltern 183
      7.1.2 Grundsätzliches zu »Zusammenarbeit mit Eltern«
            und »Erziehungspartnerschaft« 184
      7.1.3 Die Bedeutung der Haltung der Fachkräfte 186
      7.1.4 Methoden und Funktionen der Zusammenarbeit zwischen
            Eltern und pädagogischen Fachkräften 187
      7.1.5 Eine besondere Herausforderung: Familien mit
            unterschiedlichen kulturellen Hintergründen 189
      7.1.6 Standards in der Zusammenarbeit mit Eltern 189
  7.2 Elternkurse (Elternbildung) 190
      7.2.1 Allgemein-präventiv ausgerichtete Kurse 191
      7.2.2 Kurse für spezifische Zielgruppen 193
      7.2.3 Kurse für Eltern, deren Kinder besondere Auffälligkeiten
            zeigen 194

Literatur 196

Die vorgestellten Konzepte und Programme im Überblick 227

Stichwortverzeichnis 239

Vorwort

Ziel dieses Buches ist es, einen breiten Überblick über die – professionelle – Anwendung entwicklungspsychologischer Kenntnisse in der Phase der Kindheit zu geben; dabei stehen insbesondere die Lebensumwelten Familie sowie die Bildungsinstitutionen Kindertageseinrichtung und Grundschule im Mittelpunkt.

Zielgruppe dieses Buches sind Studierende und PraktikerInnen aus den Tätigkeitsfeldern der Psychologie, (Kindheits-)Pädagogik, Schule (v. a. LehrerInnen), aber auch verwandte Berufsgruppen wie z. B. HeilpädagogInnen oder Fachkräfte der Sozialen Arbeit.

Das Themenspektrum der angewandten Entwicklungspsychologie ist sehr breit, wie auch die vorhandenen Grundlagenwerke zeigen (vor allem: Petermann & Schneider, 2007a). Notwendigerweise müssen Begrenzungen vorgenommen werden, und es können im vorliegenden Buch nur punktuell Themen vertieft werden. Eine Vielzahl von Verweisen gibt Hinweise auf weiterführende Literatur.

Eine Besonderheit der Herangehensweise ist zum einen die Strukturierung nach den genannten Lebens(um)welten, in denen Kinder aufwachsen. Zum anderen wird – im Sinne einer Matrixstruktur – eine Differenzierung zwischen einer (a) allgemeinen Unterstützung kindlicher Entwicklung, (b) der gezielten Prävention von möglichen Auffälligkeiten (c) der Intervention bei diagnostizierten Problemlagen vorgenommen.

Es werden dabei immer wieder Hinweise auf (evaluierte) Programme gegeben, einige werden auch differenzierter vorgestellt. Allerdings ist ein zentraler Bezugspunkt die Anwendung entwicklungspsychologischer Erkenntnisse in alltäglichen Zusammenhängen, vor allem im pädagogischen Feld.

Dieses Buch ist auch eine Zusammenfassung der wissenschaftlichen Arbeit des Autors in der Forschung, Lehre und Weiterbildung – im Sinne des Transfers von Forschungserkenntnissen – an der Evangelischen Hochschule Freiburg und besonders der (angewandten) Forschung im Zentrum für Kinder- und Jugendforschung (ZfKJ) an der EH Freiburg. In diesem Rahmen wurden zusammen mit den wissenschaftlichen MitarbeiterInnen zahlreiche Projekte in den Bereichen »Förderung der seelischen Gesundheit und Resilienz«, »Professionsentwicklung im Bereich der Pädagogik der Kindheit«, der »Pädagogischen Arbeit mit Kindern und Jugendlichen mit Verhaltensauffälligkeiten (insbesondere externalisierenden Störungen)« und nicht zuletzt der »Kinder- und Jugendlichenpsychotherapie« durchgeführt. Die Projektergebnisse wurden in zahlreichen Publikationen vorgestellt und diese wiederum sind – ebenso wie bestehende Lehrmaterialien – in dieses Buch eingeflossen.

Ein ganz besonderer Dank für die Unterstützung bei der Entstehung dieses Buches geht an Carolin Eichin (MA Bildung und Erziehung im Kindesalter), die sehr wertvolle Unterstützung bei der Korrektur, dem Redigieren, aber auch Mitverfassen von Teilen geleistet hat. Laura Kassel hat mich bei den »Kleinarbeiten« deutlich unterstützt und mir wichtige Arbeit abgenommen; Danke dafür. Ein Dank gilt auch dem Team des Zentrums für Kinder- und Jugendforschung, den Kolleginnen und Kollegen an der Evangelischen Hochschule, an der Pädagogischen Hochschule Freiburg und den Kolleginnen und Kollegen außerhalb der Hochschule für den wissenschaftlichen Austausch. Und nicht zuletzt bedanke ich mich bei meiner Frau Gaby für wertvolle Diskussionen und ihre moralische Unterstützung.

Ich wünsche viel Spaß beim Lesen und freue mich besonders auch auf kritische Rückmeldungen.

Freiburg im Mai 2013
Klaus Fröhlich-Gildhoff

1 Einleitung

1.1 Das Gebiet der Angewandten Entwicklungspsychologie

Der Gegenstand dieses Buches ist die Angewandte Entwicklungspsychologie – begrenzt auf den Zeitraum des Kindesalters, also von der Geburt bis etwa zum zehnten/zwölften Lebensjahr.

Während sich die Entwicklungspsychologie allgemein mit intra- und interindividuellen Veränderungen und Stabilitäten des Verhaltens und Erlebens im menschlichen Lebensverlauf befasst (z. B. Oerter & Montada, 2008), geht der Gegenstand der *Angewandten Entwicklungspsychologie* über die Beschreibung und Erklärung von Entwicklung hinaus und »widmet sich auch der Erschließung von menschlichen Ressourcen, der Förderung entwicklungsbezogener Prozesse und der Prävention von entwicklungsbezogenen Beeinträchtigungen« (Petermann & Schneider, 2007b, S. 2). Dabei ist »angewandte Entwicklungspsychologie nicht auf klinische oder pädagogische Themen beschränkt, sondern umfasst praktisch alle menschlichen Lebensbereiche« (ebd., S. 3).

Eine besondere Bedeutung hat dabei der Bezug zwischen Individuum und Umwelt und insbesondere die Entwicklung in natürlichen wie institutionellen Kontexten; es geht also um die Übertragung der Ergebnisse von Grundlagenforschung auf das Handeln in alltäglichen oder (professionell-)pädagogischen, beraterischen oder auch im weiteren Sinne psychotherapeutischen Zusammenhängen. In diesem Sinne werden in diesem Buch Erkenntnisse aus unterschiedlichen Disziplinen wie der Entwicklungspsychologie, der Pädagogischen Psychologie, der Gesundheitswissenschaften oder der Klinischen Kinderpsychologie integriert.

Grundlegend geht es darum, auf individueller wie auf Gruppenebene Entwicklungsziele und unterschiedliche Entwicklungsstände zu identifizieren, dazu Entwicklungsbedingungen zu analysieren und resultierende Entwicklungsprognosen zu erstellen. Auf diesem Hintergrund wird die Förderung insbesondere individueller Entwicklung von Kindern bzw. der Interaktion von Kind und Bezugspersonen geplant und unterstützt. Zudem stehen die Reduktion von Entwicklungsrisiken und die Kompensation von Fehlentwicklungen im Fokus.

Dabei ist zu beachten, dass Entwicklung grundsätzlich unterschiedliche Verläufe annehmen kann, die dann zu gleichen Zielen führen können: Entwicklung über die Lebensspanne integriert sowohl kontinuierliche als auch diskontinuierliche Verläufe und ebenso Konzepte von Aufbau wie Abbau. »Jede Entwicklung ist immer auch als Spezialisierung oder selektive Optimierung zu sehen, ist also nicht nur Wachstum und Zugewinn, sondern bedeutet auch die Vernachlässigung alternativer Optionen und umfasst insofern auch Verluste« (Montada, 2008, S. 6). Eine Entwicklungspsychologie (der Lebensspanne) »geht [...] davon aus, dass Entwicklung zu jedem Zeitpunkt des Lebens multidimensional, multidirektional, multikausal und multifunktional ist« (Staudinger, 2007, S. 75).

Dabei bedeutet
- *multidimensional*, dass »Entwicklung gleichzeitig in verschiedenen Funktionsbereichen [beispielsweise in der Motorik, im Bereich der kognitiven oder der sozialen Entwicklung, Anm. d. Verf.] stattfindet« (ebd.),
- *multidirektional*, dass »verschiedene Funktionsbereiche [...] sowohl innerhalb eines Individuums verschiedene Entwicklungsverläufe [zeigen], als auch im Vergleich zwischen verschiedenen Personen« (ebd.),
- *multikausal*, dass Entwicklungen immer unterschiedliche Ursachen haben und diese Ursachen zusammenwirken,
- *multifunktional*, dass es eben »nicht nur ein Kriterium für den Erfolg von Entwicklung gibt, also dafür, was als Gewinn und was als Verlust betrachtet wird« (ebd.).

Im vorliegenden Buch wird explizit versucht, eine *Ressourcenperspektive* einzunehmen und Entwicklungsprozesse von Kindern nicht in erster Linie unter der Perspektive von Fehlentwicklung oder potentieller Einschränkung – und entsprechender Kompensation – zu betrachten. Die Ressourcenperspektive hat sich gegenüber der Risikoperspektive in den letzten 15 bis 20 Jahren in Entwicklungswissenschaft und Gesundheitswissenschaft, aber auch in verschiedenen Feldern der Pädagogik und Sozialen Arbeit als Leitparadigma etabliert (vgl. Petermann et al., 2004; Kasüschke & Fröhlich-Gildhoff, 2008; Bengel et al., 2009). Petermann und Macha postulieren hinsichtlich der Formulierung von Entwicklungsprognosen, dass das Wissen über individuelle Entwicklungsverläufe immer die Ressourcenperspektive berücksichtigen muss; dabei »erscheint eine Feststellung von *Entwicklungspotentialen* gegenüber der Formulierung präziser Prognosen seriöser« (Petermann & Macha, 2007, S. 48).

1.2 Methoden zur Erfassung von Veränderungen

Um Veränderungen und Stabilitäten, aber auch die Wirkungen von Präventionsoder Interventionsmaßnahmen zu erfassen, werden Methoden benötigt, die möglichst genau, unabhängig von der untersuchenden Person, wiederholbar und gegenstandsangemessen sind – und eben auch für den zu erfassenden Zusammenhang Gültigkeit besitzen. Die Ergebnisse derartiger Untersuchungen sollen möglichst genaue Rückschlüsse auf Veränderungen zulassen, die auf altersbedingte Entwicklungsfortschritte oder eben die realisierten Maßnahmen zurückzuführen sind;

darüber hinaus sollen möglichst genaue Vorhersagen über Entwicklungsmöglichkeiten gegeben werden, um beispielsweise pädagogisches Handeln gezielt planen und »einsetzen« zu können.

Dabei besteht das grundsätzliche Problem, dass immer eine Vielzahl von Einflussgrößen eine Bedeutung hat, wenn Entwicklungen abgebildet werden sollen (vgl. zu dieser Diskussion z. B. Berk, 2005, S. 36–52; Bortz & Döring, 2003).

Bei der Untersuchung selbst sind drei zentrale Fragen von Bedeutung:

a) Wie kommt man zu Daten?
b) Wie erfasst man Veränderungen?
c) Wie überprüft man Wirkungen?

Zu a) Die gebräuchlichsten Forschungsmethoden zur Generierung von Daten sind

- *systematische Beobachtung* (bei der Untersuchung von Kleinstkindern wird hier die *Habituationsmethode* angewandt),
- *Befragungen von Kindern* (und Eltern),
- *Analyse von Produkten von Kindern,* wie beispielsweise Zeichnungen, hergestellte Gegenstände usw.,
- *Einsatz standardisierter, diagnostischer Verfahren,* wie beispielsweise Entwicklungstests zur Motorik oder zur allgemeinen Entwicklung,
- *physiologische Messung.*

Zu b) Veränderungen werden grundlegend durch (gleichartige) Untersuchungen zu verschiedenen Messzeitpunkten erfasst. Dabei werden in *Längsschnittstudien* Gruppen von Studien-TeilnehmerInnen wiederholt in verschiedenen Altersstufen untersucht; die zeitlichen Abstände können von wenigen Wochen bis hin zu wiederholten Messungen über mehrere Jahre variieren. In *Querschnittstudien* hingegen werden Personen aus verschiedenen Altersgruppen zum gleichen Zeitpunkt untersucht, so können beispielsweise verschiedene Kinder mit sechs Jahren, zehn Jahren und 14 Jahren mittels *eines* Tests über ihr Zahlenverständnis untersucht werden. Im optimalen Fall werden Längs- und Querschnittstudien kombiniert (»Kohortensequenzdesign«). Eine dritte, allerdings selten angewandte Untersuchungsstrategie sind systematische Fallstudien. Hier werden Entwicklungsverläufe von einzelnen Kindern oder auch kleineren Populationen unter sehr kontrollierten Bedingungen über einen Zeitraum hinweg erfasst.

Zu c) Um Wirkungen beispielsweise von pädagogischen Interventionen zu überprüfen, ist es nötig, systematisch Bedingungen zu verändern, um Aussagen über das Verhältnis von Ursachen und Wirkungen – das vorher präzise theoretisch als Hypothese beschrieben sein sollte – treffen zu können. Solche systematischen Veränderungen (Variationen) von Bedingungen bezeichnet man als Experiment. Um bei der Evaluation von Programmen/Interventionen sicherzugehen, dass die Wirkungen auf das Programm zurückzuführen sind, wird eine Vergleichs- oder Kontrollgruppe gebildet, deren Mitglieder die gleichen Ausgangswerte aufweisen. Auch diese Vergleichsgruppe – bei der das Programm nicht durchgeführt wird – wird zum zweiten Zeitpunkt am Programmende noch einmal »getestet«. Im optimalen Fall erfolgt die

Zuweisung zu Vergleichs- und Kontrollgruppe nach dem Zufallsprinzip (»randomized controlled treatment«, RCT) – dies ist allerdings unter naturalistischen Bedingungen nur schwer umzusetzen (zur kritischen Diskussion um diesen »Goldstandard«. z. B. Orlinsky, 2008; Otto, 2007; Fröhlich-Gildhoff, 2004)

Neben den experimentellen Designs existiert eine Tradition sehr sorgfältig durchgeführter und überprüfter Einzelfallstudien. Eine Reihe von Beispielen finden sich in der Sonderausgabe des *Infant Mental Health Journal*, in dem z. B. Tuters, Doulis & Yabsley (2011) die Herausforderungen in der Arbeit mit Kindern und in Familien anhand zweier unterschiedlicher Zugangsweisen der Kind-Eltern-Therapie darlegen. Evaluationsstudien im Vergleich von Durchführungs- und Kontrollgruppe mit qualitativen Methoden haben noch eine geringere Tradition; ein Beispiel hierfür liefert Nentwig-Gesemann (2011), die mittels Gruppendiskussionen die Auswirkungen eines Programms der Resilienzförderung in Kindertageseinrichtungen untersuchte.

1.3 Zielebenen

Bei der Anwendung wissenschaftlicher Erkenntnisse – z. B. aus der Entwicklungspsychologie – können unterschiedliche Zielebenen und Handlungs-/Interventionszeitpunkte unterschieden werden. Eine sinnvolle Orientierung bieten hier die Unterscheidungen der Gesundheitswissenschaften (z. B. Waller, 2006; Hurrelmann et al., 2004; Faltermaier, 2005; von Suchodoletz, 2007), aber auch der Medizin und Psychologie/Psychotherapie; dabei werden Präventionsmaßnahmen und -konzepte nach dem Zeitpunkt, der Zielgröße und der »Reichweite« bzw. Spezifität oder Zielgruppe differenziert:

Bezogen auf den *Zeitpunkt* unterscheidet man primäre Prävention (die frühzeitige Krankheitsvermeidung), sekundäre Prävention (Früherkennung von Erkrankungen, um Verschlimmerungen bzw. eine ausgeprägte Manifestation von Symptomen abzuwenden) und tertiäre Prävention (Vermeidung von schweren Folgen bzw. Rückfällen).

Hinsichtlich der *Zielgröße* können Unterscheidungen vorgenommen werden in personale Prävention (Maßnahmen sind auf einzelne Personen bezogen; ein Beispiel hierfür sind Schutzimpfungen), Verhaltensprävention (Maßnahmen sind auf – riskante – Verhaltensweisen bezogen; es wird z. B. auf die Gefahren des Rauchens hingewiesen) und Verhältnisprävention (hier steht die Vermeidung/Veränderung krankmachender Verhältnisse im Mittelpunkt, wie z. B. der Gestaltung ansprechender und risikominimierender Räume in Kindertageseinrichtungen). Der Begriff der »Setting-Prävention« bezieht sich auf Maßnahmen, die insgesamt auf eine gezielte Umgebung, z. B. einen Kindergarten und die hier agierenden Personen, ausgerichtet sind.

Weiterhin kann eine Unterscheidung hinsichtlich der *Spezifität* von Maßnahmen bzw. nach deren *Zielgruppen* getroffen werden: Universelle oder unspezifische

Präventionsmaßnahmen setzen nicht an einem spezifischen Krankheitsrisiko an, sondern versuchen allgemein gesundheitserhaltende Faktoren zu verbessern – ein Beispiel hierfür wären Programme zur Verbesserung der Fähigkeiten zur Stressbewältigung und zur Emotionsregulation. Selektive Präventionsmaßnahmen haben die Vorbeugung bzw. Verhinderung gezielter Fehlentwicklungen, z. B. die Entstehung gewalttätigen Verhaltens zum Ziel. Bei indizierter Prävention geht es darum, bei bereits identifizierten Risikogruppen gezielte (vorbeugende) Interventionen zu gestalten.

Dabei steigt in der Regel die Intensität der entwicklungs- und gesundheitsförderlichen Aktivitäten bzw. Interventionen mit der Stärke des (individuellen) auffälligen Verhaltens; die Breite der Zielgruppe verringert sich entsprechend:

Präventionsansätze

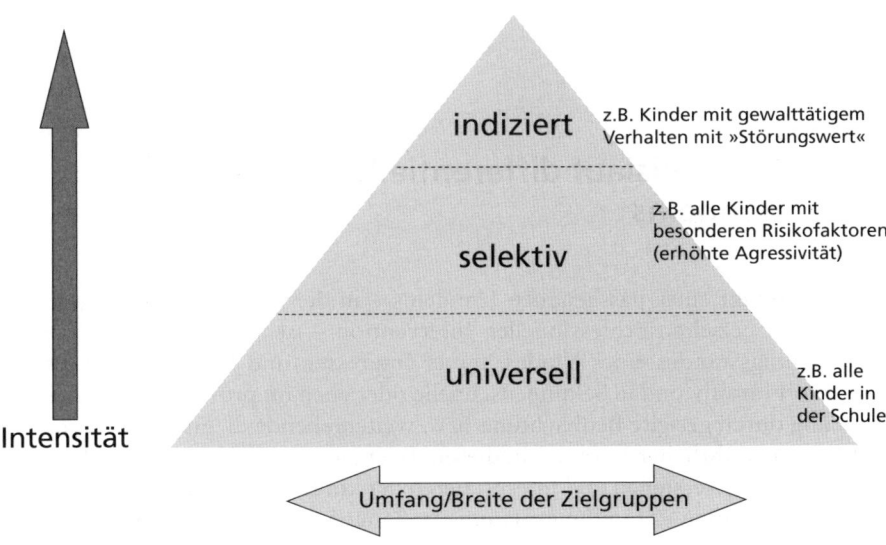

Abb. 1.1: Zielgruppenspezifität präventiver Angebote

In den Gesundheitswissenschaften wird neben der Notwendigkeit der Prävention, also dem Grundprinzip, Krankheitsrisiken zu vermeiden oder abzubauen, der *Gesundheitsförderung* ein zentraler Stellenwert gegeben. Dabei geht es darum, gesundheitliche Ressourcen und Lebensweisen zu stärken und aufzubauen. Nach der Ottawa-Charta der WHO wird dies durch die Schaffung gesundheitsförderlicher Lebenswelten, die Unterstützung gesundheitsbezogener Gemeinschaftsaktionen, die Entwicklung allgemein persönlicher Kompetenzen sowie die Vernetzung von Diensten und eine gesundheitsförderliche Gesamtpolitik erfolgen. So setzt die »Gesundheitsförderung vor allem auf die Stärkung und den Aufbau von Ressourcen, um damit Gesundheit auch in ihrer positiven Ausprägung zu fördern« (Faltermaier, 2005, S. 299).

Übertragen auf die Anwendung entwicklungspsychologischer Erkenntnisse bedeutet dies, dass eine Unterscheidung zwischen folgenden Zielebenen zu treffen ist:

1. Allgemeine Unterstützung von Entwicklungen und von entwicklungsförderlichen Interaktionen zwischen Erwachsenen und Kindern im Alltag wie in professionellen Zusammenhängen
2. Prävention von Auffälligkeiten auf der Grundlage differenzierter Analyse mittels systematischen Handelns (unter Einbezug wissenschaftlich abgesicherter Vorgehensweisen)
3. Gezielte Intervention(en) beim Vorliegen von Auffälligkeiten oder Störungen der Entwicklung in unterschiedlichen Bereichen

Professionelles entwicklungs- und gesundheitsförderliches Handeln muss demgemäß auf genauen Analysen und Planungen beruhen, die dann zum reflektierten Einsatz von Handlungsstrategien und/oder Programmen führen. Dies soll im Folgenden verdeutlicht werden.

1.4 Der Kreislauf differentiellen, passgenauen Handelns

Ausgangspunkt eines passgenauen Handelns – in der »alltäglichen« Begegnung wie bei der gezielten professionellen Intervention – ist immer eine Analyse des Entwicklungsstandes eines Kindes, seiner Interessen und Bedürfnisse. Dies geschieht oft intuitiv und in Sekundenschnelle oder eben im professionellen Zusammenhang durch gezielte Beobachtung bzw. weitergehende diagnostische Prozesse (s. hierzu ausführlicher ▶ Kap. 3 in diesem Buch, auch: Mischo et al., 2011). Aus dem Erkennen, Verstehen und Interpretieren der kindlichen Signale folgt eine – oft gleichfalls intuitive – Handlungsplanung und im nächsten Schritt die Umsetzung. Die Reaktionen des Kindes auf das Handlungs- und Begegnungsangebot führen im Sinne eines Kreislaufprozesses zu einer Überprüfung der Handlungsergebnisse, zu erneuter Beobachtung und entsprechend differenzierter Planung:

Dieses Kreislaufmodell hat Entsprechungen zu Konzepten professioneller pädagogischer Handlungsplanung (z. B. Mischo et al., 2011, S. 17), Modellen präventiven bzw. gesundheitsförderlichen Handelns (z. B. Röhrle, 1999, S. 57) und zum »Public Health Action Cycle«: »Der Gesundheitspolitische Aktionszyklus gliedert die Intervention in vier Phasen: 1. die Definition und Bestimmung des zu bearbeitenden Problems (Problembestimmung), 2. die Konzipierung und Festlegung einer zur Problembearbeitung geeignet erscheinenden Strategie bzw. Maßnahme (Strategieformulierung), 3. die Durchführung der definierten Aktionen (Umsetzung) sowie 4. die Abschätzung der erzielten Wirkungen (Bewertung). Wird das Ergebnis der Bewertung mit der ursprünglichen Problembestimmung in Beziehung gesetzt, so kommt es zu einer neuen Problembestimmung.

1.4 Der Kreislauf differentiellen, passgenauen Handelns

Dann kann der Zyklus von Neuem beginnen und wird zur Spirale« (Rosenbrock & Hartung, o. J.).

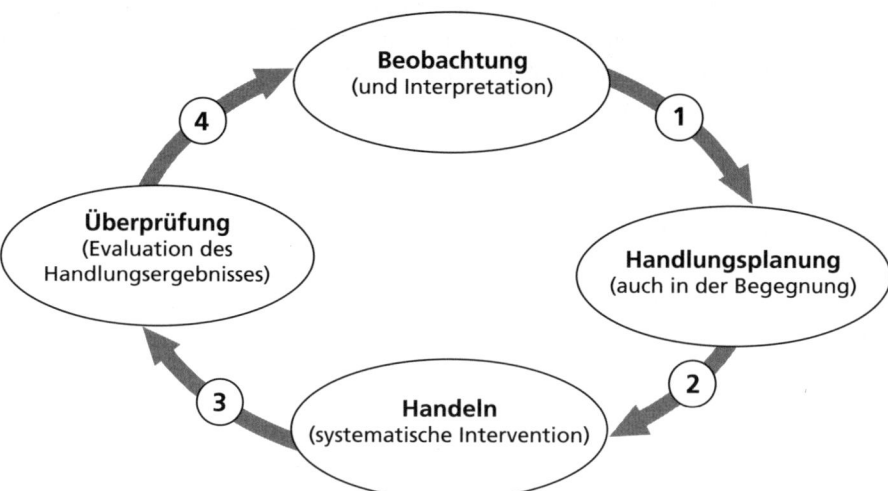

Abb. 1.2: Kreislauf differentiellen, passgenauen Handelns

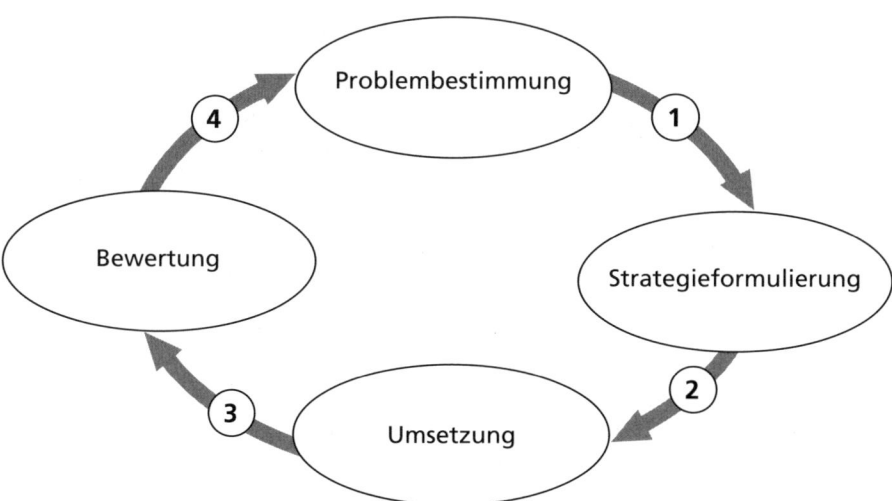

Abb. 1.3: Public Health Action Cycle (aus: Rosenbrock & Hartung o. J.)

Die Orientierung an einem Modell bzw. Konzept differentiellen und passgenauen Handelns bedeutet nicht die ausschließliche Orientierung an einem standardisierten oder normierten Vorgehen – oder den Rückgriff auf bestimmte Programme. Soziale Situationen – und um solche handelt es sich in der Regel in professionellen pädagogischen oder psychologischen Zusammenhängen – sind immer durch ein hohes Maß an Komplexität und Ungewissheit gekennzeichnet; sie sind nur begrenzt vorhersagbar (vgl. Luhmann, 2000; Nentwig-Gesemann, 2008) und konstituieren bzw. konstruieren sich durch das Miteinander der agierenden Akteure. Dies bedeutet, dass einerseits zwar auf (Handlungs-) Routinen zurückgegriffen werden kann, andererseits jedoch immer wieder neu die jeweilige (Interaktions-) Situation be(ob)achtet, eingeschätzt und analysiert werden muss.

1.5 Die Bedeutung von Programmen

In der vorliegenden Literatur zur Angewandten Entwicklungspsychologie (Petermann & Schneider, 2007a; Hetzer et al., 1990), aber auch zur Prävention von Entwicklungsstörungen (z. B. von Suchodoletz, 2007b) oder von Verhaltensauffälligkeiten (z. B. Fingerle & Grumm, 2012; Röhrle, 2007; Lohaus & Domsch, 2009) finden sich eine Vielzahl von Präventions- und Interventionsprogrammen für verschiedenste Alters- und Zielgruppen zur »Anwendung« bei den verschiedensten Problemlagen (Überblick bei: Lohaus & Domsch, 2009). Ein Teil dieser Programme wird auch im vorliegenden Buch vorgestellt – zuvor sollen jedoch Möglichkeiten und Grenzen anhand von fünf Fragestellungen diskutiert werden:

1. Generelle Wirksamkeit

In den vergangenen 25 Jahren wurden auf körperlicher wie seelischer Ebene eine Vielzahl von Präventionsprogrammen realisiert (und evaluiert). Aus Meta-Analysen, also programmübergreifenden Vergleichsstudien, ergibt sich zunächst, dass insgesamt »psychosoziale Präventionsprogramme weit überwiegend positive und zum Teil beträchtliche Wirkungen aufweisen« (Beelmann, 2006, S. 157). »Die Arbeiten von Durlak und Wells (1997, 1998) geben mit Effektstärken von d = 0.34 für universelle und d = 0.50 für selektive Präventionsmaßnahmen die wohl zuverlässigsten mittleren Effektschätzungen von Präventionsmaßnahmen wieder« (ebd., S. 157); es handelt sich hierbei um »mittlere Effektstärken«, die eine geringere Belastungs- bzw. höhere Besserungsrate von ca. 15–25 % erklären (ebd.). In der Meta-Analyse sozialer Trainingsprogramme von Beelmann und Lösel (2007, S. 248) zeigte sich, dass diese Programme einen positiven Effekt mit einer durchschnittlichen Gesamteffektstärke von d = 0.39 (Post – Test) und d = 0.28 (Follow-up) erreichten. Dabei fallen die Effekte in der Richtung dissoziales Verhalten »insgesamt geringer aus [...] als die Effekte in Maßen der sozialen Kompetenz« (ebd., S. 248 f.). Präventionskonzepte die im frühen Lebensalter einsetzen, sind überlegener, wenn sie entwicklungsangemessen konzipiert wurden. »Dem entsprechend sollte das Fazit nicht ›so früh wie möglich‹, sondern ›rechtzeitig und entwicklungsangemessen‹ lauten« (Beelmann & Schmitt, 2012, S. 132).

Dabei stellt nach Wettstein und Scherzinger (2012, S. 174) »eine differenzierte Diagnostik eine Grundvoraussetzung für eine erfolgreiche Intervention dar.« Die entsprechende differenzierte Problemwahrnehmung ist die zentrale Ausgangsbasis für Programmauswahl und Anwendung; es kommt auf die »Passung zwischen Präventionsangeboten und der individuellen und interaktionalen Problemsituation« an (ebd.).

Im Übrigen haben sich Präventionsprogramme, bei denen allein Information und Aufklärung im Mittelpunkt stehen, als relativ unwirksam erwiesen. »Wenn Verhaltensänderungen erreicht werden sollen, dann sind Trainingsprogramme effektiver, die neue Verhaltensmuster z. B. mit Rollenspielen, einüben« (von Suchodoletz, 2007b, S. 8; ebenso: Heinrichs et al., 2002, Beelmann, 2006).

2. Das Verhältnis zwischen isolierter Programmimplementierung und Setting-Ansätzen

Zwar sind einzelne Programme einfacher zu evaluieren und erreichen daher aus methodischen Gründen oft zufriedenstellende Effekte. Dennoch betont eine Vielzahl von AutorInnen (Beelmann, 2006; Beelmann & Lösel, 2007; Heinrichs et al., 2002; Durlak, 2003; Röhrle, 2008), dass die Programme im Optimalfall Kinder, deren Eltern und das soziale Umfeld erreichen müssen (multimodale oder systemische Perspektive) und in deren Lebenswelt ansetzen sollten (Setting-Ansatz). Dabei erweisen sich langfristig eingesetzte Programme erfolgreicher als kurze Programme oder einzelne Trainings.

Bei »umfassenden Präventionsprojekten, die eine Kombination verschiedener Maßnahmen beinhalten [...] ergeben sich positive Ergebnisbilanzen, die auch längerfristig erzielt werden, sodass derartige Präventionskonzepte zumindest für Kinder und Familien aus Kontexten mit chronischen und multiplen Problemkonstellationen zur Zeit die beste Wahl zu sein scheinen« (Beelmann & Schmitt, 2012, S. 126). Auch von Suchodoletz (2007b, S. 8) betont:

»Um relevante Effekte zu erreichen, ist es oft erforderlich, mehrere Lebensbereiche (Schule, Familie, weiteres Umfeld) einzubeziehen.«

3. Die Frage der guten Implementierung

Fingerle et al. (2012) führen aus, dass mittlerweile klare Orientierungen vorliegen, wie Programme inhaltlich gestaltet sein müssen, damit sie erfolgreich sind. Allerdings gibt es eine Reihe von Implementationsproblemen sowie »eine nicht immer ausreichende Berücksichtigung der Adressatenperspektive« (ebd., S. 9). Auch von Suchodoletz (2007b) weist auf das Problem hin, dass viele Programme, die unter Erprobungsbedingungen positiv evaluiert wurden, an der langfristigen Umsetzung in die Praxis scheitern. Dies bedeutend vor allem, dass die Programme nutzerfreundlich und auf Zielgruppen zu adaptieren sein müssen. Weiterhin ist eine gute Schulung der Programmanbieter nötig; »eine größere Wirksamkeit [wird] durch Programme erzielt, die Supervisions- bzw. Monitoring-Elemente beinhalten« (Beelmann & Schmitt, 2012, S. 135).

Grumm et al. (2012) widmen sich der Frage, wie bedeutsam die Akzeptanz eines Programms ist: »Das heißt, dass die angewendeten Methoden zur Zielgruppe und zur durchführenden Person passen müssen, dass die Ziele des Programms als wertvoll und sinnvoll wahrgenommen werden müssen und dass der zeitliche

Aufwand im Verhältnis zum subjektiv erlebten Nutzen stehen muss« (ebd., S. 158). In diesem Zusammenhang wird die »soziale Validität« als »ein weiteres Kriterium für die Güte von Prävention« diskutiert (ebd., S. 160).

Von Suchodoletz (2007b, S. 7 f.) spricht sich für die »Entwicklung spezieller Programmvarianten für spezifische Zielgruppen aus [...] Zielgruppen, insbesondere wenn diese aus den unterprivilegierten Schichten kommen, müssen spezifisch angesprochen werden. Die Wege müssen kurz, die Zugangshürden niedrig und die Erreichbarkeit einfach sein. Sollen Familien mit Migrationshintergrund einbezogen werden, dann müssen auch kulturelle Besonderheiten berücksichtigt werden.«

4. Universelle vs. Spezifische Programme/Maßnahmen

In vorliegenden Forschungsergebnissen zeigt sich einerseits, dass die Effekte »universeller Präventionskonzepte [tendenziell] geringer sind als die Wirkungen gezielter Präventionsmaßnahmen« (Beelmann & Schmitt, 2012, S. 129). Andererseits hängt dies in erster Linie mit methodischen Aspekten zusammen: So kommt z. B. Problemverhalten in nicht selektierten Stichproben in geringerem Maße vor, es verändert sich dann entsprechend auch nicht. In den unausgelesenen Gruppen entwickelt auch die Mehrheit in der Kontrollgruppe keine Verhaltensprobleme. Bei selektiven Programmen sind die zu operationalisierenden Variablen als Erfolgsmaße in der Regel enger zu fassen und entsprechend näher auf das Programmziel zu beziehen. »Proximale Kriterien, die den Inhalten der Prävention sehr nahe stehen (z. B. Problemlösekompetenzen bei einem sozialen Kompetenztraining), ergeben in der Regel deutlich höhere Effekte als distale Erfolgsmaße (z. B. Verhaltensbeurteilungen von unbeteiligten Dritten)« (ebd., S. 135).

Der Vorteil universeller Maßnahmen besteht in »ihrer geringen Stigmatisierungstendenz und ihrer in der Regel sehr niedrigen Zugangsschwelle, (die dann) auch einen besseren Einstieg in umfassendere und spezifischere gezielte Präventionsmaßnahmen ermöglichen. In diesem Sinne schlägt Greenberg (2004) vor, Programme zu initiieren, die die unterschiedlichen Präventionsarten vereinen und sowohl universelle Elemente beinhalten als auch gezielte Vertiefungen zulassen« (ebd., S. 130).

Zusammenfassend erscheint es angemessen, »stufenweise vorzugehen. Kostengünstigere universelle Präventionsansätze (mit begleitender Diagnostik) wären dabei ein Einstieg in verschiedene Programmpfade, die mit den Hochrisikogruppen zu individuell zugeschnittenen intensiven Maßnahmen führen« (Beelmann & Lösel, 2007, S. 250). Die Programmintensität sollte gestaffelt und aufbauend über Kindergarten, Grundschule und weiterführende Schule immer wieder aufgefrischt werden.

Bei indizierten Programmen oder Maßnahmen werden Gruppeninterventionen in der Präventionsforschung eher kritisch diskutiert: Das Zusammenführen mehrerer Kinder oder Jugendlicher mit deutlichen Verhaltensauffälligkeiten bzw. -störungen kann zu negativen Effekten der gegenseitigen »Ansteckung« führen (Dodge et al., 2006; Perren & Graf, 2012).

5. Handhabung: Fragen der Standardisierung, Manualisierung und des Transfers

Ein bedeutender Diskussionspunkt ist die Frage, wie sehr ein Programm standardisiert – und entsprechend konzepttreu umgesetzt – werden muss, damit es seine Wirkung entfalten kann. So verweisen einerseits Beelmann und Schmitt (2012) auf verschiedene Studien, denen zufolge die Effekte umso höher ausfallen, je besser die Vorgaben eines Programms umgesetzt werden. Wettstein und Scherzinger (2012, S. 182) betonen andererseits, dass »Standardisierung [...] die Trainings inhaltlich und didaktisch unflexibel (macht) und die Gefahr besteht, dass gelernte Inhalte nicht in den Alltag transferiert werden«. Die Autoren plädieren für einen Bezug zwischen Programm und (pädagogischem) Alltag: »Für einen besseren Transfer ist es deshalb sinnvoll, Probleme in der *Arbeit an realen Situationen* anzugehen. Dabei wird unmittelbar dort interveniert wo die Probleme im Alltag auftreten [...] Manualgetreue Anwendung von Programmen oder adaptives Handeln können in Widerspruch stehen« (ebd. S. 182). Wettstein und Scherzinger schlagen vor, von Metastrategien auszugehen und pädagogisches Handeln permanent zu reflektieren. Sie verweisen auf das Kompetenzmodell von Dreyfus und Dreyfus (1987), in dem Kompetenzstufen von Novizen bis zum Experten unterschieden werden. »Novizen wenden Regeln starr an, ohne die Merkmale der Gesamtsituation zu berücksichtigen. Dagegen erkennen Experten scheinbar mühelos holistische Ähnlichkeiten und nutzen intuitive Muster, ohne diese in Komponenten zu zerlegen« (Wettstein & Scherzinger, 2012, S. 183). Es geht also um »eine adaptive Gestaltung von Inhalten standardisierter Programme auf die individuellen Hintergründe der Schüler« (Grumm et al., 2012, S. 171).

Reicher und Jauck (2012) haben in diesem Zusammenhang den Begriff der »adaptiven Trainerkompetenz« (ebd., S. 39) geprägt. Adaptive Trainerkompetenz bedeutet, »dass nicht nur Inhalte thematisiert werden, sondern auch flexibles Reagieren und Fragen des Wann-und-Wie-Reagierens«. Nach Schick und Cierpka (2009) ist ein Gespür der Trainer für die Balance zwischen »Manualtreue und individuellen Durchführungsstil« erforderlich (Schick & Cierpka, 2009, S. 665, zitiert in Reicher & Jauck, 2012, S. 39.). Die Konsequenz daraus ist, dass nicht nur die TrainerInnen sorgfältig ausgebildet werden, sondern auch eine supervidierende Begleitung erfolgen sollte (s. o.; ebenso: Green & Tones, 2010; Gollwitzer, 2005).

Die referierten Ergebnisse lassen sich wie folgt zusammenfassen:

- Für theoretisch gut begründete und systematisch aufgebaute Programme kann in der Regel eine gute Wirksamkeit nachgewiesen werden.
- Die Auswahl eines Programms muss differentiell und spezifisch für eine Ziel- und Altersgruppe erfolgen.
- Multimodale Programme, die mehrere Ebenen (z. B. Kinder, Eltern und Fachkräfte) »ansprechen« sind wirkungsvoller als isolierte Trainings.
- Spezifische und universell ausgerichtete Programme haben ihre jeweiligen Vorteile: Spezifische Programme sind auf eingeschränkte Zieldimensionen bezogen und erweisen sich dabei als erfolgreicher; universelle Programme haben nied-

rigere Zugangsschwellen und wirken breiter. Im optimalen Fall sind beide Formen bedarfsgerecht zu kombinieren.
- Bei der Implementierung ist die AdressatInnenperspektive zu berücksichtigen, die KursleiterInnen (TrainerInnen) sind zu qualifizieren und sollten supervidierend begleitet werden.
- Bei der Programmdurchführung muss ein Bezug zu Alltagssituationen hergestellt werden und das Programm muss an die Zielgruppe angepasst werden; die besondere Kompetenz der AnwenderInnen liegt im Halten der Balance zwischen größtmöglicher Manualorientierung und der Adaptation an die jeweilige Zielgruppe.

1.6   Der Aufbau des vorliegenden Buches

Im Mittelpunkt des Buches stehen Möglichkeiten, Methoden (und Programme) der Unterstützung einer gesunden Entwicklung von Kindern im Altersbereich von der Geburt bis zum Ende des Grundschulalters und vor dem »eigentlichen« Eintritt in das Jugendalter.

Als *Ausgangspunkt* werden dazu im ▶ Kap. 2 auf der Grundlage eines bio-psycho-sozialen Entwicklungsmodells verschiedene Entwicklungsperspektiven und relevante Entwicklungsdimensionen vorgestellt.

In ▶ Kap. 3 werden allgemeine *Systematiken entwicklungsförderlichen (professionellen) Handelns* dargelegt; insbesondere wird der schon erwähnte Kreislauf differentiellen, passgenauen Handelns vertieft.

Die folgenden Kapitel orientieren sich in ihrem Aufbau zum einen an der oben abgeleiteten (Zielgruppen-)Spezifität: Es erfolgt eine »Stufung« von der Unterstützung von Normalentwicklung (▶ Kap. 4) über gezielte Prävention von Verhaltens- und Entwicklungsstörungen (▶ Kap. 5) bis zur gezielten Unterstützung (Intervention) bei klar erkennbaren und diagnostizierbaren Problemen oder Auffälligkeiten (▶ Kap. 6).

In diesen Kapiteln wird zum anderen nach Altersphasen und/oder Institutionen bzw. Entwicklungsumwelten untergliedert.

Es werden dabei jeweils auch *einzelne* Programme oder evaluierte Konzepte nach einem weitestgehend einheitlichen Prinzip vertieft vorgestellt. Diese Vorstellung kann aufgrund der Vielzahl existierender Programme nur exemplarisch bzw. kursorisch erfolgen; die entsprechende Auswahl erfolgte nach Plausibilitäts- und Praktikabilitätskriterien. In den entsprechenden Kapiteln finden sich jedoch Hinweise auf weitere Programme[1].

---

1 Einen sehr breiten Überblick über »Psychologische Förder- und Interventionsprogramme für das Kindes- und Jugendalter« bietet bspw. das Werk von Lohaus & Domsch (2009); hierbei werden allerdings keine Bezüge zum pädagogischen Alltag in den Lebenswelten der Kinder bzw. Bildungsinstitutionen und zur dementsprechenden Implementierung hergestellt.

Die Unterscheidung der Programme erfolgt nach den dargelegten Gliederungsprinzipien, dies kann jedoch nicht immer vollständig trennscharf gelingen: So hat z. B. das Programm »Faustlos« (Cierpka, 2004a, b) für Kindertageseinrichtungen den Anspruch der Gewaltprävention, damit inhaltlich eher eine selektive Zielsetzung (und wird dementsprechend in ▶ **Kap. 5.2** vorgestellt) – andererseits kann es sich prinzipiell auch an alle Kinder einer Kindertageseinrichtung richten und fördert die Wahrnehmung sozialer Situationen, die Empathie und Konfliktlösefähigkeiten (und hätte demnach auch in ▶ **Kap. 4.2** vorgestellt werden können).

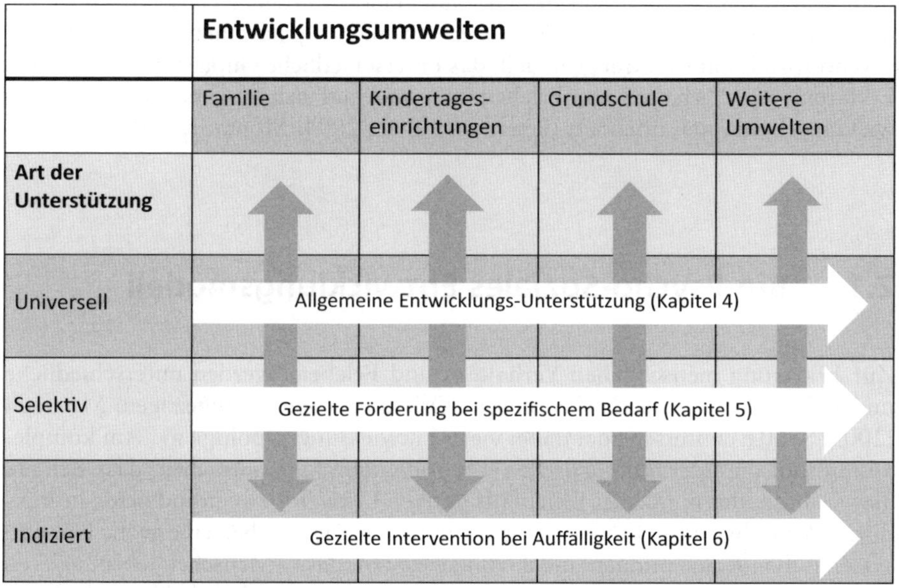

	Entwicklungsumwelten			
	Familie	Kindertageseinrichtungen	Grundschule	Weitere Umwelten
Art der Unterstützung				
Universell	Allgemeine Entwicklungs-Unterstützung (Kapitel 4)			
Selektiv	Gezielte Förderung bei spezifischem Bedarf (Kapitel 5)			
Indiziert	Gezielte Intervention bei Auffälligkeit (Kapitel 6)			

Abb. 1.4: Logik des Buchaufbaus

In einer zusammenführenden Tabelle wird noch einmal eine Übersicht über die verschiedenen aufgeführten Programme und ihre Zielsetzungen gegeben.

Das abschließende Kapitel befasst sich mit dem besonders relevanten Aspekt der Zusammenarbeit von Professionellen und Eltern bzw. Familien (▶ **Kap. 7**).

2 Ausgangspunkte: Perspektiven auf Entwicklung

In diesem Kapitel werden verschiedene, aufeinander bezogene Perspektiven auf die menschliche Entwicklung vorgestellt. Der zentrale Ausgangspunkt ist dabei ein bio-psycho-soziales Entwicklungsmodell, das unterschiedliche empirische Befunde zur Erklärung von Verhalten und Erleben integriert und sich an entsprechenden Entwicklungskonzepten orientiert (Petermann et al., 2004; Montada, 2008).

2.1 Bio-Psycho-Soziales Entwicklungsmodell

Zur Erklärung menschlichen Verhaltens und Erlebens werden unterschiedliche und z. T. widersprechende theoretische Orientierungen herangezogen. Montada (2008, S. 10 f.) unterscheidet dabei vier »Entwicklungstypologien«. Am komplexesten sind die *interaktionistischen Theorien,* die davon ausgehen, dass sich ein aktives Individuum in einer gleichfalls aktiven Umwelt bewegt und beide in ständiger Wechselwirkung Entwicklung beeinflussen. Diese haben eine große Nähe zu systemischen Konzeptionen, die davon ausgehen, dass »Menschen leben, agieren und [sich] in sozialen bzw. ökologischen Systemen [entwickeln]. Alle Teile dieser Systeme stehen in Relation zueinander, ihre Aktivitäten können andere Teile beeinflussen« (ebd., S. 12; s. auch z. B. Wilkening & Cacchione, 2007).

Dieses Modell wird der Realität menschlicher Entwicklung in (sich wandelnden) Umwelten sicherlich am ehesten gerecht und erfasst die Vielfalt und Komplexität menschlichen Seins am besten – es ist andererseits ein komplexes und kompliziertes Modell, weil immer eine Vielzahl von Bedingungen, Faktoren und Variablen berücksichtigt werden muss und einfache Aussagen wie »Intelligenz ist vererbt« oder »Das Kind verhält sich so, weil es ihm seine Eltern vormachen« unter dieser Perspektive nicht zutreffend sein können.

Das integrative Modell lässt sich in Anlehnung an Fröhlich-Gildhoff (2013) wie in ▶ Abb. 2.1 darstellen:

Der Grundgedanke ist dabei, dass sich im Leben immer wieder Entwicklungsaufgaben (1a), bzw. aktuelle Anforderungen oder kritische Lebensereignisse (1b) stellen, die vom Individuum bewältigt werden müssen. Die Art und Weise der Bewältigung ist abhängig von der bisherigen (Entwicklungs-)Geschichte – und hierbei dem Zusammenspiel von biologischen Bedingungen (3) und sozialen Erfahrungen (4), sowie aktuell wirkenden Schutz- und Risikofaktoren (5), die dem

Individuum mit seiner bisher entwickelten Struktur (2) insgesamt Bewältigungsmöglichkeiten zur Verfügung stellen. Die Bewältigung kann entwicklungseinschränkend (6b) oder entwicklungsförderlich (6a) erfolgen.

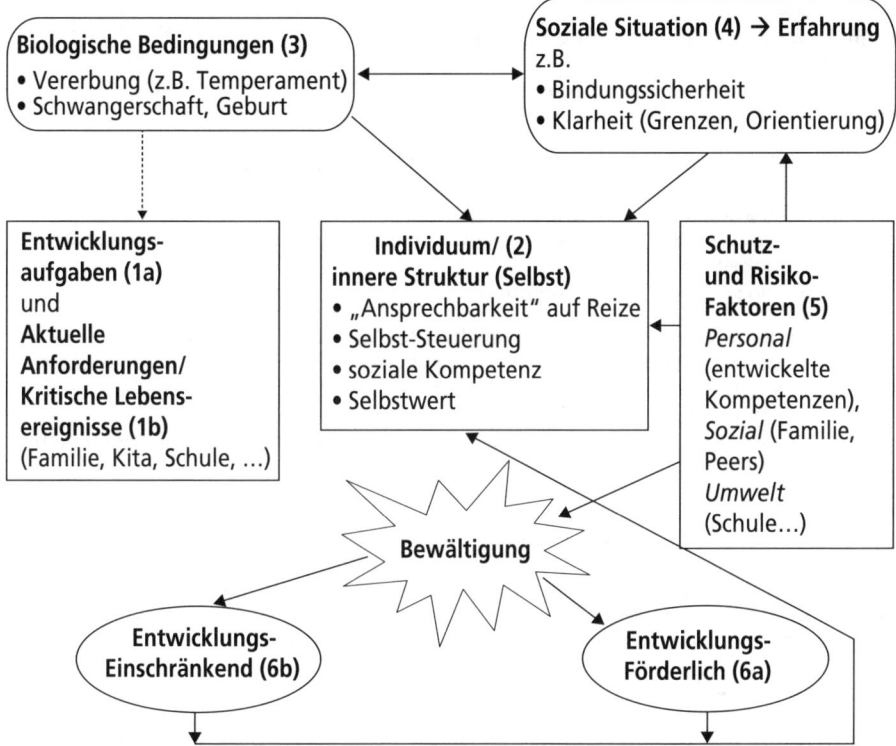

Abb. 2.1: Integriertes bio-psycho-soziales Entwicklungsmodell

Im Folgenden sollen die einzelnen Aspekte betrachtet werden.

Das Konzept der Entwicklungsaufgaben (1a) wurde zum ersten Mal von Havighurst (1948) in den wissenschaftlichen Diskurs eingebracht und von der allgemeinen Entwicklungspsychologie (z. B. Oerter & Montada, 2008; Steinebach, 2000) wie von der klinischen Entwicklungspsychologie (z. B. Oerter et al., 1999) und der Entwicklungswissenschaft (Petermann et al., 2004) aufgegriffen.

Entwicklungsaufgaben sind solche Anforderungen, die sich dem Individuum im Lauf der Lebensjahre stellen, und die dann in spezifischer Weise bewältigt bzw. »beantwortet« werden müssen. Diese Entwicklungsaufgaben resultieren aus

- *biologischen Faktoren* (z. B. der Notwendigkeit, physiologische Zustände wie den Schlaf-Wach-Rhythmus zu regulieren oder Laufen zu lernen)
- *gesellschaftlichen Vorgaben, Zielen und Erwartungen* (z. B. dem Eintritt in den Kindergarten oder die Schulpflicht mit sechs Jahren)
- sowie *individuellen Zielsetzungen*.

Die folgende Zusammenstellung zeigt beispielhaft die Abfolge von zentralen Entwicklungsaufgaben – bis zum Alter der Adoleszenz[2]:

Tab. 2.1: Entwicklungsaufgaben

Aufgaben des Säuglingsalters (bis ca. ein Jahr)
- Aufbau sensomotorischer Schemata
- erster Aufbau von Bindungsrepräsentationen
- Auf- und Ausbau von physiologischen Regulationsfertigkeiten

Aufgaben des Kleinstkindalters/Krabbelalters (bis ca. drei Jahre)
- Aufbau eines differenzierten Emotionsspektrums
- Differenzierung der motorischen Fertigkeiten
- Aufbau von frühen Denk- bzw. Problemlösungskompetenzen und der Mentalisierungsfähigkeit
- Erwerb von sprachlichen Kompetenzen

Aufgaben der Kindheit und des Vorschulalters (ca. drei bis ca. sechs Jahre)
- Ausbau von sozialen Kompetenzen (Perspektiveübernahme, Konfliktlösefähigkeit, angemessene Selbstbehauptung; Fähigkeit, sich Unterstützung zu holen)
- erster Aufbau von moralischen Kompetenzen
- vorsichtige Lösung von den Bezugspersonen und Aufbau tragfähiger Beziehungen zu Gleichaltrigen und anderen Erwachsenen
- Erwerb von Geschlechtsrollenkompetenzen

Aufgaben des Schulalters (ca. sieben bis ca. zwölf Jahre)
- Erwerb von schulbezogenen Fähigkeiten (Anpassung an die Normen der Schule, Anstrengungsbereitschaft, Aufbau schulbezogener Leistungsmotivation ...)
- Ausbau sozialer Kompetenzen, besonders im Umgang mit Gleichaltrigen
- Differenzierung des fähigkeitsbezogenen Selbstkonzepts

Aufgaben der Adoleszenz (ca. 13 bis ca. 20 Jahre)
- Erwerb von sexuellen Kompetenzen
- Erwerb von Kompetenzen zur Identitätsfindung (Geschlecht, Werte und Normen, Berufsorientierung, Partnerschaft ...) und zur selbstständigen Orientierung in der multioptionalen Welt
- Erwerb von Kompetenzen zur Loslösung von den Eltern

Neben Entwicklungsaufgaben stellen sich aktuelle Anforderungen oder auch sogenannte »kritische Lebensereignisse« wie Geburt von Geschwistern, Scheidung der Eltern oder Ortswechsel (z. B. Greve, 2008; Steinebach, 2000; Filipp, 2007).

Die Art und Weise der Bewältigung ist maßgeblich abhängig von der bisher entwickelten handlungsleitenden inneren Struktur (2), dem Selbst des Kindes (bzw. Jugendlichen, oder auch Erwachsenen). Diese Struktur entwickelt sich aus dem Zusammenspiel von biologischen Bedingungen (3)[3], z. B. dem Temperament und

---

2 Diese Auflistung erhebt nicht den Anspruch auf Vollständigkeit. Sie beschreibt beispielhaft wichtige Entwicklungsaufgaben, die in bestimmten Altersabschnitten bewältigt werden sollten – dabei bleiben manche Aufgaben, wie z. B. die Entwicklung moralischer Urteilskompetenz, über mehrere Altersabschnitte bedeutsam.
3 Zur Bedeutung genetischer und epigenetischer Grundlagen siehe Fröhlich-Gildhoff & Mischo (2009, S. 18 ff.).

konkreten sozialen Erfahrungen (4). Dabei werden diese Erfahrungen emotional bewertet und intrapsychisch repräsentiert; der Säuglingsforscher Stern (1992) spricht von verallgemeinerten Abbildern, von Interaktionserfahrungen. Diese Repräsentationen bilden eine zunehmend stabilere, zunehmend hierarchisch gegliederte Struktur von handlungsleitenden inneren Schemata. Dieses »Selbst« oder, wie Stern sagt »Selbstempfinden«, empfinden »wir [...] als einzelnen, abgegrenzten, integrierten Körper, wir empfinden ein Selbst als Handlungsinstanz, ein Selbst, das unsere Gefühle empfindet, unsere Absichten fasst, unsere Pläne schmiedet, unsere Erfahrungen in Sprache umsetzt und unser persönliches Wissen mitteilt. Meistens bleiben diese Selbstempfindungen (ähnlich wie das Atmen) außerhalb des Bewusstseins, aber sie können in das Bewusstsein gebracht und dort behalten werden. Instinktiv verarbeiten wir unsere Erfahrungen so, dass sie zu einer Art einzigartiger, subjektiver Organisation zu führen scheinen« (Stern, 1992, S. 80; vgl. ausführlich Fröhlich-Gildhoff, 2009). Entsprechungen zum Aufbau dieser inneren Struktur finden sich in Ergebnissen der Neurobiologie (z. B. Hüther, 2004, 2005).

Von besonderer Bedeutung beim Aufbau innerer Strukturen und deren neurophysiologischer Korrelate ist die Passung zwischen den biologischen Bedingungen, den je aktuellen und aktualisierten Möglichkeiten des Kindes und eben der Art und Weise, wie Eltern und Bezugspersonen damit umgehen (können) (vgl. dazu das ▶ Kap. 4.1, das die »Entwicklungsumwelten« behandelt). Unterstützend bei der Bewältigung sind Schutz- und Risikofaktoren, (5) die in der aktuellen Situation wirksam werden, deren Zusammenspiel das Individuum bei der Bewältigung unterstützt oder unter Umständen auch hindert (vgl. hierzu ▶ Kap. 2.3). Die Art und Weise der Bewältigung von Entwicklungsaufgaben und kritischen Lebensereignissen wirkt wiederum zurück auf das Individuum und seine innerseelische Struktur. Die Bewältigung kann entwicklungsförderlich und erfolgreich verlaufen, aber eben auch entwicklungseinschränkend. Ein Beispiel hierfür wäre ein zurückhaltendes Kind, das bisher bei der Bewältigung von schwierigen Situationen oder Anforderungen eher überbehütet wurde und auf diese Weise wenig (erfolgreiche) Erfahrungen in neuen Situationen sammeln konnte. Dieses Kind wird vermutlich Angst vor dem Übertritt in die Kindertageseinrichtung entwickeln und sich dann, wenn es wiederum nicht adäquat unterstützt wird, zurückziehen und möglicherweise aus dieser Überforderungssituation heraus stärkere Ängste oder psychosomatische Beschwerden entwickeln. Solche Bewältigungserfahrungen sind nach Montada »Wendepunkte« im Leben, »sie können psychische Störungen erzeugen, aber auch zu vielfältigen Entwicklungsgewinnen führen, wenn sie gemeistert oder bewältigt werden« (Montada, 2008, S. 39). Unter der Perspektive der Passung geht es darum, die Umweltereignisse mit den Zielen des Individuums, seinen Potentialen, aber auch Unterstützungsmöglichkeiten im Umfeld in Relation zu setzen. Das hier dargestellte Modell knüpft an eine Vielzahl psychologischer Konzeptionen an, z. B. das von Heckhausen und Schulz zur Optimierung von primärer und sekundärer Kontrolle (Heckhausen, 1999; Schulz & Heckhausen, 1996). Grundannahme dieses Modells ist es, dass der Mensch ein Grundbedürfnis hat, »seine Umwelt zu kontrollieren. Schon im Säuglingsalter erleben es Menschen und auch viele andere Spezies als positiver, wenn sie durch ihr eigenes Verhalten ihre Umwelt positiv beeinflussen können [...]« (Glück, 2007, S. 43; s. a. Grawe, 2004). Diese Kontrolle kann durch aktives, auf die äußere Umwelt gerichtetes Verhalten erzielt werden, aber auch durch innere Prozesse. Hier finden sich Parallelen zu der im Folgenden beschriebenen Bewältigungsperspektive.

2.2 Bewältigungs(Coping)-Perspektive

Ein von der Struktur her dem bio-psycho-sozialen Entwicklungsmodell ähnliches Modell ist das Konzept der Bewältigung (*Coping*, Lazarus, 1999; s. a. Carver, 1989). Dieses von der Stressforschung (ursprünglich: Selye, 1948; Siegrist, 2005) weiter ausdifferenzierte Modell geht davon aus, dass Außenanforderungen innerpsychisch wahrgenommen und hinsichtlich ihres Belastungsgrades oder -charakters als Belastungsfaktor(en) (Stressoren) emotional bewertet werden:

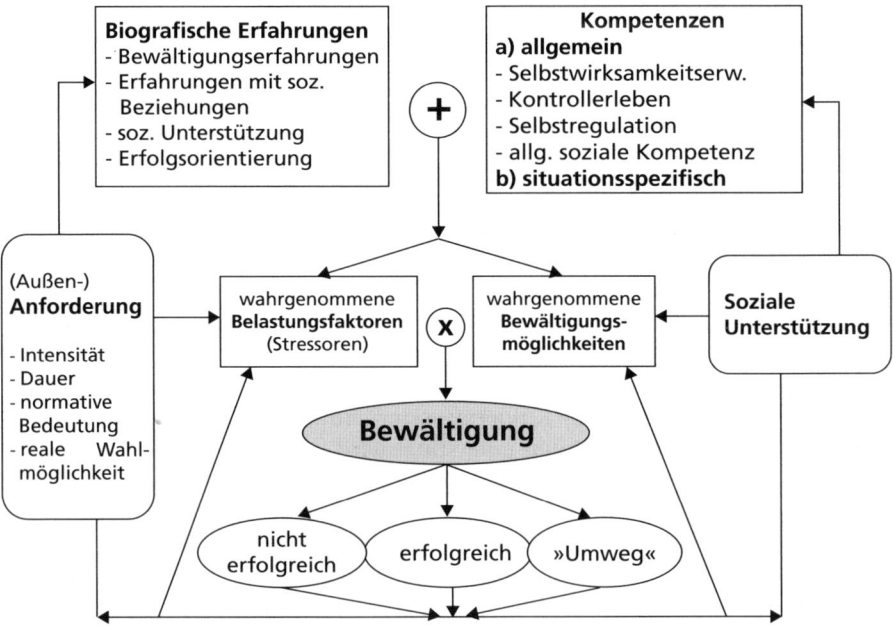

Abb. 2.2: Bewältigungsmodell

Die Außenanforderungen lassen sich vor allem unterscheiden nach Intensität, Dauer, der normativen Bedeutung – aber auch der realen Wahlmöglichkeit für das Individuum. Im Zusammenspiel mit wahrgenommenen Bewältigungsmöglichkeiten – und hier spielt soziale Unterstützung eine bedeutende Rolle – kommt es zur Bewältigung der realen Außenanforderungen.

Sowohl das Wahrnehmen und Bewerten der Belastungsfaktoren als auch das Wahrnehmen der eigenen Bewältigungsmöglichkeiten wiederum ist zum einen abhängig von biographischen Erfahrungen; bedeutsame Faktoren sind dabei bisherige Bewältigungserfahrungen, Erfahrungen mit sozialen Beziehungen und insbesondere sozialer Unterstützung, aber auch andere Faktoren wie die eigene Erfolgsorientierung. Zum anderen haben vorhandene individuelle Kompetenzen einen wichtigen Einfluss: Dies sind allgemeine Kompetenzen wie Selbstwirksamkeitserwartungen, das eigene Kontrollerleben, die Selbstregulation oder allgemeine soziale Kompetenz. Diese Kompetenzen müssen dann allerdings situationsspezifisch zu den jeweiligen Anforderungen passen.

Die Art der Bewältigung – grundsätzlich sind zu unterscheiden nicht erfolgreiche, erfolgreiche oder eine Bewältigung über Umwege, z. B. Symptome – wirken wiederum zurück auf die eigenen Erfahrungen, auf das Kompetenzerleben und natürlich die Wahrnehmung zukünftiger Stressoren sowie auf die eigenen Bewältigungsmöglichkeiten. Es ergibt sich also auch hier ein Kreislauf oder besser: Entwicklungsmodell von der Bewältigung von Aufgaben und Anforderungen (solche können auch Entwicklungsaufgaben sein) und dem Rückwirken auf innerpsychische Prozesse und Strukturen.

2.3 Risiko- und Schutzfaktorenkonzept; Resilienz

Aus Langzeit-, aber auch systematischen entwicklungspsychologischen Studien sind eine Reihe von Risiko- und Schutzfaktoren identifiziert worden (Zusammenstellungen bei Bengel et al., 2009; Rönnau-Böse, 2013), deren Zusammenspiel die Bewältigung von Entwicklungsaufgaben und/oder besonderen Belastungen beeinflussen. Diese Schutz- und Risikofaktoren werden in personale, also im Individuum liegende, soziale, das heißt das unmittelbare soziale Umfeld betreffende und weitere Umwelt-Faktoren unterschieden.

Bei der übergreifenden Betrachtung der verschiedenen Längsschnittstudien[4] im Rahmen der Resilienzforschung und insbesondere der bekannten Kauai-Studie von Werner (2000, 2007) konnten folgende Schutz-Faktoren identifiziert werden (vgl. Rönnau-Böse & Fröhlich-Gildhoff, 2012):

- mindestens eine stabile emotionale Beziehung zur einer primären Bezugsperson (das ist im optimalen Fall ein Elternteil, allerdings können auch andere Personen aus dem Umfeld wie z. B. Großeltern, andere nahe Verwandte, aber auch professionelle Fachkräfte diese Funktion erfüllen);
- Bindungsfähigkeit und die Realisierung »feinfühligen« Verhaltens durch die Bezugspersonen, um sicheres Bindungsverhalten zeigen zu können;

---

4 In Deutschland werden zwei große Langzeit-Studien der Resilienzforschung zugeordnet. Die Mannheimer Risikostudie (z. B. Laucht, Schmidt & Esser, 2000) sowie die Bielefelder Invulnerabilitätsstudie (Lösel & Bender, 2007).

- emotional warmes, offenes, aber auch klar strukturierendes Erziehungsverhalten der Bezugspersonen (eine besonders positive Bedeutung hat hier ein autoritativer bzw. demokratischer Erziehungsstil) (Wustmann, 2004, S. 108 ff.; Petermann, Niebank & Scheithauer, 2004 – hier findet sich eine Bestätigung der »frühen« Forschungen von Tausch & Tausch, 1998);
- soziale Unterstützung außerhalb der Familie;
- soziale Modelle, die angemessenes Bewältigungsverhalten in Krisensituationen zeigen, Kinder ansprechen und ermutigen;
- frühe Möglichkeiten, Selbstwirksamkeitserfahrungen machen zu können und so entsprechend positive internale Kontrollerwartungen/-überzeugungen herauszubilden;
- damit verbunden: Selbstvertrauen, positiver Selbstwert, positives Selbstkonzept;
- dosierte soziale Verantwortlichkeit;
- kognitive Kompetenzen, die angemessen angeregt werden müssen;
- Selbststeuerungs- bzw. Selbstregulationsfähigkeiten, die mit Unterstützung durch Bezugspersonen (vor allem bei der Affektregulation) herausgebildet werden;
- Phantasie;
- ein stabiles »Kohärenzgefühl«, also das Gefühl der Verstehbarkeit von Ereignissen und Erlebnissen, der Bewältigbarkeit bzw. Handhabbarkeit von Anforderungen und der Sinnhaftigkeit bzw. der Bedeutsamkeit des eigenen Tuns (Antonovsky 1997);
- damit verbunden ist allgemeiner das Erfahren und das Erleben eines Sinns und einer Bedeutung der eigenen Existenz; hier kann Glaube eine wichtige Bedeutung haben;
- gute oder zumindest sichere sozio-ökonomische Bedingungen.

(hierzu insgesamt: Petermann, Niebank & Scheithauer, 2004; Opp & Fingerle, 2007; Werner, 2000, 2007; Wustmann, 2004; Bengel et al., 2009).

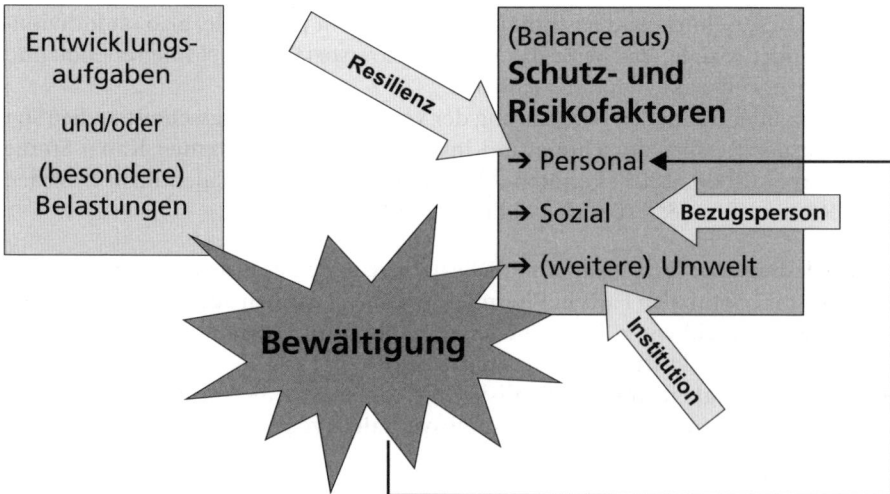

Abb. 2.3: Zusammenspiel von Risiko- und Schutzfaktoren bei der Bewältigung von Anforderungen

Diese Schutzfaktoren sind in der Regel nicht alle vorhanden oder in der Entwicklung zu »erreichen« – allerdings zeigen die entsprechenden Studien, dass die Fähigkeit zur entwicklungsförderlichen Bewältigung von Krisen und Belastungen am ehesten gelingt, je mehr Schutzfaktoren wirksam sind.

Auch der Begriff der Schutzfaktoren wird von einigen AutorInnen kritisch diskutiert, da eben diese Faktoren nur mit einer gewissen Wahrscheinlichkeit Risiken abmildern und somit eine »automatische« prognostische Gültigkeit begrenzt ist (Bengel et al., 2009). Es wird vor allem darüber »gestritten«, ob die Schutzfaktoren erst dann bedeutsam oder wirksam sind, wenn Risiken auftreten (und dann diese Risikofaktoren durch protektive Faktoren abgemildert werden) – oder ob das Vorhandensein von Schutzfaktoren per se Risiken (ver)hindert. Bengel, Meinders-Lücking und Rottmann (2009) fassen die Befundlage wie folgt zusammen: »Ein umfassendes differenziertes und empirisch fundiertes Modell zur Wirkung von Schutz- und Risikofaktoren können bei der derzeitigen, z. T. inkonsistenten Befundlage und aufgrund fehlender Daten nicht formuliert werden. Es lassen sich jedoch einige prinzipielle Aussagen zu Schutzfaktoren aus dem aktuellen Forschungsstand ableiten:

- Schutzfaktoren entfalten ihre Wirkungen in Abhängigkeit von Risikokonstellationen und Umgebungsbedingungen. Das Ausmaß der vorliegenden Belastung bzw. der Risikokonstellationen nimmt Einfluss auf die Wirkung der Schutzfaktoren.
- Schutzfaktoren können generelle und protektive Wirkungen entfalten.
- Der Effekt von mehreren Schutzfaktoren kann sich aufaddieren und auch multiplikativ wirken.
- Kinder und Jugendliche durchlaufen Phasen unterschiedlicher Vulnerabilität.
- Manche Schutzfaktoren entfalten ihre Wirkungen in Abhängigkeit von der jeweiligen Entwicklungsphase.
- Schutzfaktoren können zu Risikofaktoren werden und umgekehrt.
- Schutzfaktoren stehen in Wechselwirkungen mit anderen Merkmalen und Faktoren, sie können die Wirkungen anderer Merkmale beeinflussen (moderierende Wirkung).
- Einige Schutzfaktoren sind beeinflussbar und veränderbar (z. B. Selbstwirksamkeitserwartung), andere sind nicht veränderbar (z. B. Geburtenreihenfolge)« (Bengel et al., 2009, S. 160).

Nach Fingerle (2011, S. 213) kommt es »nicht nur auf die Verfügbarkeit von Ressourcen an, sondern auf eine gewisse Flexibilität in ihrem Einsatz«. Fingerle schlägt hierfür den Begriff »Bewältigungskapital« vor: »Über Bewältigungskapital zu verfügen bedeutet, Ressourcen zu identifizieren, zu nutzen, und über sie zu reflektieren, um eigene Ziele zu erreichen, das eigene Potential von Problemen und Krisen weiter zu entwickeln und am gesellschaftlichen Leben teilzunehmen« (ebd., S. 213).

Ein wesentlicher Schutzfaktor ist die *Resilienz*. Resilienz wird definiert als »psychische Widerstandsfähigkeit gegenüber biologischen, psychologischen und psychosozialen Entwicklungsrisiken« (Wustmann, 2004, S. 18). Um der entwicklungspsychologischen Perspektive gerecht zu werden, formulieren Welter-Enderlin und Hildenbrand (2006, S. 13) folgende Definition: »Unter Resilienz wird die Fähigkeit von Menschen verstanden, Krisen im Lebenszyklus unter Rückgriff auf persönliche und sozial vermittelte Ressourcen zu meistern und als Anlass für Entwicklung zu nutzen.«

Der Begriff der Resilienz muss dynamisch und flexibel aufgefasst werden: Resilienz kann nicht einmal erworben und dann für immer behalten werden, sondern verändert sich im Laufe des Lebens eines Menschen – abhängig von Erfahrungen und Ereignissen insbesondere im Zusammenhang der Bewältigung von Krisen und Belastungen (Opp & Fingerle, 2007; Rutter, 2000).

In der heutigen Resilienzforschung wird hingegen der »relative Charakter von Resilienz« (Opp & Fingerle, 2007, S. 14) betont, das heißt Resilienz ist nicht gleichbedeutend mit völliger Unverwundbarkeit, sondern die Ausprägung wird vom Zusammenspiel von Risiko- und Schutzfaktoren beeinflusst. Außerdem spielt die Kumulation (Anhäufung) von Faktoren eine nicht unerhebliche Rolle. Je mehr Belastungen und Risiken vorliegen, desto mehr protektive Faktoren zur Bewältigung sind erforderlich (Lösel & Bender, 2007). Dies macht deutlich, dass Resilienz immer kontextuell betrachtet werden muss und nicht ein universeller, auf alle Individuen gleich übertragbarer Begriff ist. Auch Bengel et al. betonen: »Resilienz ist als ein hoch komplexes Zusammenspiel aus Merkmalen des Kindes und seiner Lebensumwelt zu verstehen« (Bengel et al., 2009, S. 20). Somit ist Resilienz »situationsspezifisch und multidimensional« (ebd., S. 21).

Die Resilienzforschung befasste sich lange Zeit mit der Identifikation resilienzförderlicher Faktoren, die jedoch selten so klar beschrieben wurden, dass sie in ein Handlungs- bzw. Förderkonzept zu übertragen sind. Rönnau-Böse (2013) sowie

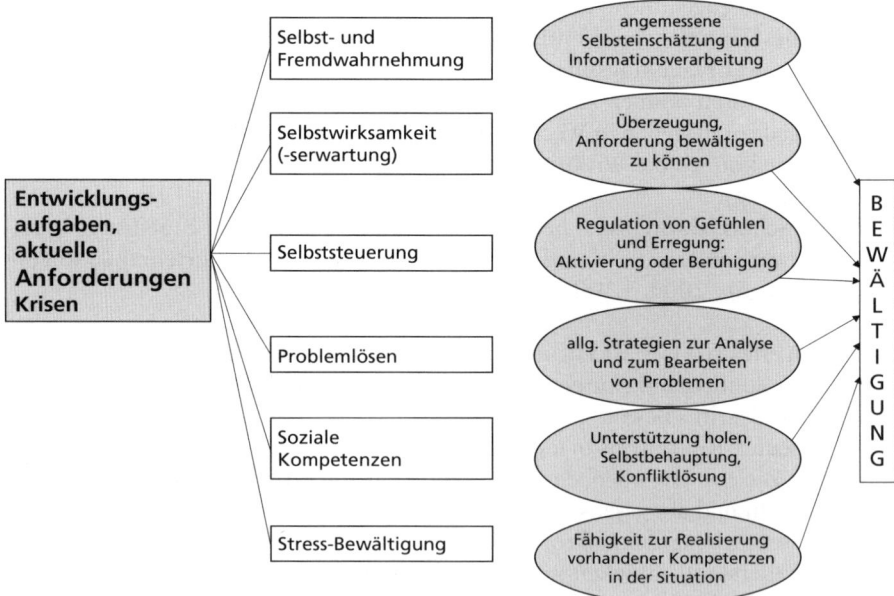

Abb. 2.4: Resilienzfaktoren

Fröhlich-Gildhoff, Dörner und Rönnau-Böse (2012) haben aus der Vielzahl von Studien die empirisch am besten bestätigten Elemente gebündelt und zu sechs übergeordneten Resilienzfaktoren zusammengefasst.

Diese sechs zentralen Faktoren, die die Grundlage für eine gezielte Förderung der Resilienz darstellen, können wie folgt differenzierter beschrieben werden (Fröhlich-Gildhoff & Rönnau-Böse, 2011):

1. Selbst- und Fremdwahrnehmung

Im Vordergrund der Selbstwahrnehmung steht die ganzheitliche und adäquate Wahrnehmung der eigenen Emotionen und Gedanken, also die Wahrnemug von sich selbst. Gleichzeitig ist es wichtig, sich selbst dabei zu reflektieren, das heißt sich zu sich selbst in Beziehung setzen zu können und andere Personen ebenfalls angemessen wahrzunehmen und sich ins Verhältnis zu ihrer Wahrnehmung zu setzen.

Fremdwahrnehmung meint die Fähigkeit, andere Personen und ihre Gefühlszustände angemessen und möglichst »richtig« wahrzunehmen bzw. einzuschätzen und sich in deren Sicht- und Denkweise versetzen zu können.

2. Selbststeuerung

… umfasst die Fähigkeit, eigene innere Zustände, also hauptsächlich Emotionen und Spannungszustände, herzustellen und aufrechtzuerhalten und deren Intensität und Dauer zu modulieren bzw. zu kontrollieren – und damit auch die begleitenden physiologischen Prozesse und Verhaltensweisen zu regulieren. Dazu gehört beispielsweise das Wissen, welche Strategien zur Selbstberuhigung und Handlungsalternativen es gibt und welche individuell wirkungsvoll sind.

Um sich selbst regulieren oder steuern zu können, brauchen Säuglinge und Kleinkinder die Hilfe ihrer Bezugspersonen. Ab dem 5. Lebensjahr können Kinder ihre Emotionen in der Regel selbstständig und ohne soziale Rückversicherung regulieren. Eine gelingende Entwicklung führt hierbei zu Empathiefähigkeit und emotionaler Perspektivenübernahme.

3. Selbstwirksamkeit

… ist vor allem das grundlegende Vertrauen in die eigenen Fähigkeiten und verfügbaren Mittel und die Überzeugung, ein bestimmtes Ziel auch durch Überwindung von Hindernissen erreichen zu können.

Eine große Bedeutung haben dabei die Erwartungen, ob das eigene Handeln zu Effekten führt oder nicht. Diese Erwartungen steuern schon im Vorhinein das Herangehen an Situationen und Aufgaben, damit auch die Art und Weise der Bewältigung, und führen so oftmals zu einer Bestätigung des eigenen Selbstwirksamkeitserlebens. Die Erwartungen hängen stark von den Erfahrungen ab, die ein Mensch vor allem in den ersten Lebensjahren macht, sie sind jedoch auch – durch Erfahrungen – veränderbar. Für die Ausprägung der Selbstwirksamkeitserwartungen spielen eigene Handlungen die größte Rolle, wenn also Handlungen Erfolg haben, stärken sie die Selbstwirksamkeitserwartung, Misserfolge schwächen sie (Jerusalem, 1990).

4. Soziale Kompetenz

Der Begriff »Soziale Kompetenz« wird sehr unterschiedlich definiert. Im Kern geht es um die Fähigkeit, im Umgang mit anderen soziale Situationen einschätzen und adäquate Verhaltensweisen zeigen zu können, sich emphatisch in andere Menschen einfühlen sowie sich selbst behaupten und Konflikte angemessen lösen zu können. Es geht aber auch darum, auf andere Menschen aktiv und angemessen zugehen zu können, Kontakt aufzunehmen sowie zwischenmenschliche Kommunikation aufrechtzuerhalten und adäquat zu beenden. Des Weiteren zählt zur sozialen Kompetenz die Fähigkeit, sich soziale Unterstützung zu holen, wenn dies nötig ist.

5. Umgang mit Stress

Menschen empfinden den Charakter von belastenden und/oder herausfordernden, als »stressig« erlebten Situationen unterschiedlich. Es geht darum zu lernen, solche Situationen angemessen einschätzen, bewerten und reflektieren zu können. Dadurch werden die eigenen Fähigkeiten in wirkungsvoller Weise aktiviert und umgesetzt, um die Stress-Situation zu bewältigen. Bedeutsam für den Umgang mit Stress ist dabei das aktive Zugehen auf solche Situationen und das aktive wie angemessene Einsetzen von Bewältigungsstrategien. Werner (2007) berichtet von den Ergebnissen der Kauai-Studie, dass die widerstandsfähigen Kinder stresserzeugende Situationen besser einschätzen können und ein vielfältiges Repertoire an flexiblen Bewältigungsstrategien zur Verfügung hatten.

Zum adäquaten Umgang mit Stress gehört allerdings ebenfalls das Kennen der eigenen Grenzen und Kompetenzen – und die Fähigkeit, sich (dann) die soziale Unterstützung zu holen.

6. Problemlösen

Unter Problemlösen wird die Fähigkeit verstanden, »komplexe, fachlich nicht eindeutig zuzuordnende Sachverhalte gedanklich zu durchdringen und zu verstehen, um dann unter Rückgriff auf vorhandenes Wissen Handlungsmöglichkeiten zu entwickeln, zu bewerten und erfolgreich umzusetzen« (Leutner et al., 2005, S. 125). Dabei ist es wichtig, systematisch vorzugehen. Es können unterschiedliche Problemlösestrategien – z. B. eine systematische Ziel-/Mittelanalyse – angewandt werden. Die einfachste, oft nicht zielführende Strategie ist das »Versuchs-/Irrtumsverhalten«. Kinder müssen – und können – solche übergeordneten Problemlösestrategien erlernen.

Insgesamt wird deutlich: »Bei den sechs Faktoren handelt es sich nicht um voneinander unabhängige Konstrukte, sondern sie stehen in einem engen Zusammenhang. So ist z. B. die Fähigkeit zur Selbst- und Fremdwahrnehmung ebenso wie eine gute Selbststeuerungsfähigkeit eine Voraussetzung zum Aufbau sozialer Kompetenzen usw. Eine getrennte Betrachtung ist aus analytischen Gründen sinnvoll, wird aber der Komplexität des Seelenlebens nur ansatzweise gerecht« (Fröhlich-Gildhoff & Rönnau-Böse, 2011, S. 41) – realistischerweise müssten die Faktoren also »überlappend« oder eng verbunden verstanden und dargestellt werden.

2.4 Entwicklungsförderliche Umwelten[5]

Entwicklung kann nur aus dem Zusammenspiel zwischen Individuum und Umwelt verstanden und erklärt werden. Entwicklungsumwelten können als Schutz-, aber eben auch als Risikofaktoren wirken. In diesem Kapitel sollen dazu grundlegende Hinweise gegeben werden, wobei einzelne Aspekte wie z. B. die Bedeutung von Erziehungsstilen, in späteren Kapiteln vertieft aufgegriffen werden. Dabei wird zunächst die übergreifende ökologische Systemtheorie von Bronfenbrenner (1981) vorgestellt, bevor die relevanten Umwelt-Dimensionen »Übergänge«, »Kultur« und »Beziehung« eingehender betrachtet werden.

2.4.1 Das sozialökologische Modell von Bronfenbrenner

Um die Art und Weise, wie Individuen in weitere soziale Bezüge eingebunden sind zu beschreiben, konzipierte Bronfenbrenner (1981) ein Modell, das die Wirkweise der miteinander verschachtelten ökologischen Systeme beschreibt und hat damit ein bedeutendes Leitmodell bei der Betrachtung der Mensch-Umwelt-Interaktion geschaffen. Nach Bronfenbrenners *Ökologie der menschlichen Entwicklung* (Bronfenbrenner, 1981) wirken sich diese Systeme direkt oder indirekt auf die Entwicklungsprozesse und Handlungen von Individuen aus.

Auch die kindliche Entwicklung vollzieht sich nicht allein im Kontext von Familie und Kindertageseinrichtung, sie steht vielmehr in Abhängigkeit von unterschiedlichsten Umweltbedingungen, die sich wechselseitig beeinflussen.

Nach Bronfenbrenner stellt das Individuum eine wachsende dynamische Einheit dar, die sowohl von ihrer Umwelt beeinflusst wird, als auch selbst ihre Umgebung aktiv beeinflusst und verändert. So beeinflussen Kinder z. B. Familie und Kindertageseinrichtung, indem sie ihre Erfahrungen aus der Kindertageseinrichtung in die Familie tragen und umgekehrt.

Die ökologischen Systeme werden unterschiedlichen gesellschaftlichen Organisationsebenen zugeschrieben:

- der mikrosozialen Ebene die sozialisatorische Interaktion,
- der mesostrukturellen Ebene die Beziehungsgestaltung,
- der exostrukturellen Ebene die institutionellen Organisationsprinzipien,
- der makrostrukturellen Ebene die kulturellen Wertvorstellungen und Weltanschauungen

Die mikrosozialen Interaktionen zwischen Menschen stellen dabei den Kern des Modells dar.

»Ein *Mikrosystem* ist ein Muster von Tätigkeiten und Aktivitäten, Rollen und zwischenmenschlichen Beziehungen, das die in Entwicklung begriffene Person in

---

5 Ein besonderer Dank geht an Sibylle Fischer, wiss. Mitarbeiterin an der EH Freiburg, für die Unterstützung beim Verfassen dieses Kapitels.

einem gegebenen Lebensbereich mit seinen eigentümlichen physischen und materiellen Merkmalen erlebt. Ein Lebensbereich ist ein Ort, an dem Menschen leicht direkte Interaktion mit anderen aufnehmen können« (Bronfenbrenner, 1981, S. 38). Zu diesen unterschiedlichen Lebensbereichen, in denen sich Menschen bewegen, zählen z. B. Familie, Kindertageseinrichtung, Schule, Arbeitsplatz, Spiel- und Freizeitaktivitäten, Beziehungen außerhalb der Familie. Jedes dieser Mikrosysteme ist von bestimmten Tätigkeiten und Aktivitäten sowie von Rollen geprägt, die von den einzelnen Personen in diesem System ausgeübt werden. Entscheidend sind dabei vor allem die vom Individuum wahrgenommenen Eigenschaften der Lebenswelt (Bronfenbrenner, 1981, S. 20).

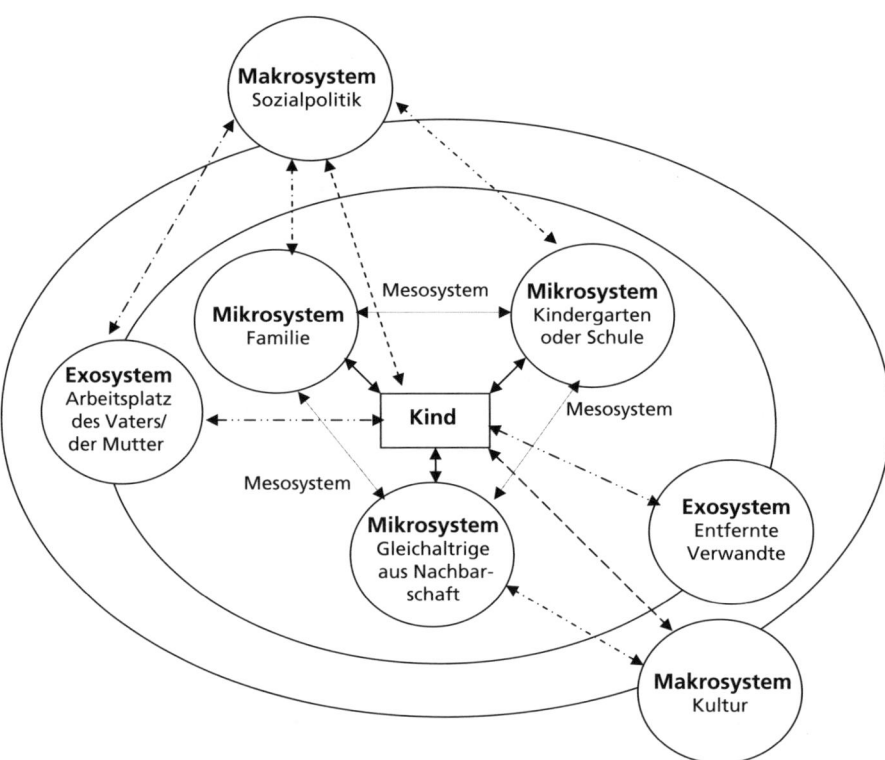

Abb. 2.5: Die systemtheoretische Betrachtung von Entwicklungsumwelten nach Bronfenbrenner (aus: Mischo, 2009b, S. 154).

Die Gesamtheit der Lebenswelten eines Menschen bildet nach Bronfenbrenner das *Mesosystem* (Bronfenbrenner, 1981). Es umfasst die Wechselbeziehungen zwischen den Lebensbereichen, an denen sich das Individuum aktiv beteiligt und die Institutionen, in denen verschiedene Mikrosysteme eines Individuums aufeinandertreffen. Für ein Kind könnte sich diese Wechselbeziehung beispielsweise zwischen Familie, Kindertageseinrichtung und Verein im Stadtteil abspielen. Die Übergänge (von der Familie in die Kita, Wanderungsbewegung etc.) zwischen den Systemen stellt Bronfenbrenner als besonders bedeutsam heraus. Sorgsam gestaltete und begleitete Übergänge sowie miteinander vereinbare Rollenanforderungen in den verschiedenen Lebenswelten wirken sich dabei günstig auf die Entwicklung des Individuums aus (ebd.).

Mesosysteme können sich zwischen Gesellschaften hinsichtlich ihrer Funktionsweisen und Erscheinung beträchtlich unterscheiden. So stellt sich die Beziehung zwischen Familie und Kindertageseinrichtung oder Schule in Deutschland ganz anders dar als z. B. in Frankreich. Entsprechend vielfältige Erfahrungen, Verhaltensweisen und Vorannahmen können in Bezug auf das gleiche Objekt aufeinandertreffen.

Entwicklungsprozesse verlaufen nach Bronfenbrenner umso erfolgreicher, je besser die verschiedenen *Mikro-* und *Mesosysteme* miteinander verbunden sind und gegebenenfalls aufeinander abgestimmt werden. Solche günstigen Bedingungen können unter anderem durch eine kultursensible Zusammenarbeit zwischen Professionellen in Einrichtungen und Eltern, durch Öffnung von (Bildungs-)Institutionen hin zu den Lebensräumen der Familien, durch den Einbezug des Sozialraums in die pädagogische Arbeit und den Aufbau von Kontakten unter Eltern geschaffen werden.

Lebensbereiche, an denen die sich entwickelnde Person nicht selbst beteiligt ist, in denen aber Ereignisse stattfinden, die den Lebensbereich dieser Person beeinflussen, wie z. B. institutionelle Organisationsprinzipien, werden als *Exosystem* bezeichnet (Grundmann & Kunze, 2008). Dem *Exosystem* kann z. B. der Arbeitsplatz der Eltern, der Träger der Kindertageseinrichtung oder die mediale Umwelt der Kinder zugerechnet werden.

Formale und inhaltliche Ähnlichkeiten auf den Ebenen *Mikro-, Meso-* und *Exosystem* werden als *Makrosystem* bezeichnet. Damit werden z. B. dem System zugrunde liegende Weltanschauungen und Wertvorstellungen beschrieben (vgl. Bronfenbrenner, 1981, Grundmann & Kunze, 2008).

Bronfenbrenners ökosystemische Theorie ermöglicht es einerseits, die Zielrichtungen von präventiven oder Interventionsstrategien zu präzisieren. Andererseits wird verdeutlicht, dass neben Interventionen auf der Ebene des Mikrosystems immer auch Zusammenhänge zu den anderen Ebenen mitbedacht werden sollten. So zieht beispielsweise Ungar (2011, S. 135) aus seiner großangelegten Studie zur Resilienzförderung (The International Resilience Project www.resilienceproject.org) den Schluss: »Kultur und Kontext bestimmen, ob die Interventionen und Programme, die einem schutzbedürftigem Kind angeboten werden, vom Kind, seiner Familie und seiner Gemeinde als hilfreiche Ressourcen anerkannt werden«.

2.4.2 Die Bedeutung von Übergängen

Wie schon von Bronfenbrenner beschrieben, stellen Übergänge zwischen Mikrosystemen eine besondere Herausforderung für Menschen und insbesondere für Kinder dar. Die Art und das Gelingen der Bewältigung dieser Übergänge hat Einfluss auf das individuelle Herangehen an neue, strukturell ähnliche Situationen und generelle Auswirkungen auf die Selbstwirksamkeitserwartungen.

In der neueren, wissenschaftlichen Betrachtungen des Themas Übergänge wird das Konzept der Transition (erstmals: Welzer, 1993) hervorgehoben; hierbei wird neben dem Individuum, das gesamte soziale System stärker in den Mittelpunkt gestellt. »Als Transitionen werden komplexe, ineinander übergehende und sich überblendende Wandlungsprozesse bezeichnet, wenn Lebenszusammenhänge eine massive Umstrukturierung erfahren [...] Charakteristisch dabei ist, dass das Individuum dabei Phasen beschleunigter Veränderungen und eine besonders lernintensive Zeit durchmacht [...] Dabei kommt es zu einer Anhäufung unterschiedlicher Belastungsfaktoren, weil Anpassung und Veränderungen in vielen Bereichen geleistet werden müssen und innerpsychische Prozesse und Beziehungen zu anderen Personen neu gestaltet werden« (Griebel & Niesel, 2005). Dies bedeutet, dass es sich bei Transitionen um Lebensereignisse handelt, die auf mehreren Ebenen Bewältigungskompetenz und soziale Unterstützung erfordern, aber auch »in der Auseinandersetzung des Einzelnen und seines sozialen Systems mit gesellschaftlichen Anforderungen Entwicklungen stimulieren und als bedeutsame biografische Erfahrung in der Identitätsentwicklung ihren Niederschlag finden« (ebd.; ausführlich: Griebel & Niesel, 2004). Fthenakis (1999) hat die Struktur familiärer Übergänge nochmals differenziert: Je nach Art und Struktur des Übergangs müssen Veränderungen auf einer individuellen (z. B. durch die Aktivierung vorhandener Fähigkeiten), interaktionellen (z. B. durch die Gestaltung neuer Beziehungen) und kontextuellen (z. B. durch die Einbettung in ein neues System und dessen Regeln) Ebene bewältigt werden. Dabei ist es nach Fthenakis nicht das Lebensereignis an sich, das es »zu einer Transition werden lässt, sondern im entwicklungspsychologischen Sinne dessen Verarbeitung und Bewältigung« (Griebel & Niesel, 2005).

Insgesamt hat dabei die Passung zwischen den vorhandenen Fähigkeiten eines Individuums und seines umgebenden Systems mit den Strukturen und Anforderungen der jeweiligen »abgebenden« und »aufnehmenden« Institutionen eine zentrale Bedeutung. Dieser Prozess der Passung muss in koordinierter Weise durch die Fachkräfte der beteiligten Systeme bzw. Institutionen moderiert werden. In dieser Betrachtung kann die Bewältigung des Übergangs als ko-konstruktiver Prozess aller Beteiligten gesehen werden.

Der *Übergang Familie – Kindertageseinrichtung* wird gestaltet im Beziehungsdreieck zwischen Kind, den Eltern als vertrauten Bezugspersonen und den pädagogischen Fachkräften; eine besondere Bedeutung hat hier die bisher gewonnene Bindungssicherheit. Bisheriges Vertrauen bzw. eine sichere Bindungsstruktur des Kindes führen dazu, dass es sich schneller auf die neue Situation einlassen kann (z. B. Ahnert, 2004a, b, 2007). Notwendig ist ein konzeptionell verankertes Eingewöhnungskonzept, wie es zum Beispiel von Laewen et al. (2000) entwickelt wurde. Ein solches Konzept ist besonders bedeutsam und ein wesentliches Qualitätsmerkmal, insbesondere beim Übergang Familie – Kinderkrippe.

Zum *Übergang von der Kindertageseinrichtung zur Schule* gibt es mittlerweile eine Reihe von Studien, die zeigen, dass es sich hierbei gleichfalls um ein für das Kind (und seine Familie) wichtiges Ereignis handelt, das in besonderer Weise stressbelastet ist (Zusammenfassung z. B. bei Griebel & Niesel, 2004; Carle & Samuel, 2007).

Kinder müssen Abschied nehmen von dem gewohnten Umfeld und den vertrauten Bezugspersonen – ErzieherInnen wie Gleichaltrigen –, wenn sie den Bezugsrahmen Kindertageseinrichtung verlassen. Sie müssen sich einstellen auf eine neue Gruppe und neue erwachsene Bezugspersonen. Zudem müssen sie sich mit neuen Lehr- und Lernformen auseinandersetzen und sich in entsprechenden Regularien einfügen. Sie müssen neuen Rollenerwartungen genügen und sich mit dem im System Schule verbundenen expliziten Leistungsanspruch auseinandersetzen. Insgesamt werden mit diesem Übergang starke Emotionen wie Angst, Unsicherheit, aber auch Erwartungen und Freude aktiviert, die ihrerseits reguliert werden müssen (vgl. hierzu Griebel & Niesel, 2004; Roßbach, 2006). »Die Kompetenzen hängen mit den Vorerfahrungen des Kindes in seiner Familie und in der Kindertagesstätte zusammen…. Der Anteil von Kindern mit Übergangsproblemen wird auf die Hälfte aller Kinder geschätzt« (Griebel & Niesel, 2005, S. 5). Roßbach (2006) führt eine Reihe von Schwierigkeiten auf, die diese Passung erschweren, z. B. unterschiedliche Visionen und Lernkulturen zwischen vorschulischen Einrichtungen und der Schule, aber auch »Kommunikationshindernisse«. Für eine gelingende Übergangsbewältigung ist nach Griebel und Niesel (2004) die Kooperation zwischen Kindertageseinrichtungen, Schule und Eltern der »ausschlaggebende Faktor«. Eine besonders hohe Bedeutung hat das Herstellen von Kontinuität; weitere Beschreibungen zum Übergang finden sich im ▶ Kap. 4.2.4 dieses Buches.

2.4.3 Die Bedeutung von Kultur[6]

Es ist Allgemeingut, dass der kulturelle Hintergrund die Art der Individuum-Umwelt-Interaktion beeinflusst. Oftmals werden jedoch pauschalierende Urteile z. B. über *die* Menschen mit Migrationshintergrund[7] und deren Risiken gefällt – dies soll im Folgenden differenzierter betrachtet werden.

In Deutschland lebt etwa ein Drittel aller minderjährigen Kinder in einer Familie mit Migrationshintergrund (Statistisches Bundesamt, 2012[8]). Die Lebenslagen dieser Familien sind vielfältig und unterscheiden sich beispielsweise durch die Einwanderungsgeneration, den aufenthaltsrechtlichen Status, die sozialen Milieus, in denen die Familien leben und den mit den Herkunftsländern verbundenen Kulturen (Roth, 2010). Während die einen gut etabliert sind, leben andere in Mangellagen. Auch wenn »Vielfalt« als Normalität angesehen wird, sind Familien mit Zuwanderungsgeschichte weitaus häufiger von sozioökonomischen oder strukturellen Risikofaktoren betroffen als Familien ohne Migrationshintergrund. Armut, Kinderreichtum, geringe Bildungsqualifikation, eingeschränkte Gesundheitsbeteiligung und Leben in benachteiligten Sozialräumen fallen bei Familien mit

---

6 Teile dieses Abschnitts entstammen dem Konzept von Fischer & Fröhlich-Gildhoff (2011).
7 Kinder und Familien mit Zuwanderungsgeschichte werden hier zu einer Gruppe zusammengefasst, die sich höchst heterogen darstellt und deren Vielfältigkeit sich nicht zwangsläufig an der familiären Zuwanderungsgeschichte orientieren muss. Es handelt sich lediglich um eine pragmatische Einteilung, die der Realität in keiner Weise Rechnung tragen kann.
8 http://de.statista.com/statistik/daten/studie/1448/umfrage/anteil-familien-mit-migrationshintergrund-nach-kinderanzahl

Migrationshintergrund besonders häufig zusammen (Butterwegge, 2010; BMFSFJ, 2010; Ravens-Sieberer et al., 2007).

Außerdem leben Familien mit Zuwanderungsgeschichte in dem Spannungsverhältnis, die Verbundenheit zur Herkunftskultur und die Eingliederung in die deutsche Gesellschaft zu gestalten und ihre eigene familiäre Identität zu entwickeln (Rupp & Oberndorfer, 2005). Natio-ethno-kulturelle Zugehörigkeiten sind in diesem Prozess weniger eindeutig und Formen der Ambiguität und Differenz prägen Selbstpräsentation, Beziehungsgestaltung und soziale Bezüge (Castro & Mecheril, 2010).

Als Beispiele migrationsbedingter Risiken bzw. Folgerisiken können folgende identifiziert werden:

- der Verlust von Bindungen und der gewohnten Lebensumwelt
- Entfremdung von den getrennt lebenden Familienmitgliedern
- die Neuschaffung oder Reorganisation sozialer Netzwerke
- Sprachprobleme
- kulturelle Orientierungsprobleme
- Schwierigkeiten beim Abgleich von Normen und Werten
- rechtliche und soziale Problemlagen
- Status- bzw. Anerkennungsdefizite (z. B. nicht Anerkennung von Bildungsabschlüssen oder langwierige Prozesse der Statusfestlegung)
(vgl. Siefen, 2005; Michel, 2008; Ungar, 2011; Boos-Nünninger & Karakasoglu, 2010; Butterwegge, 2010).

Mit diesen Risikolagen gehen psychische, soziale und finanzielle Belastungen einher, die das Familienleben prägen und die Handlungs- und Orientierungsoptionen der Familien in der (neuen) Lebenswelt beeinflussen.

Andererseits bietet die Herkunft aus einem anderen Land oder aus einer Familie mit Zuwanderungsgeschichte auch eine Reihe von Chancen und Entwicklungsmöglichkeiten: So kann davon ausgegangen werden, dass bei Migration bzw. bikultureller Sozialisation mehr ökologische Übergänge stattfinden als bei monokultureller Sozialisation, da die verschiedenen Lebensbereiche des *Mikrosystems* (Familie, Kindertageseinrichtung, Freunde etc.) Kinder mit Migrationshintergrund mit divergierender kultureller bzw. nationaler Herkunft konfrontiert (Glumper, 1985). Glumper weist darauf hin, dass durch diesen Umstand die Entwicklung von Fähigkeiten begünstigt werden kann, die die Bewältigung differenter Erwartungen und Anforderungen in kulturell unterschiedlich bestimmten Lebensbereichen erleichtert.

Uslucan (2011) stellt beispielhaft folgenden Chancen-Kanon auf:

- Migration erfolgt vielfach mit dem Ziel, sich z. B. in ökonomischer, beruflicher, familiärer oder bildungsmäßiger Hinsicht zu entwickeln bzw. weiterzuentwickeln.
- MigrantInnen sind eine mobile Population, die das Wagnis einer besseren Zukunft eingehen und sich mutig auf die Herausforderungen der sprachlichen und kulturellen Fremdheit einlassen. Dadurch sehen sie sich (im Gegensatz zu Nicht-

MigrantInnen) vor anspruchsvollere Entwicklungsaufgaben gestellt, als jene in der Herkunfts- und Mehrheitskultur. Es kann vermutet werden, dass die (positive) Bewältigung dieser Aufgaben mit spezifischen Ressourcen in Verbindung zu bringen ist (Uslucan, 2011).
- Die Synthese zweier Kulturen fordert den Subjekten eine stärkere kognitive wie soziale Flexibilität ab (ebd.). Eine gelingende Bikulturalität (mindestens zwei kulturelle Einflüsse, die einen wesentlichen Bestandteil der alltäglichen Lebenserfahrung darstellen) kann als diese kognitive Flexibilität gewertet werden.
- Bilingual aufwachsenden Kindern ist die Differenz zwischen Wort und Gegenstand gegenwärtiger als monolingualen Gleichaltrigen. Sie können durch die Zweisprachigkeit eher eine Distanz zur eigenen und zur erworbenen Sprache gewinnen und dadurch die Auswechselbarkeit sprachlicher Symbole für die Bezeichnung von Gegenständen erkennen, was nach Uslucan insgesamt dem Abstraktionsvermögen zugutekommt (ebd.).

Damit sich diese Potentiale entfalten können, bedarf es jedoch einer interkulturellen Kompetenz der Bildungsinstitutionen wie der dort tätigen Professionellen. Für PädagogInnen stellt sich die Herausforderung, aber auch professionelle Aufgabe, die Situation, die Stärken und Probleme von Familien mit Zuwanderungsgeschichte (und ihren einzelnen Mitgliedern) zu kennen, zu verstehen und daraus eine wertschätzende wie inkludierende Begegnungshaltung zu realisieren – es gilt also, »kulturelle Responsivität« (Fischer, 2011b) als handlungsleitende Orientierung in der professionellen Begegnung umzusetzen.

2.4.4 Die Bedeutung von Beziehungen

Eine zentrale, übereinstimmende Erkenntnis aus Entwicklungspsychologie, Resilienz- und Psychotherapieforschung (z. B. Dornes, 2009; Luthar, 2006; Grawe, Donati & Bernauer, 2001) besteht darin, dass der wesentlichste Schutzfaktor, der am stärksten zu einer gelingenden Entwicklung beiträgt und viele Risikofaktoren abpuffern kann, eine stabile, verlässliche, wertschätzende, emotional warme Beziehung zu einer (erwachsenen) Bezugsperson ist; auf die Bedeutung und Entstehung stabiler *Bindungs*repräsentationen wird im nächsten Kapitel noch eingegangen.

In ihrer umfassenden Analyse der letzten 50 Jahre Resilienzforschung kommt Luthar (2006) zu dem Schluss: »Die erste große Botschaft ist: Resilienz beruht, grundlegend, auf Beziehungen« (Luthar, 2006, S. 780; Übers. d. Verf.). Für die Entstehung von seelischer Gesundheit haben sichere Bindungsmuster eine wesentliche Bedeutung, (familiale) Beziehungsgefüge, »die von Sicherheit, Unterstützung und Möglichkeit zur Exploration geprägt sind« (Fingerle, 2011, S. 215; s. a. Grossmann & Grossmann, 2007; Bengel et al., 2009). Bedeutende wichtige Beziehungspartner sind dabei im besten Fall die Eltern – es können aber auch andere Verwandte, ErzieherInnen und LehrerInnen kompensatorisch solche Bezugspersonen darstellen (z. B. Pianta, Stuhlman & Hamre, 2007). Voraussetzung ist dabei eine kontinuierliche Beziehung, die auf Vertrauen, Wertschätzung und Respekt basiert. Langzeitstudien aus den USA konnten beispielsweise zeigen, dass das Vorhandensein sogenannter Mentoren »mit geringerem Problemverhalten und einer positiveren

Einstellung zur Schule einherging« (Fingerle, 2011, unter Bezugnahme auf Studien von Zimmermann, Bingenheimer & Notaro, 2002 sowie Howard et al., 2007).

Professionelle Fachkräfte, die Kindern (und noch Jugendlichen) als bedeutende Bezugspersonen zur Seite stehen und damit eine Grundvoraussetzung zur Entwicklung der Fähigkeit zur Resilienz darstellen, sollten

- »eine optimistische Grundhaltung vermitteln, die Probleme generell als Herausforderungen und als Lernchance sieht denn als Heimtücke des Schicksals oder als Beleg für die Aussichtslosigkeit eigener Anstrengungen« (Göppel, 2011, S. 404);
- herausfordernde, jedoch bewältigbare Anforderungen stellen und dabei individuelle und passgenaue Unterstützung anbieten;
- Ermutigung aussprechen und Erfolgsrückmeldungen geben (Brooks, 2006; Roos & Grünke, 2011).

Auf die Möglichkeiten und Chancen der Beziehungs- und Bezugsperson ErzieherIn, KindheitspädagogIn oder LehrerIn in den jeweiligen institutionellen Kontexten wird in weiteren Teilen dieses Buches eingegangen.

2.5 Relevante Entwicklungsdimensionen auf personaler Ebene

Auf der Ebene des Individuums können eine Reihe von Dimensionen identifiziert werden, die eine besondere Bedeutung für die weitere Entwicklung und das Verhalten des Kindes haben.

Dabei tritt der von Geburt an »kompetente« Säugling (Rauh, 2008; Dornes, 2009) von der ersten Lebensminute in *Interaktion* mit seiner Umwelt, vor allem mit seinen Bezugspersonen. Die dabei gemachten realen und emotional bewerteten Interaktionserfahrungen sind die Grundlage für die Bildung handlungsleitender innerpsychischer Repräsentationen (Schemata), der Selbst-Struktur (s. o.). Dabei kommt es auf eine möglichst gute »Passung zwischen Kind und Bezugspersonen« (Resch, 2004, S. 37; vgl. auch Papousek, 2004; Ahnert, 2007) an, die dann zur konsistenten Befriedigung kindlicher Bindungs- und Kontrollbedürfnisse führt (Grawe, 2004). Wichtige Variablen in diesen frühen Interaktionsprozessen sind u. a. Empathie und »Feinfühligkeit« (Ainsworth et al., 1978), das Ermöglichen von Regelmäßigkeit, das adäquate Spiegeln der Lebensäußerungen des Kindes und die entsprechende »soziale Rückversicherung« (Resch, 2004; Petermann & Wiedebusch, 2003; Wiedebusch, 2007).

Fünf Faktoren haben eine besondere Bedeutung:

1. das Erfahren einer sicheren Bindung
2. die Unterstützung kindlicher Emotionsregulation und Affektabstimmung
3. die soziale Perspektivenübernahme und der Aufbau sozialer Kompetenz

2.5 Relevante Entwicklungsdimensionen auf personaler Ebene

4. das Erleben von Kontrolle und Selbstwirksamkeit
5. der Aufbau kognitiver Schemata und allgemeine Problemlösekompetenzen

Die hier gemachten Erfahrungen können als Entwicklungsdimensionen betrachtet werden, die maßgeblich die Kind-Umwelt-Interaktion prägen. Sie sollen im Folgenden genauer betrachtet werden.

2.5.1 Die Bedeutung früher Bindungserfahrungen

Das Erleben einer sicheren Bindung stellt nicht nur die Grundlage für späteres eigenständiges, sicheres Bindungsverhalten dar, sondern hat größte Bedeutung für die Entwicklung einer stabilen, kohärenten Selbst-Struktur und deren Basis, des »Kern-Selbst« (Stern, 1995). Nur wenn der Säugling regelmäßige, klare und konsistente Bindungserfahrungen machen kann, kann er entsprechende intrapsychische Repräsentanzen aufbauen, die dann wiederum eine sichere Basis für Neugierverhalten und eine »offene« Weltbegegnungshaltung bilden – oder, bei entsprechenden Beeinträchtigungen, verhindern.

Die Bindungsforschung[9] geht davon aus, dass frühe Bindungserfahrungen zu einem »inneren Arbeitsmodell« (»internal working model)« führen, das später die Art und Weise des Bindungsverhaltens des Kindes bestimmt; eine wesentliche Variable für die Entwicklung der Bindungsrepräsentationen ist die »Feinfühligkeit« (Ainsworth et al., 1978) der Bezugspersonen: die Fähigkeit, die Signale des Kindes (1) wahrzunehmen, (2) richtig zu interpretieren sowie (3) prompt und (4) angemessen zu beantworten.

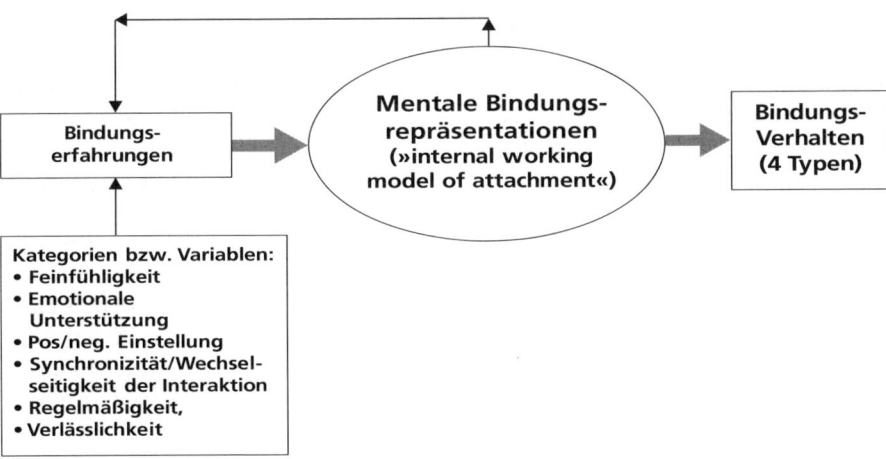

Abb. 2.6: Modell der Entstehung von Bindungsrepräsentationen, modifiziert aus: Fröhlich-Gildhoff (2007).

---

9 Das Konzept der Bindungsforschung ist an verschiedenen Stellen (z. B. Grossmann, 2001; Grossmann & Grossmann, 2004; Brisch 1999) ausführlich beschrieben, so dass an dieser Stelle nur die Grundgedanken dargestellt werden; diese basieren auf der entsprechenden Grundlagenliteratur.

Bereits nach 12–18 Monaten lassen sich Unterschiede im Bindungsverhalten der Kinder anhand des standardisierten Versuchs der sogenannten »Fremden Situation« (Ainsworth) feststellen; vier Bindungstypen lassen sich differenzieren:

Tab. 2.2: Prototypen des Bindungsverhaltens

Bindungstyp	Charakteristika	Häufigkeit
Sichere Bindung	Vertrauen in die Beziehung (Mutter kommt zurück); Trauer bei Trennung	50–60 %
Unsicher-vermeidende Bindung	Distanz, Abstand, Vorsicht gegenüber Beziehung; kein Kummer bei Trennung; Ignorieren bei Rückkehr; Teilw. Distanzlosigkeit gegenüber Fremden	30–40 %
Ambivalent-unsichere Bindung	Ambivalentes Kontaktverhalten (teilweise Kontaktsuche, teilweise Ignorieren); Kummer bei Trennung wird deutlich und lautstark gezeigt	10–20 %
Desorganisierte Bindung	Kein Verhaltensprogramm für Trennungssituation, z. T. seltsam bizarres Verhalten (Grimassieren, Erstarren)	Restkategorie

Die Bindungstypen der unsicheren Bindung sind nicht als pathologisch zu betrachten, stellen aber ein Entwicklungsrisiko dar: »In einer zunehmenden Anzahl von prospektiven Längsschnittstudien wurden Zusammenhänge zwischen einer unsicheren Bindung und Verhaltensauffälligkeiten der Kinder im Vorschul- und im Schulalter gefunden« (Brisch, 1999, S. 75; s. a. Brisch, 2007). Der Typus der desorganisierten Bindung steht in engem Zusammenhang mit (späteren) Verhaltensauffälligkeiten (z. B. Brisch, 1999; Fonagy et al., 2004); bei Kindern mit diesem Bindungstypus handelt es sich nach diesen AutorInnen um eine spezifische Risikogruppe. Hüther (2004) beschreibt enge Zusammenhänge zwischen frühen Beziehungs- und Bindungserfahrungen, der Hirnentwicklung und Verhaltensproblemen.

Es ist unbedingt nötig, dass bei sich abzeichnenden Bindungsstörungen gezielte Unterstützungen der Kinder bzw. der Mutter-Kind-Interaktionen erfolgen: »Bindungsstörungen weisen eine gewisse Persistenz auf und können ohne sichere emotionale Beziehungserfahrungen oder therapeutische Interventionen nicht aufgelöst werden. Sie zeigen vielmehr eine Tendenz, sich zu verfestigen und [...] auf die eigenen Kinder übertragen und somit an die nächste Generation weitergegeben (zu) werden« (Brisch, 2007, S. 167 f.).

2.5.2 Die Bedeutung kindlicher Emotionsregulation und Affektabstimmung

Die Bezugspersonen unterstützen das Kind bei der (zunehmenden Selbst-)*Regulation* seiner Emotionen; nach Papoušek (2004) geht es dabei um »die Regulation von arousal (Erregung [allgemein, z. B. Schlaf/Wachrhytmus, d. Verf.]), activity (motorische Aktivität), affect (affektive/emotionale Erregung) und attention (Aufmerksamkeit)« (ebd., S. 82).

Nach Petermann & Wiedebusch (2003) findet in der Eltern-Kind-Interaktion »eine gemeinsame Regulation von Gefühlen« statt. »Dabei sind die Neugeborenen noch ganz auf die Regulation ihrer Emotionen durch die Bezugspersonen angewiesen, während ältere Säuglinge und Kleinkinder in zunehmendem Maße geringe emotionale Belastungen selbst regulieren können, jedoch beim Erleben negativer Gefühle auf Bewältigungshilfen seitens der Eltern angewiesen sind« (ebd., S. 62; vgl. auch Papousek, 2004) Lachmann (2004) betont besonders das *interaktive* Element der Ko-Regulation: gemeinsame Regulation bedeutet, »dass das Verhalten eines jeden Partners das des anderen beeinflusst. Das bedeutet zugleich, dass das Verhalten von A prädiktiv ist für das Verhalten von B und umgekehrt [...]. Der Säugling lernt, bestimmte Muster der Selbst- und interaktiven Regulation zu erwarten (Beebe & Lachmann, 1998; Stern, 1992, 1998). Die Erwartung reziproker Responsivität und die Erwartung eines optimalen Grades an Nähe und Distanz in den Interaktionen, das Rechnen mit Übergriffen oder die Angst vor ihnen – all das wird interaktiv reguliert« (Stern 1998, S. 54 f.; vgl. auch Fonagy & Target, 1997).

Papoušek et al. (2004) haben dieses Zusammenspiel zwischen Bezugsperson und Säuglingen bei der Regulation von Affekten und physiologischen Zuständen ausführlich untersucht. Dabei lässt sich einerseits ein »Engelskreis von Ko-Regulationen« bzw. »positiver Gegenseitigkeit« beschreiben: Eltern verfügen nach Papoušek & Papoušek (1999) über grundsätzliche intuitive Kompetenzen, die bei einer stabilen psychischen Konstellation dazu führen, dass die positiven Feedback-Signale des Kindes aufgenommen und beantwortet werden; durch das Selbstvertrauen in die eigene Kompetenz gelingt es, das Kind zu beruhigen, sowie angemessen auf sein gezeigtes Unwohlsein einzugehen. Das Kind fühlt sich durch dieses basale Verstehen und Eingehen auf seine Bedürfnisse sicher, es lässt sich beispielsweise beruhigen, was wiederum die Eltern in ihrem Kompetenzerleben bestärkt. So baut sich ein positiver Kreislauf zur Ko-Regulation von Affekten – als Ausdrucksdimension von inneren (Gefühls-)Zuständen – auf. Allerdings können sich auch »Teufelskreise« aufbauen, wenn bei Eltern ein Mangel an intuitiver Kompetenz besteht, das Kind negative Feedbacksignale sendet und es so zur Dysregulation und »negativen Gegenseitigkeit« kommt. Die Dys-Regulation kann dann zu dauerhafter Anspannung, Stress und zu einem latent dauerhaften Übererregungsniveau bei den Kindern führen.

Fonagy et al. (2004) betonen die hohe Bedeutung des »Spiegelns« der kindlichen Affekte durch die Eltern: »Kongruenz und Eindeutigkeit [werden] als Qualitäten der elterlichen Spiegelfunktion identifiziert, die von essenzieller Bedeutung für das Kind sind, um die Fähigkeit zu einer sogenannten sekundären Repräsentanz seiner affektiven Zustände zu entwickeln« (ebd., S. 219) Fehlt es an dieser Repräsentanz, kommt es zu einem »Defizit in Selbstwahrnehmung und Selbstkontrolle« (ebd.).

Es kommt insbesondere darauf an, die »Feinzeichen« kindlicher Affekte, insbesondere der Offenheit vs. Belastetheit des Kindes möglichst immer präziser zu erkennen und dann adäquat zu beantworten. Diese Feinzeichen können in vier

Verhaltenssystemen beobachtet werden (Ziegenhain et al., 2010, S. 24): (a) im physiologischen System (Regulation von Atmung, Körpertemperatur, Kreislauf und Verdauung), (b) im motorischen System (Muskeltonus; Körperhaltung), (c) Schlaf/Wachszustände (verschiedene Erregungs- und Bewusstseinsniveaus) und (d) Aufmerksamkeit und soziale Zuwendung/Aufgeschlossenheit.

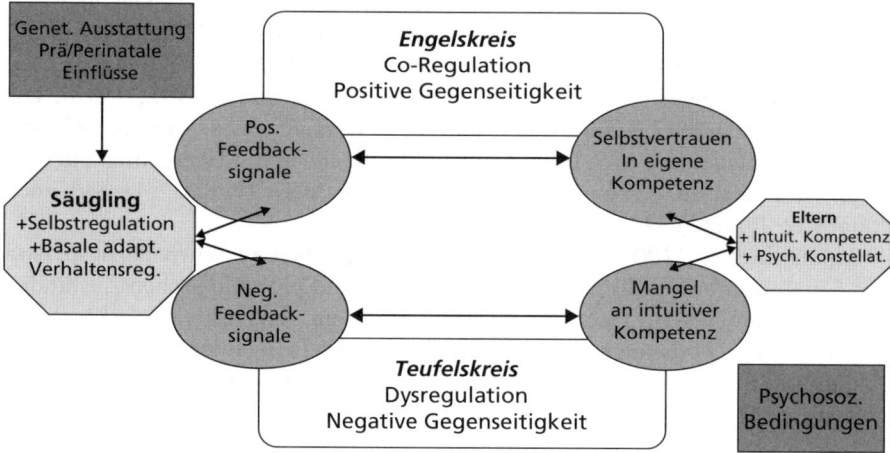

Abb. 2.7: Entwicklungsmöglichkeiten der Regulation nach Papoušek et al. (2004)

Insbesondere durch die »sensitive Responsivität« (Remsperger, 2011; Gutknecht, 2012) der Bezugspersonen erhält das Kind Rückmeldungen über die eigenen inneren Zustände und kann darüber zunehmend zur Eigenwahrnehmung und -regulation gelangen.

Holodynski (1999) hat diesen Prozess der »Feinabstimmung« zwischen Kind und Bezugsperson in fünf Phasen unterteilt (▶ **Abb. 2.8**).

Neben der Regulation geht es um die *Affektabstimmung* (»affect attunement« nach Stern, 1992), dabei steht die Richtung der Affekte, z. B. Neugier vs. Furcht angesichts eines unbekannten Objekts, mit Unterstützung der Bezugspersonen im Vordergrund. »Das affektive Erleben ist eine wesentliche Grundlage dafür, dass ein Mensch von einem anderen in seinem Erleben verstanden werden kann [...] andere Menschen können sich in das Baby einfühlen, können sein Erleben erkennen, verstehen und das Kind in diesem mehr oder weniger akzeptieren« (Biermann-Ratjen, 2002, S. 18).

In diesen, schon Ende des ersten Lebensjahres hoch bedeutsamen Prozessen, liegen zugleich die Wurzeln für die Herausbildung von Empathie und emotionaler Perspektivenübernahme, die ihrerseits eine wichtige Mediatorvariable z. B. für die »Eindämmung« aggressiven und die Ausbildung prosozialen Verhaltens darstellt

2.5 Relevante Entwicklungsdimensionen auf personaler Ebene

(Eisenberg, 2000; Richardson et al., 1998; Petermann & Wiedebusch, 2003; Essau & Conradt, 2004).

Phase 1: Bezugsperson reguliert das Erregungsniveau des Neugeborenen

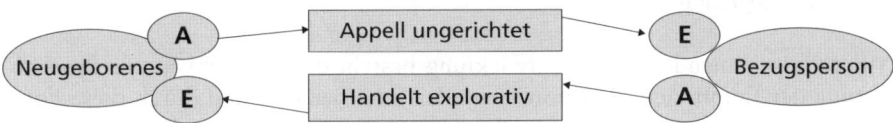

Phase 2: Säugling übernimmt Regulationsanteile in der interpsychischen Regulation

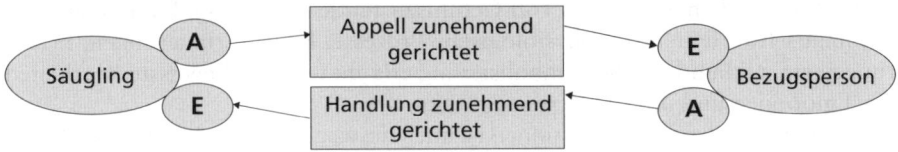

Phase 3: Kleinkind hat gleichwertigen Anteil an der interpsychischen Regulation

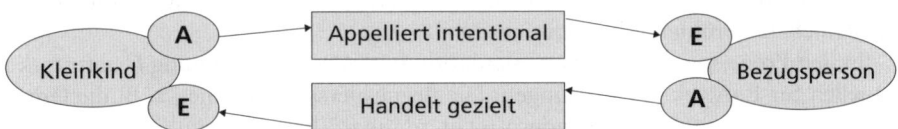

Phase 4: Vorschulkind reguliert sich selbst unter Anleitung der Bezugspersonen

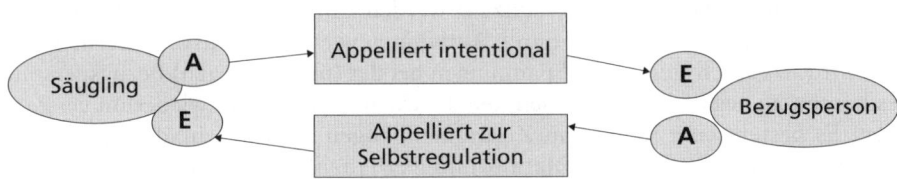

Phase 5: Schulkind reguliert sich selbst unter eigener Anleitung

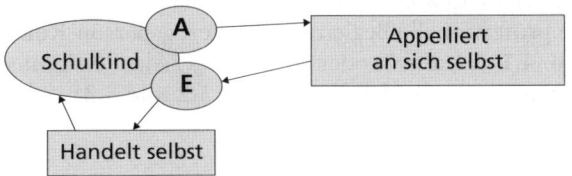

A = emotionale Ausdrucksfähigkeit; **E** = emotionale Eindrucksfähigkeit

Abb. 2.8: Phasen der Emotionsregulation (skizziert nach: Holodynski, 1999, S. 44)

Folgende Detailprozesse spielen bei der Affektabstimmung und Ausdifferenzierung der Emotionen eine Rolle:

- Gefühlsansteckung
- geteilte Aufmerksamkeit (joint attention)
- soziale Rückversicherung (social referencing)
- Affektspiegelung

Mit der zunehmenden Sprachentwicklung besteht die Möglichkeit zur *Symbolisierung* der Emotionen. Emotionen werden jetzt benannt und durch diese Form der Symbolisierung werden sie dem Bewusstsein zugänglich(er) und eben in sprachlicher Form kommunizierbar, zugleich differenziert sich auf diese Weise das Emotionswissen aus. Andererseits sind diese Symbolisierungen natürlich Einschränkungen des breiten Spektrums von Gefühlszuständen, damit sind ja immer – oft automatisch verlaufende – physiologische Prozesse, Bilder, Erinnerungen, Erfahrungen etc. verbunden. Die Symbolisierung erlaubt jetzt das bewusste Bearbeiten der Emotionen und ihrer Differenzierungen.

Das Differenzieren der Emotionen ist auch deswegen von Bedeutung, weil viele Gefühle mit ähnlichen psycho-physiologischen Zuständen verbunden sind: So sind sowohl Angst, als auch Wut mit erhöhtem Herzschlag, verändertem Hautwiderstand, erhöhtem Muskeltonus etc. gekoppelt – Kinder müssen lernen, dass und wie diese zunächst ähnlich erscheinenden physiologischen Zustände mit unterschiedlichen Gefühlen verbunden sind.

In den Prozessen der Emotionsregulation und Affektabstimmung liegen starke Quellen für Entwicklungsstörungen: Die Bezugspersonen können z. B. die (emotionalen) Spannungen von Kindern nicht adäquat »herunterregulieren« oder sie »überregulieren« – dies kann dann zu einer dauerhaften dysfunktionalen Emotionsregulation führen, mithin zu einem interaktionellen »Teufelskreis«: Wenn das Kind die Erfahrung macht, dass seine Erregung bzw. innere Spannung nicht durch die oder mit der Bezugsperson reduziert werden kann, bleibt es in einem permanenten Spannungszustand, der durch Aktivitäten wie Schreien usw. aufrechterhalten wird. Dadurch steigen die Spannungen bei der (überforderten) Bezugsperson, es kommt zu negativen Emotionen, die die Unruhe beim Kind wiederum verstärken. Es besteht eine Reihe von Zusammenhängen zwischen inadäquater oder dysfunktionaler Emotionsregulation und Verhaltensauffälligkeiten sowie -störungen im Kindes- und Jugendalter (zusammenfassender Überblick: Barnow, 2012; s. a. Papousek, 2004).

Die Unterstützung des Aufbaus adäquater Strategien der Affekt- bzw. Emotionsregulation kann durch eine professionelle Begleitung der Bezugsperson-Kind-Interaktion erfolgen (vgl. ▶ **Kap. 4.1, 5.1 und 7**) oder durch die gezielte Förderung dieser Fähigkeit in pädagogischen Zusammenhängen (▶ **Kap. 5.2 und 5.3**).

2.5.3 Die Bedeutung der sozialen Perspektivenübernahme und des Aufbaus sozialer Kompetenz

Der Aufbau sozial kompetenten Verhaltens ist eine wesentliche Entwicklungsaufgabe des Kindesalters. Zu dieser Verhaltensdimension gibt es eine kaum mehr überschaubare Zahl von Definitionen, Konzepten, Studien und Förderprogrammen.

Aus dieser Vielzahl von *Definitionen* sollen exemplarisch zwei vorgestellt werden: Unter sozialen Kompetenzen werden »Fähigkeiten und Fertigkeiten von Individuen und Gruppen [verstanden], die den sozialen Umgang zwischen diesen strukturieren, erleichtern und steuern« (Manns & Schultze, 2004, S. 53).

Nach Sommer (1977) ist soziale Kompetenz die »Verfügbarkeit und angemessene Anwendung von Verhaltensweisen (motorischen, kognitiven und emotionalen) zur Auseinandersetzung mit konkreten Lebenssituationen, die für das Individuum und/oder seine Umwelt relevant sind« (ebd., S. 75). Das Verhalten ist dann effektiv, wenn es »dem Individuum kurz- und langfristig ein Maximum an positiven oder ein Minimum an negativen Konsequenzen bringt, gleichzeitig für die soziale Umwelt und Gesellschaft kurz- und langfristig zumindest nicht negativ, möglichst aber auch positiv ist« (ebd.).

In dieser Definition wird, und dies ist bedeutsam, zwischen a) der Verfügbarkeit und b) der angemessenen Anwendung von sozial kompetenten Verhaltensweisen unterschieden: Es ist nicht sicher, dass jemand, der z. B. über gute Kommunikationsfähigkeiten verfügt, diese dann auch entsprechend umsetzt. Unterschieden wird zwischen motorischen, kognitiven und emotionalen Verhaltensweisen; das Verhalten wird zudem auf einen Bewertungsmaßstab bezogen.

Lösel et al. (2007, S. 216) beschreiben folgende »Komponenten« der sozialen Kompetenz: »soziale Wahrnehmung, Informationsverarbeitung, Empathie, Emotionsregulation, Selbstkontrolle und Handlungsfertigkeiten.«.

Diese Elemente sollen im Folgenden genauer betrachtet werden:

1. Die Wahrnehmung und die Interpretation sozialer Situationen; Informationsverarbeitung

Die Wahrnehmung und Interpretation sozialer Situationen ist durch einen Prozess gekennzeichnet, der vom Erkennen von Verhaltensweisen über deren Interpretation zur Reaktionssuche, zur Reaktionsentscheidung und dann -umsetzung gekennzeichnet ist. Soziale Kompetenz basiert also auf einer möglichst unverzerrten Verarbeitung der Informationen in sozialen Situationen (Crick & Dodge, 1994).

Verzerrungen, die schon bei der Informationsverarbeitung – zum Beispiel durch ein geringes Selbstwerterleben – zustande kommen, lenken von vornherein die Aktivierung und Realisierung von konkreten Handlungsmöglichkeiten in der sozialen Situation und schränken diese ein.

2. Empathie

»Empathie, d. h. das Vermögen, sich in andere Personen hineinversetzen zu können, ihre Gedanken nachvollziehen und ihre Gefühle identifizieren und nachempfinden zu können, ist eine wesentliche Voraussetzung für adäquates Verhalten in zahlreichen sozialen Interaktionen. Empathische Fähigkeiten unterstützen unter anderem das Verständnis und die Akzeptanz von Menschen aus anderen Kulturkreisen oder sozialen Schichten, helfen Missverständnissen und Konflikten vorzubeugen und machen nicht zuletzt auch sensibler im Umgang mit Menschen, die Hilfe brauchen« (Aßhauer et al., 1999, S. 13).

Voraussetzung für das Entwickeln von Empathie ist die Fähigkeit zur Perspektivenübernahme. Die meisten Kinder sind mit einem Alter von zwei Jahren in der Lage, zu erkennen, dass andere Menschen gleichfalls Wünsche haben, und sie können den Unterschied zwischen der eigenen Bedürfnislage und der anderer Personen repräsentieren (Flavell et al., 1999). Untersuchungen zur »Theory of Mind« – dies charakterisiert die Fähigkeit, anderen Personen mentale Zustände wie z. B. Wünsche und Intentionen zuzuschreiben (Premack & Woodruff, 1978) – zeigen, dass die meisten Kinder die Fähigkeit zur Perspektivenübernahme mit etwa vier Jahren ausgebildet haben. Fonagy und Target (z. B. Fonagy et al., 2004) haben nachweisen können, dass die Fähigkeit zur »Mentalisierung« – also sich selbst und andere als Wesen mit seelischen Zuständen zu verstehen und sich dadurch mit eigenen psychischen Zuständen und denen anderer befassen zu können – in Interaktionsprozessen gebildet wird und eine zentrale Voraussetzung für Empathie darstellt.

Mitgefühl »als eine Reaktion auf die Notlage und den Kummer einer anderen Person« (Ulich et al., 2002, S. 113) kann schon im Alter von 24 Monaten beobachtet werden und führt dann zu Vorformen prosozialen Verhaltens. Wesentlich ist auch hier das Verhalten der Bezugspersonen als Vorbild und in der direkt erlebten Interaktion (ebd.).

3. Emotionale Kompetenz

Emotionale Kompetenz ist ein umfassenderes Konstrukt und wird nach Petermann und Wiedebusch (2003) verstanden als Fähigkeit

- sich seiner eigenen Gefühle bewusst zu sein
- Gefühle mündlich und sprachlich zum Ausdruck zu bringen und zu kommunizieren zu können
- Gefühle eigenständig regulieren und kontrollieren zu können
- Gefühle anderer Personen zu erkennen und zu verstehen

(s. a. Saarni, 2002).

Mangelnde emotionale Kompetenz steht wiederum im Zusammenhang mit einem höheren Risiko für das Entstehen von Verhaltensauffälligkeiten (Petermann & Wiedebusch, 2003; Lösel et al., 2007).

4. Verhaltensmöglichkeiten in der Situation.

In sozialen Situationen geht es neben den oben genannten Voraussetzungen dann darum, ein Spektrum an konkreten Fertigkeiten zur Verfügung zu haben, um angemessen handeln zu können.

Zunächst einmal muss die Fähigkeit entwickelt werden, Kommunikation aufzunehmen, aufrechtzuerhalten – insbesonders die Anwendung von Kommunikationsregeln (ausreden lassen, zuhören, Pausen) – und zu beenden.

Sowohl bei der *Lösung von* (zwischenmenschlichen) *Konflikten*, aber auch der Selbsteinbringung oder *Selbstbehauptung*, müssen die zur Verfügung stehenden Handlungsmöglichkeiten abgewogen und im Weiteren realisiert werden. Im Falle der Selbstbehauptung geht es zum Beispiel darum, negative Gefühle und Kritik angemessen zum Ausdruck zu bringen, Nein sagen zu können, Wünsche äußern zu können, Forderungen zu stellen. Beim Konflikt geht es darum, mögliche Konsequenzen deutlicher in Betracht zu ziehen und Ziele bzw. Lösungen nach möglichen Ausgängen zu bewerten. Ebenso bedeutsam ist es hier, Verständnis für das Verhalten und die Bedürfnisse anderer zu zeigen. Im letzten Schritt geht es dann darum, die gerade erfolgten Konsequenzen zu bewerten und innerpsychisch zu integrieren.

2.5.4 Die Bedeutung des Erlebens von Kontrolle und Selbstwirksamkeit

Entsprechend der Lebenserfahrungen, die ein Individuum insbesondere in den ersten Lebensjahren macht, »entwickelt es eine Grundüberzeugung darüber, inwieweit das Leben einen Sinn macht, ob Voraussehbarkeit und Kontrollmöglichkeit besteht, ob es sich lohnt, sich einzusetzen und zu engagieren […] Diese lebensgeschichtlichen Erfahrungen führen zu bestimmten Erwartungen, in welchem Ausmaß dieses Grundbedürfnis befriedigt wird« (Grawe, 1998, S. 350; vgl. auch Rotter, 1966). Kontrollerleben wird über (Beziehungs-)Erfahrungen von Regelmäßigkeit und Verlässlichkeit aufgebaut. Wenn das (kleine) Kind erlebt, dass seine Bedürfnisse und Äußerungen wahrgenommen und beantwortet werden und dass Abläufe, z. B. beim Einschlafritual, weitestgehend gleichartig verlaufen, kann es auf kognitiver Ebene Verständnis für die Außenwelt entwickeln und entsprechende Schemata aufbauen (s. u.). Auf emotionaler Ebene entsteht ein Grundgefühl von Sicherheit.

Das Erleben von Kontrolle steht in engem Zusammenhang mit dem Erleben von Selbstwirksamkeit (»self-efficacy«, Bandura, 1977, 1995, 1997). Selbstwirksam zu sein heißt, aufgrund bisheriger Erfahrungen auf seine Fähigkeiten und verfügbaren Mittel vertrauen zu können und davon auszugehen, ein bestimmtes Ziel auch durch Überwindung von Hindernissen am Ende tatsächlich erreichen zu können.

Eine große Bedeutung haben dabei die Erwartungen, ob das eigene Handeln zu Effekten führt oder nicht. Diese Erwartungen steuern schon im Vorhinein das Herangehen an Situationen und Aufgaben, damit auch die Art und Weise der Bewältigung, und führen so oftmals zu einer Bestätigung des eigenen Selbstwirksamkeitserlebens.

Selbstwirksamkeitserwartungen werden nach Bandura (1977) aus vier wesentlichen Quellen gespeist; Jerusalem (1990, S. 33) fasst diese wie folgt zusammen: »direkte Handlungserfahrungen, stellvertretende Erfahrungen, sprachliche Überzeugungen und die wahrgenommene physische Erregung. Die einflussreichste und überzeugendste Informationsquelle stellen eigene Handlungen dar, wobei Erfolge die Erwartung von Selbstwirksamkeit stärken und Misserfolge sich entsprechend ungünstig auswirken«.

Die Ergebnisse der empirischen Säuglingsforschung haben gezeigt, dass auch die Wurzeln für die Entstehung des Selbstwirksamkeitserlebens schon in einem sehr frühen Entwicklungsabschnitt, nämlich dem der sogenannten Kern-Selbstbildung (ca. zwischen dem dritten bis siebten/neunten Lebensmonat) liegen. Dabei ist es sehr entscheidend, in welchem Ausmaß und mit welcher Eindeutigkeit Kinder sogenannte »Urheberschaftserfahrungen« machen können (vgl. Stern, 1992; Dornes, 2009, 1997).

Das Selbstwirksamkeitserleben wird gefördert durch angemessene Rückmeldungen der Bezugspersonen. Bedeutsam ist hier der Prozess der gemeinsam »geteilten Aufmerksamkeit« *(joint attention;* s. Pauen, 2007; Tomasello, 1995): Durch das gemeinsame Zeigen von Kind und Bezugsperson auf ein Objekt, das präsente Beschäftigen mit der gleichen Sache macht das Kind die Erfahrung, dass das eigene Handeln bedeutsam ist und dass sein Handeln (auch in der Beziehung) wirkungsvoll ist.

Fehlendes Kontroll- oder Selbstwirksamkeitserleben führt hingegen zu Stress und Angst (z. B. Jerusalem, 1990), zu verringertem Selbstwert-Erleben bis hin zu Gefühlen genereller Handlungsunfähigkeit.

2.5.5 Der Aufbau kognitiver Schemata und allgemeiner Problemlösekompetenzen

Auch »die kognitive Entwicklung ist kein passiver Prozess, sondern bereits der Säugling ist darauf aus, sich aktiv seine Umwelt anzueignen, seine vorhandenen Kern-Wissensbestände zu erweitern und Neues aus der Umwelt aufzunehmen« (Mischo, 2009a, S. 129). In dieser Auseinandersetzung mit der Umwelt werden Kategorien und später kognitive Schemata gebildet, die in hohem Maße miteinander vernetzt sind. Dieser Aufbau vollzieht sich systematisch und gleichfalls als »Prozess der Ko-Konstruktion« (ebd.) zwischen Kind und Bezugspersonen. Dazu braucht das Kind Erwachsene, die es begleiten, Anforderungen in seiner »Zone der nächsten Entwicklung« (Wygotsky, 1987) stellen und es auch beim Aufbau sogenannter Metakognitionen (Pramling, 1990; Gisbert, 2004) unterstützen (vgl. insgesamt Mischo, 2009a).

Daneben ist es bedeutsam, dass Kinder gezielte Problemlösekompetenzen aufbauen, die über das »einfache« Versuch-Irrtum-Verhalten hinausgehen. Unter Problemlösekompetenz wird die Fähigkeit verstanden, »komplexe, fachlich nicht eindeutig zuzuordnende Sachverhalte gedanklich zu durchdringen und zu verstehen, um dann unter Rückgriff auf vorhandenes Wissen Handlungsmöglichkeiten zu entwickeln, zu bewerten und erfolgreich umzusetzen« (Leutner et al., 2005, S. 125).

Eine gute Problemlösefähigkeit zeichnet sich dadurch aus, dass der Mensch in der Lage ist, angemessene Entscheidungen besonders in herausfordernden oder gar belastenden Situationen zu treffen; er verfügt über ein breites Repertoire an Entscheidungsalternativen. Diese Entscheidungsalternativen können strukturiert gegeneinander abgewogen werden, Vor- und Nachteile der einzelnen Entscheidungen können differenziert und gewichtet werden. Bei einer Verbesserung von

Problemlösestrategien werden auch das Selbstbild der betreffenden Person und ihr Stressmanagement verbessert. Dies geschieht deshalb, weil positive Bewältigungs- und Selbstwirksamkeitserfahrungen gemacht werden (vgl. Fröhlich-Gildhoff et al., 2012b).

3 Systematisierung entwicklungsfördernden Handelns

In diesem Kapitel werden grundlegende Aspekte systematisierten entwicklungsförderlichen Handelns dargestellt. Dabei wird der Kreislauf Beobachtung/Analyse – Planung – Handeln – Reflexion/Evaluation weiter spezifiziert.

3.1 Erkennen, Verstehen, Interpretieren (Beobachtung und Diagnostik)

3.1.1 Der allgemeine Prozess

Definitionen

Grundlage jedes professionellen Handelns sollte eine systematische, das heißt regelgeleitete und reflektierte Beobachtung von Phänomenen auf individueller, Gruppen- und Systemebene sein, die dann den Ausgangspunkt für die eigentliche Handlungsplanung und -realisierung darstellt. Derartige Beobachtungs- und Einschätzungsprozesse laufen oft in Sekundenbruchteilen ab – sie sollten dennoch prinzipiell nachvollziehbar, rekonstruierbar und begründbar sein.

Es geht also darum, Phänomene – wie beispielsweise das sehr engagierte Bauen eines Turms mit Holzklötzen von zwei Dreijährigen, ihr Experimentieren mit der Schwerkraft, ihre Kooperation, die »Schulung« ihrer Motorik usw. – zu erkennen, sie zu verstehen und auf der Grundlage wissenschaftlicher Erkenntnisse zu interpretieren.

Petermann und Macha (2007, S. 19) definieren in diesem Sinne den Begriff der »Entwicklungsdiagnostik«: »Entwicklungsdiagnostik bezeichnet die systematische Gewinnung und Integration von entwicklungsbezogenen Merkmalen einer Person mit dem Ziel der Darstellung und Bewertung von Entwicklungsverläufen, der Beschreibung von Entwicklungspotentialen und der Formulierung von Entwicklungsprognosen«. Dabei werden nach den Autoren »qualitative oder quantitative Aussagen angestrebt, die sich zum Beispiel auf

- eine Entwicklungsstufe,
- auf ein Entwicklungsprofil,
- auf Entwicklungsabweichungen oder Entwicklungsstörungen

richten« (ebd., S. 20).

Darüber hinaus muss der Diagnose- bzw. Beobachtungsprozess das Ziel haben, aus den gewonnen Daten Schlussfolgerungen für die Begegnung – in der direkten Interaktion und/oder in Form gezielter Interventionen – zu ziehen.

Prozessuales Vorgehen

Dabei werden unterschiedliche Vorgehensweisen gewählt und Verfahren eingesetzt. Für den Bereich der Früh-/Kindheitspädagogik haben Mischo, Weltzien und Fröhlich-Gildhoff (2011) ein *Prozessmodell* entwickelt, das von einem breiten Beobachten der pädagogischen Fachkräfte auf der Grundlage empirisch abgesicherter Instrumente[10] ausgeht. Diese Beobachtungen werden – am besten im Team – reflektiert und validiert, damit auch interpretiert. Aus diesem intersubjektiven Prozess werden Entwicklungsthemen von Kindern identifiziert, die dann Grundlage für pädagogisches Handeln, den »pädagogischen Dialog«, sind. Das pädagogische Handeln wird im weitesten Sinne evaluiert, indem die pädagogische Handlung dahingehend reflektiert wird, inwieweit das Kind sie annimmt und in welcher Weise sie wirkt. Die Resultate der Screenings mit standardisierten Instrumenten und – gegebenenfalls der reflektierten – Beobachtungen werden auch dahingehend bewertet, ob bestimmte Auffälligkeiten oder Besonderheiten oder/und Risikofaktoren identifiziert werden. Dann ist eine spezifische Diagnostik – auch mit normierten Instrumenten – notwendig, um die Erkenntnisse weiter zu objektivieren und daraus fundierte (Handlungs-)Konsequenzen abzuleiten. Diese können in einer weitergehenden Förderung des Kindes bestehen und sollten gleichfalls im »pädagogischen Dialog« mit berücksichtigt werden.

---

10 Einige dieser Verfahren werden im ▶ Kap. 4.2 vorgestellt.

3 Systematisierung entwicklungsfördernden Handelns

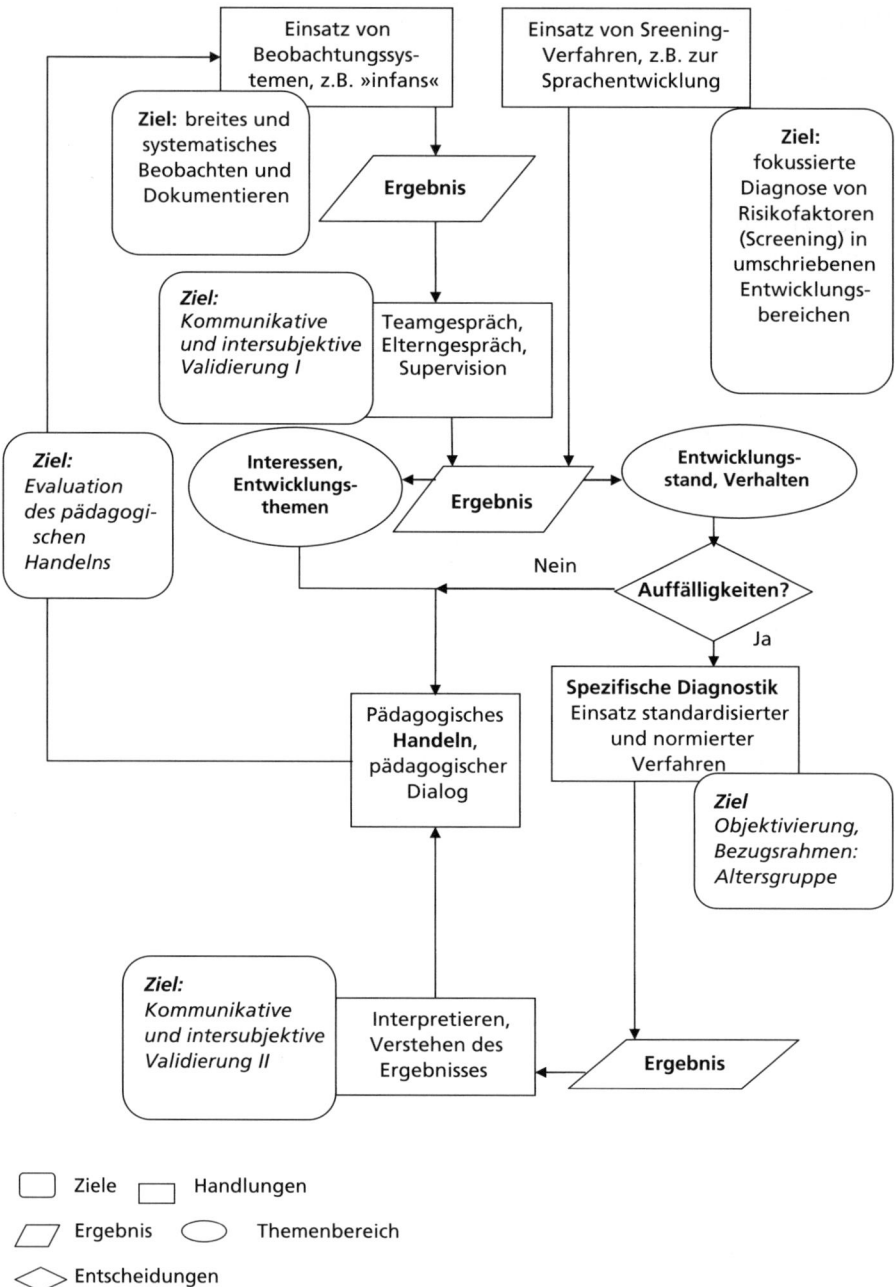

Abb. 3.1: Prozessmodell systematischer Beobachtung und Diagnostik (aus: Mischo et al., 2011, S. 17)

Grundprinzipien

Beim diagnostischen Vorgehen sind einige wichtige *Grundprinzipien* zu berücksichtigen (Fröhlich-Gildhoff, 2013; Petermann et al., 2004; Döpfner et al., 2000):

1. Hypothesengeleitetes Vorgehen:

Der diagnostische Prozess basiert darauf, dass Informationen gesammelt und später zu Hypothesen verdichtet werden. Es ist wichtig, hierbei ein hohes Maß an Offenheit zu bewahren, sich nicht von einzelnen Daten oder Einschätzungen leiten zu lassen, sondern zu versuchen, möglichst auch »widersprüchliche« Erkenntnisse zu integrieren. Die gebildeten Hypothesen werden immer wieder überprüft, sie können verifiziert oder eben auch falsifiziert werden.

2. Multimodales Vorgehen:

Dies bedeutet, dass immer verschiedene Informationsquellen (verschiedene Modi) berücksichtigt werden müssen, um Daten zu gewinnen. Aus vielen Untersuchungen ist bekannt, dass zum Beispiel Selbsturteile eines Kindes/Jugendlichen und Einschätzungen der Eltern oder auch der Lehrer nur gering miteinander korrelieren. Auf diesem Hintergrund ist es wichtig, Daten breit zu sammeln und verschiedenen Perspektiven Geltung zu verschaffen.

3. Multimethodales Vorgehen:

Es sollten bei der Diagnostik immer verschiedene Untersuchungsmethoden zum Einsatz kommen, z. B. Gespräche/Interviews, Testverfahren, Beobachtungsverfahren usw.

4. Ganzheitlichkeit und Ressourcenorientierung:

Das diagnostische Vorgehen sollte ganzheitlich sein, sich nicht nur auf ein möglicherweise präsentiertes Problemverhalten beziehen, sondern immer auch die Ressourcen der Betroffenen originär mit einbeziehen. Dies impliziert insbesondere, dass ein Blick auf Stärken, aber auch bisherige Bewältigungsversuche gerichtet wird.

Fehlerquellen

Beobachtungs- bzw. Diagnoseprozesse sind interaktionelle Prozesse und unterliegen möglichen Fehlern, die sorgfältig bei der Analyse der Ergebnisse reflektiert werden müssen. Weltzien (2011, S. 21) führt in Anlehnung an Kasüschke und Fröhlich-Gildhoff (2008, S. 120f.) und Viernickel und Völkel (2009) typische Beobachtungsfehler oder »Beobachtungsfallen« auf:

- »Physiologische Faktoren, z. B. mangelnde Aufmerksamkeit, Stress oder Übermüdung des Beobachters/der Beobachterin;
- Motivationslage in der Beobachtung verschiedener Kinder oder Settings, die unbewusst zu einer anderen Beobachtungsqualität führt;

- Involviertheit/Engagiertheit (z. B. durch besonders enge Beziehungen), die die Konzentration/Aufmerksamkeit beeinflusst;
- Vorannahmen und Erwartungshaltungen, die das Beobachtete beeinflussen;
- Tendenz zur Geschlossenheit (vgl. Thiesen, 2003, S.16 ff.), die dazu führt, Widersprüche in Wahrnehmungen möglichst zu reduzieren;
- Überstrahlungseffekte, z. B. bei Merkmalen und Verhaltensweisen, die besonders hervorstechen und in Beobachtungen dominieren, so dass die Aufmerksamkeit für andere Aspekte verringert ist.«

Gütekriterien

Zur Verringerung dieser Fehlermöglichkeiten werden Gütekriterien formuliert, die sowohl für den diagnostischen Prozess als auch für die dabei eingesetzten Instrumente bedeutsam sind:

Als Hauptgütekriterien werden Validität (Gültigkeit), Reliabilität (Zuverlässigkeit) und Objektivität (Unabhängigkeit von der durchführenden Person) angesehen (Überblicke z. B. bei Mischo, 2011; Castello, 2009; Petermann & Macha, 2007; Röhrle, Caspar & Schlottke, 2007).

Die Gültigkeit (*Validität*) eines Verfahrens lässt sich durch die Frage beschreiben: »Misst das Verfahren das, was es zu messen beabsichtigt?« Hierbei geht es darum zu beurteilen, ob das avisierte Ziel – beispielsweise die Erfassung des Sprachstandes – mit dem Verfahren erreicht wird.

Das Gütekriterium *Reliabilität* wird erfasst über Wiederholungsmessungen, die Anwendung analoger Verfahren (z. B. Paralleltests), aber auch durch die Überprüfung des Zusammenhangs der einzelnen Beobachtungsdaten (z. B. Fragen); hier spricht man dann von »innerer Konsistenz«. Besonders wichtig kann dabei auch der Abgleich der (beobachteten) Daten mit anderen Personen sein.

Die *Objektivität* soll gewährleistet werden durch klare, eindeutige Anweisungen zur Durchführung des Verfahrens und zur Auswertung der Daten.

Die *Normierung* »ermöglicht das Einordnen individueller Ergebnisse anhand einer repräsentativen Stichprobe, die im Vorfeld im Rahmen der Konstruktion des Verfahrens untersucht wurde, und in der Auswertung individueller Leistungen als Vergleichsgruppe herangezogen wird« (Castello, 2009, S. 232).

Zusätzlich werden als »Nebengütekriterien« genannt: »Die *Ökonomie* des Verfahrens muss sich immer am Verhältnis von Aufwand und Nutzen ermessen – ein Verfahren, das sich problemlos in den Alltag integrieren lässt, das rasch durchgeführt und ausgewertet werden kann und hilfreiche Daten zur Verfügung stellt, ist als ökonomisch zu bezeichnen. Ob ein Verfahren als fair bewertet wird (Nebengütekriterium *Fairness*) muss daran bewertet werden, ob es allen Untersuchten die gleichen Voraussetzungen bietet, um das untersuchte Verhalten in der Testsituation zeigen zu können« (Castello, 2009, S. 233) – hier stellt die oft mangelnde Kultursensitivität von Testverfahren ein Problem dar.

Die genannten Gütekriterien wurden im Rahmen der Testtheorie und -entwicklung formuliert und sind mittels empirischer Verfahren zu überprüfen. Weltzien (2011, S. 24 ff.) hat die Gütekriterien in »modifizierten Sinne« auch auf die pro-

3.1 Erkennen, Verstehen, Interpretieren (Beobachtung und Diagnostik)

zessorientierten Beobachtungs- und Diagnose-Verfahren v. a. im Bereich der (Früh-)Pädagogik übertragen.

Verfahren

Für die Erfassung von Entwicklungen, das Einschätzen des »Standes« eines Kindes, aber auch möglicher Auffälligkeiten liegt eine Vielzahl prozessorientierter wie standardisierter Verfahren vor. Für die Auswahl von Verfahren lassen sich laut Castello (2009, S. 233) »wichtige Leitfragen wie folgt zusammenfassen:
Untersuchen die Verfahren das, was Inhalt der Fragestellung ist? Ist das Verfahren zuverlässig? Ist das Verfahren ausreichend normiert? Stehen Kosten und Nutzen des Verfahrens in einem angemessenen Verhältnis?«.

Eine grobe Klassifizierung der Verfahren kann wie folgt vorgenommen werden:

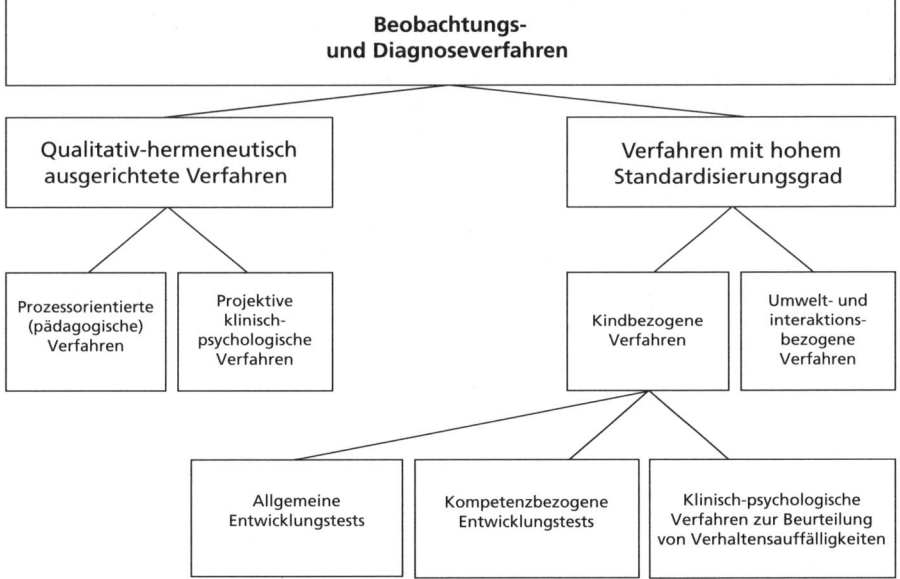

Abb. 3.2: Klassifizierung von Beobachtungs- und Diagnoseverfahren

Es kann nicht Gegenstand dieses Buches sein, die Vielfalt der Verfahren vorzustellen, zumal es dazu umfangreiche Überblickswerke gibt (z. B. Röhrle et al, 2007; Mischo, Weltzien & Fröhlich-Gildhoff, 2011; Überblick über die standardisierten Testverfahren: www.testzentrale.de).

Exemplarisch sollen jedoch ein allgemeiner Entwicklungstest und ein Verfahren zur Beurteilung von Verhaltensauffälligkeiten vorgestellt werden. In den weiteren Kapiteln dieses Buches wird noch auf andere Verfahren eingegangen; so werden prozessorientierte pädagogische Verfahren im Teil 4.2. vorgestellt.

Entwicklungstest »sechs Monate bis sechs Jahre« (ET 6–6)

(Petermann, Stein & Macha, 3. Aufl., 2008)[11]

Anwendungsbereich und Zielsetzung

Das Besondere am Entwicklungstest ET 6–6 ist, dass dieses Verfahren zur kriteriumsorientierten Entwicklungsdiagnostik für die Gruppe der Kinder von sechs Monaten bis sechs Jahren entwickelt wurde. Beim kriteriumsorientierten Testen wird untersucht, ob ein Kind Aufgaben bzw. Anforderungen in einer Testsituation bewältigt bzw. nicht bewältigt, die von einem Großteil (meist 90 %) der Gleichaltrigen bereits bewältigt werden. Hierüber wird versucht, den Entwicklungsstand eines Kindes zu messen und Entwicklungsrückstände zu erkennen, auch mit dem Ziel der Vorbereitung einer passgenauen Förderung.

Theoretische Grundlagen

Im Verfahren wird dies umgesetzt, indem ein zu untersuchendes Kind mit den für seine Entwicklungsperiode typischen Kompetenzprofilen verglichen wird, um diese Information auch prognostisch nutzbar zu machen. Der ET 6–6 wurde auf der Grundlage empirischer Beschreibungen von typischen Mustern von Entwicklungsverläufen, grundlegenden und komplexen Fertigkeiten konstruiert, die eine normale Entwicklung in einem bestimmten Abschnitt kennzeichnen. Bei der Testkonstruktion wurde das Prinzip der essenziellen Grenzsteine berücksichtigt (Michaelis & Niemann, 2004). Die Autoren postulieren, dass notwendige Entwicklungsschritte erfolgen müssen, um bestimmte Kompetenzen zu entwickeln und dass das Ausbleiben dieser essenziellen Grenzsteine mit hoher Wahrscheinlichkeit zu Entwicklungsauffälligkeiten führt.

Aufbau und Durchführung

Neben dem Durchführungsmanual enthält der ET 6–6 ein erläuterndes Handbuch, eine Auswertungsschablone, Elternfragebögen und jeweils 10 Protokoll- und Auswertungsbögen. Weiterhin enthält der Testkoffer zahlreiche Untersuchungsmaterialien wie Bälle, Puzzle, Würfel, Bildkarten und Ähnliches.

Die Normangaben des ET 6–6 ermöglichen eine Untersuchung von Kindern aus zwölf Altersgruppen in den Entwicklungsbereichen Körpermotorik, Handmotorik, Nachzeichnen (ab vier Jahre), kognitive Entwicklung, Sprachentwicklung, Sozialentwicklung und emotionale Entwicklung.

Die Messung des Entwicklungsstands findet möglichst durch eine Beobachtung des Kindes in einer Interaktionssituation statt; einige Daten werden im Elterngespräch erhoben. Die Untersuchung findet gemeinsam mit den Eltern statt, sie dauert ca. 20 Minuten (Säuglinge) bis ca. 50 Minuten (ab drei Jahren).

Entsprechend dem Alter des Kindes werden die Testaufgaben anhand des vorgesehenen Protokoll- und Auswertungsbogens durchgeführt. Die Eltern haben dabei Gelegenheit, den Fragebogen auszufüllen.

---

11 Die Beschreibung ist von Castello (2011, S. 120 ff.) übernommen.

Danach wird ein Entwicklungsprofil erstellt, das folgende Testergebnisse zusammenfasst und unterscheidet:

- »leichte globale Entwicklungsverzögerungen, die sich auf allen Dimensionen zeigen und deren Defizite im weiteren Entwicklungsverlauf wieder aufholbar sind«;
- »starke Abweichungen in thematisch zusammengehörigen Entwicklungsdimensionen, die eine gezielte Förderung anstoßen sollten«;
- »isolierte Entwicklungsrückstände bei ansonsten unauffälligem Profil, die auf eine Teilleistungsschwäche hinweisen«;
- »deutliche Entwicklungsrückstände in allen Bereichen, die auf globale Entwicklungsverzögerungen hinweisen und breit angelegte Fördermaßnahmen initiieren sollten«.

Resümee

ET 6–6 wurde an insgesamt 950 Kindern normiert, die Normen liegen für alle Entwicklungsdimensionen in den 12 Altersgruppen vor. Aufgrund der geringen Fallzahlen pro Zelle sollten individuelle Abweichungen genau analysiert werden.

Es liegen detaillierte Angaben zur Durchführung, Auswertung und Interpretation vor, so dass das Kriterium der Objektivität des ET 6–6 erfüllt ist. Angaben zur Reliabilität liegen nicht vor, positive Befunde zur prognostischen Validität hingegen schon. Beim ET 6–6 handelt es sich um ein effizientes Verfahren, das sich leicht und relativ schnell durchführen lässt, da nur wenige essenzielle Fertigkeiten erhoben werden.

Bullying- und Viktimisierungsfragebogen (BVF), Kinderversion und Lehrerversion (Marées & Petermann, 2010)

Anwendungsbereich und Zielsetzung

Der Bullying- und Viktimisierungsfragebogen für Kinder (BVF-K) erfasst – nach den Angaben der AutorInnen – die Häufigkeit, mit der Kinder als Opfer und/oder Täter von direkt oder indirekt/relational aggressiven Handlungen betroffen sind. Die Opferskala umfasst direkte und indirekte/relationale Viktimisierung, die Täterskala gliedert sich in direkte und indirekte/relationale Aggression. Die Anwendung erfolgt als Einzelinterview bei Kindern im Alter von vier bis acht Jahren oder als Gruppenbefragung bei Kindern von acht bis elf Jahren. Die Version für Lehrkräfte (BVF-L) erfasst ebenfalls Bullying (Täterskala) und Viktimisierung (Opferskala). Die Täterskala gliedert sich in reaktive und proaktive Aggressionsformen eines Kindes nach dem Urteil der ErzieherInnen/LehrerInnen, die Opferskala umfasst primäre und sekundäre Opferanzeichen. Eine pädagogische Fachkraft oder eine Lehrkraft beurteilt dazu, wie zutreffend

---

12 Die Beschreibung des Bogens ist übernommen aus Fröhlich-Gildhoff (2011, S. 238 ff.).

Verhaltensbeschreibungen für ein Kind sind. Anwendungsbereiche der Instrumente sind neben der Erhebung der Bullyingprävalenz in festen Kindergruppen, die Identifizierung der am Bullying beteiligten oder von Bullying betroffenen Kinder sowie die Evaluation von Maßnahmen zum Abbau von Bullying. Der Test ist geeignet für die Zielgruppe von Kindern im Alter von vier bis elf Jahren. Er wurde entwickelt für die Verwendung in der pädagogischen und schulpsychologischen Praxis.

Theoretische Grundlagen

Bullying ist im Rahmen der Aggressionsforschung zunehmend in den Fokus gerückt; es gehört zum Alltag in vielen Kindertageseinrichtungen und Schulen – ohne dass rechtzeitig das Augenmerk darauf gerichtet wird. Von Marées (2009) hat die empirischen Erkenntnisse zur Thematik sorgfältig aufgearbeitet; das Instrument orientiert sich an den »Subkategorien aggressiven Verhaltens, [...] reaktive und proaktive, offene/direkte und verdeckte/indirekte Aggression, wobei Letztere auch als relationale oder soziale Aggression bezeichnet wird« (ebd., S. 14).

Bullying wird in Anlehnung an Olweus (2006) definiert: »Bullying oder Mobbing bedeutet, dass ein Kind wiederholt und systematisch den direkten oder den indirekten negativen Handlungen eines oder mehrerer Kinder ausgesetzt ist. Olweus definiert eine negative Handlung als eine absichtliche Verursachung von Unwohlsein beim Gegenüber, welche die Form von physischem Kontakt, Worten, Gesichtsausdrücken und Gesten, absichtlicher Missachtung der Wünsche oder Vorschläge eines anderen, oder sozialer Isolation und Ausschluss annehmen kann« (von Marées, 2009, S. 19).

Nach einer Konstruktionsstudie (n = 475) wurde mittels testtheoretischer Analysen (Item- und Skalenanalysen; Faktorenanalysen) die Endversion des Bogens erstellt.

Die Testkennwerte liegen im befriedigenden bis guten Bereich.

Aufbau und Durchführung

Der Fragebogen BVK-K ist kindgerecht aufgebaut und umfasst eine Täterskala (8 Items, Subskalen: Direkte Aggression; Indirekte/Relationale Aggression) und eine Opferskala (8 Items; Subskalen: Direkte Viktimisierung; Indirekte/ Relationale Viktimisierung, Beispiel: »Wie oft helfen Dir andere Kinder, wenn Du Hilfe brauchst?«; dreistufige Antwortmöglichkeit »nie, manchmal, oft«). Ergänzend kann ein standardisiertes Interview durchgeführt werden.

Die Lehrerversion ist analog konstruiert: Täterskala (8 Items, Subskalen: reaktive und proaktive Aggression) und Opferskala (7 Items, Subskalen: Sekundäre Opferanzeichen, Primäre Opferanzeichen, Beispiel: »Das Kind hat wenig oder keine engen Freunde und ist oft allein«; dreistufige Antwortmöglichkeit »nicht zutreffend, teilweise zutreffend, eindeutig zutreffend«).

Die Auswertung ist standardisiert (Auswertungsbogen).

Es liegen nach Altersgruppe (4;0 – 6;11/7;0 – 8;11/9;0 – 11;11) und Geschlecht differenzierte Normtabellen vor. Die Bearbeitungsdauer beträgt für den BVF-K je nach Durchführungsart 15 bis 20 Minuten, für den BVF-L etwa fünf Minuten pro Kind.

Resümee

Mit dem BVF ist es möglich, einen bedeutsamen Bereich sozialer Interaktion in Kindertageseinrichtungen spezifischer zu erfassen und dabei insbesondere die Situation einzelner Kinder (in »Opfer«- oder »Täter«-Positionen) genauer zu betrachten – um dann gegebenenfalls gezielte pädagogische Interventionen planen und realisieren zu können. Das Instrument wurde sehr sorgfältig theoriegeleitet und methodisch entwickelt, die Testkennwerte sind als gut einzustufen. Zur alleinigen Diagnosestellung reicht das Verfahren allerdings nicht aus und sollte z. B. durch systematische Beobachtungen von Alltagssituationen und Reflexionen im Team ergänzt werden.

3.1.2 Erkennen und Einschätzen von Auffälligkeiten

Zum Begriff der »Auffälligkeit«

»Auffälligkeit« kann nur im Zusammenhang mit der Abweichung von einer Norm festgestellt werden und ist nur im sozialen Kontext verstehbar.

Grundsätzlich lassen sich unterschiedliche Normen unterscheiden:

1. *Soziale Normen* sind durch Erwartungen der Gesellschaft oder der jeweiligen Bezugsgruppe – beispielsweise der Familie oder der Schulklasse definiert. Soziale Normen sind teilweise in festen Regeln oder auch Gesetzen manifestiert, andererseits können sie auch deutlich variieren. So wird es zu Beginn des ersten Schuljahres noch vielfach toleriert werden, wenn ein Kind im Laufe des Unterrichtes seinen Platz verlässt, dieses Verhalten wird noch als »normal« angesehen. Am Ende des ersten Schuljahres sollte das Kind hingegen verinnerlicht haben, dass es »normal«, also der Norm entsprechend ist, dass der Platz während der Unterrichtszeit nicht mehr verlassen wird.
2. *Statistische Normen* beschreiben die Auftretenshäufigkeit von bestimmten Verhaltensweisen oder Merkmalen. Voraussetzung dafür ist, dass diese Merkmale relativ klar messbar oder erfassbar sind und entsprechend gemessen werden können. Dies ist bei physiologischen Merkmalen wie zum Beispiel der Körpergröße relativ einfach, nicht unbedingt jedoch bei psychischen Merkmalen oder Verhaltensweisen, weil vorab erst einmal theoretisch bestimmt werden muss, was überhaupt gemessen werden soll – ein typisches, entsprechend definiertes Merkmal ist die Intelligenz. In der Regel werden bei der Erfassung dieser Merkmale – zur Bestimmung einer Norm – relativ große Populationen untersucht, und es wird zumeist davon ausgegangen, dass die Verteilung dieser Merkmale dem Modell der Normalverteilung folgt.
Wesentliches Kennzeichen der Normalverteilung ist es, dass sich abhängig von der Standardabweichung relativ einfach Prozentränge festlegen lassen; davon ausgehend ließen sich dann auch Grenzen für Normalität bzw. Abweichung festlegen. So lässt sich beispielsweise festlegen, dass die oberen 2,5 % der mit einem Intelligenztest untersuchten Menschen als hochbegabt gelten können: 97,5 % der Vergleichsgruppe erzielen ein schlechteres Testergebnis.

3. *Funktionale Normen.* Hiernach ist derjenige »normal«, der bestimmte vorgegebene Anforderungen oder Funktionen erfüllen kann.
4. *Ideale Normen.* Danach ist diejenige Person »normal«, die insgesamt oder in bestimmten Merkmalen Kennzeichen von Vollkommenheit erfüllt. Typische Beispiele hierfür sind Schönheitsideale.
5. *Subjektive Normen.* Hiermit ist die individuelle, selbstgesetzte Normalität gemeint, die sich natürlich mit anderen Normen decken kann (vgl. zu den verschiedenen Normbegriffen z. B. Egger, 1992).

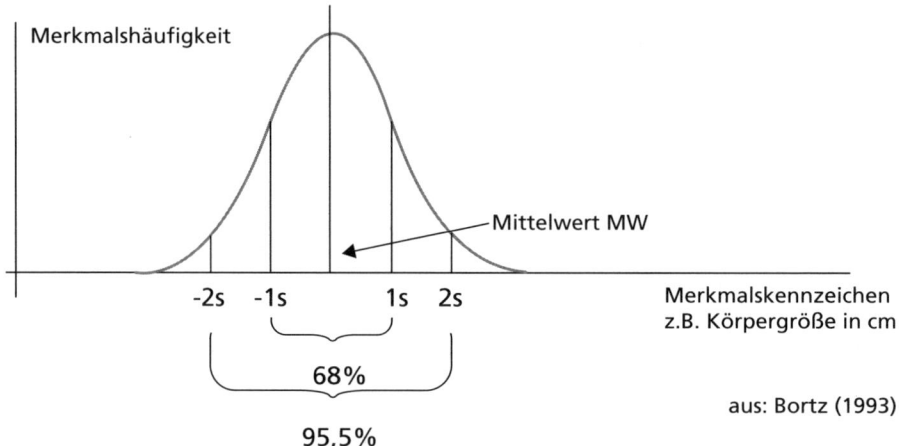

aus: Bortz (1993)

Bei einer Normalverteilung liegen 68% der Fälle im Bereich M ± 1s (Standardabweichung) 95,5% der Fälle liegen im Bereich M ± 2s

Abb. 3.3: Die Normalverteilung. *Anmerkung*: Die Standardabweichung ist ein statistisches Maß für die Abweichung der Einzelwerte einer Gruppe vom Mittelwert, damit für die Form der Normalverteilung.

Aus diesen Betrachtungen wird deutlich, dass letztlich alle Normen Übereinkünfte zwischen Menschen sind, also sozialen und/oder gesellschaftlichen Konstruktions- und Interpretationsprozessen unterliegen. Dies bedeutet zugleich, dass sich Normen zwischen sozialen Bezugsgruppen, zwischen Populationen, beispielsweise in unterschiedlichen Ländern, aber auch im historischen Kontext verändern (können).

Problematisch ist die begriffliche Zuschreibung, eine Person »hat eine Auffälligkeit«. Damit wird die Person in der Regel durch die Auffälligkeit beschrieben. Genauer wäre die Beschreibung: Eine Person »verhält sich auffällig«, dann sind Fragen nach Kontext und Ursachen des auffälligen Verhaltens möglich.

Grundsätzlich wird im Fachdiskurs von einem Kontinuum zwischen (verhaltens-)auffällig und nicht auffällig ausgegangen, es lässt sich keine scharfe Grenze definieren. Dennoch kann ein Katalog von Kriterien aufgestellt werden, die eine Einschätzung erlauben, in welchem Ausmaß ein Abweichen von der Norm bedeutsam ist.

Kriterien für »Auffälligkeit« bzw. »Störung«

Petermann et al. (2000) formulieren Kriterien für das Vorliegen einer Auffälligkeit bzw. Störung:

- »die Stärke und Anzahl der Symptome,
- die mit den Symptomen einhergehenden psychosozialen Beeinträchtigungen und Leistungsbeeinträchtigungen, die auch durch mögliche Ausgleichsprozesse nicht mehr verhindert werden können, sowie
- die Dauer der Symptomatik, Verlaufskriterien und deren Beeinträchtigungen« (ebd., S. 30 f.).

Petermann verdeutlicht diese Kriterien nochmals in einer entwicklungsorientierten Perspektive anhand eines Beispiels »für normales und negatives Sozialverhalten«:

Tab. 3.1: Beispiel für eine entwicklungsorientierte Betrachtung (modifiziert aus: Petermann et al., 2000, S. 17)

Altersstufe	Normales Verhalten	Problematisches Verhalten	Verhaltens-auffälligkeit
Kleinkindalter (bis 2 Jahre)	Kind kommt Anforderungen nach und lässt sich helfen	Kind verweigert Anforderungen; kann jedoch von Erwachsenen beeinflusst werden	Kind verweigert sich völlig
Frühe Kindheit (3.–5. Lebensjahr)	Kind zeigt angemessen Ärger und andere Gefühle, z. B. wenn es eingeschränkt wird	Kind ärgert andere absichtlich	Kind ist häufig wütend und beleidigt andere
Mittlere Kindheit (6.–12. Lebensjahr)	Kind behauptet angemessen seinen Standpunkt	Kind streitet häufig	Kind ist häufig wütend und beleidigt andere
Jugendalter (ab 13 Jahre)	Kind ist im Konfliktfall kooperationsbereit und kompromissfähig	Versucht, unangemessen, sich Vorteile zu verschaffen	Erpresst andere

Weitere Kriterien können zur Beurteilung hinzugezogen werden um einzuschätzen, ob und »wie bedeutsam ein Abweichen von der Norm ist« (Harnach-Beck, 2000, S. 89):

1. Alter und Geschlecht

Bestimmte Verhaltensweisen sind über Lebensalter »normiert«. So hat ein Kind in den europäischen Gesellschaften in der Regel mit vier bis 4½ Jahren sicher die Kontrolle über die eigene Blasenfunktion erlernt. Dann ist es »auffällig«, wenn ein 5½-jähriges Kind noch einnässt.
Ebenso werden bestimmte, insbesondere expansive Verhaltensweisen bei Jungen und Mädchen unterschiedlich bewertet.

2. Dauer des Verhaltens

3. Gegenwärtige Lebensumstände

Unter besonderer Belastung wie Wohnortwechsel, Trennung der Eltern etc. sind vorübergehende Stressreaktionen zu erwarten. Sie verschwinden im Allgemeinen in dem Maße, in dem das Kind und seine Familie lernen, mit der veränderten Situation besser umzugehen.

4. Soziokulturelle Zugehörigkeit

Die Normvorstellungen differieren sowohl schichtspezifisch als auch hinsichtlich der Zugehörigkeit beispielsweise zu einer ethnischen Gruppe.

5. Art und Vielfalt der Symptome

6. Häufigkeit und Intensität von Symptomen; Situationsabhängigkeit

Hier ist zu fragen, ob mehrere Bereiche des Lebens in welcher Intensität betroffen sind. So stellt sich die Frage, ob das zu beurteilende Verhalten zum Beispiel nur in der Schule oder auch in anderen Zusammenhängen auftritt.

Im Unterschied zu diesen kategoriengeleiteten Perspektiven wird »in der Entwicklungswissenschaft [...] eine Störung [...] als Entwicklungsabweichung angesehen. [...] Das Wechselspiel zwischen internalen und Umweltereignissen bestimmt, welcher Entwicklungspfad eingeschlagen wird. Störungen werden demnach nicht einfach als eine Abweichung nur zu einem bestimmten Zeitpunkt im Leben angesehen, sondern werden vielmehr als natürliche Folge spezifischer Entwicklungsphasen verstanden.« (Petermann et al., 2004, S. 300 f.). Genauso wie die normale Entwicklung ist auch die abweichende Entwicklung ein selbstorganisierendes Phänomen, dessen endgültiger Ausgang jedoch in einem bedeutenden Grad fehlorganisiert ist (Courchesne, Townsend & Chase, 1995, zitiert nach Petermann et al., 2004, S. 300 f.). Dadurch wird

- »die Ausbildung neuer Strukturen und Funktionen behindert,
- das Formen anderer und später erscheinender Strukturen und Funktionen verzerrt,
- die Konstruktion von sonst nicht auftretenden Strukturen und Funktionen ermöglicht und/oder
- die Ausbildung und der Gebrauch vorher entstandener Strukturen und Funktionen begrenzt« (Petermann et al., 2004, ebd.).

Bestimmte Verhaltens- oder Entwicklungsauffälligkeiten können als »Extremvarianten der normalen Variabilität« (ebd.) betrachtet werden. In diesem Sinne geht es dann eher darum, Meilensteine der Entwicklung zu beschreiben, deren Nicht-Erreichen zumindest dazu führen sollte, differenziertere diagnostische Maßnahmen durchzuführen (z. B. Petermann & Macha, 2007, S. 35 f.).

Spezifisch: Verhaltensauffälligkeit

Der spezifische Begriff der »Verhaltensauffälligkeit« wird in den unterschiedlichsten Zusammenhängen und wissenschaftlichen Disziplinen verschieden definiert (z. B. Willmann, 2012; Ahrbeck & Willmann, 2009; Fröhlich-Gildhoff, 2013; Petermann et al., 2000) und bezeichnet letztlich Verhaltensformen, die von der (sozialen) Gruppennorm abweichen. Neben dem Begriff der Verhaltensauffälligkeit werden die Begriffe »Verhaltensstörung« oder »Seelische Erkrankung im Kindesalter« verwandt; bei Letzteren ist von einer klaren klinischen Relevanz und entsprechender Behandlungsnotwendigkeit auszugehen. Allerdings kann auch hier keine scharfe Trennung vorgenommen werden: So wird im Klassifikationssystem der Weltgesundheitsorganisation WHO ICD-10 (»Internationale Klassifikation psychischer Störungen«, Dilling et al., 2008) hingewiesen: »›Störung‹ ist kein exakter Begriff. Seine Verwendung in dieser Klassifikation soll einen klinisch erkennbaren Komplex von Symptomen oder Verhaltensauffälligkeiten anzeigen, die immer auf der individuellen und oft auch auf der Gruppen- oder sozialen Ebene mit Belastungen, mit Beeinträchtigungen von Funktionen verbunden sind« (ebd., S. 23).

Die Kategorisierung einer Verhaltensweise als »auffällig« – oder gar als »Störung« – bedarf immer einer umfassenden und sorgfältigen Beobachtung mit unterschiedlichsten Methoden, in unterschiedlichen Zusammenhängen und unter Zuhilfenahme der Informationen von verschiedenen Beteiligten.

Diagnostische Kategoriensysteme

Im Bereich der körperlichen und seelischen Auffälligkeiten bzw. Störungen hat es sich durchgesetzt, Symptome und Auffälligkeiten unter Diagnose-Begriffen zusammenzufassen: So sind individuumsübergreifende Betrachtungen der Störungen oder Auffälligkeiten möglich, die zu allgemeineren Ursachen/Erklärungszusammenhängen, zur Identifikation von Risiko- und Schutzfaktoren, aber auch zu spezifischen Therapie- oder Unterstützungsmöglichkeiten führen. Diese Erkenntnisse können dann beim individuellen Vorliegen eines Problems (erste) Orientierung bieten.

In der Diagnostik und Klassifikation hat sich im deutschen Gesundheitssystem die internationale Klassifikation von Störungen (ICD – International Classification of Diseases) der Weltgesundheitsorganisation (WHO) etabliert[13]. In diesem System werden Symptome zusammengefasst, so dass einzelne Störungsbilder beschrieben bzw. zu beschreiben versucht werden; jedem Störungsbild ist eine Diagnoseziffer zugeordnet. Dieses System hat u. a. den Vorteil, dass eine (internationale) Ver-

---

13 Neben dem ICD-10 findet besonders im wissenschaftlichen Zusammenhang das »Diagnostische und statistische Manual psychischer Störungen«, das in seiner vierten Version vorliegt (DSM-IV, deutsch: Saß et al., 1996), Beachtung; dieses System wird im Jahr 2013 aktualisiert zum DSM-V. Auch der DSM-IV basiert auf der breiten klinischen Erfahrung einer Vielzahl von Fachleuten und auf dezidierteren statistischen Analysen. Die Diagnosesysteme haben sich im Laufe ihrer Revisionen zunehmend aneinander angeglichen; eine Gegenüberstellung der einzelnen Diagnosekategorien für den Bereich Kinder und Jugendliche findet sich bei Petermann et al. (2000, S. 35 ff.) bzw. Döpfner et al. (2000, S. 11 ff.).

gleichbarkeit der Diagnosen gegeben ist. Das Klassifikationssystem macht *keine* Aussagen über Ursachen der jeweiligen Störungen und mögliche Therapien.

Dieses Klassifikationssystem gilt zunächst für *alle* »Krankheiten und verwandten Gesundheitsprobleme«; es ist in seiner 10. Fassung Grundlage für die Diagnosestellungen im Gesundheitssystem (Deutsches Institut für Medizinische Dokumentation und Information, DIMDI, 2005) verbindlich; eine 11. Fassung ist 2013 in der Diskussion.

Im Kapitel F, der »Internationalen Klassifikation psychischer Störungen – ICD-10«, sind klinisch-diagnostische Leitlinien spezifisch für psychische Störungen kategorisiert und klassifiziert (Dilling et al., 2008).

»Die Abschnitte F80 – F89 (Entwicklungsstörungen) und F90 – F98 (Verhaltens- und emotionale Störungen mit Beginn in der Kindheit und Jugend) enthalten nur für die Kindheit und Jugend spezifische Störungen. Viele Störungen aus anderen Abschnitten können bei Personen jeden Alters auftreten und sind, wenn nötig, auch auf Kinder und Jugendliche zu verwenden. Beispiele sind Essstörungen (F50), Schlafstörungen (F51) und Geschlechtsidentitätsstörungen (F64). Einige phobische Störungen im Kindesalter werfen spezielle klassifikatorische Probleme auf [...].« (Dilling et al., 2008, S. 24). Die verschiedenen Formen der Intelligenzminderungen sind im Kapitel F7 der ICD-10 kategorisiert.

Es gibt im Klassifikationssystem ICD und weiteren daran orientierten Diagnostik-Manualen (z. B. Döpfner & Petermann, 2008; Borg-Laufs, 2006; »Leitlinien zur Diagnostik und Therapie von psychischen Störungen im Säuglings-Kindes- und Jugendalter« der Deutschen Gesellschaft für Kinder- und Jugendpsychiatrie und Psychotherapie, 2003) eine Reihe von vertiefenden Kriterien, die erfüllt sein müssen, damit eine Diagnose gestellt werden kann.

Eine gegenüber dem System des ICD unterschiedliche Form der Klassifikation ist die sogenannte *Dimensionale Klassifikation*. Hier wird davon ausgegangen, dass es keine »Punkt«-Diagnosen gibt, bei denen eine Auffälligkeit bzw. Störung vorliegt oder nicht, sondern dass sich (auffällige) Verhaltensweisen eher auf einem Kontinuum mit »weniger« oder »mehr« Ausprägung beschreiben lassen. Diese Dimensionen wurden empirisch ermittelt. International hat sich das von Achenbach (1991; 1997) entwickelte Diagnosesystem durchgesetzt: Dieses System beschreibt die Dimensionen psychischer Störungen wie folgt:

Tab. 3.2: Dimensionales Kategoriencluster (in Anlehnung an Achenbach 1997, aus: Petermann et al., 2000, S. 42)

Internalisierende Auffälligkeiten
Sozialer Rückzug: Kinder mit hoher Ausprägung auf der Skala möchten lieber allein sein, sind verschlossen, weigern sich zu sprechen, sind eher schüchtern, wenig aktiv und häufiger traurig verstimmt.
Körperliche Beschwerden: Die Skala setzt sich aus Items zusammen, die verschiedene somatische Symptome beschreiben (Schwindelgefühle, Müdigkeit, Schmerzzustände und Erbrechen).
Ängstlich/depressiv: Die Skala erfasst neben einer allgemeinen Ängstlichkeit und Nervosität auch Klagen über Einsamkeit und soziale Ablehnung, Minderwertigkeits- und Schuldgefühle sowie traurige Verstimmung.

Tab. 3.2: Dimensionales Kategoriencluster (in Anlehnung an Achenbach 1997, aus: Petermann et al., 2000, S. 42) (Fortsetzung)

Externalisierende Auffälligkeiten

Dissoziales Verhalten: Die Skala erfasst dissoziale Verhaltensweisen (z. B. Lügen, Stehlen, Schulschwänzen) und Verhaltensweisen, die häufig in Verbindung mit Dissozialität auftreten (z. B. »ist lieber mit Älteren zusammen«).

Aggressives Verhalten: Die Skala erfasst verbal- und körperlich-aggressive Verhaltensweisen sowie Verhaltensweisen, die häufig in Verbindung mit aggressivem Verhalten auftreten (z. B. »spielt den Clown«, »redet viel«, »sehr laut«).

Gemischte Auffälligkeiten

Soziale Probleme: Die Skala umfasst vor allem Ablehnung durch Gleichaltrige sowie unreifes und erwachsenenabhängiges Sozialverhalten.

Schizoid/Zwanghaft: Die Skala erfasst neben den Tendenzen zu zwanghaftem Denken und Handeln auch psychotisch anmutende Verhaltensweisen (Halluzinationen) und eigenartiges, bizarres Denken und Verhalten. Achenbach gibt dieser Skala die Bezeichnung »Thought Problems«.

Aufmerksamkeitsprobleme: Die Skala setzt sich aus Items zur motorischen Unruhe, Impulsivität, zu Konzentrationsstörungen und aus Items zusammen, die häufig in Verbindung mit hyperkinetischem Verhalten auftreten (z. B. »verhält sich zu jung«, »tapsig«).

Weiterführende Literatur zum Thema Verhaltensauffälligkeiten

Fröhlich-Gildhoff, K. (2013). *Verhaltensauffälligkeiten bei Kindern und Jugendlichen (2. Aufl.).* Stuttgart: Kohlhammer.

In diesem Buch wird ein breiter Überblick über die Entstehung von Verhaltensauffälligkeiten gegeben; tiefergehend werden die Störungsbilder »ADHS«, »Gewalttätiges Verhalten/Störungen des Sozialverhaltens«, »Angst«, »Depression«, »Essstörungen«, »Borderline Persönlichkeitsstörungen«, »Traumafolgestörungen« und »Drogenmissbrauch« in Entstehung und in Bezug auf Therapiemöglichkeiten betrachtet.

3.1.3 Schwierigkeiten im diagnostischen Prozess

Im Prozess des Erkennens, Verstehens und Interpretierens können einige Schwierigkeiten auftauchen; drei seien an dieser Stelle besonders erwähnt:

Verbindung von Screening, weiterer Diagnose und alltäglicher (pädagogischer) Arbeit.

Das unter 3.1.1 vorgestellte Modell der Verbindung von alltäglicher, gezielter, zum Teil auch verfahrensgestützter Beobachtung mit Entwicklungsscreenings und gegebenenfalls nachfolgender Diagnostik hat als Handlungsmodell Relevanz – indes gelingt diese Verbindung in der Praxis noch selten. Dies liegt zum einen daran, dass pädagogische Fachkräfte oft nicht ausreichend in der Anwendung entsprechender Screeningverfahren ausgebildet sind oder diese auch ablehnen (z. B. Fröhlich-Gildhoff & Strohmer, 2011). Zum anderen bestand über viele Jahre ein Neben-, wenn nicht Gegeneinander zwischen einer eher (früh-)pädagogischen, prozessorientierten Diagnostik einerseits und der klassischen standardisierten Diagnostik in der Tradition der (Pädagogischen) Psychologie (vgl. zu dieser Diskussion z. B. Mischo et. al., 2011). Diese unterschiedlichen Entwicklungslinien werden erst in jüngster Zeit überwunden und schlagen sich noch nicht durchgängig in integrierten Handlungskonzepten nieder.

Ein weiterer Grund für ein möglicherweise fehlendes Zusammenspiel von diagnostischen Erkenntnissen und alltäglicher (pädagogischer) Arbeit besteht darin, dass traditionell unterschiedliche Berufsgruppen – mit unterschiedlichen Ausbildungen und unterschiedlichem Status – für die Bereiche pädagogischer Alltag einerseits und Diagnose (und Therapie) andererseits zuständig waren. Aus den jeweiligen professionellen Traditionen heraus wurden eher Grenzlinien gezogen als diese zu überschreiten. In einigen Arbeitsfeldern – z. B. der pädagogischen Frühförderung (vgl. ► Kap. 6.1) – hat eine interdisziplinäre Zusammenarbeit schon eine lange Tradition; dies gilt jedoch noch nicht für die Kooperation in Regelinstitutionen bzw. von Regelinstitutionen und sonstigen Fachdiensten.

Orientierung an den Ressourcen

Auch wenn die Bedeutung einer ressourcenorientierten Sicht und der Ressourcenaktivierung mittlerweile Allgemeingut in pädagogischen und auch therapeutischen Konzeptionen ist – wichtige empirische Beiträge hat hierzu z. B. Grawe (1998, 2004) geliefert – so hat dieses Prinzip nur begrenzt in Beobachtungs- und Diagnoseprozessen Eingang gefunden. Auch wenn es erste Versuche einer systematischen ressourcenorientierten Diagnostik gibt (z. B. Klemenz, 2003), so existieren nach wie vor nur sehr wenige Verfahren, die den Anspruch haben, auch systematisch die Ressourcen von Kindern (oder gar deren Bezugspersonen) zu erfassen. Eine Ausnahme stellt hier das Instrument PERiK (*Positive Entwicklung und Resilienz in Kindertageseinrichtungen*: Mayr und Ulich, 2007) dar. Die »offeneren« Beobachtungs- und Dokumentationsverfahren in Kindertageseinrichtungen (v. a. »Bildungs- und Lerngeschichten«: Leu et al., 2007; Handlungskonzept »infans«: Laewen & Andres, 2002) haben in der Erfassung kindlicher (Entwicklungs-)Themen und Interessen einen Schwerpunkt – sie werden in Anwendung und Auswertung jedoch sehr variabel gehandhabt und lassen interindividuelle Vergleiche nur bedingt zu (Weltzien, 2011; Schulz & Cloos, 2011; Müller & Zipperle, 2011).

Einen interessanten Ansatz verfolgt Strohmer (2011) mit dem Versuch, die Interessen von Kindern über ein standardisiertes Instrument zu erfassen; auch der Selbstkonzeptfragebogen für Kinder im Vorschul- und Grundschulalter (SKF; Engel et. al., 2010) ist ein Instrument, das auf standardisierte Weise versucht, kindgerecht verschiedene Facetten des Selbstkonzeptes zu erfassen.

Nicht ausreichende Rahmenbedingungen

Das systematische Vorgehen im diagnostischen Prozess im weiteren Sinne und die Übertragung auf die alltägliche Handlungsplanung erfordert neben der guten Qualifikation der Fachkräfte vor allem auch ausreichende Rahmenbedingungen. Diese sind in Kindertageseinrichtungen und auch Grundschulen nicht in der Weise gegeben, dass die vielfach formulierten Ansprüche auch eingelöst werden könnten (Viernickel & Schwarz, 2009). Hier klaffen Ansprüche an eine als wissenschaftlich sinnvoll erkannte professionelle Arbeit und die Möglichkeiten, diese umzusetzen, leider noch weit auseinander.

3.2 Passgenaue Antworten

Sowohl in der Entwicklungspsychologie (z. B. Rauh, 2008; Dornes, 2009) als auch in der Pädagogik (z. B. Kasüschke & Fröhlich-Gildhoff, 2008; Robert Bosch Stiftung, 2008) hat sich, empirisch begründet, das Bild vom Kind als einem aktiven Wesen durchgesetzt, das neugierig und selbsttätig die Welt erkunden will – dazu aber die Unterstützung von Erwachsenen und den Rahmen sicherer Beziehungen benötigt. Auch im Rahmen der (Kinder-) Psychotherapie setzen sich zunehmend Konzepte durch, die davon ausgehen, dass psychotherapeutische Angebote nicht nur altersgemäß (und störungsspezifisch), sondern sehr präzise an dem jeweiligen Stand des Kindes ansetzen müssen und auf dieser Grundlage eine Begegnung von Person zu Person gestaltet wird.

Orlinsky und Howard (1987) fassen dabei den komplexen Prozess der Passung in vier Kategorien:

- die Passung zwischen Behandlungsmodell und Störungsmodell
- die Passung zwischen Patient und Behandlungsmodell
- die Passung zwischen Therapeut und Patient
- die Passung zwischen Therapeut und Störung des Patienten (vgl. Fröhlich-Gildhoff, 2013, S. 240f.; s. a. ▶ **Kap. 6.3**).

Dieses Modell kann auch auf pädagogische Prozesse übertragen werden. Dabei kommt es insbesondere darauf an, Kindern (Entwicklungs-)Angebote in ihrer jeweiligen »Zone der nächsten Entwicklung« (Wygotsky, 1987) zu machen: Diese Zone der nächsten (proximalen) Entwicklung beschreibt den Entwicklungsraum oder die Funktionen, die das Kind noch nicht völlig aus sich heraus erschließen kann, die es sich aber mit der Unterstützung anderer aneignen kann: »Das Kind verfügt über ein aktuelles Entwicklungsniveau und über Lernfähigkeiten, die sich unter der Anleitung von anderen weiterentwickeln. Der Begriff ›proximale Entwicklung‹ bezeichnet daher die nächst mögliche Entwicklung, das heißt die Entwicklung, die sich in naher Zukunft zeigen kann. Das, wozu das Kind heute noch Anleitung benötigt, wird das Kind bald selbst ohne Anleitung können. Auch wenn zwei Kinder das gleiche Ausgangsniveau haben, können sie doch eine unterschiedlich weite Zone der proximalen Entwicklung haben. Das bedeutet, sie können in unterschiedlichem Ausmaß von einer vergleichenden Anleitung profitieren« (Mischo, 2009a, S. 104).

Damit einher geht die Erkenntnis, dass sich Entwicklung und Bildung in einem gegenseitigen, ko-konstruktiven Prozess vollziehen: »Was das Kind heute in Zusammenarbeit und unter Anleitung vollbringt, wird es morgen selbstständig ausführen können. Und das bedeutet: indem wir die Möglichkeiten eines Kindes in der Zusammenarbeit ermitteln, bestimmen wir das Gebiet der reifenden geistigen Funktionen, die im allernächsten Entwicklungsstadium sicherlich Früchte tragen und folglich zum realen geistigen Entwicklungsniveau des Kindes werden. Wenn wir also untersuchen, wozu das Kind selbstständig fähig ist, untersuchen wir den gestrigen Tag. Erkunden wir jedoch, was das Kind in Zusammenarbeit zu leisten vermag, damit ermitteln wir seine morgige Entwicklung« (Wygotsky, 1987, S. 83).

Das Lernen des Kindes in seiner »Zone der nächsten Entwicklung« muss also aufgegriffen und unterstützt werden: »Die zentrale Herausforderung für Erzieherinnen besteht somit darin, die Grenzen der Zone zu definieren ihre Unterstützung entsprechend anzupassen bzw. abzustimmen und Hilfestellungen zu geben [...] die einem Lernen an einem Punkt gerade jenseits der derzeit unabhängigen Fähigkeiten des Kindes ermöglichen« (Siraj-Blatchford, 2007, S. 106; die Autorin hat hierfür den Begriff des »Scaffolding« eingeführt). Lernen ist in dem Sinne gemeinschaftliches, situationsbezogenes Handeln von Kindern und PädagogInnen.

Die Unterstützung des Kindes in seiner »Zone der nächsten Entwicklung«, das passgenaue Antworten auf Bedürfnisse und Entwicklungsstand des Kindes hat, wie schon erwähnt, genauso das systematische Beobachten des Kindes zu Voraussetzung. Damit kommt es auf pädagogischer Ebene zu einer individualisierten Bildungsplanung. Textor (o. J.) formuliert dies für den Bereich der pädagogischen Arbeit in Kindertageseinrichtungen folgendermaßen:

1. »Jedes Kind muss genau beobachtet werden, um seinen Entwicklungsstand, seine kognitiven und sonstigen Kompetenzen, seine Begabungen, sein Wissen und seine besonderen Bedürfnisse zu erfassen. Deshalb wird z. B. in den Bildungsplänen großer Wert auf die systematische Beobachtung und Dokumentation gelegt, werden zunehmend Portfolios für jedes einzelne Kind angelegt oder Lerngeschichten niedergeschrieben.
2. Bildungsangebote für *alle* Kinder werden zunehmend ersetzt durch Angebote für nach bestimmten Kriterien (z. B. Alter, Entwicklungsstand, Interesse, Bedarf) zusammengesetzte Kleingruppen.
3. Dem einzelnen Kind werden z. B. im Morgenkreis, bei der Kinderkonferenz oder im Rahmen der Projektarbeit mehr Freiräume gegeben, sodass sie die Lerninhalte mitbestimmen bzw. ihr Lernen stärker selbst planen und realisieren können. Die Fachkraft nimmt hier eher eine beobachtende und helfende Rolle ein.
4. Dem einzelnen Kind wird im Rahmen des Freispiels die Möglichkeit zur Selbstbildung geboten: Es kann sich mehr oder minder selbstbestimmt und selbsttätig mit den es interessierenden Themen, Materialien und Aktivitäten befassen.

Hier sind ganz individualisierte Interaktionen zwischen Kind und Erzieherin möglich, bei denen Letztere das Nachdenken und Lernen stimuliert.
5. Dem einzelnen Kind wird im Rahmen von Freispiel, der Kleingruppenarbeit oder des Rollenspiels die Möglichkeit zum ko-konstruktiven Lernen geboten: In der gemeinsamen Beschäftigung bzw. im Gespräch miteinander erarbeiten sich Kinder selbstständig Wissen, lernen voneinander und erweitern ihre interpersonalen Kompetenzen« (vgl. auch Behrendsen et al., 2011).

Während *individualisierte Bildungsplanung* zunehmend zum Grundprinzip im Bereich der Früh- und Kindheitspädagogik geworden ist und auch im Bereich der Sonder- bzw. Heilpädagogik ein Leitprinzip darstellt (z. B. Borchert, 2007; Opp et al., 2006), findet dieses Grundprinzip in Deutschland erst zunehmend Einzug in den Bereich der Regelschulen. Beispielhaft sei hier die »Förderspirale« *Beschreiben → Beobachten → Begleiten → Bewerten* des Landesinstituts für Schulentwicklung in Baden-Württemberg genannt. Ausgangspunkt ist, dass SchülerInnen als ExpertInnen für Lernen wahrgenommen werden, die am »Lebens- und Lernort Schule« in ihrem »*individuellen* Kompetenzerwerb« unterstützt werden sollen. Auf der Grundlage gezielter pädagogischer Diagnostik sollen dann auf individueller Ebene Förderpläne möglichst in Abstimmung mit den Kindern erstellt und von diesen möglichst selbsttätig bearbeitet werden. »Es geht darum, die eigene Leistungen in Bezug auf ihre individuellen Ziele zu beobachten und zu beschreiben, Konsequenzen daraus abzuleiten (bewerten) und ihre Lernpläne konsequent umzusetzen (begleiten)« (Landesinstitut für Schulentwicklung Baden-Württemberg, 2009, S. 2; s. a. ausführlicher ▶ Kap. 4.3 in diesem Buch).

Daraus ergeben sich folgende Aufgaben oder Anforderungen für die Lehrkräfte: »Das professionelle Beobachten der Basiskompetenzen von Schülerinnen und Schülern, die Beschreibung und Dokumentation der beobachteten Kompetenzbereiche, deren Bewertung und das Ziehen entsprechender Schlussfolgerungen münden in eine individuell zugeschnittene Begleitung und Förderung von Lernen« (Landesinstitut für Schulentwicklung Baden-Württemberg, 2009, S. 2). Auf diese Weise werden »kumulative Lernprozesse« angeregt. Dabei »geht es nicht um ein mechanisches Klettern von Stufe zu Stufe, sondern um eine gezielte Verbesserung der Selbststeuerungsfähigkeit von Lernen« (Bohl, 2009, S. 3).

Hüther (mündliche Mitteilung) hat die Funktion der pädagogischen Fachkraft in diesem Sinne als »Potentialentfaltungscoach« bezeichnet: Er geht davon aus, dass Kinder über sehr verschiedene und unterschiedliche Potentiale verfügen; sie müssen in der Entfaltung dieser Potentiale individuell unterstützt werden. Es geht darum, »Pädagogen dazu aus[zu]bilden, nicht primär Wissen zu vermitteln, sondern die in den Kindern steckenden Talente zur Entfaltung zu bringen« und Kinder zu »begeistern«, »sobald sich Schüler für etwas interessieren, eignen sie sich das Wissen in sehr kurzer Zeit an, und dann bleibt es auch hängen. Denn nur dann werden im Hirn die Botenstoffe ausgeschüttet, die die Stabilisierung von neuen Netzwerken fördern« (Hüther o. J.[14])

---

14 Hüther im Interview des »Spiegel«: www.spiegel.de/schulspiegel/wissen/kritik-am-schulsystem-huether-will-gymnasium-und-lehrplaene-abschaffen-a-850405.html)

3 Systematisierung entwicklungsfördernden Handelns

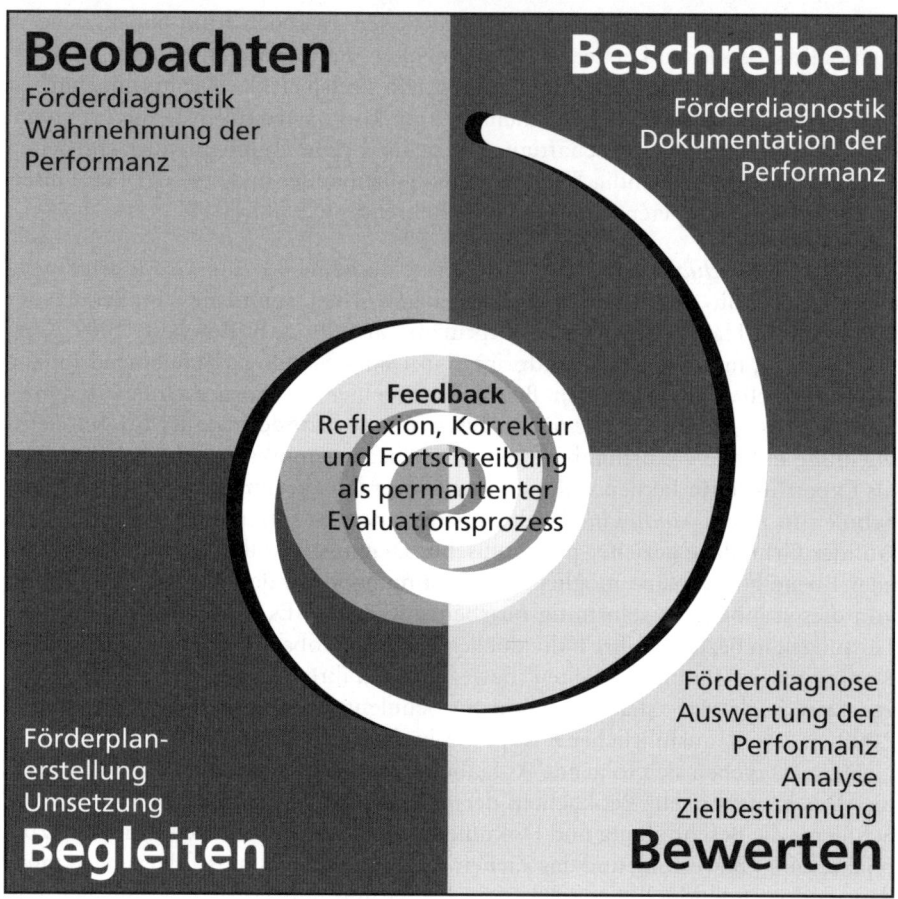

Abb. 3.4: Individualisiertes Lernen und individualisierte Förderplanung (aus: Landesinstitut für Schulentwicklung, 2009, S. 50)

4 Entwicklungsunterstützung im Alltag

Gegenstand dieses Kapitels ist die Unterstützung der »Normalentwicklung« von Kindern in den unterschiedlichen Entwicklungsumwelten. Entwicklung vollzieht sich in unterschiedlichen Dimensionen:

Auf der Ebene der *emotionalen Entwicklung* geht es, wie in ▶ Kap. 2.5 beschrieben, um die Unterstützung der Emotionsregulation – hin zur Selbstregulation von Emotionen – und der Affektabstimmung.

Im Bereich der *sozialen Entwicklung* ist der Aufbau sicherer Bindungsrepräsentationen und des daraus resultierenden Verhaltens von besonderer Bedeutung. Hier sind die Feinfühligkeit bzw. Sensitivität der Bezugspersonen ein entscheidendes Merkmal in der Begegnung mit dem Kind (vgl. ▶ Kap. 2.5). Weiterhin sollen Kinder beim Aufbau sozialer Kompetenzen unterstützt werden, dazu gehört auch, wie beschrieben, die Unterstützung der Entwicklung der Perspektivenübernahme, der Empathie – aber auch konkreter Konfliktlösekompetenzen sowie der Fähigkeit zur Selbstbehauptung. Auch diese Entwicklungsunterstützung vollzieht sich in interaktiven Prozessen zunächst zwischen den erwachsenen Bezugspersonen und dem Kind, später dann in der Begleitung der Kind-Kind-Interaktion.

Eine altersgemäß zunehmende Bedeutung gewinnt die Übernahme von *Selbstverantwortung*. Auch hierzu ist es nötig, zum einen dem Kind zeitnah Rückmeldungen über das eigene Verhalten zu geben, ihm zum anderen aber auch alters- bzw. entwicklungsangemessene Aufgaben und Herausforderungen zu stellen und mit ihm in einfacher Weise die Bewältigung dieser Anforderungen zu reflektieren – und das Kind natürlich dafür zu loben.

Im Bereich der *kognitiven Entwicklung* geht es zunächst darum, das Kind bei der Zentrierung von Aufmerksamkeit – beispielsweise über die beschriebene »joint attention« (vgl. ▶ Kap. 2.5) – zu unterstützen. Eine Bedeutung hat hier das sogenannte Scaffolding: Diese Strategie von Erziehenden soll dafür sorgen, dass das Kind »bei gemeinsamen Problemlösungen nicht über- und unterfordert wird« (Wood, Bruner & Ross, 1976). »Die ›Scaffolding‹ Methode bezeichnet dabei einen Interaktionsstil, bei dem die Eltern (oder allgemein die Erwachsenen) ihre Unterstützung in Abhängigkeit von den kindlichen Fertigkeiten regulieren, dies aber mit Zunahme der kindlichen Leistungsfähigkeit schrittweise verringern und ›ausblenden‹« (Mischo 2011, S. 161).

Auch in andern Entwicklungsbereichen wie der Sprachentwicklung, motorischen Entwicklung oder der Entwicklung von Problemlösefähigkeiten sind entsprechende haltgebende, strukturierende aber auch immer mit Anforderungen in der »Zone der nächsten Entwicklung« (Wygotsky, 1987) gestaltete Interaktionen entwicklungsförderlich.

Nach dem Modell »guten Informationsverarbeitung« von Pressley, Borkowski & Schneider (1989) wird festgestellt, »dass erfolgreiche Lerner

- über ein breites Repertoire an generellen und bereichsspezifischen Lernstrategien und das Wissen darüber verfügen, unter welchen Bedingungen diese Strategien eingesetzt werden sollen,
- ihren Strategieeinsatz planen und überwachen und einen ursächlichen Zusammenhang zwischen persönlicher Anstrengung und dem Lernerfolg bei der Anwendung und Regulation der Strategien sehen,
- Misserfolge als Lerngelegenheiten und nicht als Bedrohung erleben,
- über ein umfangreiches Weltwissen und inhaltsspezifisches Vorwissen verfügen, auf das sie schnell zugreifen können, und ihr Lernverhalten effektiv gegen konkurrierende Impulse abschirmen« (Souvignier, 2007, S. 395 f.).

Besonders wichtig ist dabei zum einen die differenzierte Unterstützung durch Erwachsene in einer angstfreien, fehlerfreundlichen Atmosphäre. Weiterhin ist es wichtig, in diesem Sinne das Selbstwirksamkeitserleben der Kinder und die Attribuierung eigener Leistungen auf eigene Anstrengung zu unterstützen.

Zusammenfassend kommt Souvignier hinsichtlich der Unterstützung der Entwicklung kognitiver Kompetenzen zu dem Schluss: »Förderprogramme sollten eine Vermittlung spezifischer Strategien, die Anleitung zu reflektiertem und selbstreguliertem Lernen, eine motivationale Unterstützung, Feedback, den sequentiellen Übergang vom lehrergeleiteten zum schülerzentrierten Unterricht sowie die Nutzung von Methoden wie Peer Tutoring und kooperativem Lernen umfassen« (Souvignier, 2007, S. 407).

Im Folgenden wird die Förderung kindlicher (Normal-)Entwicklung in unterschiedlichen Entwicklungsumwelten betrachtet; eine Bedeutung haben hier zum einen die Altersangemessenheit und zum anderen die entsprechenden (Bildungs-)Institutionen.

4.1 Entwicklungsbegleitung und -förderung in der Entwicklungsumwelt Familie

In den letzten Jahren sind Vergleichsstudien zum Einfluss von Familie und Betreuungsinstitutionen auf die kindliche Entwicklung durchgeführt worden. Roßbach, Kluczniok und Isenmann (2008, S. 84) haben hierzu einen Überblick verfasst und kommen zu dem Schluss: »Merkmale der Herkunftsfamilien der Kinder [...] sind die bedeutendsten Einflussfaktoren auf die kindliche Entwicklung im kognitiven und sozial-emotionalen Bereich.« Die bekannteste dieser Studien ist die sogenannte EPPE-Studie (Effective Provision of Pre-School Education) (s. Siraj-Blatchford, 2007; Sylva et al., 2004); »Die Ergebnisse dieser Studie zeigen, dass die Art der Beschäftigung mit dem Kind in den Familien für die kindliche Entwicklung bedeutsamer ist als die Merkmale der sozialen Schicht oder des Bildungsstandes [...] dabei wirkt sich die Familie stärker auf die kognitive Entwicklung als auf das Sozialverhalten aus. Diese Studie zeigt auch, dass ungünstige Ausgangslagen in der Familie durch den Einfluss einer Betreuungsinstitution zum Teil kompensiert werden können« (Mischo, 2009b, S. 155).

Zu vergleichbaren Ergebnissen kommen die amerikanische Langzeitstudie NICHD (2006) und die jüngst abgeschlossene deutsche Querschnittsstudie NUBBEK (Tietze et al., i. V.). In der NUBBEK-Studie konnte gezeigt werden, dass der »Faktor« Familie bei zwei- und vierjährigen Kindern am stärksten die interindividuellen Unterschiede in den Entwicklungsparametern der Kinder erklärt – allerdings wird mit zunehmenden Alter der Kinder der Anteil der Betreuungsinstitutionen größer.

Auch wenn Erziehungsanforderungen und nötige elterliche Kompetenzen kulturell, historisch und abhängig von gesellschaftlichen Prozessen variieren können (vgl. hierzu z. B. Keller, 2007, 2011) so lässt sich nach Ziegenhain (2007a, S. 173) doch ein »Kern von Kompetenzen und Betreuungsanforderungen« beschreiben: »Für eine gelingende Erziehung und Entwicklung wird vorausgesetzt,

- dass der Schutz des Kindes und seine körperliche Versorgung sichergestellt sind,
- dass den Bedürfnissen des Kindes nach emotionaler Wärme und einer stabilen vertrauensvollen Bindung entgegengekommen wird,
- dass es feinfühlige Unterstützung bei seiner Emotionsregulation erfährt und
- dass soziale Beziehungen mit anderen Menschen sichergestellt und gegebenenfalls organisiert und überwacht werden.

Weitgehende Übereinstimmung besteht darin, dass kompetente Erziehung außerdem Erkundung und Lernen ermöglichen und fördern bzw. Lernangebote bereitstellen und/oder organisieren soll. Letzteres beinhaltet auch, dass die gegenständliche soziale Welt für den Säugling moderiert und interpretiert wird« (ebd., S. 173 f.).

Hinsichtlich elterlicher Erziehungsziele hat sich nach Fuhrer (2005) ein Wandel vollzogen. Während in Studien in den 1960er- und 1970er-Jahren Erziehungsziele wie Ehrlichkeit, Gehorsam, Hilfsbereitschaft und Lernen verstärkt von den Eltern genannt wurden, werden seit den 1990er-Jahren insbesondere Ziele im Zusammenhang von Individualität (selbstständig sein) und sozialer Kompetenz besonders häufig benannt. »Nach Fuhrer (2005, S. 160) ist ein Wandel von einer autoritären Erziehung in der Mitte des 20. Jahrhunderts hin zu einer eher partnerschaftlichen, die Autonomie und Selbstbestimmung betonenden Beziehung zu beobachten, bei der Konflikte zunehmend ausgehandelt und nicht mehr durch Strafen ›gelöst‹ werden« (Mischo, 2009b, S. 157).

Diese Veränderung der Erziehungsziele, eine Vielfalt an Wertvorstellungen und Lebensstilen, einhergehend mit erweiterten Handlungsspielräumen und -optionen (z. B. Fuhrer, 2005; Ziegenhain, 2007a; Keupp, 2012) führt bei Eltern zu einem höheren Maß an Verunsicherung bzw. setzt Eltern auch stärker unter Druck und erhöht den Beratungsbedarf (Henry-Huthmacher, 2008; Fröhlich-Gildhoff et al., 2006b).

4.1.1 Erziehungsstile

Relativ ausführlich sind *Erziehungsstile* als Klassen erzieherischer Verhaltensweisen untersucht worden. Während lange Zeit drei Stile (der demokratische, der autoritäre und der laissez-faire Stil) unterschieden wurden, sprechen neuere Forschungsergebnisse eher dafür, dass es zwei Dimensionen von Erziehungsstilen gibt, die dann quantitative Abstufungen zwischen den Stilen erlauben (vgl. Baumrind, 2008). Die eine Dimension lässt sich als emotionale Unterstützung bzw. emotionale Wärme und Zuwendung unterscheiden. Die zweite davon unabhängige Dimension ist die der Lenkung und Kontrolle bzw. das Setzen von Anforderungen (vgl. Fuhrer, 2005). Je nach Ausprägung dieser Dimensionen finden sich vier unterschiedliche Cluster von elterlichen Erziehungsverhalten.

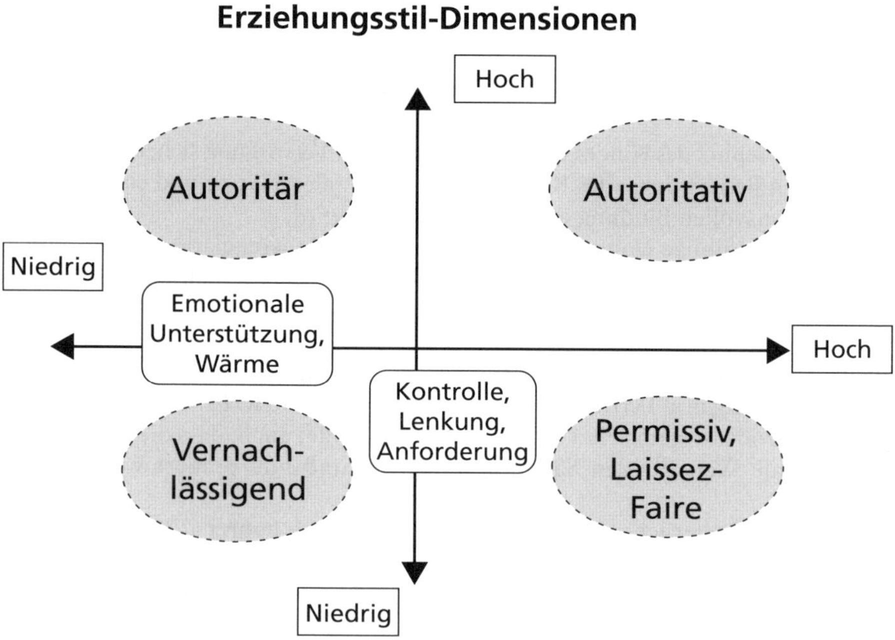

Erziehungsstil-Dimensionen

Abb. 4.1: Erziehungsstil-Dimensionen

Der autoritäre Erziehungsstil ist durch ein hohes Maß an Kontrolle und Anspruchssetzung jedoch nur geringe emotionale Wärme und Unterstützung gekennzeichnet. Beim vernachlässigenden Erziehungsstil sind emotionale Unterstützung, aber auch Anforderung und Kontrolle niedrig ausgeprägt, beim permissiven bzw. laissez-faire Erziehungsstil ist ein hohes Maß an Wärme gegeben, jedoch werden nur im geringen Maß Anforderungen gestellt.

Der autoritative Erziehungsstil ist gekennzeichnet durch einerseits hohe Anforderungen und auch Kontrolle und andererseits ein hohes Maß an emotionaler Unterstützung. In einer Vielzahl von Studien haben sich Vorteile dieses emotional warmen und kontrollierenden, aber auch strukturierenden und Grenzen setzenden Verhaltens der erwachsenen Bezugspersonen gezeigt; Ziegenhain (2007, S. 176) fasst entsprechende Ergebnisse zusammen: »Die offensichtlichen Vorteile autoritativen elterlichen Verhaltens für die kindliche Entwicklung zeigten sich [...] in Studien in sozialen Kompetenzen wie Selbstvertrauen, Eigenständigkeit oder Selbstkontrolle und schulischen Kompetenzen«.

Keller et al. (2004) haben insbesondere aus interkulturellen Studien zwei etwas anders gefärbte Stile elterlichen Verhaltens beschrieben: den proximalen und den distalen Erziehungsstil. »Beim proximalen Erziehungsstil wurden Körperkontakt und körperliche Stimulation des Kindes bevorzugt, beim distalen Erziehungsstil Blickkontakt und Objektstimulation. Ein dritter Stil kombinierte Aspekte des proximalen und distalen Erziehungsstils. Die unterschiedlichen Stile elterlichen Verhaltens im Umgang mit drei Monate alten Säuglingen standen im empirischen Zusammenhang mit Selbsterkennen im Spiegel als Entwicklungsmeilenstein und Selbstregulationskompetenzen [...] bei den Kindern mit 18 bis 20 Monaten« (Ziegenhain, 2007a, S. 177). Zudem zeigte sich, dass bei rein proximalem Erziehungsstil frühere Selbstregulationskompetenzen, bei rein distalem Erziehungsstil früheres Selbsterkennen im Spiegel festzustellen war (ebd.).

Es gibt eine Reihe von Unterstützungsmöglichkeiten für Familien um den Unsicherheiten der Eltern zu begegnen und sie in der (Weiter-)Entwicklung ihrer Erziehungskompetenzen zu unterstützen.

4.1.2 Programme und Möglichkeiten zur Unterstützung von Familien

Neben Institutionen wie Familienbildungsstellen, Beratungsstellen aber auch KinderärztInnen und PädagogInnen in Institutionen wie Kindertageseinrichtungen sind zunächst *schriftliche Informationen* wie sogenannte Elternbriefe zu nennen. Eine der bekanntesten sind die regelmäßigen Elternbriefe vom »Arbeitskreis Neue Erziehung« (ANE); auch Jugendämter und Verbände verschicken systematisch Elternbriefe an alle Familien mit Säuglingen. Schneewind (2006) hat eine interaktive CD herausgegeben (»Freiheit in Grenzen«), die auf der Grundlage des Konzepts von Baumrind (1971, 1991) die unterschiedlichen Erziehungsstile und ihre Folgen aufzeigt.

Die Bundeszentrale für gesundheitliche Aufklärung hat parallel zu den Früherkennungsuntersuchungen für Kinder U1 bis U9 einen Eltern-Ordner entwickelt. In diesem Eltern-Ordner werden »auf den Zeitpunkt der jeweiligen Früherkennungsuntersuchung bezogene Informationen zu zentralen Entwicklungs- und Gesundheitsthemen [gegeben] mit Fragen an die Eltern zum aktuellen Entwicklungsstand ihres Kindes (Elternhefte) sowie vertiefende Hintergrundinformationen zur gesunden kindlichen Entwicklung und zur Vorbeugung vermeidbarer Erkrankungen (Infohefte)« (BZgA, o. J.).

Ein niedrigschwelliger Kurs für werdende und junge Eltern ist das Programm »Auf den Anfang kommt es an«. Dabei werden in einem Baukastensystem mittels Videomaterial und Arbeitsblättern für den Zeitraum von Schwangerschaft bis zum ersten Lebensjahr folgende Kursinhalte angeboten und vermittelt: »[...] relevante Partnerschaftsaspekte, sowie entwicklungspsychologische Aspekte wie Entwicklungsmeilensteine, Bindung, Regulation und Belastungsverhalten, aber auch alltagspraktische Informationen zum Füttern, Schlafen und Schreien bzw. relevante Informationen zum Alltag mit dem Baby« (Ziegenhain, 2007a, S. 185; Reichle, 1999).

Beispiele für zwei sowohl weit verbreitete als auch gut evaluierte *Programme* sind das HIPPY- und das SAFE-Programm: Im Programm HIPPY (www.hippy-deutschland.de) werden »Stadtteilgruppen von 12 bis 15 Familien mit Kindern im Alter von ca. vier Jahren aufgebaut. HIPPY dauert zwei Jahre und findet im Wesentlichen zu Hause statt [...] Während dieser Zeit werden die Familien wöchentlich mit einem Paket von Spiel- und Lernaktivitäten ausgestattet und in den Umgang damit eingewiesen. Jede zweite Woche werden die HIPPY-Aktivitätenhefte von einer Hausbesucherin (Para-Professionals/Laienhelferinnen) zu den Familien nach Hause gebracht und im Rollenspiel eingeübt. Zweimal im Monat bekommen die Familien die Aktivitätenhefte in den Gruppentreffen und der Umgang damit wird dort erklärt« (Hippy, o. J.). Die Eltern führen dann die Spiele und Lernaktivitäten mit den Kindern zu Hause durch, dies soll fünfmal in der Woche etwa 15–20 Minuten erfolgen. Eltern und Kinder spielen und lernen gemeinsam. »Die zweimal monatlich stattfindenden Gruppentreffen mit allen Programmteilnehmerinnen einer Stadtteilgruppe werden von einer pädagogischen Fachkraft geleitet« (ebd.). Der Erfahrungsaustausch ist auf die jeweiligen TeilnehmerInnen zugeschnitten und mit ihnen abgestimmt.

HIPPY wird schwerpunktmäßig für sozial benachteiligte Familien angeboten. Das Programm wurde systematisch evaluiert, dabei konnte festgestellt werden: »Als wesentlicher Ertrag von HIPPY kann das gestiegene Selbstbewusstsein der Mütter im Zeitablauf gesehen werden. Am Ende des zweiten Jahres berichten 73 % von diesem Effekt. Dies findet seinen Niederschlag z. B. in häufigeren Gesprächen mit den Erzieherinnen im Kindergarten. Besonders prägend für die Mutter-Kind-Beziehung ist ein sicherer Umgang mit dem Kind. Auch hier erfahren die Eltern eine positive Entwicklung« (Staatsinstitut für Familienforschung an der Universität Bamberg (ifb), 2008, S. 86).

Ein in ähnlicher Tradition in den Niederlanden entstandenes Programm ist »*Opstapje* – Schritt für Schritt. Ein präventives Spiel- und Lernprogramm für Kleinkinder aus benachteiligten Familien«. Das Programm wurde ebenfalls in Deutschland eingeführt und vom Deutschen Jugendinstitut evaluiert (Sann & Thrum, 2005).

Das Programm SAFE® – Sichere Ausbildung für Eltern – (z. B. Brisch, 2007, 2010) ist ein »primäres Präventionsprogramm [...] das spezifisch eine sichere Bindungsentwicklung zwischen Eltern und Kindern fördern und die Entstehung von Bindungsstörung und ganz besonders die Weitergabe von traumatischen Erfahrungen über Generationen hinweg verhindern soll« (Brisch, 2007, S. 170). Die Eltern finden sich in Gruppen von der Schwangerschaft bis Ende des ersten Lebensjahres des Kindes zusammen und werden in der Regel von zwei professionellen MentorInnen betreut. Das Programm umfasst vier Module (pränatales Modul, postnatales Modul, individuelle Traumapsychotherapie für traumatisierte Eltern,

Hotline; ebd.), die beiden letzen Module werden individuell von Eltern bei Bedarf in Anspruch genommen. Die Inhalte umfassen intensive Informationen und Austausch z. B. über Kompetenzen des Säuglings, Erwartungen der Eltern etc. Ein »Video-Interaktionstraining ermöglicht den Eltern, anhand ganz konkreter Situationen wie etwa dem Füttern, Stillen und Wickeln oder dem Spielen und dem Zwiegespräch zwischen Eltern und Kind erste Erfahrungen zu sammeln und sich auf die Signale des Säuglings feinfühlig einzustellen. Hierbei werden auch elterliche Kompetenzen und die Reaktionsbereitschaft des Säuglings mit kurzen Videosequenzen auf intensive Weise geschult« (ebd., S. 171). Im postnatalen Modul stehen vor allen Dingen »elterliche Kompetenzen, die Dreierbeziehung zwischen Mutter, Vater und Kind, interaktionelle Schwierigkeiten mit dem Füttern, Stillen und Schlafen sowie der Aufbau der emotionalen Beziehung im Mittelpunkt. Die Eltern bringen die Babys zu den Terminen mit« (ebd., S. 172). Auch in diesem Programm wird mit Video und Videofeedback gearbeitet. SAFE wurde gleichfalls evaluiert (ebd.; www.safe-programm.de, Brisch, 2010).

4.2 Entwicklungsbegleitung und -unterstützung in der Entwicklungsumwelt Kindertageseinrichtung

4.2.1 Veränderungen in der frühkindlichen Bildung, Betreuung und Erziehung[15]

Das Feld der frühkindlichen Bildung, Betreuung und Erziehung hat in den letzten zehn Jahren in Deutschland eine erhebliche politische und wissenschaftliche Aufmerksamkeit gewonnen. Es lassen sich eine Reihe normativer, struktureller, inhaltlicher, institutioneller sowie forschungsbezogener Veränderungen beobachten, die sich zum Teil unverbunden nebeneinander vollzogen, zwischen denen sich jedoch auch zunehmend Bezüge erkennen lassen.

Normative Veränderungen

Mittlerweile existieren in allen Bundesländern Bildungs- bzw. Orientierungspläne, die auf unterschiedliche Weise verbindlichen Charakter für die Arbeit in Kindertageseinrichtungen haben. Diese Pläne differieren zwar immer noch hinsichtlich des Umfangs, der pädagogischen Grundorientierung, der Verbindlichkeit oder auch der Gültigkeitsspanne – so gelten z. B. die hessischen Bildungspläne für den Altersbereich von null bis zehn Jahren – allerdings haben all diese Pläne nachhal-

---

15 Grundlagen dieses Abschnitts entstammen dem Artikel von Mischo & Fröhlich-Gildhoff (2011).

tige Auswirkungen auf die Arbeit in den Kindertageseinrichtungen. Teilweise sind erhebliche Summen seitens der Landesregierungen investiert worden, um alle pädagogischen Fachkräfte in Bezug auf die Bildungspläne fortzubilden (so z. B. in Baden-Württemberg). Auf Bundesebene sind zusätzliche Regelungen für die Kindertagesbetreuung realisiert worden (z. B. das Tagesbetreuungsausbaugesetz, TAG). Die damit verbundenen Vorgaben – insbesondere die Schaffung einer Betreuungsplatzgarantie für Kleinstkinder – führt(e) zwangsläufig dazu, dass sich auch auf lokaler, kommunaler Ebene die Verantwortlichen mit der Weiterentwicklung des Systems der Kindertageseinrichtungen auseinandersetzen müssen.

Strukturelle Veränderungen

Strukturelle Veränderungen vollzogen sich zunächst auf der Ebene der Aus- und Weiterbildung: Die Lehrinhalte und Konzepte der Fachschulen und Fachakademien für Sozialpädagogik wurden deutlich verändert (Stichwort Lernfeld-Didaktik, vgl. die Analyse hierzu bei: Janssen, 2010) und seit dem Wintersemester 2004/05 gibt es die ersten Ausbildungen für frühpädagogische Fachkräfte auf akademischem Niveau. Mittlerweile sind über 70 derartige Studiengänge mit zum Teil sehr unterschiedlichen Schwerpunktsetzungen entstanden (Übersicht: www.fruehpaedagogik-studieren.de). Eine wachsende Zahl von Master-Studiengängen ergänzt diese Akademisierungstendenz im frühpädagogischen Feld.

Weiterhin bestehen Initiativen, vor allem durch Stiftungen getragen, die die Qualifikationen der Fachkräfte in den Blick nehmen. Insbesondere die Robert Bosch Stiftung hat mit dem »Projekt Profis in Kitas« wichtige Vorarbeit geleistet: Im »Orientierungsrahmen für die Ausbildung frühpädagogischer Fachkräfte« werden die Kompetenzen der auszubildenden Fachkräfte auf Bachelor-Niveau beschrieben (Robert Bosch-Stiftung, 2008). Im Bereich der Weiterbildung hat die »Weiterbildungsinitiative Frühpädagogische Fachkräfte« (WIFF – ein Projekt des Bundesministeriums für Bildung und Forschung und der Robert Bosch Stiftung in Zusammenarbeit mit dem Deutschen Jugendinstitut; www.weiterbildungsinitiative.de) in breitem Maße kompetenzbasierte Materialien erstellt und Studien durchgeführt.

Inhaltliche Veränderungen

Auf der inhaltlichen Ebene ist es in Bezug auf die pädagogischen Prozesse in Kindertageseinrichtungen zu einer Reihe von deutlichen Weiterentwicklungen gekommen.

- Das Bild des aktiven lernenden Kindes ist Grundlage einer ko-konstruktiven Pädagogik geworden und prägt die Konzepte frühpädagogischer Didaktik (z. B. Kasüschke, 2010). Strehmel (2007, S. 205) beschreibt dies am Beispiel des begrifflichen Wandels vom »Kindergarten« zur »Kindertageseinrichtung«: »Das Kind wird nicht mehr als passives Wesen gesehen, das in einem ›Garten‹ zu hegen und zu pflegen ist, sondern als Individuum, das aktiv und neugierig die

Welt entdecken und zu Aktivitäten und Lernprozessen herausgefordert sein will.«
- Das Thema Beobachtung und Dokumentation bzw. Diagnose kindlicher Bildungs- und Entwicklungsprozesse hat einen wichtigen Stellenwert gewonnen und ist zum Standard in den Einrichtungen geworden (z. B. Mischo et al., 2011; Viernickel & Völkel, 2006; Leu, 2006).
- Weiterhin wurden pädagogische Handlungskonzepte, wie z. B. das »infans«- Konzept (Laewen & Andres, 2002, 2007) oder die Bildungs- und Lerngeschichten (Leu et al., 2007) eingeführt und prägen die pädagogische Alltagsgestaltung.
- Auf die einzelnen Bildungsbereiche, insbesondere auf die Sprache und den Bereich der naturwissenschaftlichen und mathematischen Bildung ist das Augenmerk gerichtet worden. Dafür wurden und werden entsprechende didaktische Konzeptionen und Materialien entwickelt, zum Teil jedoch ohne eine ausreichende empirische Absicherung (vgl. exemplarisch die Diskussion um die Sprachförderungsmaßnahmen in Baden-Württemberg, Schöler & Roos, 2010).
- Die Prozesse in der pädagogischen Arbeit werden systematischer und differenzierter betrachtet; ein Beispiel hierfür sind Studien zur ErzieherIn-Kind-Beziehung und der entsprechenden Interaktion (vgl. Becker-Stoll & Textor, 2007; König, 2010).
- Die Zusammenarbeit mit Eltern ist neben der Bildung, Betreuung und Erziehung der Kinder eine ganz wesentliche professionelle Aufgabe in Kindertageseinrichtungen geworden. Hierzu gibt es mittlerweile eine Vielzahl von Literatur (z. B. Roth, 2010; Textor, 2006a), allerdings noch wenig empirische Studien (z. B. Fröhlich-Gildhoff, Kraus-Gruner & Rönnau, 2006).
- Einen weiteren Schwerpunkt stellt die Qualitätsentwicklung in den Einrichtungen und das damit verbundene systematische Qualitätsmanagement dar: So hat beispielsweise das empirisch basierte Konzept von Tietze und Viernickel eine weite Verbreitung gefunden und liegt auch entsprechenden Aussagen wie Forderungen im 12. Kinder- und Jugendbericht der Bundesregierung zugrunde (vgl. Tietze & Viernickel, 2003; BMFSFJ, 2005). Darüber hinaus haben auch alle größeren Trägerverbände Qualitätsmanagementsysteme entwickelt und zum Teil systematisch in den Kindertageseinrichtungen etabliert (z. B. BETA, 2002; Haderlein, 2005).

Institutionelle Veränderungen

Kindertageseinrichtungen werden wesentlich deutlicher als zentrale Sozialisationsinstanzen für Kinder und als Lern- und Lebensorte für Kinder und ihre Familien begriffen (vgl. hierzu die Überblickswerke von Fried & Roux, 2006; Kasüschke & Fröhlich-Gildhoff, 2008). Die Zusammenarbeit mit Familien, aber auch die systematische sozial-räumliche Vernetzung sind neben der Bildung, Betreuung und Erziehung der Kinder zu Kernelementen frühpädagogischer Tätigkeit geworden. Ein größerer Teil der Einrichtungen entwickelt sich zu Familienzentren, zum Teil gibt es auf Länderebene systematische Steuerungsprozesse. Ebenso deutlich sind die Herausforderungen einer qualitativ hochwertigen Betreuung von Kindern in den ersten drei Lebensjahren (vgl. Leu & von Behr, 2010; Becker-Stoll, Berkic & Kalicki, 2010) in den Fokus der Fachdiskussion sowie der Fortentwicklung von Kindertageseinrichtungen »vor Ort« gerückt.

Im Folgenden sollen einige zentrale Aspekte dieser inhaltlichen Veränderungen vertieft betrachtet werden.

4.2.2 Zentrale Aspekte der Förderung von Kindern in Kindertageseinrichtungen

Studienergebnisse als Grundlage

Im internationalen und zunehmend auch nationalen Bereich wurden (Langzeit-)Untersuchungen durchgeführt, aus denen sich Schlussfolgerungen für eine hohe Qualität pädagogischer Arbeit in Kindertageseinrichtungen ziehen lassen.

- Aus der großangelegten »EPPE-Studie« (Effective Provision of Pre-School Education, Sylva et al., 2004; Siraj-Blatchford et al., 2005) zeigte sich: »Während eine gute Beziehung zwischen dem Kind und der Bezugsperson, eine positive Färbung der Interaktionen und des emotionalen Klimas das soziale Verhalten und die Peerbeziehungen günstig beeinflussen und Verhaltensauffälligkeiten mindern, werden kognitive Fähigkeiten in erster Linie durch die Qualität der Förderung in spezifischen Entwicklungsbereichen positiv beeinflusst« (Strehmel, 2007, S. 225).
- Die amerikanische NICHD-Längsschnittstudie (National Institute of Child Health and Human Development, 2006) verglich die Entwicklungsparameter von Kindern, die in unterschiedlichen Umwelten/institutionellen Zusammenhängen aufwuchsen. Dabei zeigte sich:
  - Zwischen fremdbetreuten und in der Familie aufwachsenden Kindern konnten bei der Klassifikation der Mutter-Kind-Bindungen keine Unterschiede ermittelt werden, bei den kognitiven Tests und Sprachtests erzielten beide Gruppen ähnliche Ergebnisse.
  - Familiencharakteristika (z. B. Qualität der Familienerziehung und der Ehebeziehung) sind stärker mit der Entwicklung der Kinder verknüpft als Variablen der Fremdbetreuung.
  - Kinder, die in den ersten 54 Lebensmonaten qualitativ hochwertigere Fremdbetreuung erhielten, wiesen eine etwas bessere kognitive Entwicklung und Sprachentwicklung auf; sie waren auch kooperativer als diejenigen, die Fremdbetreuung von schlechterer Qualität erhalten hatten.
  - Kinder, die eine höhere Quantität an Fremdbetreuung erhielten, wiesen etwas öfter Verhaltensauffälligkeiten während der Betreuung sowie in der Vorschule auf als diejenigen, die weniger Zeit in einer Fremdbetreuung verbrachten.
- In Deutschland wurde über zwei Jahre eine umfangreiche »Nationale Untersuchung zur Bildung, Betreuung und Erziehung in der frühen Kindheit« NUBBEK (Tietze et al., i. V.) als Querschnittuntersuchung durchgeführt, die gleichfalls unterschiedliche Betreuungssettings verglich. Aus der Vielzahl von Ergebnissen

4.2 Entwicklungsbegleitung und -unterstützung in der Kindertageseinrichtung

sticht heraus, dass das Niveau pädagogischer Prozessqualität in Kindertageseinrichtungen und Kindertagespflege im Durchschnitt nur »mittelmäßig« ist und dass hier erhebliche Verbesserungspotentiale – auch auf der Ebene der zugrundeliegenden Strukturqualität (Verbesserung der PädagogInnen-Kind-Relationen!) – erkennbar sind. Weiterhin wurde deutlich, dass Kinder mit Migrationshintergrund eine besonders intensive Förderung unter guten Bedingungen brauchen.

Qualitätsmerkmale

Aus diesen Studien wird deutlich, dass Qualitätsmerkmale der Kindertageseinrichtungen einen erheblichen Einfluss auf die (Ergebnisse der) Entwicklung der Kinder haben. Orientiert am Konzept von Tietze und Förster (2005) beschreibt der 12. Kinder- und Jugendbericht (BMFSFJ, 2005, S. 303 ff.) eine differenzierte »Konzeptualisierung pädagogischer Qualität«.

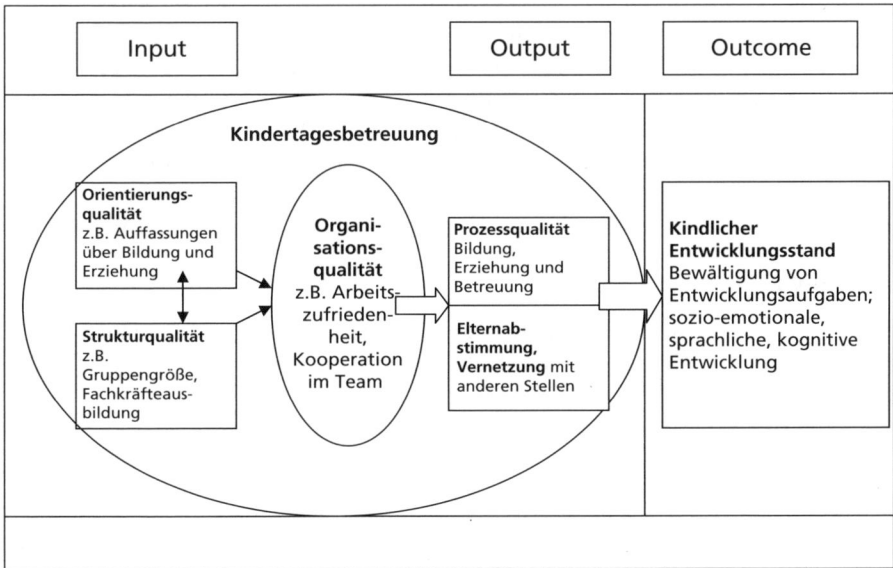

Abb. 4.2: Graphische Darstellung der Zusammenhänge zwischen Qualitätsmerkmalen der Kindertagesbetreuung und der Entwicklung von Kindern (in Anlehnung an die Abb. A-5.4: Bereiche pädagogischer Qualität bei Kinderbetreuungsangeboten und Effekte bei Kindern und Familien im Zwölften Kinder- und Jugendbericht, BMFSFJ 2005, S. 649)

Auf der Seite des Inputs, der vorhandenen Ressourcen, wird die Orientierungsqualität von der Strukturqualität unterschieden. Als Orientierungsqualität werden zum einen festgeschriebene Konzepte oder Leitbilder, zum anderen aber auch die eher »verborgenen« Vorstellungen und Werte des Trägers und der einzelnen Fachkräfte gesehen. Die Strukturqualität umfasst die räumlich-materiellen, die personalen und auch die sozialen Bedingungen. Beide Faktoren stehen in einem engen Zusammenhang und bedingen beide gemeinsam die Prozessqualität, das (erste) Produkt, nämlich die realisierte Pädagogik. Anhand der Analyse nationaler und internationaler Studien zeigt sich, dass etwa die Hälfte der Varianz der Prozessqualität durch die Input-Bedingungen erklärt werden kann. Tietze und Förster (2005) kommen aufgrund dieser Befunde zu dem Schluss, dass die pädagogische Prozessqualität (Output) zu einem beträchtlichen Teil durch vorgegebene Input-Bedingungen bestimmt werde. »Insofern kommt der Regulierung der Rahmenbedingungen und ihrer Sicherheit auf einem zureichenden Niveau, unter denen die Einrichtungen arbeiten und ihre pädagogische Dienstleistung erzeugen, eine große Bedeutung zu. Die Befunde zeigen aber auch, dass die Qualität der Dienstleistung (Prozessqualität) keineswegs durch die Input-Bedingungen vollständig determiniert wird« (ebd. S. 36).

Die drei Qualitätsdimensionen gemeinsam haben erhebliche Auswirkungen auf die Effekte (Outcome), das Wohlbefinden sowie die Entwicklungsförderung von Kindern und die Unterstützung von Eltern: »In der deutschen Untersuchung von Tietze und anderen (Tietze et al., 1998) ergab sich, dass im Extremfall Entwicklungsunterschiede von bis zu einem Jahr bei Kindergartenkindern auf Qualitätsunterschiede in den Einrichtungen (Struktur-, Orientierungs- und Prozessqualität zusammengenommen) zurückgeführt werden können. Weiterhin zeigte sich, dass die Effekte unterschiedlicher Kindergartenqualität auch nach vier Jahren, am Ende der zweiten Grundschulklasse, im Schulleistungs- und Entwicklungsstand der Kinder feststellbar waren« (ebd. S. 37).

Aus diesen Qualitätsanforderungen werden *vier zentrale Bereiche* vertieft:

A. Beziehung

Auf die Bedeutung stabiler, haltgebender und unterstützender Beziehungen für die Entwicklung von Kindern ist mehrfach hingewiesen worden. In der Beziehungsgestaltung sind dabei folgende Elemente zu gewährleisten: Zuwendung, das Garantieren von Sicherheit, Stressregulierung sowie Explorations-Unterstützung bzw. -Assistenz. »Ohne Assistenz gelangt das Kind bei schwierigen Aufgaben an die Grenzen seiner Handlungsfähigkeit, braucht es zusätzliche Informationen und Unterstützung. Besteht eine sichere Erzieherinnen-Kind-Bindung wird das Kind diese Hilfen vorrangig bei dieser Bindungsperson suchen und von ihr auch akzeptieren« (Ahnert, 2007, S. 34).

Dabei beeinflussen die pädagogischen Fachkräfte nicht nur die kognitive und soziale Entwicklung der Kinder (s. o.), sondern stabile Beziehungen zu Fachkräften können auch kompensatorisch wirken und negative familiäre Beziehungserfahrungen zumindest ein Stück weit ausgleichen (Pianta et al., 2007). Dies deckt sich mit den Ergebnissen der Resilienzforschung, wonach die Beziehung zu einer stabilen erwachsenen Bezugsperson, *der* zentrale entwicklungsförderliche Faktor für eine gesunde kindliche Entwicklung ist; diese Bezugsperson kann auch eine Person außerhalb des Familiensystems – damit eine professionelle ErzieherIn oder KindheitspädagogIn – sein (vgl. Zusammenstellung bei Wustmann, 2004; Opp & Fingerle, 2007).

4.2 Entwicklungsbegleitung und -unterstützung in der Kindertageseinrichtung

Aus den Befunden über die Kennzeichen entwicklungsförderlicher Beziehungen haben Kasüschke und Fröhlich-Gildhoff (2008, S. 114 f.) Qualitätsanforderungen an eine professionelle Gestaltung der Beziehung zwischen pädagogischer Fachkraft und Kind abgeleitet:

1. *Sicherung von Kontinuität und Verlässlichkeit*: Dies sind einerseits konzeptionelle und strukturelle Fragen (Wie ist ein BezugserzieherInnensystem umgesetzt? Wie oft hat eine Fachkraft Gelegenheit, mit dem einzelnen Kind zusammen zu sein? usw.) – Verlässlichkeit hat aber wesentlich auch mit der Haltung der PädagogInnen zu tun. Kinder brauchen Kontinuität und Verlässlichkeit, um Sicherheit zu entwickeln, sich den Herausforderungen (des Lebens) stellen zu können.
2. *Akzeptierende und wertschätzende Grundhaltung*: In der Begegnung ist es wichtig, das Kind als solches in seiner Art und in seinen Lebensäußerungen zu akzeptieren, zu verstehen und wertzuschätzen. Ebenso wichtig ist es aber auch, dem Kind Strukturen anzubieten und in angemessener Weise begründet Grenzen aufzuzeigen.
3. *Balance zwischen Autonomie und »Sicherheit«*: Das Kunststück der Begegnung besteht in einer reflektierten Balance zwischen »Autonomie und Verbundenheit« (Liegle 2006, S. 40; Buber, 1953). Diese Balance zwischen dem Anerkennen der eigenständigen Entwicklung des Kindes und dem Bieten von Sicherheit und Verbindlichkeit betrifft auch die Gesamt-»Philosophie« der Einrichtungen: »Exzellente Einrichtungen tendieren dazu, eine ausgeglichene Balance zwischen vom Erwachsenen geleiteten und vom Kind initiierten Interaktionen, Spielen und Aktivitäten zu erreichen« (Siraj-Blatchford, 2007, S. 113). Die Realisierung dieser Balance bildet eine wesentliche Grundlage für die eigenständige Welterkundung des Kindes.
4. *Garantie von Trost*: Kinder benötigen auch zuverlässigen Trost, sie müssen aufgefangen werden bei (Selbst-)Überforderungen.
5. *Systematische Beobachtung und Verstehen*: Grundlage für (reflektierte) Beziehungsgestaltung ist die systematische Beobachtung (vgl. ▶ **Kap. 3.1**). Dabei geht es nicht nur um das Wahrnehmen, sondern auch um das Verstehen des Kindes, darum »hinter die Dinge zu schauen« (Strätz 2007).
6. *Ermöglichung von Selbstwirksamkeitserfahrungen*: Kinder müssen die Möglichkeit haben Selbstwirksamkeitserfahrungen zu machen, dies bedeutet es müssen ihnen Erfolge ermöglicht und durch die Erwachsenen angemessen gespiegelt werden. Dies bedeutet, dass auch die Eigenaktivitäten des Kindes von den Bezugspersonen registriert und in einer nicht dominanten, achtsamen Weise aufgegriffen werden.
7. *Annehmen der Vorbildfunktion*: Frühpädagogische Fachkräfte müssen Identifikationsmöglichkeiten bilden; sie sind für die Kinder Vorbilder und müssen sich dieser Rolle sehr bewusst sein: »Effektive Erzieherinnen sind Vorbilder hinsichtlich angemessener Sprache, Werte und Verhaltensweisen, und fördern das soziodramatische Spiel, loben, ermutigen, stellen Fragen und interagieren verbal mit den Kindern« (Siraj-Blatchford, 2007, S. 113).
8. *Kontinuierliche Selbstreflexion*: Die professionelle Gestaltung von Beziehungen erfordert ein hohes Maß an Selbstreflexion, das sich in der unmittelbaren Be-

gegnungssituation zeigen muss. Selbstreflexion umfasst aber auch das bewusste Nachdenken über eigene Beziehungserfahrungen und die daraus immer wieder tagtäglich gezogenen Konsequenzen.

B. Beobachtung und Handlung

Wie schon im ▶ Kap. 3.1 dargelegt, ist das systematische Erkennen, Verstehen und Interpretieren des Verhaltens von Kindern ein wesentliches Kennzeichen von Professionalität, das dann auch das Handeln der Fachkraft steuern muss.

»Beobachten meint ein aufmerksames Wahrnehmen, das darauf zielt, ein Ereignis oder Verhalten zu verstehen, eine Vermutung zu überprüfen, eine Entscheidung zu treffen« (Leu, 2006, S. 232). Bei dieser Definition wird schon der Prozesscharakter von Beobachtung deutlich.

Im Feld der frühkindlichen Bildung, Betreuung und Erziehung existiert eine Vielzahl von Beobachtungskonzepten (Zusammenstellung bei Mischo et al., 2011), die zum Teil grundsätzlich mit pädagogischen Handlungskonzepten verbunden sind. Die bekanntesten sind die »Bildungs- und Lerngeschichten« und das Bildungskonzept »infans«:

- *Bildungs- und Lerngeschichten* (Leu et. al., 2007; Leu & Fläming, 2007). Die Bildungs- und Lerngeschichten, sind ein Projekt des Deutschen Jugendinstituts (DJI). Sie übertragen, erproben und evaluieren das Konzept von Carr (2001, 2007) auf deutsche Verhältnisse. Bei den »Bildungs- und Lerngeschichten« geht es zunächst um eine Aufzeichnung der Aktivitäten der Kinder »ohne Strukturvorgabe«, allerdings ausdrücklich geleitet von dem Interesse, mehr über das Lernen des Kindes zu erfahren (Leu, 2006, S. 240). Besonderes Interesse wird Situationen gewidmet, »in denen Kinder sich mit bisher noch nicht völlig vertrauten Situationen, Anliegen und Aufgaben befassen, sondern sich über ihren vertrauten Aktionsradius hinauswagen« (ebd.). Dort wird versucht, Voraussetzungen für kindliche Lernprozesse in der Auswertung der Beobachtung nachzuvollziehen. Diese Voraussetzungen werden weiter als »Lerndisposition« bezeichnet; es gilt, sie zu erkennen und daran ansetzend die Fähigkeiten der Kinder zu fördern.
Die auf diese Weise erfassten Beobachtungen werden in eine (Lern-)Geschichte gefasst, die sich direkt an das Kind wendet und dem Kind zurückgespiegelt wird (z. B. durch Vorlesen und gemeinsames Besprechen). Die Bildungs- und Lerngeschichten des Kindes können gleichfalls eine Grundlage für die Entwicklungsgespräche mit den Eltern darstellen.
- *infans-Bildungskonzept* (Laewen & Andres, 2002; Andres et al., 2005; Laewen & Andres, 2007). In dem infans-Konzept werden – anknüpfend an das Konstrukt der Engagiertheit (systematische Erfassung von Aktivitäten, in welche das Kind besonders involviert ist) – systematisch und prozessorientiert »Themen der Kinder« durch eine sehr detaillierte und systematische Form der Beobachtung identifiziert. Gegenüber dem Engagiertheitskonzept stehen hier stärker jene Inhalte im Mittelpunkt, mit denen sich die Kinder befassen. Aus der systematischen Beobachtung durch verschiedene Fachkräfte werden insbesondere

unterschiedliche Weltzugänge der Kinder und deren individuelle Fähigkeiten und Stärken herausgearbeitet. Anschließend können gezielte Handlungsschritte für den weiteren pädagogischen Dialog entwickelt werden.

C. Förderung in spezifischen Bildungsbereichen (Domänen)

In Entwicklungspsychologie und (Früh-)Pädagogik besteht mittlerweile Einigkeit darüber, dass Kinder schon sehr früh, z. T. von Geburt an über differenziertere Fähigkeiten in einzelnen Bildungs- oder Entwicklungsbereichen verfügen; dieses wird als *privilegiertes* Wissen bezeichnet:
»Dieses Wissen ist meist nicht sprachlich-begrifflich kognitiv repräsentiert, sondern stellt non-deklaratives Wissen dar [...] Das Lernen aus und das Zurechtfinden in der dinglichen Umwelt werden wesentlich erleichtert, wenn Säuglinge und Kleinkinder die elementarsten physikalischen Gesetzmäßigkeiten nicht erst ›mühsam‹ erlernen müssen, sondern wenn sie bereits über die wichtigsten Grundkonzepte verfügen« (Mischo, 2009a, S. 122). So können Säuglinge zwischen belebten und unbelebten Objekten unterscheiden oder auch größere Mengen von kleineren differenzieren (Krajewski, 2007).

Lange Zeit war allerdings strittig, ob in Kindertageseinrichtungen nicht eher das »ganzheitliche Lernen« von Kindern gefördert oder eben die Aneignung von Wissen in unterschiedlichen Bildungsbereichen unterstützt werden soll (vgl. zu dieser Kontroverse Kasüschke & Fröhlich-Gildhoff, 2008, S. 98 ff.). Mittlerweile herrscht Einigkeit darüber, dass sowohl domänenspezifische Bildungsprozesse begleitet und unterstützt – hierzu zählt natürlich auch die Entwicklung sozial-emotionaler Kompetenzen –, als auch der Erwerb von Metastrategien und Metakognitionen (Pramling, 1990) gefördert werden sollen. »Ein entscheidender Faktor für erfolgreiches und an den Zugangsweisen der Kinder orientiertes Lernen ist [...], inwieweit es den ErzieherInnen gelingt, an dem Vorwissen und den jeweiligen Entwicklungsständen anzuknüpfen, um die Kinder auf dem Wege zum Verstehen der Welt begleiten zu können. Für ErzieherInnen geht es also darum, zunächst eine Diagnose des domänenspezifischen Vorwissens vorzunehmen und entsprechende Verfahren, wie Interpretation von Zeichnungen der Kinder und Literatur zu Präkonzepten von Kindern, in den jeweiligen Domänen zu kennen. Es gilt eine stützende Atmosphäre aufzubauen, in der alle Kinder sich trauen, ihre Ideen und Vorstellungen zum Ausdruck zu bringen. Den Erwachsenen erschließt sich die Qualität des Wissens erst in den Begründungen der Kinder für ihre ›Welt‹-Sicht« (Kasüschke & Fröhlich-Gildhoff, 2008, S. 105).

In allen Bildungsplänen der Bundesländer für den Bereich der frühkindlichen Bildung, Betreuung und Erziehung finden sich Kataloge von Bildungsbereichen, die Gegenstand der (allgemeinen) Entwicklungsförderung in den Kindertageseinrichtungen sein sollen; besonders bedeutsam ist dabei die Kombination von alltäglicher, situativer Förderung – im Sinne des Aufgreifens kindlicher Interessen – und dem Zur-Verfügung-Stellen von spezifischen Anregungen (Strehmel, 2007; Kasüschke & Fröhlich-Gildhoff, 2008; Robert Bosch Stiftung, 2008; Fried & Roux, 2006). »Statt abstrakte Konzepte und Prozeduren einzuführen, sollten die Bemühungen der Frühpädagoginnen spielerisch und anschauungsgebunden sein.

Wichtig ist der Bezug zur Alltagswelt der Kinder. Auch sollten die altersgemäßen Beschränkungen in der Gedächtniskapazität und beim Erwerb neuer Strategien berücksichtigt werden. Zur Vorbereitung komplexerer ›Kulturstrategien‹ müssen diese nicht selten in Teilschritte zerlegt werden, um die Kinder nicht zu überfordern« (Mischo, 2009a, S. 127).

Mischo (2009a, S. 120 f.) leitet aus den verschiedenen empirischen Befunden Hinweise für die Förderung ab:

- *Förderung der Strategien*: Es ist zunächst einmal nicht zu erwarten, dass alle Kinder von einer direkten Vermittlung von Lern- und Gedächtnisstrategien im Kindergarten- und Vorschulalter profitieren. Die spielerische und indirekte Vermittlung von Strategien jedoch, das heißt die Gestaltung von Spielen (z. B. mit Memory-Karten), bei denen die Kinder quasi »von selbst« diese Strategien entdecken, kann bereits im Vorschulalter nützlich sein. Hier können auch die Methoden der »gelenkten Beteiligung« eingesetzt werden.
- *Förderung der Metakognition*: Auch metakognitive Prozesse können von FrühpädagogInnen gefördert werden, beispielsweise durch das »Vormachen« mit der Methode des lauten Denkens, durch Ausprobieren unterschiedlicher Strategien- und Aufgabenmerkmale, und durch die gelenkte Beteiligung im Sinne von Wygotski. Die Förderung der Metakognition wird voraussichtlich jedoch auch eher bei den älteren Kindergarten- und Vorschulkindern erfolgreich sein und sollte spielerisch und nicht explizit und direkt erfolgen.
- Förderung des *inhaltlichen Wissens* in unterschiedlichen Bereichen: Zum Aufbau »dichter« und reichhaltiger Wissensnetzwerke können eine Reihe von eher unspezifischen Methoden zum Einsatz kommen, wie z. B. Exkursionen mit den Kindern, Vorlesen oder Experimentieren und Entdecken lassen. Wichtig dabei ist die Art der Interaktion, die durch geeignete Fragen und Hinweisreize die Motivation und die kognitive Aktivierung der Kinder fördern sollte.
- Die Förderung in spezifischen Bereichen gewinnt ihre Bedeutung auch dadurch, dass diese Förderung dazu führen kann, dass fehlende Anregungen in der Familie durch Angebote in der Betreuungsinstitution zumindest teilweise kompensiert werden können (vgl. z. B. die Daten hierzu zum Zusammenhang zwischen »early literacy« und Lesekompetenz, ▶ Kap. 5.3)

D. Kooperation (mit Eltern, mit anderen Institutionen/sozialräumliche Vernetzung)

Neben der direkten Arbeit mit den Kindern sind die Zusammenarbeit mit den Eltern und weiteren Bezugspersonen der Kinder sowie der Aufbau sozialräumlicher Vernetzungen Kern-Bestandteile der Arbeit von pädagogischen Fachkräften in Kindertageseinrichtungen geworden.

Auch hierzu liegen mittlerweile viele Konzepte vor, auf die ausführlicher in ▶ Kap. 7 dieses Buches eingegangen wird.

4.2.3 Spezifische Programme zur Unterstützung der Entwicklung

In diesem Kapitel werden exemplarisch spezifische Programme vorgestellt, die die Entwicklung von Kindern in Kindertagesstätten in bestimmten Bereichen unterstützen. Dabei wird unterschieden zwischen solchen, die allgemeiner die Lebenskompetenzen der Kinder fördern und solchen, die sich »enger« auf die »klassischen« Bildungsbereiche beziehen.

4.2.3.1 Förderung von Lebenskompetenz/Resilienz

> **Resilienzförderung in Kitas**
>
> Im Zentrum für Kinder- und Jugendforschung der EH Freiburg wurden in den letzten Jahren mehrere multimodale Programme zur Förderung der Resilienz im Setting Kindertageseinrichtung realisiert, die die Erkenntnisse der Präventionsforschung (vgl. ▶ Kap. 5) und der Resilienzforschung (vgl. ▶ Kap. 1 und 2.3) praktisch umsetzten (vgl. Rönnau-Böse & Fröhlich-Gildhoff, 2010)
>
> > Fröhlich-Gildhoff, Dörern & Rönnau-Böse (2012b) Kinder Stärken! Prävention und Resilienzförderung in Kindertageseinrichtungen (PRiK) (2. vollst. überarb. Auflage). München: Reinhardt.
> > Fröhlich-Gildhoff, K., Beuter, S., Fischer, S., Lindenberg, J. & Rönnau-Böse, M. (2011). Förderung der seelischen Gesundheit in Kitas für Kinder und Familien mit sozialen Benachteiligungen. Freiburg: FEL.
>
> Dieses Präventionskonzept ist das bisher einzige Modell in Kindertageseinrichtungen, das auf vier Ebenen ansetzt: Neben der Förderung der Kinder und der Unterstützung der Erziehungskompetenz der Eltern werden die pädagogischen Fachkräfte in die Arbeit mit einbezogen und das soziale Umfeld der Kindertageseinrichtung berücksichtigt. Das Ziel des Projekts bestand und besteht darin, Kindern präventiv unterschiedliche Wege aufzuzeigen, wie sie Belastungen in einer entwicklungsförderlichen Weise bewältigen und meistern können. Die Kindertagesstätten – und die dort tätigen Fachkräfte – sollten qualifiziert werden, offene Anlaufstellen für Familien zu sein, gezielte Angebote für Kinder und ihre Bezugspersonen zu machen und Vernetzungsprozesse kontinuierlich zu gestalten. Dabei sollte die Kindertageseinrichtung sowohl selbst gezielte Aktivitäten zur Resilienzförderung initiieren und realisieren als auch koordinierende Funktionen im Stadtteil entwickeln.

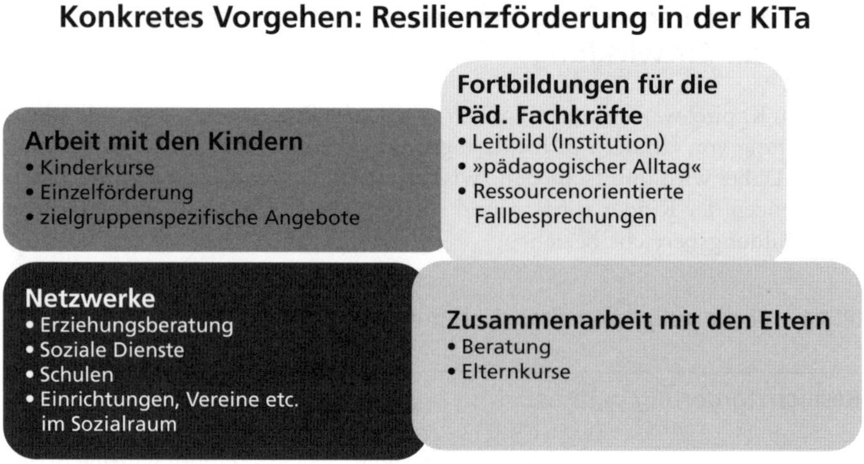

Konkretes Vorgehen: Resilienzförderung in der KiTa

Arbeit mit den Kindern
- Kinderkurse
- Einzelförderung
- zielgruppenspezifische Angebote

Fortbildungen für die Päd. Fachkräfte
- Leitbild (Institution)
- »pädagogischer Alltag«
- Ressourcenorientierte Fallbesprechungen

Netzwerke
- Erziehungsberatung
- Soziale Dienste
- Schulen
- Einrichtungen, Vereine etc. im Sozialraum

Zusammenarbeit mit den Eltern
- Beratung
- Elternkurse

Abb. 4.3: Die vier Ebenen des Projekts »Kinder Stärken!«

1. Angebote für die pädagogische Fachkräfte: Fortbildungen und Fallberatung

Die PädagogInnen der Projektkindertageseinrichtungen nahmen insgesamt an sechs halbtägigen Fortbildungseinheiten teil. In den Fortbildungen wurde der Grundgedanke der Resilienzförderung vermittelt und die ErzieherInnen wurden dazu qualifiziert, das Programm zur Resilienzförderung mit den Kindern (PRiK, Fröhlich-Gildhoff et al., 2012b) und den Eltern (Elternkurse, Elternsprechstunden, s. u.) durchzuführen. Auch die Vernetzungsarbeit war Gegenstand der Fortbildungen.

Zusätzlich wurden regelmäßige, vierwöchentliche kind- oder familienzentrierte Besprechungen zumeist mit dem gesamten Team einer Einrichtung durchgeführt. An diesen Besprechungen, die das Ziel hatten, kindbezogen einen ressourcenorientierten Blickwinkel einzunehmen, nahm in der Regel eine MitarbeiterIn der kooperierenden Erziehungsberatungsstellen teil.

2. Arbeit mit den Kindern

Mit *allen* Kindern der Einrichtungen der Durchführungsgruppe wurde das Programm zur »Prävention und Resilienzstärkung in Kindertageseinrichtungen (PRiK)« (Fröhlich-Gildhoff et al., 2012b) durchgeführt. In Ausnahmefällen erhielten darüber hinaus einzelne Kinder spezifische Förderungen bzw. wurde systematisch darauf geachtet, dass eine solche Förderung eingeleitet wird.

Das Programm PRiK umfasst 20 Einheiten, die im Zeitraum von zehn Wochen (zwei Einheiten pro Woche à 35 bis 40 Minuten) durchgeführt wurden. Am Programm nahmen jeweils acht bis zehn Kinder – in der Regel Kinder unterschiedlicher Gruppen der beteiligten Kindertageseinrichtungen – mit möglichst demselben Entwicklungsstand teil. Das Programm wurde meist von zwei LeiterInnen (ErzieherInnen der Einrichtung) durchgeführt. Die Kindergruppen waren im Verlauf der 20 Sitzungen konstant; Programminhalte wurden auch im »Alltag« der Kita, z. B. im »Morgenkreis«, aufgegriffen.

4.2 Entwicklungsbegleitung und -unterstützung in der Kindertageseinrichtung

Das Kursprogramm ist zielorientiert manualisiert aufgebaut und orientiert sich an den empirisch begründeten Resilienzfaktoren (vgl. ▸ **Kap. 2.3**): Selbstwahrnehmung, Selbststeuerung, Selbstwirksamkeit, Soziale Kompetenz, Umgang mit Stress, Problemlösen. Das Programm wurde systematisch evaluiert (Rönnau et al., 2008).

3. Zusammenarbeit mit den Eltern

Alle Eltern der Durchführungsgruppe erhielten das Angebot, an Elternkursen zur Stärkung der Erziehungskompetenz und zur Unterstützung der Förderung von Resilienz im Alltag der Familien teilzunehmen. Diese Kurse (zum Konzept vgl. Fröhlich-Gildhoff et al., 2008) wurden regelmäßig in den Kindertageseinrichtungen angeboten. Sie umfassen sechs Einheiten, die wiederum nach Themen strukturiert sind. An diesen Kursen können jeweils sechs bis zehn Eltern teilnehmen; die einzelnen Sitzungen dauern 90 Minuten. Die Gruppengröße wurde so gewählt, dass ein reger Austausch und Diskussionen gut möglich waren. Um möglichst viele Eltern zu erreichen, wurden die Kurse je nach Bedarf an unterschiedlichen Wochentagen und Uhrzeiten (morgens, mittags, abends) angeboten. Die Kurse wurden von einer externen Fachkraft oder einer PädagogIn der beteiligten Kindertageseinrichtung geleitet.

Zusätzlich wurden wöchentliche Sprechstunden zur Eltern- bzw. Familienberatung in den Kindertageseinrichtungen von externen Fachkräften (aus Erziehungsberatungsstellen) angeboten. Hierzu konnten sich die Eltern selbstständig melden.

4. Vernetzung

Im Verlauf des Projekts sollten regelmäßige Netzwerkstrukturen zu familienunterstützenden Institutionen aufgebaut werden. Die Kindertageseinrichtungen wurden darin unterstützt, sich mit Einrichtungen und Vereinen im Umfeld sozialräumlich zu vernetzen. Hierzu wurden folgende Maßnahmen ergriffen:

- Regelmäßige Sprechstunden der »zuständigen« Erziehungsberatungsstellen in den Einrichtungen. Durch den persönlichen Kontakt wurden »kurze Wege« hergestellt und Zugangsschwellen gesenkt.
- MitarbeiterInnen der Erziehungsberatungsstellen nahmen an den Fallbesprechungen (s. o.) teil.
- Es wurden Kontakte zum Allgemeinen Sozialen Dienst des Jugendamtes aufgebaut, auf die schnell zurückgegriffen werden konnte, wenn dies nötig war.

5. Evaluation

Die Durchführung und die Wirksamkeit des Projekts wurden mittels Prozess- und Ergebnisevaluation untersucht. Die Evaluation erfolgt im Kontrollgruppendesign (DG: N = 278 Kinder, KG: N = 188 Kinder) mit quantitativen und qualitativen Methoden.

Neben standardisierten Tests zur allgemeinen Entwicklung (WET, vgl. Kastner-Koller & Deimann, 2002), zum Selbstkonzept (SKF; Engel et al., 2010) und zu unterschiedlichen Verhaltensdimensionen (VBV, Döpfner et al., 1993) zu drei Zeitpunkten wurden alle Prozessschritte sorgfältig dokumentiert und darüber hinaus leitfadengestützte Interviews mit Eltern und ErzieherInnen geführt (zum Evaluationsdesign ausführlicher z. B. Rönnau et al., 2008; Rönnau-Böse, 2013)

Ergebnisse

Die Ergebnisse zeigten positive Wirkungen: Das Projekt wurde insgesamt von allen Beteiligten sehr gut angenommen. Von den pädagogischen Fachkräften in den Kitas und den Eltern wurden positive Entwicklungen bei den Kindern festgestellt. Dies zeigte sich anhand der Protokolle, aber auch der Befragung (halbstandardisierte Interviews) von ErzieherInnen und Eltern. Mit dem eingesetzten standardisierten Instrument zur Verhaltensbeobachtung VBV konnten keine signifikanten Veränderungen im Vergleich zur Kontrollgruppe nachgewiesen werden. Dies kann damit erklärt werden, dass der VBV den Blick auf auffälliges bzw. problematisches Verhalten richtet und nicht die Ressourcen der Kinder abbildet, somit also möglicherweise ein weniger geeignetes Messinstrument für diese Untersuchung ist.

Die Ergebnisse der standardisierten Testverfahren weisen darauf hin, dass sich der Selbstwert der Kinder in der Durchführungsgruppe im Vergleich zum Ausgangszeitpunkt und zur Kontrollgruppe signifikant verbessert hat. Die kognitive Entwicklung – gemessen über den standardisierten Test WET – veränderte sich ebenfalls positiv bei den Kindern der Durchführungsgruppe gegenüber Ausgangszeitpunkt und Kontrollgruppe (signifikante Wechselwirkungen in vier der sechs Untertests).

Besonders erstaunlich, weil in dieser Weise nicht erwartet, sind die signifikant positiven Auswirkungen auf die kognitive Entwicklung der Kinder. Die spezifische kognitive Förderung war nicht primäres Ziel im Projekt. Andererseits scheinen sich hier indirekte Effekte einzustellen: Die Kinder können durch eine verbesserte Selbststeuerung, durch eine erhöhte Selbstsicherheit, aber auch durch verbesserte Problemlösungsfähigkeiten die angebotenen Inhalte in den Kindertageseinrichtungen aufnehmen. Möglicherweise führt auch ein reflektierteres Verhalten der Eltern dazu, dass die Kinder adäquater in ihren Entwicklungsprozessen unterstützt werden. Insgesamt kann das Programm – sofern sich die Effekte stabilisieren – auch zu einer verbesserten Chancengerechtigkeit führen.

Dieser multimodale Ansatz zur Förderung der Resilienz bzw. Lebenskompetenz wurde in einer weiteren Studie bundesweit in ausgewählten Kindertageseinrichtungen in Quartieren mit besonderen Problemlagen umgesetzt und evaluiert; dabei ließen sich die Ergebnisse replizieren. Allerdings mussten Zugangswege und Kursinhalte für Kinder und Eltern an die Zielgruppen adaptiert werden. So mussten beispielsweise sprachgebundene Anteile vereinfacht oder an die Muttersprachen und -kulturen der Kinder und Familien angepasst werden (vgl. zu diesem Projekt: Fröhlich-Gildhoff et al., 2011; Fröhlich-Gildhoff & Rönnau-Böse, 2012).

Förderung sozialer und emotionaler Kompetenzen

> »Lubo aus dem All« – Programm zur Förderung der sozial emotionalen Kompetenzen von Kindern im Vorschulalter
>
> Hillenbrand, C., Hennemann, T., Heckler-Schell, A. (2008). Lubo aus dem All!: Programm zur Förderung sozial-emotionaler Kompetenzen im Vorschulalter. München: Reinhardt.

Das Programm orientiert sich an den Erkenntnissen der sozial-kognitiven Informationsverarbeitung, der Risiko- und Schutzfaktorenforschung und der Resilienzforschung. Zentrale Ziele sind:

- Förderung sozial-emotionaler Basiskompetenzen (Selbst- und Fremdwahrnehmung, Emotionsausdruck, Emotionssprache usw.)
- Förderung der Emotionsregulation und Selbststeuerungsfähigkeit
- Förderung der Zielklärungsfähigkeit
- Förderung sozialer Problemlösungsstrategien
- Förderung eines angemessenen Handlungsrepertoires und sozialer Fertigkeiten für alterstypische Problemsituationen (z. B. mitspielen wollen, Umgang mit Schimpfwörtern, Streit klären usw.)

Das Programm umfasst 34, strukturell gleich aufgebaute, Sitzungen zu jeweils ca. 40 Minuten; diese sind in folgende Segmente unterteilt:

- Einführung in das Programm – Kennenlernen der Rituale, Aufbau eines Gruppengefühls (1.–3. Stunde)
- Phase 1: »Was ist passiert?« – Förderung der Aufmerksamkeit und der Wahrnehmung von Personen und Situationen (4.–9. Stunde)
- Phase 2: »Was fühle ich?« – Wahrnehmung, Erkennen und Verstehen von Emotionen bei sich und anderen und Förderung der Emotionsregulation (10.–20. Stunde)
- Phase 3: »Was kann ich tun?« – Emotionsregulation: Strategien zum angemessenen Umgang mit Gefühlen und bei emotional belastenden Situationen (21.–25. Stunde)
- Phase 4: »Was kann ich tun?« – Verhaltensregulation: Strategien für ein angemessenes Verhalten in sozialen Situationen (26.–34. Stunde)

Das Programm wurde in einem randomisierten Kontrollgruppendesign mit 220 Kindern verschiedener Kölner Kindertagesstätten evaluiert. Die Ergebnisse belegen signifikante positive Effekte der Experimentalgruppe im sozialen Problemlösen (mittlere Effektstärke), im prosozialen Verhalten (großer Effekt) und einen mittelstarken Rückgang der Verhaltensprobleme. Kinder mit Risikobelastung profitieren in noch stärkerem Ausmaß (Schell, 2011).

> Weitere Projekte zur Förderung allgemeiner sozial-emotionaler Kompetenzen sind:
>
> - FREUNDE (www.stiftung-freunde.de; Benz & Umbach, 2009)
> - Schatzsuche im Kindergarten (www.schatzsuche.uni-bayreuth.de; Quante et al., 2010)
> - Förderung Selbstorganisierten Lernens im Vor- und Grundschulalter (Perels & Otto, 2009)

4.2.3.2 Förderung von Entwicklungsbereichen

Zur Förderung der allgemeinen Entwicklung in spezifischen Domänen existiert gleichfalls eine Reihe von Programmen. Exemplarisch sollen die Bereiche Sprachentwicklung und mathematische Kompetenzen betrachtet werden.

Sprachentwicklung

Zur Unterstützung der Sprachentwicklung wurden Programme vor allem für Kinder konzipiert, bei denen in diesem Bereich ein Entwicklungsrückstand festgestellt werden konnte (z. B. »Sag mal was«, Baden-Württemberg Stiftung, o. J.; Würzburger Trainingsprogramm, Küsper & Schneider, 2006); diese Programme werden im ▶ Kap. 5.2 näher vorgestellt.

Bei der Sprachproduktion müssen die Laute, Wörter und Sätze produziert und in der richtigen Bedeutung und im richtigen sozialen Kontext verwendet werden (vgl. Grimm & Wilde, 1998). Was das Kind in Bezug auf die Komponenten des Spracherwerb alles erwerben muss, und welche Kompetenzen dabei nötig sind, ist in der folgenden ▶ Tab. 4.1 zusammengefasst (Weinert & Grimm, 2008, S. 502).[16]

Sprachförderung im Alltag der Institutionen der frühkindlichen Bildung, Betreuung und Erziehung sollte sich einerseits am Sprachentwicklungsstand des Kindes orientieren. Andererseits sollten die Fachkräfte über »stützende Sprache« (Scaffolding) Kinder zum Dialog anregen und fortschreitend komplexere und korrekte Äußerungen des Kindes verstärken.

In der »lehrenden Sprache« korrigieren die Bezugspersonen die inkorrekten Äußerungen des Kindes nicht explizit, sie wiederholen diese aber in der grammatikalisch richtigen Form und erweitern diese somit. Nach einer Untersuchung von Grimm (zitiert nach Weinert & Grimm, 2008, S. 533) beträgt der Anteil der lehrenden Sprache in Dialogen von Müttern mit zwei- bis dreijährigen Kinder zwischen 20 und 40 %. In zahlreichen Untersuchungen konnte bestätigt werden, dass dieser lehrende Sprachstil die Sprachentwicklung des Kindes fördert.

So haben sich beispielsweise Trainingsprogramme für Eltern als effektiv erwiesen, bei denen diese lernten, bei der gemeinsamen Bilderbuchbetrachtung mit dem

---

16 Dieser und die folgenden Abschnitte sind aus Gretsch & Mischo (2009) zusammengefasst.

Kind diese lehrende Sprache gezielt einzusetzen z. B. durch anregende Fragen, Aufgreifen und Erweitern der Äußerungen des Kindes usw. (Whitehurst et al., 1988). Dieser sprachförderliche Sprechstil ist natürlich nicht nur für die Mütter, sondern auch für pädagogische Fachkräfte wichtig und im Alltag der Kita gut einzusetzen.

Tab. 4.1: Komponenten des Spracherwerbs und dazu erforderliche Kompetenzen

Komponenten des Spracherwerbs	Das Kind muss…	Erforderliche Kompetenz[17]
Lautübergreifende Komponente	… Intonation, Betonung, rhythmische Gliederung und Satzmelodie erkennen und richtig anwenden	Prosodische Kompetenz (auf Sprachmelodie und Sprachrhythmus)
Auf die Lautstruktur bezogene Komponente	… bedeutungsunterscheidende Sprachlaute (z. B. /h/ und /w/ bei *Hut* -*Wut*) erkennen und produzieren	Phonologische Kompetenz
Auf einzelne Wörter und Sätze bezogene Komponente	… Strukturen des Wortaufbaus erkennen (z. B. Pluralbildung, Komposita) … Satzstrukturen erkennen (z. B. Fragesatz, Hauptsatz und Nebensatz u .a. über die Verbposition bestimmen können)	Morpho-syntaktische Kompetenz
Bedeutungsbezogene Komponente	…die Bedeutung von Wörtern und ihre komplexe Kombination in Sätzen kennen	Semantische Kompetenz
Auf den sozialen Austausch bezogene Komponente	… Sätze sozial und kommunikativ angemessen verwenden, Dialoge strukturieren	Kommunikative bzw. pragmatische Kompetenz

Rückert et al. (2010, S. 82) haben ein gesondertes Programm entwickelt und evaluiert, bei dem Eltern über 16 Wochen gezielt im Vorlesen unterstützt wurden: »Das Elterntraining ›Lass uns lesen!‹ verbindet häusliches Vorlesen mit der gezielten Förderung der phonologischen Bewusstheit, das heißt der Fähigkeit, Laute und größere sprachliche Einheiten zu erkennen und mit ihnen umzugehen.«

Sprachförderung in der Frühpädagogik kann beispielsweise in Sprach- und Benennspielen, bei der gemeinsamen Bilderbuchbetrachtung, und »nebenbei« bei fast allen täglichen Interaktionen im Kindergarten erfolgen (für eine Übersicht vgl. Jampert et al., 2005). Hervorzuheben ist, dass Kinder im vorschulischen Alter auf Sprachangebote positiv reagieren, wenn es sich um authentische, »sinnstiftende« Kommunikation handelt, die von einer Zuwendung zum Kind, Augenkontakt und einer individuellen Achtsamkeit getragen wird. Das reine »Abspulen« eines Förderprogramms bringt keine garantierte Verbesserung des Sprachverhaltens. Eine umfassende Reflexion über Sprache kann hingegen auf mehreren Ebenen positive Wirkungen zeitigen (Gretsch & Mischo, 2009).

---

17 Die phonologische, morpho-syntaktische und semantische Kompetenz zusammengenommen bezeichnet man auch als linguistische Kompetenz.

Entwicklung mathematischer Kompetenzen

Von Carolin Eichin

Bereits Friedrich Fröbel (1782–1852) sowie auch Maria Montessori (1870–1952) hatten sich mit der frühen vorschulischen mathematischen Bildung auseinandergesetzt und Spiel- und Arbeitsmaterialien für Kinder im Vorschulalter zur Förderung mathematischen Denkens entwickelt (ausführlicher dazu z. B. Wittmann, 2009), die auch heute noch in Kindertageseinrichtungen vorzufinden sind. Die heutigen empirischen Befunde bestätigen die Pädagoginnen und Pädagogen von damals in ihrer Annahme, Kinder bereits vor der Schule an die Mathematik heranführen zu können. Denn die Entwicklung mathematischer Kompetenzen beginnt lange vor dem Schuleintritt des Kindes. »Schon Säuglinge verfügen über ein grundlegendes quantitatives Wissen, auf das die Entwicklung numerischen Verständnisses aufbaut und schließlich im Verständnis mathematischer Operationen mündet« (Krajewski, 2007, S. 275).

Das *Entwicklungsmodell früher mathematischer Kompetenzen* von Krajewski (2007, S. 276) zeigt, wie Kinder im vorschulischen Alter Kompetenzen im Umgang mit Mengen und Zahlen erwerben, die wiederum die Voraussetzungen für ein Verständnis der Schulmathematik bilden. Frühe mathematische Förderung in Kindertagesstätten kann sich folglich bei der Konzipierung von Fördergelegenheiten an dem *Entwicklungsmodell früher mathematischer Kompetenzen* orientieren, welches in drei Phasen eingeteilt ist und in folgenden Abschnitten zusammenfassend dargelegt wird.

1. Ebene: Entwicklung numerischer Basisfertigkeiten

In dieser Kompetenzstufe unterscheiden Kinder zwischen *mehr oder weniger* und beziehen sich dabei auf die Fläche bzw. den Umfang der Menge. Das Urteil darüber, ob etwas mehr oder weniger vorhanden ist, wird daran gemessen, wie viel Fläche eingenommen wird, unabhängig von der Anzahl der einzelnen Elemente. Ab ca. zwei Jahren lernen die Kinder numerische Begriffe sowie die Zählprozedur kennen. Die Zahlwörter werden jedoch noch nicht zur Beschreibung von Mengen genutzt, da, wie beschrieben, das Verständnis von Menge noch an die Fläche bzw. den Umfang und nicht an die einzelnen Elemente gekoppelt ist.

2. Ebene: Erwerb des Anzahlkonzepts

Die zweite Ebene des Kompetenzerwerbs ist in zwei Phasen unterteilt, in dessen Verlauf sich die mathematischen Kompetenzen der Kinder hin zu einem Anzahlkonzept entwickeln. Die Kinder verstehen zunehmend, dass Zahlen bzw. Zahlwörter eine Anzahl repräsentieren. In der ersten Phase wird zunächst ein unpräzises Anzahlkonzept entwickelt. Die Anzahlen können groben Kategorien (*wenig – viel – sehr viel*) zugeordnet werden, innerhalb der Kategorie wird jedoch noch nicht differenziert. Die unpräzise Zuordnung kann sich auch beim Abzählen von Elementen in der fehlenden Eins-zu-Eins-Zuordnung von Zahlwort und Element zeigen.

In der zweiten Phase entwickelt sich das präzise Anzahlkonzept; die Kinder lernen dabei die *eindeutige Zuordnung von Zahlen und Anzahl* kennen. Grundlegende Voraussetzung dafür ist, dass die Kinder beim Abzählen die Eins-zu-Eins-Zuordnung von einem Zahlwort und einem Element der zuzählenden Menge verinnerlicht haben. Auf der Grundlage des entwickelten Verständnisses, dass eine Zahl eine bestimmte Anzahl repräsentiert, erweitern die Kinder ihr Wissen dahingehend, dass die Zahlenfolge aufeinander aufbauende Mengen darstellen. Sie verfügen somit über das Verständnis, dass jede Zahl bereits eine Teilmenge des Ganzen ist. Des Weiteren gelingt es den Kindern, die Größe von Anzahlen zu vergleichen (z. B. vier ist weniger als fünf). Die Ausbildung des präzisen Anzahlkonzepts wird als bedeutende Kompetenz für den späteren erfolgreichen Erwerb der Grundschulmathematik betrachtet.

3. Ebene: Verständnis für Anzahlrelationen

Innerhalb des Kompetenzerwerbs der dritten Ebene gelingen bereits *erste Rechenoperationen*. Die Kinder entwickeln ein Verständnis dafür, dass sich Zahlen in kleinere Segmente zerlegen und zusammensetzen lassen. Zudem lassen sich die Beziehungen bzw. die Differenzierungen zwischen zwei Zahlen wiederum mit Zahlen beschreiben (z. B. fünf sind *drei mehr* als zwei). Die Differenzanzahl (z. B. *drei mehr*) ist für die Kinder eine abstrakte Anzahl, die mit geeigneten Darstellungsmitteln veranschaulicht werden kann.

Die frühen Mengen-Zahlen-Kompetenzen von Kindern im Vorschulalter gelten als Prädiktoren für spätere schulische Mathematikleistungen. Die Basiskompetenzen der ersten Ebene erwiesen sich gemäß der Studie von Aunola et al. (2004) als Prädiktor für die Mathematikleistungen der ersten Klasse (Krajewski, 2007). In einer weiteren Studie konnte die mathematische Leistung Ende der vierten Klasse zu einem Viertel durch die erworbenen Vorläuferkompetenzen der zweiten Ebene erklärt werden (Krajewski & Schneider, 2006). Die Intelligenz hingegen hat keinen signifikanten Vorhersagewert für spätere schulische mathematische Leistungen (z. B. Krajewski & Schneider, 2006; Weishaupt, Peucker & Wirtz, 2006; zitiert nach Krajewski, 2007). »Im Gegensatz zur Intelligenz nahm der Einfluss der sozialen Schicht zu, sodass am Ende der Grundschulzeit 18 % der Unterschiede in den Mathematikleistungen durch die Schichtzugehörigkeit der deutschen Kinder aufgeklärt wurde« (Krajewski, 2007, S. 282).

Die Förderung von zahlen- und mengenbezogenen Kompetenzen im Vorschulalter ist hinsichtlich eben beschriebenen Erkenntnisse sowie bezogen auf die Prävention einer Rechenstörung (Fuchs et al., 2005, zitiert nach Hasselhorn, Mähler & Grube, 2008) unbedingt empfehlenswert. Nach den Erkenntnissen von Krajewski (2007, S. 285) sollte sich die Förderung früher mathematischer Kompetenzen dabei an den folgenden Prinzipien orientieren:

- »1. Fokussierung auf mathematische Inhalte (inhaltsspezifische Förderung)
- 2. Systematischer Aufbau mathematischer Kompetenzen
- 3. Einbezug strukturorientierter Darstellungsmittel unter Verwendung mathematischer Sprache.«

Exemplarisch werden im Folgenden zwei Förderprogramme skizziert. Es handelt sich zum einen um das Programm »Entdeckungen im Zahlenland« (Preiß, 2009) sowie zum anderen um das Würzburger Trainingsprogramm »Mengen, zählen, Zahlen (MZZ)« (Krawjeski, Nieding & Schneider, 2007).

> **»Entdeckungen im Zahlenland« (Preiß, 2009)**
>
> Die »Entdeckungen im Zahlenland« sind in drei Teile untergliedert; die ersten beiden Teile richten sich an Kinder ab vier Jahren, wobei der dritte Teil für den Einsatz in den Grundschulen konzipiert wurde. Zur Förderung von Kindern ab 2 ½ Jahren ist zudem das Programm »Entdeckungen im Entenland« entstanden.
>
> Letztgenanntes Programm für Kinder ab 2 ½ bis vier Jahren setzt sich zum Ziel »Kinder an Methoden des Denkens heranzuführen, die ihnen helfen, Wissen über die Welt aufzubauen und mit ihrem Leben zu verbinden. Hierzu gehören grundlegende Fähigkeiten wie Sortieren und Ordnen, Orientierung in Raum und Zeit sowie erste Erfahrungen mit dem Spielwürfel und dem Zählen« (Preiß, 2009, S. 2).
>
> Das darauffolgende Programm für Kinder ab vier Jahren (Entdeckungen im Zahlenland) setzt sich zum Ziel »Kinder […] in die Welt der Mathematik einzuführen, dabei fachübergreifende Zusammenhänge herzustellen und allgemeine Fähigkeiten zu fördern.« Inhalte des Programms »Entdeckungen im Zahlenland«, die in der Anwendung erprobt werden, sind
>
> - Zahlen von 1–10: Vertrautheit mit Eigenschaften und Anwendungen
> - Zahlenraum von 1–20: Überblick
> - Rechnen: Einfache Beispiele und Vorstellungen
> - Geometrische Formen: Ebene Figuren und Körper im Raum
> - Nachdenken und Kombinieren: Lösen von Problemen
> - Mathematische Fachbegriffe und Symbole: Behutsame Einführung« (Preiß, 2009, S. 5).
>
> Ein Gestaltelement ist dabei der Zahlenweg, auf dem sich die Kinder schrittweise die Zahlen, durch das Gehen auf nummerierten Teppichfliesen, erschließen.
>
> Durch die zusätzlichen Programmelemente »Zahlengarten« und »Zahlenwald« erfahren die Kinder zudem den Zusammenhang von Natur und Mathematik und lernen die Bedeutung der Geometrie kennen (ebd.).
>
> Hinsichtlich der obengenannten drei Prinzipien früher mathematischer Förderung, insbesondere dem Prinzip, *Einbezug strukturorientierter Darstellungsmittel unter Verwendung mathematischer Sprache,* steht die Vorgehensweise dieses Beispiels in der Kritik. Der Einsatz von Darstellungsmitteln dient gemäß Krajewski (2007) dazu den mathematischen Inhalt einer Handlung und Rechenoperationen zu veranschaulichen. Das Material sollte sich dabei in Form und Farbe nicht unterscheiden, damit die Kinder erkennen, dass sich zwei dargestellte Mengen z. B. drei Bauklötze und fünf Bauklötze in ihrer Anzahl unterscheiden und nicht in Farbe oder Form. Das Programm »Zahlenland«

reichert den Fördergegenstand der Zahlen mit vielen Emotionen an, so dass eine Förderung höherer Kompetenzstufen (Ebene IIb und III) kritisch betrachtet wird. Die verwendeten didaktischen Darstellungsmittel gehen quantitativ nicht auseinander hervor, sondern wirken unabhängig voneinander. Die Zahlenpuppe Vier hat vier Zöpfe, die Zahlenpuppe Fünf verfügt über fünf Knöpfe. Von der Vier zur Fünf kommt somit nicht eins hinzu sondern das bisherige Zahlencharakteristikum (Zöpfe) wird entfernt und es kommt dafür etwas Neues dazu (Knöpfe). Das oben beschriebene präzise Anzahlkonzept sowie die Anzahldifferenz wird durch das gewählte Darstellungsmittel nicht ausreichend abgebildet (ebd.).

»Mengen, zählen, Zahlen« (Krajweski et al., 2007)

Dem Förderprogramm »Mengen, zählen, Zahlen« liegt das Entwicklungsmodell früher mathematischer Kompetenzen (Krajweski, 2007) zugrunde. Die Anforderungen entsprechen den oben beschriebenen Kompetenzebenen. Zunächst, entsprechend Ebene I des Kompetenzmodells, werden numerische Basisfertigkeiten wie die Ziffernkenntnis im Zahlenraum 1–10 gefördert. Darauf aufbauend die Anzahlkompetenz (Ebene II) sowie anschließend die Anzahlrelation (Ebene III). Den Kindern werden zur Veranschaulichung verschiedene Darstellungsmittel zur Verfügung gestellt, wie z. B. eine Zahlentreppe. Die Zahlentreppe veranschaulicht den Kindern, dass man für höhere Zahlen mehr Stufen zählen muss als für niedrigere Zahlen sowie das von einer zur nächsten Zahl immer »eins« hinzukommt.

Die Evaluation eines zehnwöchigen Kurses im letzten Kindergartenjahr zeigte hinsichtlich der mathematischen Kompetenzen kurz- sowie auch langfristig positive Effekte. Im Vergleich mit den Ausgangswerten konnten die Kinder der Interventionsgruppe einen stärkeren Zuwachs an Mengen-Zahlen-Kompetenzen verzeichnen als die Vergleichsgruppe, deren teilnehmende Kinder ein allgemeines Denktraining, ein anderes mathematische Programm oder gar kein Programm durchlaufen hatten (ebd.).

4.2.4 Die Bedeutung der Übergänge

In ▶ Kap. 2.4 ist schon allgemein auf die Bedeutung der Übergänge zwischen den verschiedenen Lebenswelten des (Klein-)Kindes hingewiesen worden. Zentrale Übergänge in der Kindheit, die das Kind – aber auch seine Familie (!) – bewältigen muss, sind der Übergang von der Familie in die Kindertageseinrichtung und dann von der Kindertageseinrichtung in die Grundschule.

Beim *Übergang von der Familie zur Kindertageseinrichtung* – und besonders natürlich: zur Kinderkrippe – ist es unabdingbar, dass die Kita über ein klares, auch schriftlich fixiertes und den Eltern gut erklärtes Übergangs- bzw. Eingewöhnungskonzept verfügt (z. B. Laewen et al., 2000). Es ist bedeutsam, den Übergang systematisch als Prozess zu betrachten und die Eltern aktiv einzubinden: So hält sich – entsprechend den Bedürfnissen des Kindes – in den Anfangsphasen die vertraute Bindungsperson (in der Regel ein Elternteil) zusammen mit dem Kind in der Einrichtung auf; auch die Dauer des Aufenthalts in der neuen Einrichtung wird erst allmählich gesteigert. Bei diesem längerfristigen Prozess gewöhnt sich das Kind an die neue Umgebung und die neuen Personen. Die zuständige Bezugsperson bzw. Fachkraft bietet systematisch Bindungserfahrungen an. Nach und nach kommt es zur Trennung von der vertrauten Bezugsperson; die Phasen der Trennung werden gesteigert. »Die Gestaltung des Übergangs als prozessuales Geschehen sieht die Vorbereitung der Eingewöhnung, die Begleitung des Kindes, der primären Betreuungsperson, die sorgfältige Planung und Durchführung der ersten Trennungsphase und der emotionalen Sicherheit des Kindes über vorhersehbare Bring- und Holzeiten, Rituale und Übergangsobjekte vor« (Griebel & Niesel, 2005, S. 3). Die Fachkräfte haben hier eine wesentliche Moderationsfunktion. Die Eingewöhnung hat natürlich eine besondere Bedeutung, je jünger die Kinder sind; es müssen entsprechende Ressourcen zur Verfügung stehen. Das Kind wird allerdings als aktiver Mitgestalter dieses Prozesses gesehen und es ist seitens der Erwachsenen nötig, das Verhalten und die Lebensäußerungen des Kindes immer wieder systematisch zu reflektieren.

Auch die Eltern müssen den Übergang bewältigen: Sie haben möglicherweise Schuldgefühle, ihr Kind »allein« zu lassen; sie müssen akzeptieren, dass ihr Kind gute Beziehungen auch zu anderen erwachsenen Bezugspersonen aufbaut und sie selbst möglicherweise an Bedeutung verlieren. Ebenso müssen sie akzeptieren, dass andere Kinder wichtig(er) werden.

Zur Thematik des Übergangs von der Familie in Kindertageseinrichtungen liegen weitere Forschungsergebnisse vor, die von Griebel & Niesel (2004), Roux (2004) sowie Viernickel und Lee (2004) referiert werden.

Beim *Übergang von der Kindertageseinrichtung zur Grundschule* geht es gleichfalls darum, eine Passung zu gestalten zwischen den Anforderungen der Institution Schule einerseits und den bisher entwickelten Fähigkeiten des Kindes (und seiner Umwelt) auf der anderen Seite. Dies betrifft die Kompetenzen in den verschiedenen Bildungsbereichen, mehr aber noch die sozialen Kompetenzen, das Selbstwirksamkeitserleben und die generellen adaptiven Bewältigungsfähigkeiten des Kindes. Mit dem Übergang von der Kindertageseinrichtung zur Schule ist das Konzept der Schulfähigkeit verknüpft. Dieses wurde lange als ein statischer Zustand angesehen, der durch normierte Testverfahren erfasst werden könne. Neuere Forschungsergebnisse haben allerdings gezeigt, dass es sich eher um ein dynamisches Konstrukt handelt und dass die Forschungsergebnisse hinsichtlich diesbezüglicher Entwicklungsprognosen zumindest widersprüchlich sind (vgl. z. B. Kammermeyer, 2001, 2004). Griebel und Niesel schlagen vor die »Schulfähigkeit als ein Konstrukt zu begreifen, das von allen Beteiligten (Kind, Eltern, vorschulische Einrichtung, Schule, Hort) in einem ko-konstruktiven, sinnstiftenden Prozess inhaltlich zu füllen ist« (Griebel & Niesel, 2005; ebenso Roßbach, 2006).

Zur Gestaltung des Übergangs existieren mittlerweile in allen Bundesländern Verwaltungsvorschriften und/oder Handreichungen (Übersicht: www.bildungsser

ver.de/Uebergang-Kindergarten-Grundschule-1863.html) und auch ein im Jahre 2011 begonnenes, breites Forschungsprogramm das durch das Bundesministerium für Bildung und Forschung finanziert wurde (Übersicht: www.dlr.de/pt/desktopdefault.aspx/tabid-7562/12806_read-32088). Deutlich wurde in den bisherigen Studien, dass die Kooperation zwischen den Fachkräften der Kindertageseinrichtungen und Grundschulen systematisch, konzeptionell verankert und durch (Personal-) Ressourcen abgesichert erfolgen muss (z. B. Carle & Samuel, 2007).

Roßbach (2006) schlägt vier Dimensionen vor, anhand derer *Qualitätsanforderung bzw. Handlungsempfehlungen für gelingende Übergänge* beschrieben werden können:

1. Strukturelle Gestaltung des Prozesses

Der Übergangsprozess muss auf der Grundlage einer Konzeption klar geplant werden; diese Planung muss individuell adaptiert werden. Für diese Planung werden Ressourcen benötigt, vor allen Dingen Zeit der Fachkräfte (von Kindertageseinrichtung *und* Schule) für Beobachtung, Austausch und Rückmeldung, aber auch Zeit für Kommunikation. Für strukturierte Modelle wie Schuleingangsstufen finden sich laut Roßbach (2006) auf empirischer Ebene keine deutlichen Vorteile.

2. Kooperation und Übergangsbegleitung

Kernstück für gelingendere Übergangsbewältigung ist eine rechtzeitige und kontinuierliche Kommunikation zwischen allen Beteiligten. Die Kommunikation muss zwischen den Fachkräften aus Schule und Kindertageseinrichtung sowie den Eltern auf »gleicher Augenhöhe« erfolgen. Hilfreich sind u. a. wechselseitige Besuche (von Kindern in der Schule und Schulkindern in Kindertageseinrichtungen), Modelle wie Patenschaften (von älteren SchülerInnen für (zukünftige) SchulanfängerInnen), aber auch eine institutionsübergreifende Projektarbeit, die Kontinuität sichern kann.

3. Aus- und Fortbildung des Fachpersonals

Für die Gestaltung und Begleitung der Übergänge müssen die Fachkräfte in Schule und Kindertageseinrichtungen weiterqualifiziert werden. Hilfreich kann hier eine gemeinsame Fort-, aber auch Ausbildung (vgl. z. B. Bertelsmann Stiftung, 2007) sein.

4. Inhaltliche und curriculare Anschlussfähigkeit

Wie dargestellt kommt der Passung zwischen Anforderungen und Kompetenzen auf individueller Ebene (bezogen auf Kind *und* Familie) besondere Bedeutung zu. Der Prozess der Passung muss der Unterschiedlichkeit gerecht werden. So wird beispielsweise in den »Handlungsempfehlungen an Politik, Träger und Einrichtungen von der Kita in die Schule« der Bertelsmann Stiftung (2007, S.10) festgestellt: »Im Mittelpunkt der Kooperation von Kita und Schule steht das Kind«. Dies bedeutet:

- »ErzieherInnen und Lehrkräfte nehmen jedes Kind in seinem Lernen wahr, unterstützen es und geben seinen Interessen und seiner Neugier Raum. Da-

durch stärken sie sein Selbstvertrauen im Übergang von der Kita in die Schule und seine Freude auf den nächsten Schritt.
- Die Heterogenität der Kinder und ihrer Familien werden berücksichtigt und als Bereicherung gesehen.
- ErzieherInnen und Lehrkräfte beschäftigen sich individuell und differenziert mit jedem Kind. Sie knüpfen an den Kompetenzen und Ressourcen der Kinder und ihrer Familien an. Notwendige pädagogische Maßnahmen werden den Kindern und ihren Familien angeboten, um sie beim Übergang zu fördern und zu unterstützen«.

Passung sollte aber auch auf bildungsprogrammatischer Ebene organisiert werden. Dies bedeutet, dass zumindest langfristig konsistente Bildungsprogramme für Kindertageseinrichtungen *und* Primarstufe geschaffen werden sollen (der Bildungsplan des Bundeslandes Hessen macht hierzu einen ersten Versuch) (vgl. insgesamt zu diesen Qualitätsanforderungen: Bertelsmann Stiftung, 2007; Carle & Samuel, 2007).

4.3 Entwicklungsbegleitung und -unterstützung in der Entwicklungsumwelt Grundschule

In diesem Kapitel wird die Unterstützung der kindlichen »Normal«-Entwicklung in der Grundschule betrachtet. Dabei wird ein besonderer Schwerpunkt auf die Möglichkeiten der Entwicklungsförderung im Bereich sozial-emotionaler Kompetenzen gelegt; die Darstellung der Vielfalt fachdidaktisch begründeter Fördermöglichkeiten würde den Rahmen dieses Buches sprengen.

Daher werden zunächst Studienergebnisse zu den Chancen der Entwicklungsumwelt Grundschule im Allgemeinen referiert, bevor in einem nächsten Schritt Grundprinzipien der Förderung der seelischen Gesundheit im Setting Grundschule aufgezeigt werden. Das Kapitel endet mit der exemplarischen Vorstellung entsprechender universell präventiver Konzepte und Programme.

4.3.1 Erkenntnisse zu den Chancen der Entwicklungsumwelt Grundschule[18]

Es gibt eine Reihe von Studien, die belegen, dass die Institution Schule und die Lehrkräfte einen bedeutenden Einfluss auf die Entwicklung der seelischen Gesundheit der Schülerinnen und Schüler haben können.

---

18 Dieser Abschnitt ist modifiziert, überarbeitet und ergänzt übernommen aus Fröhlich-Gildhoff, Becker & Fischer (2012a).

Einfluss der Lehrkräfte

- Eine positive Beziehung zu einer Lehrkraft schützt vor den Auswirkungen von Entwicklungsrisiken. Dies konnte Baker (2006) in seiner Studie mit 1310 GrundschülerInnen belegen. Er zeigte, dass eine effektive Lehrer-Schüler-Beziehung auch über die Grundschule hinaus förderlich ist und in ihr ein Schutzfaktor insbesondere für solche SchülerInnen liegt, die Verhaltensprobleme aufweisen.
- GrundschülerInnen mit Leseschwierigkeiten profitierten in der Studie von Al-Yagon und Margalit (2006) von einer guten Beziehung zu einer Lehrkraft. Sie fühlten sich weniger einsam und ihr Kohärenzgefühl verbesserte sich.
- Eine gute Beziehung beinhaltet, insbesondere mit den LehrerInnen über seine Probleme sprechen zu können (Piko, Fitzpatrick & Wright, 2005).
- Eine amerikanische Studie mit über 75 000 Schülerinnen und Schülern ergab, dass Jugendliche, die das Gefühl hatten, dass es in ihrer Schule LehrerInnen und MitschülerInnen gibt, die sich um sie sorgen, weniger Risikoverhalten zeigten, weniger Drogen nahmen und sich seltener aggressiv verhielten (Opp & Wenzel, 2003).
- »Unter den am häufigsten angetroffenen positiven Rollenmodellen im Leben widerstandsfähiger Kinder, die erhebliche Entwicklungsrisiken im Leben überwinden, ist ein Lieblingslehrer« (Werner, 1997, S. 198).
- Auch DuBois & Silverthorn (2005) unterstützen diese Feststellung: Eine positive Beziehung zu einem Mentor erhöhte die Wahrscheinlichkeit eines schulischen und beruflichen Erfolgs, führte zu geringerem Problemverhalten und einer verbesserten psychischen Gesundheit.
- Seifert verweist anhand der Analyse unterschiedlicher Studienergebnisse auf »die Bedeutung von persönlichen Beziehungen zu mindestens einer Lehrkraft, die als fürsorgliche Bezugsperson wahrgenommen wird. Fürsorge meint dabei nach Opp das ›förderliche Miteinander von Kind und Erwachsenem bei der Meisterung neuer Aufgaben, soweit die Unterstützung Erwachsener dazu gebraucht wird‹ (Opp, 2007, S. 234)« (Seifert, 2011, S. 101).

Alle diese Studienergebnisse verweisen auf die hohe Bedeutung, die eine Lehrerin oder ein Lehrer für die Entwicklung und seelische Gesundheit von Kindern (und auch noch von Jugendlichen) haben kann. Dabei kommt es darauf an,

- Kindern und Jugendlichen positive Erwartungen entgegenzubringen (Seifert, 2011, S. 102) und eine optimistische Grundhaltung zu vermitteln (Göppel, 2011, S. 404);
- Interesse an der Lebenssituation und Hobbys zu zeigen (Roos & Grünke, 2011, S. 428);
- ihnen in ihrer »Zone der nächsten Entwicklung« (Wygotsky, 1987) angemessene Herausforderungen zu stellen und ihnen die nötigen Hilfestellungen zu geben (Metaanalyse von Bernard, 2004);
- Feedback und angemessene Anleitung zu geben (Waxmann et al., 1997; Chen & Taylor, 2006; Chang, 2004).

Zusammenfassend betonen Roos und Grünke (2011): »Der Beruf einer Pädagogin bzw. eines Pädagogen ist ein Beziehungsberuf, der mit einer professionsnüchternen und unnahbaren Herangehensweise nicht erfolgreich ausgeübt werden kann« (ebd., S. 418).

Einfluss der Qualität der Institution Schule

In weiteren Studien konnte die hohe Bedeutung institutioneller Faktoren für die seelische Gesundheit von Kindern und Jugendlichen nachgewiesen werden.

- Die Schulkultur hat Einfluss auf den kontinuierlichen Schulbesuch und die Schulleistungen (Scanlon & Mellard, 2002). Umgekehrt zeigte sich, dass eine fehlende soziale Unterstützung verknüpft mit einer negativen Schulumgebung einen Risikofaktor darstellt (Murdock & Bolch, 2005).
- Eine Studie von Christle, Jolivette und Nelson (2005) untersuchte schulische Schutz- und Risikofaktoren gegenüber der Delinquenz von Jugendlichen. Die Ergebnisse von drei verschiedenen Schultypen von Grund- bis weiterführender Schule zeigten, dass Schule protektiv wirken kann, wenn sie positive und sichere Lernumgebungen bietet, hohe, aber erreichbare schulische und soziale Erwartungen setzt und SchülerInnen beim Erfüllen dieser Erwartungen unterstützt. Hoch qualifizierte Lehrkräfte und effektive und ermutigende Anleitungen können zudem den negativen Auswirkungen von Armut, die SchülerInnen erleben, entgegenwirken.
- »Die Ergebnisse des WHO-Jugendgesundheitssurveys (Hurrelmann et al., 2003) zeigen, dass die Schule Einfluss auf die mentale Gesundheit der Schüler hat und Entwicklungsrisiken wie Drogenkonsum oder Gewaltbereitschaft beeinflusst« (Seifert, 2011, S. 101).
- Herrenkohl et al. (2005) konnten zeigen, dass ein hohes Verpflichtungsgefühl gegenüber der Schule als Schutzfaktor eingeordnet werden kann: Kinder, die körperliche Misshandlungen erfahren hatten, zeigten weniger antisoziales Verhalten, wenn sie ein höheres Verpflichtungsgefühl aufwiesen. Die Wahrscheinlichkeit, dass sie Gewalt ausübten, delinquent wurden oder sonstige Verfehlungen begingen, war geringer.
- Die Partizipation – z. B. durch Übertragung von Verantwortung, durch Möglichkeiten zur Mitgestaltung wichtiger Aspekte des schulischen Lebens (Rutter, 1994; Rutter & Maughan, 2002) oder durch die Möglichkeit zur Einflussnahme auf die Gestaltung von Lernarrangements (McNeely et al., 2002) – führt zu positiveren Entwicklungsverläufen trotz vorhandenen Risiken.
- Durch positive Schulerfahrungen können Selbstwert und Selbststeuerung gefördert werden (Heller et al., 1999).

Zusammenfassung

In Anlehnung an die hier genannten Studienergebnisse und Zusammenstellungen anderer AutorInnen (Rutter & Maughan, 2002; Wustmann, 2004; Opp, 2007) können Grundprinzipien einer gesundheits- und resilienzförderlichen, aber auch effektiven Schule wie folgt zusammenfassend beschrieben werden:

- klares Schulkonzept, klare, konsistente und gerechte Regeln;
- Bestärkungs- statt Bewertungskultur;
- systematische Stärkung des Gefühls der Zugehörigkeit und Partizipation;
- angemessene Leistungserwartungen, die klar kommuniziert werden; Gestalten der Erreichbarkeit von Erfolgen, verantwortliche und qualitativ hochwertige Anweisungen und Aufgabenstellungen;
- kontinuierliche Überprüfung der Fortschritte der SchülerInnen;
- konstruktives Feedback in Form von Anerkennung, Lob und Ermutigung;
- individuelle soziale Unterstützung durch LehrerInnen;
- gutes LehrerIn-SchülerIn-Verhältnis innerhalb und außerhalb des Klassenzimmers; LehrerInnen sorgen sich um ihre SchülerInnen und signalisieren ihnen aktives Interesse;
- Respekt und Verständnis für die SchülerInnen;
- Übertragung von verantwortungsvollen Aufgaben;
- sinnvolle Einbeziehung von Schülerinteressen in die pädagogischen Arbeit und Ermutigung zu eigenständigem Arbeiten;
- positive Rollenvorbilder (auch: Lehrkräfte als Rollenvorbilder);
- Möglichkeiten des kooperativen Lernens und Partizipation;
- Ermöglichung positiver Peer-Kontakte;
- enge Zusammenarbeit mit Eltern;
- Zusammenarbeit mit sozialen Institutionen im Umfeld der SchülerInnen.

4.3.2 Förderung der seelischen Gesundheit im Setting Grundschule

Wie im ▶ Kap. 1 dargelegt, entfalten Präventions- und Interventions-Programme beste Wirkungen, wenn sie konsequent auf mehreren Ebenen ansetzen, in der Lebenswelt verankert sind (Setting-Ansatz) und langfristig realisiert werden. Zudem benötigen die durchführenden bzw. verantwortlichen Fachkräfte zusätzliche Qualifikationen (und zumindest zeitweise regelmäßige Unterstützung und Reflexionsmöglichkeiten).

Die Etablierung einzelner Kurse oder Projekte reicht in der Regel nicht aus, um nachhaltige Effekte zu erzielen; sie sind in ein Gesamtkonzept einzubinden und es müssen Verbindungen zwischen Kursinhalten und »pädagogischem Alltag« geschaffen werden; dies gilt in besonderer Weise für die Förderung von seelischer Gesundheit, operationalisiert als Lebenskompetenzen und Resilienz: »Die schulische Lernumgebung sollte so gestaltet sein, dass adaptive Attributionen, rationale Denkmuster, hohe Selbstwirksamkeitserwartungen und realistische Kontrollüberzeugungen vonseiten der Lehrkräfte stets und überall kultiviert werden. Eine isolierte Förderung (während einzelner Trainingseinheiten) ist dem Ziel einer umfassenden und nachhaltigen Steigerung von Resilienz weniger zuträglich als eine *ganzheitliche*. Insofern bietet es sich an, die relevanten Prinzipien mit dem regulären Unterrichtsstoff in Verbindung zu bringen oder sie auf informelle Art in die Interaktion mit den Kindern und Jugendlichen einfließen zu lassen. Leistungsrückmeldungen, informelle Gespräche, [...] Klassendiskussionen, kleine Ermutigungen usw. eignen sich gut dazu, *resiliente ›Botschaften‹* zu vermitteln. Wenn Lehrkräfte ihren Schülerinnen und Schülern kontinuierlich nahelegen, dass sie für unkontrollierbare Schwierigkeiten nicht verantwortlich sind, kleine Alltagswidrigkeiten keine Katastrophen darstellen oder dass Krisen mit Hilfe eigener Ressourcen überwunden werden können, so stärken sie damit deren seelische ›Abwehrkräfte‹« (Roos & Grünke, 2011, S. 421; Hervorh. im Original).

Auch Paulus (2007, S. 328 ff.) beschreibt »Handlungsfelder und Prinzipien schulischer Gesundheitsförderung«, bei denen Gesundheitsförderung integraler Bestandteil des Lehrens und Lernens ist, darüber hinaus im Schulleben und der schulischen Umwelt – bis hin zur Raumgestaltung – Gesundheit als Prinzip der Schulkultur verankert wird und Kooperationen zu anderen medizinischen und psychosozialen Diensten aufgebaut werden. Wesentliche Prinzipien sind dabei »Nachhaltige Entwicklungsinitiativen für Schulentwicklung«, ein »Ganzheitlicher Gesundheitsbegriff«, die Berücksichtigung der »Vielfalt der Determinanten von Gesundheit« sowie die inhaltlichen Leitprinzipien »Selbstbestimmung, Partizipation und Empowerment« und »Salutogenese«. Diese Prinzipien werden im Programm »Mind Matters« (das sich allerdings auf die Klassen 5 bis 10 bezieht) umgesetzt; hier werden auch »Qualitätsdimensionen der guten Schule« aufgezeigt, die mittels Selbstevaluation überprüft werden können (Instrument SEIS: Stern, Mahlmann & Vaccaro, 2003).

Die Förderung der seelischen Gesundheit in der Schule benötigt somit – auf der Grundlage einer sorgfältigen Analyse der Ausgangssituation – ein *übergreifendes Schulkonzept*, das die verschiedenen Ebenen der Schule und alle relevanten Akteure und Akteurinnen einbezieht. Dies bedeutet für das System Schule, dass die Förderung von Lebenskompetenzen und Resilienz im Optimalfall

- auf der Ebene der (Gesamt-)Organisation Schule
- in jeder Klassen/Gruppeneinheit
- bei allen LehrerInnen – und weiteren pädagogischen Fachkräften
- mit allen SchülerInnen
- unter Einbeziehung der Eltern/familiären Bezugspersonen
- und unter Berücksichtigung des »umgebenden« Sozialraums

realisiert werden sollte.

In der Schule sollten vier Kernelemente umgesetzt werden:

- Konzeptionelle Verankerung
- Fortbildung mit LehrerInnen und gegebenenfalls weiteren pädagogischen Fachkräften im Betreuungsbereich
- Verankerung in Klassen und Lerngruppen (Erreichen der SchülerInnen)
- Gezielte Zusammenarbeit mit den Eltern bzw. familiären Bezugspersonen

4.3 Entwicklungsbegleitung und -unterstützung in der Grundschule

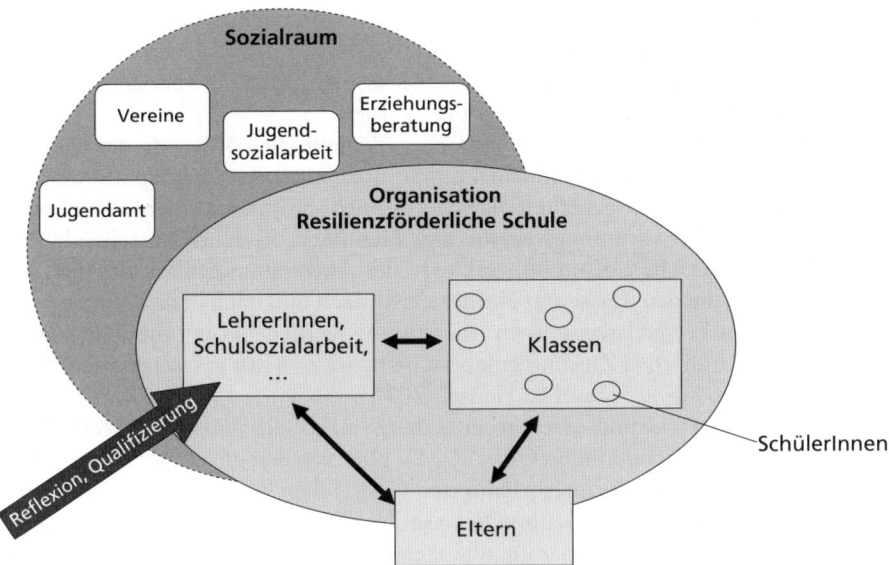

Abb. 4.4: Resilienz- und Lebenskompetenzförderung als Organisationsentwicklung

Dies erfordert ein koordiniertes Vorgehen auf den drei Ebenen a) Organisation Schule, b) Schulklassen/Lerngruppen und c) einzelne SchülerInnen und Eltern (Fröhlich-Gildhoff, Becker & Fischer, 2012a):

a) Auf der *Ebene der Organisation Schule* gilt es, ein Klima zur Förderung der Lebenskompetenzen und Resilienz herzustellen. Dies bedeutet im Einzelnen:
- die Erstellung eines verbindlichen *Schulprogramm*s zur Förderung der seelischen Gesundheit mit der Beschreibung konkreter Ziele und Maßnahmen – auf der Basis einer sorgfältigen Analyse der Ausgangssituation. Hierzu ist eine strukturelle Verankerung durch verbindliche Beschlüsse (in Lehrer-, Schul-, Eltern-, Schülerkonferenzen) nötig;
- das Erzeugen von *Verlässlichkeit und Sicherheit*, vor allem durch Transparenz von Entscheidungen und klare Regeln;
- *Partizipation* von SchülerInnen durch das altersgerechte Übertragen von Verantwortung;
- *Fortbildungen* für das *gesamte* LehrerInnen- und ErzieherInnen-Team
- zielgruppenspezifische *Bildungsangebote* auf Schulebene für Eltern bzw. unterschiedliche Elterngruppen;
- die kontinuierliche *Evaluation* der vereinbarten Maßnahmen;
- systematische und verbindliche *Kooperation* der Organisation Schule mit unterstützenden Institutionen (z. B. Erziehungsberatungsstellen, Organisationen der Jugend(sozial)arbeit sowie Vereinen im Sozialraum).

b) Auch in den *Schulklassen bzw. Lerngruppen* wird es darum gehen, ein Klassenklima zur Förderung der Lebenskompetenzen und Resilienz herzustellen. Hierzu finden sich folgende Ansatzpunkte:

- Grundlage sind regelmäßige Freiräume im Unterricht (»Klassenstunden«), die spezifisch zur Entwicklung der Klassenkultur genutzt werden; in moderierten Feedbackrunden können Probleme angesprochen, aber auch stärkenorientierte Rückmeldungen gegeben werden.
Ein vielfach etabliertes, systematisches Element zur Förderung der Klassenkultur, des sozial-emotionalen Lernen, aber auch der Partizipation ist der »Klassenrat«. Hier gestalten die SchülerInnen selbst nach einer klaren Struktur und Rollenverteilung regelmäßige Sitzungen, in denen anstehende Probleme besprochen, Konflikte geklärt oder Aktivitäten geplant werden. Die LehrerIn, die den Klassenrat einführt, tritt nach und nach in den Hintergrund und kann beispielsweise auch überstimmt werden (wobei die allgemeinen Regeln schulischen Zusammenlebens nicht außer Kraft gesetzt werden) (z. B. Friedrichs, 2009; Hensel & Hensel, 2011).
Mit ähnlichen Grundsätzen arbeitet das Konzept der »Positiven Peerkultur« (z. B. Opp, Teichmann & Otto, 2011). Hier werden gleichfalls nach festgelegten Abläufen in lösungsorientierten Gesprächen bedeutsame Themen und/oder Konflikte in der Gruppe (Klasse) besprochen. Da die Prinzipien auch in außerschulischen Zusammenhängen erprobt sind, wird in ▶ Kap. 4.4 näher darauf eingegangen.
- Durchführung eines gezielten Kurses zur Förderung von Lebenskompetenzen (z. B. Burow, Aßhauer & Hanewinkel, 1998; Aßhauer, Burow & Hanewinkel, 1999) bzw. Resilienzstärkung (z. B. Fröhlich-Gildhoff, Becker & Fischer, 2012a) mit regelmäßigen Wiederholungen und Vertiefungen im Sinne eines Spiralcurriculums.
Bei derartigen Kursen muss immer berücksichtigt werden, dass sie auf die jeweilige Gruppe zugeschnitten werden müssen und: »Es ist zu vermuten, dass es […] bei einem ›Resilienzförderprogramm‹ letztlich mehr auf die personalen Dimensionen ankommt, darauf, wie die einzelnen Lehrerinnen oder Lehrer das Programm umsetzen, […] wie gut sie es schaffen, in der Klasse wirklich eine Atmosphäre der Offenheit und Unterstützung herzustellen. Letztlich wird wohl zählen, in welchem Maß sie bereit sind, sich als verlässliche Vertrauens- und Bezugspersonen längerfristig zu engagieren und wie gut es gelingt, den Kindern im Rahmen des ganz normalen Unterrichts […] reale Erfolgserlebnisse und Könnenserfahrungen zuzuspielen« (Göppel, 2011, S. 400).
- Informations- Beratungs- und Kursangebote für die Eltern auf der Ebene der Klassen.

c) Darüber hinaus müssen die einzelnen SchülerInnen mit ihren Stärken und Ressourcen, aber auch ihren Bedürfnissen und Problemlagen stärker individuell gefördert werden. Maßnahmen hierzu können sein:
- Unterstützung einzelner SchülerInnen bei spezifischem Bedarf an Gesundheitsförderung;
- Unterstützung der Selbstwert-Entwicklung, der sozialen Kompetenzen, der Selbstregulationsfähigkeiten – gegebenenfalls durch begleitete Weitervermittlung an Spezialdienste;
- Niedrigschwellige Einzelberatung und Unterstützung von Eltern.

Viele Schulen setzen schon Angebote zur Förderung der sozial-emotionalen Entwicklung von Kindern um, einige der aufgeführten Grundprinzipien sind anschlussfähig an (moderne) Konzepte von (Grund)Schulpädagogik, wie z. B. einer individualisierten Bildungsplanung (z. B. Meyer, 2008; Lischewski & Müller, 2006) oder den Grundgedanken einer inklusiven Pädagogik. Schulentwicklung unter der Lebenskompetenz/Resilienz- oder Ressourcenperspektive kann diese Prozesse bündeln oder unter einer gemeinsamen Perspektive zusammenführen.

Ein solcher umfassender Organisationsentwicklungsprozess muss von allen Mitgliedern der Schulgemeinschaft getragen sein, er benötigt Zeit und zumindest am Anfang oftmals eine (externe) Prozessbegleitung. Dennoch sind gerade durch die eng schulbezogene, passgenaue Implementierung positive nachhaltige Wirkungen zu erzielen (vgl. Skolverket, 2011; Göppel, 2011; Bengel et al., 2009; Paulus, 2007).

4.3.3 Individualisierte Bildungsplanung

Wie schon in ▶ Kap. 3.2 angeführt, trägt das Konzept der individualisierten Bildungsplanung in besonderem Maße zur kindlichen Entwicklungsförderung im Setting Grundschule bei: Die Kinder werden auf ihrem jeweiligen Stand und ihrem jeweiligen Kompetenzniveau erreicht und es werden im optimalen Fall Anregungen und Angebote in ihrer individuellen »Zone der nächsten Entwicklung« gemacht. Dies hat Konsequenzen (1) auf der Ebene der individuellen (Förder-)Diagnostik, (2) für eine individuelle Förderplanung, (3) der Differenzierung des Unterrichts und (4) für die Rollen und Aufgaben der LehrerInnen.

1. Kompetenzorientierte Diagnostik

In sehr regelmäßigen Abständen muss das Kompetenzniveau jedes Kindes in unterschiedlichen Bildungs- bzw. Entwicklungsbereichen erfasst und dem Kind (und seinen Eltern) rückgemeldet werden. Dies bedeutet auch ein klares Bild dieser Bildungsbereiche, z. B. des Aufbaus mathematischer Kompetenzen.[19] Hier bedarf es guter Methoden, um entsprechende Kompetenzraster zu erstellen und entsprechend den individuellen Kompetenzstand zu erfassen.

2. Individuelle Förderplanung

Auf der Grundlage der (Förder-)Diagnostik werden individuelle Förderpläne erstellt. Der Förderplan ist »ein individueller Kontrakt zwischen Lernendem und Lehrendem, möglicherweise auch weiteren Beteiligten wie Eltern oder Schulpsychologen. Das Gesamtziel der Planung – die gezielte Verbesserung der Selbststeuerungsfähigkeit von Lernenden – sollte hierbei nie aus den Augen verloren werden. Die Umsetzung des Förderplanes stellt die eigentliche Arbeit im Unterricht dar und nimmt somit die meiste Zeit in Anspruch. Im Rahmen

---

19 Beispiele für ein solches Kompetenzraster finden sich unter: www.institut-beatenberg.ch/xs_daten/Materialien/kompetenzraster.pdf

der täglichen Unterrichtsarbeit werden die Lernenden konstruktiv begleitet. Die schriftliche Fixierung von Zielen und Verbindlichkeiten der getroffenen Vereinbarungen sind wichtige Bestandteile des pädagogischen Prozesses. Der fixierte Plan wird nach Bedarf individuell modifiziert« (Landesinstitut für Schulentwicklung, 2009, S. 48).

3. Differenzierung des Unterrichts

Individualisierte Bildungsplanung bedeutet auch eine Neu-Organisation des Unterrichts. Über die Zusammenführung von Leistungsgruppen hinaus geht es darum, eine innere Differenzierung dergestalt zu organisieren, dass die SchülerInnen die eigene Lernplanung am jeweils individuellen Kompetenzstand ausrichten können – dazu bedarf es individueller Anregungen, Aufgabenstellungen, Materialien etc.

Tab. 4.2: Unterschiedliche Differenzierungsansätze (eigene Abbildung aus: Landesinstitut für Schulentwicklung, 2009, S. 13)

Unterschiedliche Differenzierungsansätze	
äußere Differenzierung	z. B. Gruppierung nach Leistungsgruppen etc.
Innere Differenzierung in Form Methoden kurzer Reichweite	z. B. ein individualisiertes Arbeitsblatt Zusatzaufgaben etc.
Innere Differenzierung in Form Methoden mittlerer Reichweite (Tages- und Wochenpläne)	Beispiele für Konzepte offenen Unterrichts: • Projektunterricht • Wahldifferenzierter Unterricht • Stationenlernen • Werkstattunterricht • Frei-Arbeit • Wochenplanarbeit
NEU Umkehrung des didaktischen Denkens Innere Differenzierung in Formen des **kompetenzorientierten Unterrichts**	Kompetenzraster beschreiben die Ansprüche → der Lernende kann seine Lernplanung daran ausrichten

4. Die Rolle der Lehrkraft

LehrerInnen haben stärker die Rolle von LernbegleiterInnen, sie geben Anregungen, sind »Brückenbauer zwischen den Bedürfnissen von Lernenden und Lernzielen« (Landesinstitut für Schulentwicklung, 2009, S. 16). Sie unterstützen die Selbstständigkeit und Selbstregulation der SchülerInnen. Im Sinne eines modernen »Classroom Managements« (Eikenbusch, 2009) werden Regeln gemeinsam aufgestellt und auch die Einhaltung gemeinschaftlich gesichert; Aushandeln ist ein wesentliches Bestimmungsmoment des Unterrichts.

4.3.4 Spezifische Programme zur Unterstützung der Entwicklung im Grundschulalter

Entwicklung von Lebenskompetenz und Resilienz

Für Schulkinder existieren wesentlich mehr Trainings- oder Kurs-Programme als für Kinder in Kindertageseinrichtungen; so werden allein in einer Expertise der BZgA (Bengel et al., 2009) zehn Programme für das Grundschulalter vorgestellt und weitere elf Projekte für die weiterführende Schule. Das liegt zum einen daran, dass der Fokus der Bildung viele Jahre hauptsächlich auf dem Schulbereich lag, zum anderen daran, dass man lange Zeit meinte, dass sich viele Inhalte leichter älteren Kindern vermitteln lassen. Die Konzepte richten sich fast alle an die SchülerInnen selbst und beziehen nur noch vereinzelt die Bezugspersonen mit ein. Die Inhalte beziehen sich sehr häufig auf zwei bis drei einzelne Faktoren wie z. B. Stressbewältigung, soziale Kompetenz und Selbstwirksamkeit. Drei Programme haben explizit die Resilienzförderung bzw. Förderung von Lebenskompetenzen zum Gegenstand und werden entsprechend im Sinne universeller Prävention in Grundschulen eingesetzt.

> **»Fit und stark fürs Leben«**
>
> Burow, Aßhauer & Hanewinkel (1998). *Fit und stark fürs Leben. 1. und 2. Schuljahr.* Stuttgart: Klett.
> Aßhauer, Burow & Hanewinkel (1999). *Fit und stark fürs Leben. 3. und 4. Schuljahr.* Stuttgart: Klett.

Dieses Unterrichtsprogramm zur Persönlichkeitsförderung ist inzwischen ein gut etabliertes Konzept, das in vielen Schulen seit den 1990er Jahren umgesetzt wird und breite Anerkennung findet.

Ziel ist die Entwicklung von Lebenskompetenzen im Sinne der Weltgesundheitsorganisation (WHO, 1994), und zwar die Förderung

- der Selbstwahrnehmung/des Selbstwertgefühls
- der Kommunikation
- des Umgangs mit Stress und negativen Emotionen
- des kreativen und kritischen Denkens
- der Entscheidungsfähigkeit
- der sozialen Kompetenzen (wie z. B. Empathie)
- der Problemlösefähigkeit und
- Informationsvermittlung

Damit soll auch ein Beitrag zur Prävention von Gewalt, Aggressionen, Stress und Sucht geleistet werden.

Es liegen Manuale für die 1./2. Klasse, 3./4. Klasse und für die Klassen 5/6 und 7/8 vor. Die Unterrichtsmodule können fortlaufend eingesetzt, aber auch nur in einzelnen Schuljahren verwendet werden. Die Inhalte werden von LehrerInnen durchgeführt, eine Fortbildung wird empfohlen, ist aber nicht zwingend notwendig.

In jeder Klasse finden jeweils 20 Unterrichtseinheiten à 60 bis 90 Minuten statt. Die Einheiten sind ritualisiert aufgebaut und werden jeweils von Leitfiguren (in der Grundschule »Igor Igel«, in der weiterführenden Schule »Lara und Tim«) begleitet. Methoden sind Rollenspiele, Entspannungsübungen, Wahrnehmungsspiele sowie Einzel- und Partnerübungen zu den oben genannten Zielen. Teilweise sind an die Einheiten Hausaufgaben, sogenannte »Detektivaufgaben« gekoppelt, die das Geübte vertiefen sollen. Die SchülerInnen sollen z. B. erfahren, welche Stärken und Schwächen sie haben, wie sie mit diesen umgehen können und wie man miteinander kommuniziert. Die Module der 1. bis 4. Klasse werden in den 5. bis 8. Klassen aufgegriffen, vertieft und durch Themen wie Gruppenzwang, Liebe, Sexualität, Rauchen und Sucht ergänzt.

Evaluation

Die Wirksamkeit des Programms wurde mit drei quasi-experimentellen Interventionsstudien im Kontrollgruppendesign überprüft. Die Ergebnis- und Prozessevaluation beinhaltete die Befragung der SchülerInnen und LehrerInnen zu Beginn und am Ende des Programms sowie eine Dokumentation der LehrerInnen der einzelnen Einheiten im Hinblick auf Durchführbarkeit. Die Ergebnisse zeigen Unterschiede für die jeweiligen Altersgruppen. Während sich in der 1. und 2. Klasse das aggressive Verhalten signifikant im Vergleich zur Kontrollgruppe verringerte, konnte bei den Kindern der 3. und 4. Klasse eine Reduktion des ängstlich-depressiven und des delinquenten Verhaltens nachgewiesen werden. In den Klassen 5 und 6 zeigte sich eine Steigerung der sozialen Kompetenzen (Bühler & Heppekausen, 2005).

»PRiGS – Prävention und Resilienzförderung in der Grundschule«

Fröhlich-Gildhoff, Becker & Fischer (2012a). *PRiGS – Prävention und Resilienzförderung in der Grundschule*. München: Reinhardt.

Das Programm PRiGS basiert auf den Erkenntnissen der Resilienzforschung. Theoretische Fundierung für die Programminhalte bieten die sechs empirisch gut bestätigten Resilienzfaktoren »Selbst- und Fremdwahrnehmung; Selbststeuerung; Selbstwirksamkeit, Soziale Kompetenz; Problemlösen und Stressbewältigung« (vgl. Rönnau-Böse & Fröhlich-Gildhoff, 2012; Rönnau-Böse, 2013).

Das Programm sollte möglichst in einem Mehrebenen-Konzept im Rahmen von Schul/Organisationsentwicklung implementiert werden (s. o.), kann aber auch ›für sich‹ in Klassen umgesetzt werden. Dabei sollte eine Adaptation auf die jeweilige Gruppe/Klasse erfolgen und die einzelnen Elemente sollten auch auf den pädagogischen Alltag im Unterricht übertragen werden.

Das Programm ist im Sinne eines Spiralcurriculums aufgebaut. In den Klassen 1, 2 und 4 des Programms können jeweils zehn Einheiten zu je ca. 90 Minuten durchgeführt werden. In der Klasse 3 findet der Kurs als Kompaktblock an drei Tagen statt, welchen die Klasse, wenn möglich, mit den PädagogInnen in einem Schullandheim, einer »Hütte« o. Ä. außerhalb der Schule verbringt.

Die Inhalte des Programms der einzelnen Klassenstufen werden nachfolgend näher beschrieben:

Klasse 1

In der ersten Klasse liegt der Fokus der Förderung zunächst auf der *Selbstwahrnehmung* der Kinder und ihrer eigenen Gefühle sowie darauf aufbauend auf der Wahrnehmung des Gegenübers *(Fremdwahrnehmung)*. In der praktischen Umsetzung der Leitgedanken »Ich und mein Körper«, »Ich und meine Sinne«, »Ich und meine Gefühle«, und »Ich und die anderen« lernen die SchülerInnen zunächst sich selbst und dann ihr nächstes soziales Umfeld in der Schule besser kennen: Hierzu gestalten sie beispielsweise lebensgroße Selbstbildnisse, lernen ihre Sinne durch unterschiedliche Wahrnehmungsreize besser kennen und setzen sich mit den eigenen Gefühlen sowie mit den Gefühlen des Gegenübers auseinander. Durch die spielerische Beschäftigung mit den verschiedener Emotionen innerhalb unterschiedlicher sozialer Situationen werden diverse Handlungsmöglichkeiten kennengelernt und die Selbststeuerungsfähigkeit sowie soziale Kompetenzen durch kindgerechte Methoden eingeübt (Fröhlich-Gildhoff, Becker & Fischer, 2012a).

Klasse 2

In der 2. Klasse steht die Stärkung der *Selbstwirksamkeit* unter dem Leitgedanken »Was ich schon kann« im Zentrum des Kurses. Anhand einer Geschichte sollen die Kinder dazu angeregt werden, sich eigener Fähigkeiten und Stärken bewusst zu werden. Diese besonderen Fähigkeiten, Begabungen, Eigenschaften und Erfolge können sie in einem »Stärkebuch«, das sie innerhalb des Kurses und wenn möglich darüber hinaus im Alltag regelmäßig begleitet, festhalten. In Geschichten und Rollenspielen, die Identifikation ermöglichen, können Kinder spüren, wie es ist »stark« zu sein und erleben, wie das eigene Tun Einfluss auf die Umwelt und ihre Mitmenschen haben kann. Sie erleben z. B. als Dirigent, wie alle Klassenkameraden auf ihre Anweisungen reagieren. Wichtige Themeninhalte sind außerdem »Mut«, »Wünsche und Ziele« und »Entspannung im Alltag«: Den Kindern werden Möglichkeiten aufgezeigt, wie sie sich selbst in anstrengenden oder besonders aufregenden Situationen beruhigen und ihr inneres Gleichgewicht wiederherstellen können. Die letzten beiden Einheiten widmen sich darüber hinaus der Selbstwirksamkeit der Klasse und der Partizipation jedes einzelnen Kindes in Form eines Klassenrates und dem Einrichten einer Wandzeitung (ebd.).

Klasse 3

In der 3. Klasse werden die Einheiten an drei aufeinanderfolgenden Kompakttagen auf einer »Hütte« oder einer anderen Ferienfreizeitmöglichkeit angeboten.

Der zentrale Förderfokus der »Hüttentage« liegt auf den *sozialen Kompetenzen* der SchülerInnen. Das Zusammengehörigkeitsgefühl wird durch das gemeinsame Erleben des Aufenthalts gestärkt und in verschiedenen Spielen und Aktionen, wie in Naturwahrnehmungsübungen oder im Improvisationstheater, üben die Kinder unterschiedliche soziale Fähigkeiten ein und schulen darüber hinaus die Selbst- und Fremdwahrnehmung. Soziale Kompetenz wird hier aber auch durch die gemeinsame Planung der Freizeit sowie durch Arbeitsteilung beim gemeinsamen Kochen oder Abspülen gestärkt und damit die Selbstständigkeit der Kinder gefördert.

Klasse 4

In der Klassenstufe 4 setzen sich die Kinder zunächst fortsetzend mit den Aspekten Sozialkompetenz und Sozialverhalten auseinander. In diversen Interaktionsspielen können die Kinder kommunikative Aspekte und Strategien in Situationen selbst erleben und sie erarbeiten Regeln, die wichtig für gelingende Kommunikation sind. In Rollenspielen zu bestimmten Problem- oder Dilemmasituationen können sie Kommunikationsstrategien ausprobieren und soziales Verhalten üben. Hier wird auch der Resilienzfaktor des Problemlösens relevant, der zum einen in den sozialen Rollenspielen und zum anderen durch ein »Experiment« gestärkt wird. Ein weiterer Aspekt der 4. Klasse ist die Thematik »Umgang mit Stress«. Die Kinder lernen weitere konstruktive Formen der Stressbewältigung z. B. durch Bewegung, Stilleübungen und Fantasiereisen kennen. Durch das eigene Erfahren verschiedener Stressbewältigungsformen können die Kinder persönliche Möglichkeiten der Stressbewältigung, die sie in herausfordernden Situationen umsetzen können, für sich entdecken (ebd.).

Evaluation

Das Programm wurde im Kontrollgruppendesign mit quantitativen und qualitativen Methoden evaluiert: Es zeigte sich grundsätzlich, dass das Programm gut in der Grundschule umgesetzt werden kann, im Wesentlichen altersangemessen ist, für PädagogInnen praktikabel ist und die einzelnen Elemente von den Kindern gut und zumeist mit Interesse angenommen werden. Das Grundprinzip einer regelmäßigen (wöchentlichen) Durchführung des Kurses hat sich bewährt. Die LehrerInnen konnten über den Kursverlauf hinweg in nachgehenden Gesprächen Entwicklungsfortschritte bei den Kindern schildern. So wurde eine größere Offenheit, ein (bei einigen Kindern) gestiegenes Selbstvertrauen, einen besseren Klassenzusammenhalt sowie verbesserte soziale Kompetenzen bei einzelnen SchülerInnen festgestellt. Eine Reihe von Programmelementen, aber auch »Erlebnisse«, die sich im Rahmen des Kurses ergaben, lassen sich gut mit dem pädagogischen Alltag verbinden.

Im Fragebogen zur Erfassung des Selbstkonzepts (SKF, Engel et al., 2010) konnten signifikante Zeiteffekte (positive Entwicklungen) in den Skalen »Soziales Selbstkonzept« ($p = .019$) und »Selbstvertrauen« ($p = .003$) nachgewiesen werden; in der Skala »körperliches Selbstkonzept« war ebenfalls ein deutlicher, aber knapp nicht mehr signifikanter positiver Effekt ($p = .060$) festzustellen; zu beachten ist, dass die Effektstärken (Eta Quadrat) in einem geringen Bereich lagen (0.05 – 0.20). In den beiden anderen Skalen (»Offenheit« und »kognitives Selbstkonzept«) ergaben sich zwar leicht positive Effekte, die jedoch statistisch nicht bedeutsam waren. Als Nebeneffekt ergab das *Intelligenzscreening* mit dem Test CFT 20-R eine signifikante Zunahme der Rohwertergebnisse für die Durchführungsgruppe (Fröhlich-Gildhoff, Becker & Fischer, 2012a; Becker, 2012).

»Lions Quest« und »Klasse2000«

www.lions-quest.de
www.klasse2000.de

Lions Quest ist ein gleichfalls am »life skill«-Konzept der WHO (1994) orientiertes Programm zur Förderung der sozialen Kompetenzen von SchülerInnen. Dabei werden die kommunikativen Fähigkeiten ausgebaut und das Selbstvertrauen gestützt. Weiterhin geht es darum, »Kontakte und positive Beziehungen aufzubauen und zu pflegen, Konflikt- und Risikosituationen [im] Alltag angemessen zu begegnen und konstruktive Lösungen für Probleme, die gerade die Pubertät gehäuft mit sich bringt, zu finden« (www.lions-quest.de). Das Programm ist für die Altersgruppe 10- bis 14-Jähriger entwickelt und evaluiert worden (Bauer, Langness & Hurrelmann, 2004).

Das entsprechend aufgebaute Programm für die Grundschule heißt »Klasse2000«. Dieses wird seit 1991 in deutschen Grundschulen umgesetzt und jetzt über den Verein »Programm Klasse 2000 e. V. vertrieben (www.klasse2000.de/seiten/inhalte.php). Ausgangspunkt ist ein »Umfassender Gesundheitsbegriff: Gesundheit braucht Lebenskompetenzen. Lebenskompetent ist, wer sich selbst kennt und mag, wer sich in andere einfühlen kann, kritisch und kreativ denkt, wer erfolgreich kommunizieren, Probleme lösen und Stress bewältigen kann. Lebenskompetenzen bilden einen wichtigen Schutzfaktor, der dazu beiträgt, dass Kinder, Jugendliche und Erwachsene die Herausforderungen des Lebens ohne gesundheitsschädigendes Verhalten meistern können« (ebd.; s. a. Verein Programm Klasse2000, o. J.).

Das Programm ist – gleichfalls im Sinne eines Spiralcurriculums – aufbauend für die Klassenstufen 1 bis 4 konzipiert und spricht inhaltlich die Bereiche »Ernährung, Sucht- und Gewaltprävention, Persönliche Kompetenzen, Soziale Kompetenzen, Bewegung, Körperwissen und Entspannung« an. Das Vorgehen ist handlungsorientiert aufgebaut.

Es erfolgt eine »fortlaufende Evaluation«, die positive Effekte im Bereich der Selbstsicherheit der SchülerInnen ergab und langfristig einen »niedrigeren Substanzkonsum« (Isensee & Hanewinkel, 2009; Storck et al., 2007).

Förderung in weiteren Bildungs- und Entwicklungsbereichen

Denken und Problemlösen

In diesem Entwicklungsbereich ist die Zahl der Programme nahezu unüberschaubar. Marx und Keller (2010) konnten z. B. zeigen, dass ein gezieltes und systematisches Training zum induktiven Denken, das bei Vorschulkindern und Erstklässlern durchgeführt wurde, zu hohen Steigerungen der Sprachleistungen und nonverbalen Intelligenz (gegenüber der Kontrollgruppe) führte.

Souvignier (2007, S. 406) führt in seiner Übersicht eine Reihe von Studien auf, die zeigen, dass bei Programmen, bei denen »Einheiten zur Vermittlung von Problemlöse- und Selbstregulationskompetenzen kombiniert wurden, die höchsten Effekte bei Problemlöseaufgaben« erzielten. Es kommt demnach darauf an, komplexe Problemstellungen »unter Nutzung wechselnder Interaktionsformen« (ebd.) – Kombination von z. B. zentraler Einführung, Einzelarbeit, Kleingruppenarbeit, Reflexionsrunden – zu bearbeiten.

Motivation

Mit zunehmendem Alter werden die (schulischen) Selbstkonzepte der Kinder realistischer, orientieren sich am sozialen Vergleich und an Leistungszielen (bzw. Rückmeldungen darüber in Form von Schulnoten; z. B. Dweck, 2002). Entsprechend bedeutsamer wird es, Motivation zu fördern, auch wenn beispielsweise der Vergleich mit der Gruppe bzw. Klasse weniger positiv ausfällt, um nicht eine generelle Misserfolgsorientierung oder Furcht vor Misserfolg zu stärken. Nach Vollmeyer (2007, S. 325) sind die Effekte der bisher entwickelten Motivationstrainings »meist nicht sehr stark«. Sie schlägt daher vor, dass Kinder gezielt lernen, »sich realistische Ziele zu setzen, Erfolg und Misserfolg motivationsförderlich zu attribuieren und sich nach Erfolgen mehr zu freuen als bei Misserfolgen zu trauern« (ebd.). Auch hierzu ist erforderlich, die individuelle Verarbeitung von Erfolg bzw. Misserfolg diagnostisch zu erfassen und dann gezielt individuell und frühzeitig Unterstützung zu gewähren.

Gezielte Entwicklung sozial-emotionaler Kompetenz

Zur Entwicklung sozial-emotionaler Kompetenzen liegen gleichfalls mehrere Programme vor.

Verhaltenstraining für Schulanfänger; Verhaltenstraining in Grundschulen

Petermann et al., 2006; Koglin et al., 2007

Petermann et al. (2006) haben das »Verhaltenstraining für Schulanfänger – ein Programm zur Förderung sozialer und emotionaler Kompetenzen« entwickelt. Es basiert grundlegend auf Erkenntnissen der kognitiv-behavioralen Theorie.

In dem Training werden insbesondere Problem- und Konfliktlösefertigkeiten eingeübt. Dazu werden zunächst die Selbstmanagementfähigkeiten – auch mit (Selbst-)Verstärkungsmethoden – aufgebaut und anschließend gezielt die Bereiche Wahrnehmung und Aufmerksamkeit, Selbst- und Fremdwahrnehmung sowie konkrete Basiskompetenzen in sozialen Situationen (Konfliktlösefähigkeit, Selbstbehauptung) eingeübt. Zielgruppen sind die 1. und 2. Klasse; die Einheiten werden von dem Klassenlehrer oder der Klassenlehrerin durchgeführt.

Das Programm umfasst insgesamt 26 Einheiten (möglichst sollen zwei pro Woche durchgeführt werden). Das Programm ist ritualisiert aufgebaut und folgt einem klaren und manualisierten Schema. Das Handbuch enthält viele konkrete Beispiele und Hilfen.

Ähnlich strukturiert ist das Programm »Verhaltenstraining in Grundschulen« (Koglin et al., 2007). Dabei wird allerdings besonderer Wert auf die moralische Entwicklung (Regelbewusstsein, Fairness, Eigenverantwortung und Zivilcourage) gelegt.

Die Programme für die Grundschule wurden systematisch und erfolgreich evaluiert (Marées & Petermann, 2009).

»Mich und Dich verstehen. Trainingsprogramm zur Emotionalen Sensitivität bei Schulklassen und Kindergruppen«

Bieg & Behr, 2005

Ein weiteres Programm zur Förderung der Emotionswahrnehmung und von Mitgefühl haben Bieg und Behr (2005) entwickelt: »Mich und Dich verstehen. Trainingsprogramm zur Emotionalen Sensitivität bei Schulklassen und Kindergruppen«. Dieses Programm basiert auf der Persönlichkeitstheorie von Rogers, daher stehen Aspekte der Selbst-Wahrnehmung und Wahrnehmung des Selbstkonzepts stärker im Mittelpunkt.

Die Inhalte des Programms sind Selbstwahrnehmung vor allem eigener Gefühle, Ausdruck differenzierter Emotionen, Empathiefähigkeit, Zusammenhang zwischen (Gefühls-)Wahrnehmung und Handlung und problemlösungsorientierte Bewältigungsstrategien. Aspekte der Selbstreflexion haben eine besondere Bedeutung. Der Aufbau ist in drei »Epochen« gegliedert. Hier handelt es sich um je einen oder mehrere Übungstage; insgesamt sind 84 Übungen bzw. Untereinheiten sehr dezidiert in dem Programm beschrieben. Das Programm kann in Klassen von KlassenlehrerInnen durchgeführt werden.

In der Evaluation konnte die Wirksamkeit des Programms in den Bereichen Emotionen und Angstbewältigung nachgewiesen werden (Bieg & Behr, 2005, S. 38 ff.).

4.4 Entwicklungsunterstützung in der Gemeinde und weiteren Umwelten

Neben der Familie und den Institutionen Kindertageseinrichtung und Schule »bewegen« sich Kinder in weiteren Entwicklungsumwelten, die ihrerseits einen förderlichen Einfluss haben können. Nach einem Überblick über Befunde zu diesem Thema sollen exemplarisch die Potentiale von einzelnen Maßnahmen betrachtet werden.

In der amerikanischen, kanadischen oder australischen (Resilienz-)Forschung wird die Bedeutung von gesellschaftlichen (society) und Gemeinde- (community[20]) Faktoren, die einerseits zum Entstehen von Risikokonstellationen für die individuelle Entwicklung beitragen können – wie z. B. eine »Nachbarschaft«, in der häufig Gewalt vorkommt –, die andererseits jedoch auch stabilisierende Funktion übernehmen können (wie z. B. ein gut ausgebautes »Patensystem« zur Unterstützung armer Familien), schon seit Langem diskutiert und erforscht. So definierte Benard schon 1991 drei Kennzeichen von entwicklungs- und resilienzförderlichen Gemeinden:

- Verfügbarkeit sozialer Organisationen, die für die Bewohner konkrete Unterstützung zur Förderung seelischer Gesundheit bereithalten;
- konsistente soziale Normen, die den Bewohnern eine Orientierung darüber geben, was erwünschtes und sozial akzeptiertes Verhalten bedeutet und
- Gelegenheiten für Kinder und Jugendliche, am Leben der Gemeinschaft als wertgeschätzte Mitglieder teilzuhaben.

In Deutschland hingegen hat sich die Forschung zur seelischen Gesundheit eher mit der Untersuchung von personalen und sozialen Resilienz- oder Schutzfaktoren (und deren Förderung mittels individuumszentrierter Programme, z. T. in Institutionen) befasst (Übersichten bei Bengel et al., 2009; Fröhlich-Gildhoff & Rönnau-Böse, 2011; Zander, 2011). In anderen wissenschaftlichen Disziplinen werden hingegen Entwicklungskontexte auch auf der Ebene von »Gemeinde« rezipiert und erforscht, so z. B. im Konzept einer lebensweltorientierten Sozialpädagogik (Thiersch, 1992), der Gemeinwesenarbeit in der Sozialen Arbeit (z. B. Ackermann & Wegner, 2010) oder der Gemeindepsychologie (z. B. Röhrle & Sommer, 1995). Zumindest implizit wurden auch die Auswirkungen von Lebensbedingungen in »Gemeinden« auf die seelische Gesundheit der Bewohner und Bewohnerinnen untersucht – so gab es schon Anfang der 1990er Jahre hierzu Veröffentlichungen (z. B. Böhm, 1994).

Im Folgenden werden zunächst internationale Forschungsergebnisse zur Bedeutung der »community« referiert:

---

20 Im Folgenden zumeist mit »Gemeinde« übersetzt, wobei damit nicht die Gebietskörperschaft gemeint ist; der englische Begriff ist weiter gefasst und umfasst z. B. Aspekte von Gemeinschaft.

4.4.1 Gemeinde als Einflussgröße

Die folgende Zusammenstellung verschiedener Studien zeigt, dass »Gemeinden« bzw. »Nachbarschaften« eine Funktion sowohl als Risiko- oder als auch als Schutzfaktor haben können. Allerdings wird insgesamt davon ausgegangen, dass »Gemeinde« eher als sogenannte Moderatorvariable, also als potentielle Einflussgröße gilt: So stellt eine gewaltbelastete, unsichere Umgebung ein Risiko für das Aufwachsen dar und begünstigt eher das Entstehen von Verhaltensauffälligkeiten – ob jedoch eine Verhaltensauffälligkeit entsteht und auch gezeigt wird, hängt immer auch von weiteren Variablen wie z. B. dem Familienklima, der Qualität der Bildungsinstitutionen und weiteren Schutzfaktoren auf der personalen Ebene ab.

- Yonas und Mitarbeiter (2010) untersuchten in ihrer Studie den Einfluss positiver Nachbarschaften wie sozialer Zusammenhalt (social cohesion) und informeller sozialer Kontrolle (informal social control) auf den Zusammenhang von (früher) Kindesmisshandlung und aggressivem Verhalten im Alter von zwölf Jahren. Befragt wurden Dyaden von Professionellen (N = 861, zumeist Sozialarbeiter) und Jugendlichen (N = 823). Multivariate Analysen zeigten den moderierenden Effekt von sozialem Zusammenhalt und sozialer Kontrolle: Jugendliche, die in der früheren Kindheit Missbrauch und Vernachlässigung erfahren haben, zeigen weniger aggressives bzw. externalisierendes Problemverhalten, wenn sie in Nachbarschaften mit hohen Werten von (gemeinschaftlicher) sozialer Verantwortung (collective efficacy) aufgewachsen sind.
- DuMont und Mitarbeiter (2007) konnten zeigen, dass mögliche Folgen instabiler oder nicht entwicklungsförderlicher Familienverhältnisse durch tragfähige Strukturen in der Gemeinde zumindest teilweise kompensiert werden können.
- Luthar (2006, S. 767f.) stellt die Ergebnisse verschiedener Studien vor, bei denen sich zum einen zeigte, dass in gewaltbelasteten Gemeinschaften dann eine Kumulation von Risiken besteht, wenn die Eltern keine stabilisierende Funktion haben. Dagegen haben Eltern eine Mediatoren- und Moderatorenfunktion hinsichtlich der Auswirkungen von »community violence«. Das heißt, dass eine stabile bzw. schützende und persönlichkeitsstärkende Familienatmosphäre mögliche Auswirkungen eines (gewalt)belastenden Umfeldes mildern.
- Jaffee und Mitarbeiter (2007) untersuchten das Zusammenwirken von individuellen Stärken (Schutzfaktoren auf personaler Ebene) und »Stress« in Familie bzw. Nachbarschaft: Die personalen Faktoren haben eine resilienzfördernde Wirkung unter geringerem bis mittlerem, aber nicht unter hohem familiärem und »Nachbarschafts«-Stress.

Zusammenfassend lässt sich feststellen, dass funktionierende, stützende Nachbarschaften Risiken für Kinder abpuffern können (Garbarino et al., 2004; Gorman-Smith & Tolan, 2003; Sampson, 2001), wenn in der Gemeinde bzw. Nachbarschaft eine Reihe positiver Bedingungen gegeben sind:

4.4.2 Kennzeichen positiver, entwicklungs- und resilienzfördernder Nachbarschaft

Zugehörigkeit: Unter Bezugnahme auf Gorman-Smith & Tolan (2003) konstatiert Luthar (2006, S. 773), dass die Vulnerabilität von Kindern reduziert werden kann, wenn sie ein Gefühl der Zugehörigkeit zur Gemeinde (»community«) haben und Unterstützung durch die Nachbarschaft erfahren.

Soziale Unterstützung: Luthar (2006) referiert Befunde zur sozialen Unterstützung in der Gemeinde (»community support«), die zeigen, dass fehlende soziale Unterstützung einen deutlichen Risikofaktor darstellt. Li und Mitarbeiter (2011) konnten dies in einer Langzeitstudie bestätigen und zeigen, dass bei sozialer Isolation einer Familie das Risiko für Kindesmisshandlung steigt.

Bengel et al. (2009, S. 102) betonen, dass zu differenzieren ist zwischen wahrgenommener sozialer Unterstützung und realer sozialer Unterstützung. Die wahrgenommene soziale Unterstützung hat einen wesentlich größeren Einfluss auf das Selbsterleben und das Empfinden des eigenen Selbstwerts (ebenso: Luthar, 2006, S. 772).

Collective Efficacy (Sampson): In der Untersuchung von Yonas und Mitarbeitern (2010) erwies sich »Collective Efficacy« als eine bedeutende Einflussgröße zur Verringerung externalisierenden Problemverhaltens. Der Begriff Collective Efficacy (wörtlich: Kollektive Selbstwirksamkeit) wurde von Sampson erstmals verwendet und als Phänomen weiter untersucht (Sampson et al., 1997; Sampson, 2006). Er umfasst das soziale Kapital in Wohngemeinschaften und Nachbarschaften; die Bewohner sorgen für Sicherheit vor Gewalt, kümmern sich, dass »Unordnung« nicht überhand nimmt und setzen sich für das gemeinsame Wohl der Nachbarschaft ein. Damit ist nicht nur die Ebene sozialer Kontrolle angesprochen, sondern eher ein hoher Zusammenhalt und gemeinschaftliche Verantwortlichkeit für das, was in der Gemeinde und Nachbarschaft passiert (eine gute Übersicht über die diesbezügliche deutsche Diskussion findet sich bei Franzen & Freitag, 2007).

Offenheit für (kulturelle) Vielfalt: Ungar (2011) weist auf die Bedeutung des kulturellen Hintergrundes für die Entwicklung von seelischer Gesundheit und spezifischer Resilienz hin: Dabei wird der Faktor »Migrationshintergrund« oft als Risikofaktor benannt. »Kinder und Jugendliche mit Migrationshintergrund [...] sind speziellen Risiken, Stressoren oder Belastungen ausgesetzt« (Bengel et al., 2009, S. 115). Allerdings ist auch festzustellen, dass sie »über ihre eigene Kultur auch eigene Schutzfaktoren mit(bringen), zum Beispiel starke familiäre Kohäsion in Familien aus traditionellen Gesellschaften. Bei Castro (2005) wird die Entwicklung einer bikulturellen Identität als Schutzfaktor diskutiert« (Bengel et al., 2009, S. 115; s. a. Uslucan, 2011).

Damit sich diese bikulturelle Identität entwickeln kann, ist eine grundlegende Akzeptanz von Unterschiedlichkeit und Vielfalt in der Gemeinde nötig – andernfalls entstehen gerade für die Heranwachsenden Identitätskonflikte, sie müssen sich »zwangsweise« zu einer Kultur »bekennen« (z. B. Siefen, 2005; Mecheril et al., 2010). Ebenso bedeutsam sind Möglichkeiten der Teilhabe am (multi)kulturellen Leben der Gemeinschaft bzw. Nachbarschaft (ebd.).

Organisation sozialer Prozesse: Die Entwicklung von Nachbarschaft muss gestaltet werden und entwickelt sich nicht (nur) »selbstläufig«. So bedarf dieser

Prozess einerseits professioneller Unterstützung oder zumindest des »Anschubs«, andererseits gilt es, die Selbstentwicklungs- und Entfaltungspotentiale von Nachbarschaft zu fördern und nicht professionell zu »bevormunden«.

Ein wichtiger Gesichtspunkt ist offensichtlich die Achtung, aber auch angemessene soziale Kontrolle (»supervision«) der Kinder und Jugendlichen durch die Erwachsenen der Gemeinde (Luthar, 2006).

Dabei können Institutionen im Gemeinwesen die seelische Stabilität der Kinder und Jugendlichen stärken. Bei Freizeitangeboten kommt es darauf an, dass diese »strukturiert« sind; solche Angebote haben deutlich größere positive Wirkungen auf die (seelisch gesunde) Entwicklung. »Strukturiert« bedeutet, dass klare Angebote gemacht werden und diese durch qualifizierte Personen begleitet werden. Bei niedrig strukturierten Angeboten – wenn beispielsweise nur Räume zum Treffen zur Verfügung gestellt werden –, so das Ergebnis einer Studie von Mahoney und Stattin (2000) aus den USA, besteht in den entsprechenden Umwelten die Gefahr, dass sich deviante Peer-Beziehungen und antisoziales Verhalten verstärken.

Strategien der Entwicklungsförderung

Die Strategien zur Förderung einer gesunden seelischen Entwicklung müssen auf verschiedenen Ebenen – möglichst aufeinander abgestimmt – entwickelt und umgesetzt werden:

- Auf der *Ebene der Politik* (in der Kommune) bedeutet dies, Maßnahmen zur Armutsprävention, zur Wohnraumverbesserung, zur Sicherheit (Gewaltfreiheit) im Quartier zu ergreifen und Ressourcen für ein unterstützendes Quartiersmanagement bzw. Gemeinwesenarbeit zur Verfügung zu stellen.
- In der *Gemeinde* (community) selbst sind präventive (Gemeinschafts-)Aktivitäten zu initiieren, die von den Bewohnern und Bewohnerinnen selbst realisiert werden; möglicherweise bedarf es – zumindest in der »Anlaufphase« – hierzu professioneller Unterstützung im Sinne des sozialraumbezogenen Empowerment-Ansatzes (z. B. Lenz & Stark, 2002; Herriger, 2006).
- Für *bestimmte Zielgruppen* in der Gemeinde bedarf es gezielter (selektiver) *Prävention*. Dies sind z. B. strukturierte Freizeitangebote für Jugendliche, Mentorenprogramme für belastete Kinder oder Jugendliche (s. hierzu ▶ **Kap. 5.4**), aufsuchende Unterstützungsangebote für alleinerziehende Mütter (Näheres in ▶ **Kap. 5.1**), etc. – hierbei sollten die Potentiale bürgerschaftlichen Engagements in der Community genutzt werden.
- Für sogenannte (Hoch-)*Risikogruppen*, wie z. B. durch Armut oder dysfunktionale Familienstrukturen besonders belastete Kinder und Jugendliche, sollten *gezielte Unterstützungsangebote* – mit aufsuchenden Ansätzen – *in* der Gemeinde zur Verfügung stehen (s. ▶ **Kap. 6**).

Im Folgenden werden einige Beispiel guter Praxis auf der Ebene einer allgemeinen Entwicklungsförderung aufgeführt. Dabei ist die Aufzählung keinesfalls vollständig – sie will exemplarisch entsprechende Möglichkeiten mit unterschiedlichen Zugangsweisen aufzeigen:

Gute Beispiele

1. Unterstützung von Familien

Beispiele für solche Programme auf *Familienebene* unter Einbezug der Nachbarschaft sind das SaFE –Programm (Schools and Families Educating Children) und in Deutschland das Projekt »Familienlotsen Hamburg-Hamm«. Bei SaFE geht es um die Unterstützung von starken Familienbeziehungen und den Aufbau von Netzwerken in der Nachbarschaft, auch zur Unterstützung der Schulfertigkeiten der Kinder (Tolan et al., 2004). »Im Mittelpunkt des Angebotes der »Familienlotsen« steht die Methode der »ressourcenorientierten Netzwerkaktivierung«. Mithilfe dieser Methode soll das soziale Netz der Familien, Alleinerziehenden und Schwangeren systematisch gestärkt, stabilisiert und für sie nutzbar gemacht werden. Zudem leiten die professionellen Helferinnen und Helfer dazu an, die von ihnen erbrachte Unterstützung auf das natürliche und persönliche Netzwerk der Klientel zurückzuverlagern. Im Vordergrund der Arbeit steht die Befähigung der Familien, Schwangeren und Alleinerziehenden, ihre Netzwerkstrukturen zu aktivieren und sich darin zu integrieren. Die Klientel wird dazu befähigt, nicht nur Hilfe-Empfänger, sondern auch Hilfe-Geber in ihren Netzwerken zu sein« (www.gesundheitliche-chancengleichheit.de/?id=main2&idx=44704). In der Evaluation von Friedrich (2008) zeigte sich, dass die Unterstützungsleistung, die die Familie aus ihrem sozialen Netzwerk ziehen konnte, in der Untersuchungsgruppe im Gegensatz zur Kontrollgruppe [»klassische« Sozialpädagogische Familienhilfe, Anm. des Autors] stärker war. Die Verfügbarkeit an Alltags- und Krisenunterstützung der Untersuchungsgruppe stieg, während die Unzufriedenheit mit dem aktuellen Ausmaß der Unterstützungsleistung um ein Drittel abnahm. Hinsichtlich der Effektivität der Familienhilfe wurden in der Untersuchungsgruppe aus Sicht der Klientel mehr schriftlich fixierte Hilfeplanziele erreicht« (ebd.).

2. Vernetzte, abgestimmte Präventionsstrategie auf kommunaler Ebene

Ein gutes, erfolgreiches Beispiel für eine vernetzte Präventionsstrategie auf kommunaler Ebene ist die »Präventionskette« der Stadt Dormagen (Hilgers et al., 2009; www.dormagen.de/familiennetzwerk.html); dieses wird in ▶ Kap. 5.1 ausführlicher beschrieben.

3. Positive Peerkultur

Die Ergebnisse der Resilienzforschung zeigen einerseits, »dass sich eine gute und befriedigende Beziehung zu Gleichaltrigen positiv auf das allgemeine Wohlbefinden auswirkt« (Bengel et al., 2009). Die Möglichkeiten, positive Peerkultur zu fördern, ist von Opp und MitarbeiterInnen (Opp et al., 2012; Opp & Teichmann, 2008; Opp & Unger, 2006) in verschiedenen Projekten und institutionellen Zusammenhängen erprobt und evaluiert worden. Ausgangspunkt ist ein »Menschenbild, das auf den Stärken und Potenzialen sowohl des Einzelnen als auch der Gruppe aufbaut« (Opp et al., 2012, S. 109). In den Positiven Peergruppen bearbeiten Kinder und Jugendliche »im Rahmen ritualisierter Gespräche ihre Alltagsthemen und

Sorgen, erkennen die Vergleichbarkeit ihrer Lebenswelten und können sich gegenseitig authentische Handlungsalternativen bieten« (ebd.). Dieser Grundansatz kann in verschiedenen pädagogischen Settings – von der Jugendsozialarbeit in Freizeiteinrichtungen bis in den unterschiedlichsten Schulformen – umgesetzt werden. Der Ablauf der Gesprächsrunden folgt einem einheitlichen Ablauf (»Begrüßung und Einstieg; Positivrunde und Rückblick; Themensammlung; Entscheidung für zu besprechende Themen; Diskussion und Beratung; Festhalten der Entscheidungen; Abschlussrunde und Rückmeldung«, ebd.), der dann flexibel in den pädagogischen Arbeitsfeldern eingesetzt und auf die jeweilige Zielgruppe adaptiert werden muss.

4. Die Chance von Kinder- und Jugendarbeit und Freizeitmaßnahmen

Kinder im Grundschulalter – und natürlich noch stärker in der Phase der Adoleszenz – lösen sich langsam von der Familie und orientieren sich in ihrer Freizeit an außerfamiliären und schulischen Angeboten. Dies sind Vereine, Musikgruppen, aber auch professionelle Angebote wie sozialpädagogisch begleitete Kindergruppen, Kinder- und Jugendfreizeit-»Clubs« oder auch Ferienfreizeitmaßnahmen. Die (offene) Kinder- und Jugendarbeit hat in Deutschland eine lange Tradition und sich als eigenständiges Bildungsangebot etabliert (ausführlicher z. B. Closs et al., 2007; Thole, 2000). Kinder- und Jugendfreizeitmaßnahmen wurden erst in den letzten Jahren etwas systematischer erforscht. Dabei zeigte sich, dass die Kinder und Jugendlichen in und mit diesen Maßnahmen sehr zufrieden sind und sich wohlfühlen. Besonders wichtig ist ihnen das Zusammensein in der Gruppe, das gemeinsame Erleben von künstlerischen und sportlichen Angeboten sowie die wirkliche freie, selbstorganisierte Gestaltungszeit. Eine besondere Bedeutung haben aber auch die professionellen oder ehrenamtlichen BetreuerInnen, die zu Bezugspersonen, Modellen und Orientierungspunkten neben den Eltern werden (vgl. Fröhlich-Gildhoff & Pietsch, 2012; Ilg, 2008, 2002).

5 Gezielte Prävention von Verhaltens- und Entwicklungsauffälligkeiten

In diesem Kapitel werden Programme vorgestellt, die die Prävention spezifischer Verhaltens- und/oder Entwicklungsauffälligkeiten zum Ziel haben. Es geht also nicht nur um eine allgemeine Entwicklungsförderung, sondern im Zentrum der Maßnahmen steht die »Verhinderung« der Entstehung von Auffälligkeiten oder gar Störungen. Schon im Einleitungskapitel wurde darauf hingewiesen, dass dabei eine eindeutige Trennung von Programmen zur allgemeinen Entwicklungsförderung und solchen für Zielgruppen mit spezifischem Unterstützungsbedarf oder mit spezifischen inhaltlichen Schwerpunkten – wie der Gewaltprävention – nicht immer möglich ist. So sollte die allgemeine Förderung von Lebenskompetenzen (wie in ▶ Kap. 4.2. und 4.3 beschrieben) dazu führen, dass auch gewalttätiges Verhalten zur Bewältigung von Anforderungen und Aufgaben in geringerem Maße auftritt. Auf der anderen Seite stärken Programme, die auf die Prävention gewalttätigen Verhaltens abzielen in der Regel die Fähigkeit zur Emotionsregulation oder zur Wahrnehmung sozialer Situationen und fördern damit diese Lebenskompetenzen bzw. Resilienzfaktoren.

Entsprechend der Systematik des Buches sind die Programme oder Konzepte bezogen auf die verschiedenen Entwicklungsumwelten, in denen sie eingesetzt werden können. Dabei soll noch einmal betont werden, dass der isolierte Einsatz eines solchen Programms oder Kurses in einer Kindertageseinrichtung oder Grundschule immer eingebettet sein sollte in eine Gesamtentwicklung der jeweiligen Organisation oder Institution: Der Nutzen der Durchführung eines Kurses zur Gewaltprävention – wie z. B. des Programms FAUSTLOS (Cierpka, 2004a, b) – wird sich eher entfalten, wenn dieser aufbauend in mehreren Alters- oder Klassenstufen eingesetzt und mit dem pädagogischen Alltag verknüpft wird (vgl. ▶ Kap. 1 und 4.3.2). Daher sollte bei der Auswahl und Implementierung eines Programms immer darauf geachtet und mitbedacht werden, alle Mitglieder, beispielsweise einer Schulgemeinschaft, in die geplanten Maßnahmen einzubeziehen und »mitzunehmen«.

Im folgenden Kapitel zu den »Frühen Hilfen« für (junge) Familien wird ein besonderer Paradigmenwechsel in Deutschland deutlich: Durch spektakulär medial aufbereitete Todesfälle von Kleinstkindern hat der Kinderschutz an großer Aufmerksamkeit gewonnen. Die gesetzlichen Rahmenbedingungen wurden in der Folge klarer formuliert, zugleich wurden frühzeitige, eher präventiv ausgerichtete Hilfen gesetzlich verankert. Zudem wurden gute Modelle entwickelt, um die lange Zeit bestehenden Systemgrenzen zwischen Jugendhilfe, Gesundheitssystem und Bildungssystem zu überwinden. Dabei gelang es, nicht nur den Kontrollaspekt im Rahmen der Verhinderung von Kindeswohlgefährdungen in den Vordergrund zu rücken, sondern vereinzelt werden strukturell verankerte, systemtische Präventionsketten zur Unterstützung von Familien bzw. Mutter-Kind-Dyaden aufgebaut (zu dieser gesamten Entwicklung vgl. die Homepage des »Nationalen Zentrums Frühe Hilfen«, auf der relevante Untersuchungsergebnisse, Materialien und Modellprojekte vorgestellt werden: www.nzfh.de).

5.1 Frühe Hilfen für Familien

Von Carolin Eichin

Herausforderungen der Frühen Kindheit

Die Entwicklungsaufgaben der Frühen Kindheit stellen das Kind selbst sowie die Familie vor die Herausforderung, sich ständig neu anzupassen.

Die Entwicklungsdynamik der ersten Lebensjahre ist kaum mit einem weiteren Lebensabschnitt vergleichbar (Papoušek, 2002); die Kinder wachsen in der frühen Phase ihres Lebens am schnellsten, lernen am häufigsten neue Phänomene kennen und ihr Gehirn durchläuft die größten Veränderungsprozesse (Pauen, Frey & Ganser, 2012).

Zur Bewältigung von Entwicklungsaufgaben der Frühen Kindheit, wie beispielsweise der zunehmenden Selbstregulation von eigenen Verhaltenszuständen oder des Schlaf-Wachrhythmus, bedarf es zunächst der Unterstützung einer primären Bezugsperson. Die gemeinsame Bewältigung wird auch als Ko-Regulation bezeichnet und setzt eine gelingende prä-verbale Kommunikation voraus, die sich in alltäglichen Interaktionssituationen wie beim Füttern, Schlaflegen, Wickeln oder Beruhigen des Kindes zeigt (Papoušek, 2004) (vgl. dazu auch »Engelskreis« gelingender Regulation von Papoušek, 2004 et al.; ausführlich dazu ▶ Kap. 2.5 dieses Buches). Alltäglichen Interaktionssequenzen, in denen eben besagte prä-verbale Kommunikation stattfindet, werden in vielen Programmen zur Stärkung der Beziehungs- und Erziehungskompetenz als Ausgangspunkt der (meist videogestützten) Intervention genutzt (vgl. dazu ▶ Kap. 5.1.2).

Durch die stetige und schnelle Entwicklung des Kindes in den ersten Lebensjahren werden die Bezugspersonen immer wieder vor neue Beziehungs- und Erziehungsanforderungen gestellt. Bei unzureichender Passung der Entwicklungsbedürfnisse des Kindes und dem Angebot der Bezugspersonen kann es zu Entwicklungsproblemen kommen (z. B. Brandstätter & Gräser, 1985 zitiert nach Ziegenhain, 2007a), bzw. – bezogen auf die Entwicklungsaufgabe der Selbstregulation – zu einer negativen Gegenseitigkeit (»Teufelskreis«; vgl. Papoušek et al., 2004).

Risikofaktoren oder belastende Lebensumstände in der Familie können es Eltern insbesondere erschweren, flexibel auf die Entwicklungsanforderungen des Kindes einzugehen und deren Bedürfnisse zu erkennen. Dies kann sich bis hin zu vernachlässigendem und misshandelndem Verhalten entwickeln (Ziegenhain, 2007b).

Um Entwicklungsproblemen vorzubeugen bzw. diese zu beheben unterstützt die Entwicklungs- und Erziehungsberatung die Eltern darin, »eine optimale Passform zwischen den altersgemäßen Bedürfnissen des Kindes und der Gestaltung der Umwelt [...] herzustellen« (Petermann & Petermann, 2006, S. 1). Eine passgenaue Unterstützungsleistung baut auf einer diagnostischen Abklärung des Entwicklungsproblems auf. Dadurch wird eine Einschätzung darüber ermöglicht, ob sich die Entwicklungsproblematik vorübergehend oder nachhaltig zeigt (Scheithauer, Petermann & Niebank, 2000). Zudem müssen der soziale Kontext sowie die bestehenden Ressourcen der Familie in die Diagnostikphase mit einbezogen werden (z. B. Scheithauer, Petermann & Niebank, 2000; Ziegenhain, 2007a; Petermann & Schmidt, 2006).

Die Angebote der Entwicklungsförderung im Kleinstkindalter sind gemäß der Annahme »dass Veränderungen, die bei den Eltern bzw. Familien ansetzen, entsprechend zu Veränderungen bei den Kindern führen« (Cierpka, 2012, S. 524) vornehmlich familienzentriert konzipiert und fördern die zentralen Variablen früher Interaktionsprozesse zwischen Bezugspersonen und Kind zur Entwicklung einer sicheren Bindungsrepräsentation (vgl. dazu ▶ Kap. 2.5).

Die Art der Unterstützungsleistung variiert je nach Belastungsgrad und Unterstützungsbedarf der Familien sowie der damit einhergehenden Gefährdungslage des Kindes. Die konkret entstehenden Beratungs- und Hilfsangebote können »von Informationen über die Entwicklung, die Bedürfnisse und das Verhalten von Säuglingen und Kleinstkindern bis hin zu gezielter Unterstützung und Anleitung und längerfristiger Unterstützung und (interdisziplinärer) Versorgung [reichen]«(Ziegenhain, 2007a).

Durch den frühzeitigen und familienzentrierten Ansatzpunkt leisten die eingesetzten Beratungs- und Hilfsangebote einen wichtigen Beitrag zum gesunden Aufwachsen von Kindern. Nachfolgend werden einige (internationale) Studienergebnisse vorgestellt, die aufzeigen, in welchem Maße frühe familienzentrierte Interventionsprogramme wirken und welche Faktoren zum Gelingen beitragen.

Studienergebnisse zur Wirksamkeit früher familienzentrierter Interventionen

Wirksamkeit früher familienzentrierter Interventionen bezüglich der Förderung von Beziehungs- und Erziehungskompetenz

In der Bestandsaufnahme von Lösel (2006) konnte ein breites Angebotsspektrum von Elternbildungsangeboten und Programmen zur Stärkung der Beziehungs- und Erziehungskompetenz konstatiert werden. Den größten Anteil der Elternbildungsangebote nehmen dabei offene Angebote und Eltern-Kind-Gruppen ein. Bezüglich dieser Angebotsform fehlen gemäß Lösel et al. (2006) jedoch noch kontrollierte Wirksamkeitsstudien.

Metaanalysen von ausschließlich kontrollierten Studien zu bestehenden Interventionsprogrammen zur Förderung der Beziehungs- und Erziehungskompetenz bestätigen bezüglich der Kompetenzerweiterung der Eltern geringe bis moderate Effekte (z. B. Lösel, 2006; Sweet & Applebaum, 2004; Bakersman-Kraneburg, van Ijzendoorn & Juffer, 2003; Layzer et al., 2001). Gezielte (sekundärpräventive Programme) erweisen sich dabei als effektiver als universelle Ansätze (Lösel, 2006). Eine kombinierte Hilfeform aus Komm- und Gehstruktur wurde hinsichtlich der Förderung der Beziehungs- und Erziehungskompetenz als erfolgreich bestätigt (z. B. Love et al., 2005; Bengel et al., 2009).

Die Grenzen präventiver familienzentrierter Interventionsmaßnahmen wurden im Rahmen der Evaluation eines bindungstheoretischen Programms ersichtlich. Es zeigte sich, dass es Eltern mit extrem inkohärenter Bindungsrepräsentation im Ausgangswert nicht gelingt, das feinfühlige Verhalten gegenüber dem Kind über den Interventionszeitraum hinweg zu verbessern (Ziegenhain, 2007b; ausführlicher dazu ▶ Kap. 5.1.2).

Wirksamkeit früher familienzentrierter Interventionen bezüglich der Entwicklung des Kindes

Positive Auswirkungen früher Interventionen auf die kindliche Entwicklung zeigen sich hinsichtlich der Kognition, Motorik und dem sozial-emotionalen Verhalten (Layzer et al., 2001; Sweet & Applebaum, 2004; Sann & Thrum, 2005). Dabei sind gezielte, selektive Angebote in Bezug auf die kognitive und sozial-emotionale Entwicklung ebenfalls effektiver als universelle (Layzer et al., 2001); was sich allerdings auch mit methodischen Faktoren erklären lässt (vgl. ▶ Kap. 1). Hinsichtlich des Settings bestehen unterschiedliche Ergebnisse: Einerseits werden Kombinationen aus Komm- und Gehstruktur für die kindliche Entwicklung als effektiv beschrieben (Love et al., 2005) sowie andererseits – in Bezug auf die kognitive Entwicklung – reine Hausbesuchsprogramme (Sweet & Applebaum, 2004).

Wirksamkeit früher familienzentrierter Interventionen bei hoher Gefährdungslage des Kindes in der Familie

Frühe familienzentrierte Interventionen bei hoher Gefährdungslage oder auch vermeintlicher Kindeswohlgefährdung zeigen eine präventive Wirkung in bis zu zwei Drittel der untersuchten Fälle (z. B. Kindler & Spangler, 2005; Bilukha et al., 2005). Einige Interventionen zeigen hingegen keine Effekte, dies kann allerdings auch dadurch begründet sein, dass durch die Intervention erst »Fälle« aufgedeckt wurden (Bilukha et al., 2005).

Des Weiteren konnten in den Studien Einflussgrößen einer erfolgreichen Intervention erfasst werden: Die Unterstützung und Anleitung in konkreten Situationen (Konfliktsituation mit dem Kind o. Ä.) wurde als hilfreich eingestuft. Ebenso ist der Hausbesuch wirksam, der sich gemäß einem Studienergebnis (Kindler & Spangler, 2005) insbesondere bei Vernachlässigungsfällen bewährte (z. B. Kindler & Spangler, 2005; Sweet & Applebaum, 2004). Die Beteiligung der Eltern und ein kompetenzorientierter Ansatz bei der Durchführung der Unterstützungsleistung war ein weiterer Indikator für positive Ergebnisse (MacLeod & Nelson, 2000). Im Hinblick auf die Subgruppe der jugendlichen Mütter zeigten sich die besten Effekte, wenn Beratung und Aktivitäten mit dem Kind miteinander vereinbart wurde (Layzer et al., 2001). Das Knüpfen von fallspezifischen Kooperationen mit anderen Diensten und Institutionen wurde zudem als Wirkfaktor beschrieben, ebenso die Intensität der Programme (Kindler & Spangler, 2005).

5.1.1 Frühe Hilfen in Deutschland

Frühe Beratungs- und Hilfsangebote für Familien in Deutschland wurden in den letzten Jahren unter der Bezeichnung *Frühe Hilfen* weiterentwickelt. Es handelt sich dabei um regional verortete primär- sowie sekundärpräventive Angebote für werdende Eltern sowie Familien mit Kindern bis zu drei Jahren. Ein wichtiges Ziel der Frühen Hilfen ist die stärkere Vernetzung von Leistungen des Gesundheitswesens und der Jugendhilfe. Durch die engere Kooperation können Familien mit Belastungen frühzeitiger erreicht werden. Die Fachkräfte des Gesundheitswesens stehen in der Schwangerschaft und rund um die Geburt eines Kindes im Kontakt zu Familien, können dabei Belastungen wahrnehmen und einen Zugang zu entsprechenden Unterstützungssystemen der Jugendhilfe schaffen. Somit wird, im Sinne eines Frühwarnsystems, ein wichtiger Beitrag zum präventiven Kinderschutz in Deutschland geleistet.

In nachfolgenden Abschnitten wird das System der Frühen Hilfen näher erläutert. Neben der allgemeinen Definition und Zielsetzung werden exemplarisch zwei ausgewählte Hilfesysteme (Landkreis Ortenau; Stadt Dormagen) hinsichtlich der strukturellen Umsetzung in den Kommunen vorgestellt. Zur inhaltlichen Ausgestaltung von frühen präventiven Interventionsmaßnahmen, insbesondere zur Förderung der Beziehungs- und Erziehungskompetenz, bestehen zahlreiche Programme; einzelne davon werden nachfolgend in ▶ Kap. 5.1.2 ausführlicher vorgestellt.

Definition und Zielsetzung der Frühen Hilfen in Deutschland

Frühe Hilfen sind seit dem Aktionsprogramm »Frühe Hilfen für Eltern und Kinder und soziale Frühwarnsysteme« (2006–2010) des Bundesministeriums für Familien, Senioren, Frauen und Jugend (BMFSFJ) eine wichtige Säule des präventiven Kinderschutzes und haben sich über die Laufzeit des Aktionsprogramms hinaus fest etabliert. Seit Anfang des Jahres 2012 finden die Frühen Hilfen ihre rechtliche Verankerung im Gesetz zur Stärkung eines aktiven Schutzes von Kindern und Jugendlichen – Bundeskinderschutzgesetz (BKiSchG) (Meysen & Eschelbach, 2012).

Der wissenschaftliche Beirat des Nationalen Zentrums Frühe Hilfen (NZFH) widmete sich der Begriffsbestimmung der Frühen Hilfen und formulierte eine allgemeingültige Definition. Gemäß dieser Definition sind Frühe Hilfen lokale bzw. regionale Hilfesysteme, die Angebote für junge Familien in der Zeit der Schwangerschaft und bis zum dritten Geburtstag des Kindes koordinieren. Die Angebote sollen dabei, neben alltäglichen und praktischen Unterstützungsleistungen, im Besonderen die Beziehungs- und Erziehungskompetenz der Eltern fördern. Dabei richtet sich das Angebot der Frühen Hilfen grundlegend an alle Familien im Sinne einer primärpräventiven Gesundheitsförderung von Kind und Familie. Des Weiteren soll die Hilfe auch als sekundärpräventives Angebot eingesetzt werden, um insbesondere Familien in Problemlagen frühzeitig entsprechende Hilfen anbieten zu können. Dadurch kann die Entstehung von Gefährdungen vermieden bzw. bei bereits bestehender Gefährdung diese frühzeitig erkannt und reduziert werden. Ist die Minderung der Gefährdung durch das Unterstützungssystem der Frühen Hilfen nicht zu gewährleisten, sind weitere Maßnahmen einzuleiten (wissenschaftlicher Beirat NZFH, o. J. zitiert nach Renner & Heimeshoff, 2010).

Die Frühen Hilfen sind gemäß oben genannter Definition im Bereich primärer und sekundärer Prävention angesiedelt und können bei nicht ausreichender Hilfe und dem Verdacht auf Kindeswohlgefährdung weitere Maßnahmen einleiten. Die Frühen Hilfen und der Schutzauftrag bei Kindeswohlgefährdung nach § 8a SGB VIII sind beides Konzepte, die unter dem Dach des Kinderschutzes stehen, jedoch nicht miteinander gleichzusetzen sind. Schone (2010) äußert sich deutlich über die Notwendigkeit, Zielsetzung, Aufträge und rechtliche Bestimmungen von Frühen Hilfen und dem Schutzauftrag bei Kindeswohlgefährdung transparent darzulegen. Nur so ist eine effektive Zusammenarbeit mit den Kooperationspartnern und eine vertrauensförderliche Beziehungsgestaltung mit den Familien möglich.

Frühe Hilfen – Kommunal etablierte Hilfssysteme

In diesem Abschnitt werden zwei Modelle vorgestellt, die systematisch auf kommunaler Ebene *strukturell verankerte* Unterstützungsangebote für junge Familien realisieren.

Beispiel 1: Frühe Hilfen im Landkreis Ortenau (Baden-Württemberg)

Die Frühen Hilfen im Ortenaukreis bestehen in ihrer Grundstruktur aus fünf Fachstellen und einer Baby-Sprechzeit. Die fünf Fachstellen sind dezentral in den fünf Raumschaften des Landkreises angesiedelt und jeweils an die psychologischen Beratungsstellen angeschlossen. Bei der Baby-Sprechzeit handelt es sich um eine überregionale zentrale Stelle, die der Kinderschutzambulanz an der Kinderklinik Offenburg untersteht.

Die Fachstellen Frühe Hilfen[21] bieten Unterstützung und Beratung zur kindlichen Entwicklung und Erziehung sowie videogestützte Interventionen zur Stärkung der Eltern-Kind-Bindung an. Bei alltagspraktischem Unterstützungsbedarf können aus dem sogenannten Präventionspool unkompliziert und zeitnah Familienhebammen, Frühe Familienhilfen und Fachkräfte des Haushaltsorganisationstrainings (HOT) vermittelt werden. Der Präventionspool wird durch eigens dafür verfügbare Gelder finanziert. Die Hilfe kann somit sofort und auf sehr unbürokratische Weise eingesetzt werden. (z. B. Böttinger, 2010a; Ministerium für Arbeit und Sozialordnung, Familien, Frauen und Senioren BW, 2010; Böttinger & Strauß, 2010).

Um einen möglichst frühzeitigen Ansatzpunkt der Hilfeleistung zu ermöglichen, wird im Ortenaukreis eng mit den Entbindungskliniken kooperiert. An den Entbindungskliniken des Landkreises wird für alle junge Familien ein Screening rea-

---

21 Die Bezeichnung »Fachstelle Frühe Hilfe« wird für die Fachstellen an den Psychologischen Beratungsstellen sowie für die Babysprechzeit an der Kinderschutzambulanz verwendet. Dies dient lediglich der sprachlichen Vereinfachung.

lisiert: Mittels eines Screening-Bogens können Familien mit besonderen Belastungen frühzeitig erkannt werden. Es wird dabei eine ausformulierte Form des Anhaltbogens für ein vertiefendes Gespräch (Kindler, 2009) verwendet.

Bei der Auswertung des Screenings werden die Belastungen der Familien analog einem Ampelsystem grün, gelb oder rot eingestuft. Entsprechend dem Ergebnis wird den Eltern ein passendes Informations- oder Hilfsangebot präsentiert. Weist eine Familie keine Belastungsfaktoren auf (grünes Screening), wird lediglich ein Informationsflyer der Frühen Hilfen in der Klink überreicht. Familien mit mittleren Belastungswerten (gelbes Screening) bekommen den Flyer der Frühen Hilfen ausgehändigt sowie die Empfehlung, Kontakt zur Fachstelle aufzunehmen. Bei Familien mit einem roten Screeningergebnis führen die Fachkräfte der Entbindungsklinik (Schwestern/Hebammen/ÄrztInnen) ein vertiefendes Gespräch. Bei Einvernehmen mit den Familien werden die Fachkräfte der Frühen Hilfen informiert und besuchen die Familien, wenn möglich noch in der Klinik, um das Angebot der Frühen Hilfen vorzustellen und den weiteren Hilfebedarf abzuklären.

Ein rotes Screening ist per se nicht mit einer Kindeswohlgefährdung gleichzusetzen, es wird dadurch lediglich eine gewisse Risikokonstellation aufgezeigt, die eine weitere Prüfung des Präventionsbedarfs indiziert (Ziegehain et al., 2011; Böttinger, 2010b).

Sind die Eltern mit einem Besuch der MitarbeiterIn der Frühen Hilfen nicht einverstanden, besteht für die Fachkräfte der Klinik die Möglichkeit einer anonymen Fallbesprechung mit den Frühen Hilfen. Dabei kann der Verdacht einer vermeintlichen Kindeswohlgefährdung eingeschätzt werden, um daraufhin ggf. weitere Schritte einzuleiten (Böttinger, 2010b).

Die Frühen Hilfen im Ortenaukreis zeichnen sich zudem durch ihr vielfältiges Netzwerk aus. Der partizipative Einbezug der Kooperationspartner wird durch eine kreisweite Steuerungsgruppe ermöglicht, bestehend aus 20 Institutionen der Jugendhilfe und des Gesundheitswesens. Die Steuerungsruppe wurde bereits in die Planungsphase der Frühen Hilfen im Ortenaukreis involviert. Des Weiteren werden in Verantwortung der Frühen Hilfen runde Tische mit den Netzwerkpartnern veranstaltet. Das Netzwerk ist breit aufgestellt und umfasst ca. 150 Partner aus den verschiedenen Bereichen der Jugendhilfe und des Gesundheitswesens. Für den Bereich des Gesundheitswesens sind es u. a. die Entbindungskliniken, die Kinderärzte und Kinderärztinnen, die Kinderklinik, die Kinderschutzambulanz, die Gynäkologen und Gynäkologinnen, das Gesundheitsamt, die Kinder-und Jugendpsychiatrie und die Erwachsenenpsychiatrie. Für den Bereich der Jugendhilfe konnten u. a. der Kommunale Soziale Dienst, die Kommunale Arbeitsförderung, diverse Beratungsstellen wie die Schwangerenberatung und Suchtberatung, die Kindertagesstätten und die Frühförderung gewonnen werden (Böttinger, 2010a).

Die Frühen Hilfen im Ortenaukreis erreichen durch ihr Konzept Familien mit unterschiedlichen Belastungen und leisten somit einen wichtigen Beitrag im primär- sowie sekundärpräventiven Bereich. Der Zeitpunkt der Inanspruchnahme liegt vorwiegend im ersten Lebensjahr des Kindes, in 20 % der Fälle sogar bereits während der Schwangerschaft. Die mit den Eltern gemeinsam vereinbarten Ziele werden aus Sicht der Fachkräfte in 29 % aller Fälle *in vollem Maße* und in 50 % der Fälle *größtenteils* erreicht. Die Eltern schätzen ihren Zielerreichungsgrad ebenfalls positiv ein. Durch Korrelationsanalysen sowie qualitative Erhebungen konnten die folgenden Faktoren für eine gelingende Hilfs- und Unterstützungsleistung erfasst werden,

- die schnelle Erreichbarkeit der Fachstellen Früher Hilfen,
- der ressourcenorientierte Blick auf die Familie,
- das breite Angebotsspektrum,
- die Beteiligung der Eltern im Zielfindungs- und Hilfeprozess sowie
- die positive Beziehung zwischen den Fachkräften und den Familienmitgliedern (Fröhlich-Gildhoff & Eichin, 2012).

Beispiel 2: Das Dormagener Modell (Stadt Dormagen Nordrhein-Westfalen)

Die Entwicklung von einem reaktiven zu einem präventiven Kinderschutz in der Kommune wurde durch das Dormagener Modell in gleichnamiger Stadt erreicht. Dazu wurden Instrumente geschaffen, die einer möglichen gefährdenden oder auch vernachlässigenden Situation vorbeugen. Ziel ist es, Familien zu positiv veränderten Lebensbedingungen zu verhelfen, »indem die Eigenkräfte der Familie gestärkt werden, soziale Konflikte und Notlagen erkannt werden und konkret Hilfe geleistet wird« (Hilgers, Sandvoss & Jasper, 2009, S. 4). Das Dormagener Modell besteht aus fünf Handlungsfeldern:

1. Das Präventionsnetzwerk (NeFF)
2. Dialog und fachlicher Austausch
3. Dormagen als Bildungskommune
4. Die Präventionskette
5. Gesundheitsförderung

Hinsichtlich des vorliegenden Interesses wird im Wesentlichen das vierte Handlungsfeld, die Präventionskette, und dabei insbesondere die *Hilfen für werdende Mütter* und die *Hilfen von der Geburt bis zum dritten Lebensjahr* vorgestellt.

Die Präventionskette wird als Herzstück des Dormagener Modells bezeichnet und umfasst Hilfen von der Schwangerschaft bis ins Grundschulalter der Kinder.

Die *Hilfen für werdende Mütter der* Stadt Dormagen enthalten universelle Präventionsangebote, z. B. Elternbildung und Angebote in Familienzentren, die allen Eltern und werdenden Eltern offen stehen.

Innerhalb der Präventionskette wurde zudem eine Hilfe für benachteiligte Familien in der Schwangerschaft installiert. Dabei handelt es sich um die persönliche Beratung durch Gynäkologinnen und Gynäkologen bzw. durch die MitarbeiterInnen der Geburtskliniken. Gemäß einer Kooperationsvereinbarung des Jugendamtes mit den niedergelassenen GynäkologInnen informieren sich diese, im Rahmen der Übergabe einer »Informationsmappe für werdende Eltern« nach der allgemeinen Lebenssituation der Eltern. Bei Unterstützungsbedarf werden die Eltern an die entsprechenden Institutionen weitervermittelt. Im Verlauf der Kontakte mit der Familie erkundigt sich die GynäkologIn über den Stand der initiierten Unterstützungsleistung. Ein weiterer Baustein der *Hilfen für werdende Mütter* ist das Sichern von existentiellen Bedürfnissen (Gesundheitsversorgung/Krankenversicherung/Wohnraum) (Hilgers, Sandvoss & Jasper, 2009).

5 Gezielte Prävention von Verhaltens- und Entwicklungsauffälligkeiten

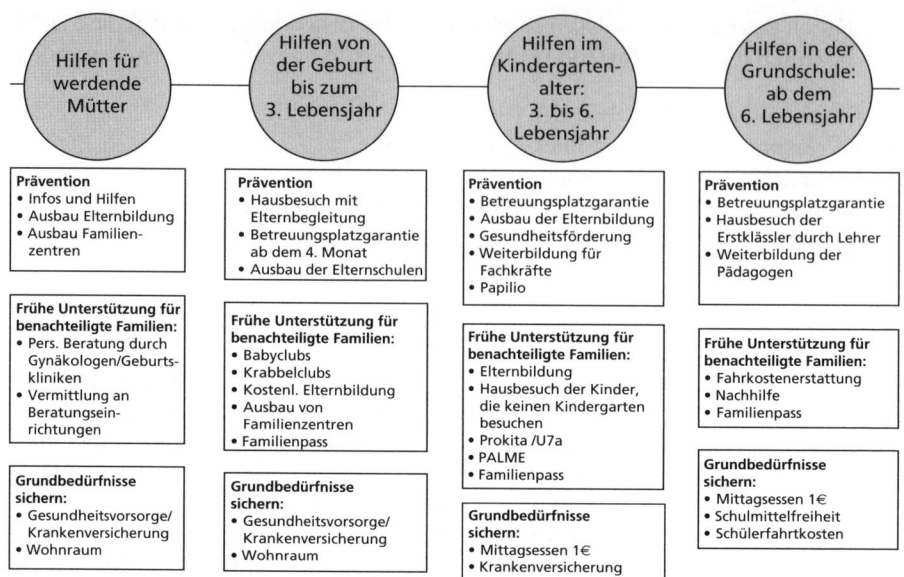

Abb. 5.1: Dormagener Modell, Präventionskette (Aus: Hilgers et al., 2009, S. 12).

Im zweiten Schritt der Präventionskette (*Hilfen von der Geburt bis zum dritten Lebensjahr*) wird ebenfalls zunächst ein universeller Ansatzpunkt gewählt. Alle Familien mit einem neugeborenen Kind bekommen im Namen des Bürgermeisters ein Babybegrüßungspaket durch den/die BezirkssozialarbeiterIn im Rahmen eines Hausbesuchs überreicht. In dem Begrüßungspaket befinden sich ein Elternbegleitbuch und einige nützliche Beigaben wie beispielsweise ein Rauchmelder und ein Kochbuch. Das Elternbegleitbuch enthält Informationen zur neuen Lebenssituation mit einem Neugeborenen, zu Ernährung, Pflege und Entwicklung sowie zu wirtschaftlichen Hilfen. Des Weiteren gibt das Elternbegleitbuch einen Überblick über die Angebote der Stadt Dormagen für Kinder und Eltern und die Beratungsnetzwerk der Stadt. Zusätzlich sind einige Gutscheine für Einrichtungen enthalten sowie relevante Dokumente, wie der Antrag auf Kindergeld. Die persönliche Übergabe des Babybegrüßungspakets durch einen Bezirkssozialarbeiter ermöglicht das gegenseitige Kennenlernen sowie bereits sofortige praktische Hilfe, beispielsweise beim Ausfüllen des Kindergeldantrags. Die Bezirkssozialarbeiterin kann durch den Besuch eine erste Einschätzung vornehmen und daraufhin gegebenenfalls ein auf den individuellen Bedarf zugeschnittenes Unterstützungsangebot anbieten. Die Übergabe des Babybegrüßungspakets im Rahmen eines Hausbesuchs wird allen Eltern der Stadt angeboten. Es ist ein freiwilliges stigmatisierungsfreies Angebot, das von 99 % der Eltern angenommen und von beinahe demselben Prozentsatz (98,5 %) als sehr gut empfunden wurde. Mindestens ein Viertel der besuchten Eltern nutzten den Besuch als Beratungsgespräch. Neben dem Begrüßungspaket bestehen weitere Hilfen für Eltern mit Säuglingen und Kleinstkinder in Form von fachlich begleiteten Baby- und Krabbelgruppen und einer Betreuungsplatzgarantie für Kinder ab vier Monaten (Hilgers, Sandvoss & Jasper, 2009; Trzeszkowski, o. J.).

Die vorgestellten kommunal entwickelten präventiven Hilfesysteme zeigen, wie durch strukturelle Veränderungen und eine systematische Vernetzung von Hilfesystemen ein Zugang zu jungen (belasteten) Familien geschaffen werden kann.

Zur inhaltlichen Gestaltung von frühen familienzentrierten Hilfen, insbesondere zur Stärkung der Beziehungs- und Erziehungskompetenz stehen unterschiedliche Programme zur Verfügung. In nachfolgendem Kapitel werden davon drei näher vorgestellt.

5.1.2 Frühe Hilfen – Programme zur Stärkung der frühen Beziehungs- und Erziehungskompetenz

Im Folgenden werden der theoretische Hintergrund, die Grundgedanken und die Ziele einiger Programme vorgestellt.

STEEP – Steps Toward Effektive, Enjoyable Parenting

(Errickson & Egeland, 2006)

Theoretischer Hintergrund

STEEP ist ein bindungstheoretisch fundiertes Präventionsprogramm, das auf den Ergebnissen des Minnesota-Eltern-Kind-Projekts basiert, einer Langzeitstudie zur Entwicklung von Kindern in Hoch-Risiko-Familien, sowie die Erkenntnisse der Bindungsforscher Bowlby und Ainsworth integriert (Erickson & Egeland, 2006). Der Aufbau einer sicheren Bindung, als wichtiger Schutzfaktor für die kindliche Entwicklung, ist Ziel der Intervention und soll durch die Förderung der elterlichen Feinfühligkeit erreicht werden.

Die eigenen Bindungserfahrungen und die dadurch entwickelten inneren Arbeitsmodelle der Eltern können den Bindungsaufbau zum eigenen Kind erschweren. Dieser sogenannte transgenerationale Zyklus wird innerhalb des Programms bewusst beachtet und zu durchbrechen versucht (ebd.).

Die Förderung einer gesunden und realistischen Einstellung zu Schwangerschaft, Geburt, Erziehung und Eltern-Kind-Bindung ist eines der Ziele des vorliegenden Interventionsprogramms. Damit die Erwartungen gegenüber dem Kind realistisch eingeschätzt werden, ist die Vermittlung von Grundlagenwissen über die kindliche Entwicklung ausschlaggebend. Die Förderung der feinfühligen und vorhersagbaren Reaktionen der Eltern auf die Signale des Kindes stellt ein weiteres wichtiges Ziel dar. Zudem möchte das STEEP-Programm die Eltern zum Perspektivwechsel ermutigen. Das erweiterte Wissen über die kindliche Entwicklung sowie das wachsende Verständnis für die Signale des Kindes stellen die Voraussetzung dafür dar (Kissgen & Suess, 2005).

Die Schaffung einer entwicklungsentsprechenden Umgebung ist ein weiteres Ziel des STEEP-Präventionsprogramms. Dazu zählen ein sicherer und entwicklungsanregender Ort, eine verlässliche Tagesroutine sowie eine interessierte Bezugsperson in verfügbarer Nähe (Erickson & Egeland, 2006).

Die Eltern selbst werden durch STEEP dazu ermutigt, Unterstützungsangebote außerhalb des Programms anzunehmen, ihre eigenen Stärken zu erkennen und diese für die selbstständige Lebensbewältigung positiv zu nutzen (ebd.).

Zielgruppe, Dauer & Setting

Das STEEP-Programm ist auf die Dauer von ungefähr zwei Jahren angelegt. Die Intervention beginnt bereits während der Schwangerschaft und endet mit dem zweiten Geburtstag des Kindes. Im Besonderen werden Mütter und Eltern in psychosozialen Risikosituationen durch das Programm angesprochen. Es wird eine Kombination aus Geh- und Kommstruktur umgesetzt (Erickson & Egeland, 2006).

Aufbau

Das Angebot der Hausbesuche und das der Gruppentreffen findet im wöchentlichen Wechsel statt (Kissgen & Suess, 2005). Die ersten Hausbesuche werden bereits in die pränatale Zeit gelegt. Die Hausbesuche umfassen alle Kontakte der STEEP-Beraterin mit der teilnehmenden Familie außerhalb der Gruppentreffen. Der Mutter steht es offen zu entscheiden, wo die sogenannten Hausbesuche stattfinden. Es kann bei der Familie zu Hause, aber auch in einem Park, auf dem Spielplatz, beim Arztbesuch etc. zu einem Hausbesuch durch die STEEP-Beraterin kommen (Erickson & Egeland, 2006). Grundsätzlich steht das Kind im Mittelpunkt des Besuchs, im Besonderen seine Bedürfnisse und die individuellen Entwicklungsstadien. Tritt ein anderes Thema in den Fokus, wie beispielsweise der anstehende Umzug der Familie, versucht die STEEP-Beraterin dies mit den Bedürfnissen des Kindes zu verbinden (Was bedeutet der Umzug für das Kind? Gibt es eine Betreuungsmöglichkeit für das Kind am Umzugstag?) (ebd.).

Bei den Gruppentreffen sind etwa zehn Mutter-Kind-Paare anwesend. Der Altersunterschied der Kinder sollte maximal zehn Wochen betragen. Dies begründet sich durch die Themen der Gruppentreffen, die sich auf den Entwicklungsstand der Kinder beziehen. Der Ablauf des Gruppentreffens ist ritualisiert und besteht aus informellen sowie formellen Teilen. Zunächst wird die Aufmerksamkeit den Kindern und ihren Entwicklungsschritten gewidmet. Gestaltet wird dies durch Spiele, Lieder, Babymassagen etc. Es schließt sich ein gemeinsames Frühstück an. Daraufhin treffen sich nur die Mütter zu einem Gesprächskreis, die Kinder werden währenddessen betreut. Themen der Gesprächskreise sind vorwiegend die Fragen und Anregungen der Mütter. Ergänzend dazu wird auch ein Themenkatalog zu den einzelnen Entwicklungsschritten angeboten (Kissgen & Suess, 2005, S. 130).

Als eine der wirkungsvollsten Methoden wird im STEEP-Manual die videogestützte Intervention beschrieben. Diese Methode wird unter dem geschützten Namen SEEING IS BELIVING den Eltern hauptsächlich bei den Hausbesuchen angeboten. Dabei wird eine alltägliche Situation – wie Füttern, Baden und Wickeln – auf Video aufgezeichnet. Bei der späteren gemeinsamen Betrachtung des Videomaterials liegt der Fokus auf der Eltern-Kind-Interaktion. Zudem werden die Eltern durch die Videoaufnahme (Blick von außen) angeregt, die Sicht des Kindes einzunehmen (Perspektivwechsel) (Erickson & Egeland, 2006).

Evaluation

Das STEEP-Interventionsprogramm wurde im Rahmen des ersten STEEP-Kurses begleitend evaluiert. Es handelte sich dabei um ein kontrolliertes Studiendesign (DG: 74 Familien; KG: 80 Familien), in dessen Rahmen auf der Ebene der Mütter die Feinfühligkeit, die Intelligenz, die depressive Symptomatik, der Umgang mit dem Kind, die Gestaltung der Lebensumwelt sowie die Nutzung sozialer Unterstützung erfasst wurde. Auf der Ebene des Kindes wurde die kindliche Bindungsrepräsentation erhoben. Die Ergebnisse zeigen, dass die Mütter der Interventionsgruppe im Vergleich zur Kontrollgruppe höhere Feinfühligkeitswerte aufwiesen, ein besseres Verständnis für die Entwicklung des Kindes haben, eine höhere Kompetenz in der Bewältigung des Alltags sowie eine verminderte Neigung zu depressiver Verstimmung. Zudem kam es in der Interventionsgruppe seltener zu Folgeschwangerschaften. Die regelmäßige Teilnahme wirkte sich dabei im besonderen Maße auf die positiven Effekte aus. Hinsichtlich der Bindungsrepräsentation der Kinder der Interventions- und Kontrollgruppe konnten keine signifikanten Unterschiede konstatiert werden. Eine mögliche Begründung dafür ist, dass die Verteilung der ursprünglichen Bindungsrepräsentationen in der Kontrollgruppe eher einer Normalstichprobe, als einer Hoch-Risiko-Stichprobe entsprach. Diese Ausgangslage kann den Effekt in der Interventionsgruppe verdeckt haben (»Deckeneffekt«) (Erickson & Egeland, 2006; Erickson & Egeland, 1993, zitiert nach Kissgen & Suess, 2005). In der Interventionsgruppe konnte dennoch ein leichter Anstieg an sicheren Bindungen verzeichnet werden (Erickson & Egeland, 2004, zitiert nach Kissgen & Suess, 2005).

Im Rahmen des Aktionsprogramms »Frühe Hilfen für Eltern und Kinder und soziale Frühwarnsysteme« (2006–2010) des Bundesministeriums für Familien, Senioren, Frauen und Jugend (BMFSFJ) wurden zehn Modellprojekte Früher Hilfen gefördert. An den Modellstandorten Hamburg und Brandenburg wurde das STEEP-Programm eingesetzt und begleitend evaluiert. Das Forschungsinteresse lag dabei auch auf dem Einfluss der STEEP-Beraterin bezüglich des Interventionserfolgs. Die Ergebnisse zeigen, dass sich der eigene Bindungshintergrund der Fachkraft auf die Intervention auswirkt. STEEP-Beraterinnen mit einem sicheren Bindungshintergrund sind erfolgreicher, bezogen auf das Ziel, eine sichere Eltern-Kind-Bindung zu fördern. Sicher gebundenen Beraterinnen scheint es besser zu gelingen den Eltern durch die Videosequenzen zu einer feinfühligeren Wahrnehmung der kindlichen Bedürfnisse zu verhelfen (Suess, Mali & Bohlen, 2010).

EPB – Entwicklungspsychologische Beratung

(Ziegenhain, Fries, Bütow & Derksen, 2004)

Theoretischer Hintergrund, Grundgedanken, Ziele

Die entwicklungspsychologische Beratung wurde für die Gruppe von jugendlichen Müttern zur Förderung feinfühligen Verhaltens entwickelt. Der Beratungsansatz entspricht dabei einer Kurzzeitberatung, die zeitlich begrenzt, verhaltensorientiert und spezifisch auf die Förderung der Feinfühligkeit ausgerichtet ist. Die theoretische Begründung des Programms fußt auf bindungstheoretischen Erkenntnissen sowie auf Erkenntnissen zu Ausdrucks-, Belastungs- und Bewältigungsverhaltensweisen von Säuglingen und Kleinstkindern, angelehnt an das Entwicklungsmodell von Brazelton (1984) und Als (1982) (Ziegenhain, 2007b).

Die Entwicklungspsychologische Beratung geht, wie auch andere Beratungsansätze, weder vom Kind noch von den Eltern als Klienten aus. Im Mittelpunkt der Beratung steht vielmehr die Beziehung.

Das Ziel der entwicklungspsychologischen Beratung ist es, die Eltern für die individuellen Fähigkeiten und Bedürfnisse des Kindes zu sensibilisieren, Wissen zur kindlichen Entwicklung zu vermitteln sowie das elterliche Selbstwertgefühl zu stärken (Fries & Bütow, 2004). Die Grundhaltung der Fachkräfte zeichnet sich dabei durch Wertschätzung und Ressourcenorientierung aus, zudem wird die Beratung systemisch lösungsorientiert angelegt (Fries & Bütow, 2004; Ziegenhain, 2007b).

Die charakteristischen Merkmale der Entwicklungspsychologischen Beratung lassen sich wie folgt zusammenfassen:

- »Die Perspektive des Kindes steht im Mittelpunkt!
- Eltern erfahren etwas über die allgemeine Entwicklung von Säuglingen und Kleinkindern.
- Eltern beobachten und verstehen die Fähigkeiten und Stärken ihres eigenen Kindes.
- Eltern werden in ihrer Elternrolle bestärkt und ihre Wünsche werden respektiert« (Ziegenhain et al., 2006).

Zielgruppe, Dauer und Setting

Die Entwicklungspsychologische Beratung ist für Familien in unterschiedlichsten Lebenssituationen konzipiert. Kernelement sind die Videoaufnahmen von alltäglichen Interaktionsmomenten von Eltern und Kind. Die Intervention wird somit mit einzelnen Familien durchgeführt, es handelt sich nicht um eine Gruppenintervention (Ziegenhain et al., 2006).

Die Videoaufnahmen können in einer Beratungseinrichtung oder auch bei den Familien zu Hause stattfinden. Videoaufnahmen bei der Familie in häuslicher Umgebung haben den Vorteil, die natürliche interaktionsbegleitende Atmosphäre mit erfassen zu können (ebd.).

Der Beratungsanlass sowie der daraus resultierende Beratungsauftrag der Eltern können sehr unterschiedlich ausfallen. Es können Beratungsanlässe vorliegen aufgrund einer Verunsicherung im Umgang mit dem Kind, einer vorübergehenden bzw. andauernden Anpassungsproblematik (Regulationsschwierigkeiten), bis hin zu Entwicklungsgefährdungen, die von den Eltern selbst nicht als solche wahrgenommen werden (ebd.).

Die Dauer der Entwicklungspsychologischen Beratung variiert je nach Beratungsauftrag. Es sind Beratungen mit einer Videoaufnahme denkbar, sowie mit mehreren Aufzeichnungen. Letztgenanntes hat den Vorteil, eine Entwicklung nachzuzeichnen; es kann dadurch eine Art Entwicklungstagebuch entstehen (ebd.).

Aufbau

Die Videoaufzeichnungen und Analysen sind das zentrale diagnostische und therapeutische Element der entwicklungspsychologischen Beratung. Etwa fünfminütige Videoaufzeichnungen sind die Grundlage, um vorwiegend aus der Sicht des Kindes Interaktionen zu beschreiben und auf das elterliche Verhalten zu beziehen (Ziegenhain, 2007b).

Für die Rückmeldung an die Eltern werden vorwiegend gelungene Interaktionssequenzen ausgewählt. »Positives elterliches Verhalten wird mit kindlichen Ansätzen von Selbstregulation und Ansprechbarkeit verknüpft und diese dabei als Folge des adäquaten und feinfühligen mütterlichen Verhaltens interpretiert« (Ziegenhain, 2007b, S. 668). Im Sinne eines ressourcenorientierten und wertschätzenden Vorgehens sollte den Eltern vermittelt werden, dass es beim Videofeedback nicht darum geht, möglichst die Fehler des elterlichen Verhaltens aufzudecken, sondern vielmehr gemeinsam die Verhaltensweisen des Kindes zu entdecken, die Ausdruck des Empfindens und der anstehenden Entwicklungsschritte sind.

Nachdem die gelungenen Sequenzen betrachtet und dabei die Kompetenzen der Eltern herausgearbeitet wurden, kann auch eine nicht gelungene Sequenz betrachtet werden. Dabei gehen die Beratenden nicht mit kritisch bewertenden Aussagen vor, sondern versuchen »anstatt«-Formulierungen vorzunehmen. Zum Beispiel: »Was hätte man anstatt dessen machen können?«; »Was wäre noch möglich gewesen?« (Gloger-Tippelt, 2007, zitiert nach Ziegenhain, 2007b).

Die Analyse- sowie Feedbackschritte folgen dem Prinzip *Sehen-Verstehen-Handeln* (Ziegenhain et al., 2006).

Evaluation

Die Entwicklungspsychologische Beratung wurde bezogen auf die Risikogruppe der jugendlichen Mütter evaluiert (N = 30). Die Mütter der Interventionsgruppe haben verglichen mit den Müttern ohne Intervention (reguläre Jugendhilfebetreuung) zunehmend feinfühligeres Verhalten gezeigt. Die Daten zur eigenen Bindungsrepräsentanz der Mütter zeigen auf, dass ein Großteil der Mütter über eine unsichere bis hochunsichere Bindungsrepräsentation verfügt.

Der Gruppe mit einer mäßig inkohärenten Bindungsrepräsentation gelang es, das feinfühlige Verhalten während der Intervention sowie über den Interventionszeitraum hinaus im Vergleich zur Kontrollgruppe deutlich zu verbessern. Eltern mit extrem inkohärenter Bindungsrepräsentation gelang dies im Vergleich nicht. Die Mittelwerte sanken bei der Follow-up-Messung nach dem Interventionszeitraum nochmals ab (Ziegenhain, 2007b).

Die frühzeitige Intervention bewies sich hinsichtlich des Aufbaus einer sicheren Mutter-Kind-Bindung in der Subgruppe der jugendlichen Mütter prinzipiell als wirksam. Im Hinblick auf die Mütter mit extrem inkohärenten Bindungsmodellen und der geringen Entwicklung im feinfühligen Verhalten wurden jedoch auch Grenzen einer erfolgreichen präventiven Kurzzeitintervention aufgezeigt (ebd.).

FFTE Feinfühligkeitstraining für Eltern. Kurs zum Freiburger Trainingsprogramm »Wie sagt mein Kind, was es braucht?«

(Hänggi, Schweinberger & Perrez, 2011)

Theoretischer Hintergrund, Grundgedanken, Ziele

Das Trainingsprogramm basiert auf den Ergebnissen der Bindungsforschung und den Forschungen zur Bedeutung einer gelingenden Eltern-Kind-Interaktion, vor allem zum Aufbau von Selbstregulationsfähigkeiten und sozialen Kompetenzen bei dem Kleinkind; Bezugspunkte sind hier die Forschungen von Papoušek et al. (zusammenfassend: 2004). Ausgangspunkt sind Erkenntnisse, dass insbesondere die elterliche Sensitivität, das Erkennen und angemessene Beantworten der »Feinzeichen« des Kindes (vgl. ▶ Kap. 2.5) zur Bindungssicherheit des Kindes und zu einem gesteigerten Explorationsverhalten führen.

Das in der Schweiz entwickelte, erprobte und evaluierte Programm baut auf dem Sensitivitätstraining »Video-feedback to Promote Positive Parenting (VIPP)« von Juffer, Bakermans-Kranenburg & Ijzendoorn (2007) auf und greift auf die Erfahrungen von Ziegenhain et al. (2004) mit gezieltem Video-Feedback zurück. »Das wichtigste Ziel des Freiburger Feinfühligkeitstrainings für Eltern […] besteht in der Steigerung der elterlichen Kompetenz, sensibel und angemessen auf das Kind eingehen zu können. Von dieser Kompetenz wird erwartet, dass sie sich positiv auf das Familienklima im Allgemeinen und auf die Eltern-Kind-Bindung im Besonderen auswirkt« (Hänggi et al., 2011, S. 14).

Zielgruppe, Dauer und Setting

Zielgruppe des Trainings sind Eltern, die ihre elterliche Kompetenz im oben genannten Sinne weiterentwickeln wollen; das Programm richtet sich allerdings auch an Eltern, die gezielt Beratung wegen Interaktionsproblemen mit ihrem Klein(st)kind suchen. Das Programm wird von Professionellen (PsychologInnen, PädagogInnen) angeboten, die Erfahrungen in der Erwachsenenbildung haben sollten. Es umfasst vier Sitzungen (zu je ca. 150 Minuten) im Gruppen- oder drei Sitzungen (zu je ca. 90 Minuten) im Einzeltraining.

Aufbau

Die Trainingseinheiten sind strukturiert aufgebaut. Im ersten Teil werden die Beobachtungsfähigkeiten der Eltern geschult, im zweiten Teil »geht es darum, bei den Eltern das Verständnis für prompte und angemessene Reaktionen zu fördern« (ebd., S. 14).

Die Eltern erhalten gezielte Aufgaben, die Interaktion mit dem eigenen Kind auf Video aufzunehmen; diese Video-Sequenzen werden in den Sitzungen genau analysiert. Dabei wird ressourcenorientiert von Beispielen gelingender Interaktion, also realisierter Sensitivität ausgegangen, erst danach werden mögliche Entwicklungspotentiale der Eltern konkret am Videomaterial besprochen.

Für die einzelnen Sitzungen stehen sorgfältig ausgearbeitete Materialien und eine Demo-DVD zur Verfügung.

Das Handbuch beschreibt – neben einer kurzen theoretischen Einführung – wichtige Aspekte der Eltern-Kind-Beziehung und ausführlich »Meilensteine der kindlichen Entwicklung«.

Ein besonderes Augenmerk wird immer wieder darauf gelegt, für die Eltern eine angstfreie und wertschätzende Atmosphäre zu schaffen; Eltern sollen als »Experten« angesehen werden: »Die Aufgabe des Trainers oder der Trainerin liegt darin, die Eltern während der Sitzungen zu unterstützen, ihre Kompetenzen oder hinderliche Bedingungen zu entdecken und konstruktiv nutzbar zu machen. Die Eltern sollen begleitet, angeleitet und motiviert werden, ihre Ressourcen zu aktivieren« (ebd., S. 77).

5.2 Gezielte Prävention von Verhaltens- und Entwicklungsauffälligkeiten in der Entwicklungsumwelt Kindertageseinrichtung

In diesem Kapitel stehen Programme im Mittelpunkt, die den – zumeist empirisch gut abgesicherten – Anspruch haben, die Prävention spezifischer Auffälligkeiten oder Störungen zu gewährleisten. Dabei wird, insbesondere bei der Prävention von Gewalt und Sucht, noch nicht am unerwünschten Verhalten direkt »angesetzt«, sondern es werden gezielt zugrundeliegende Kompetenzen – wie der Aufbau von adäquaten Konfliktlösefertigkeiten –gefördert.

Es werden entsprechende Präventions- und Fördermöglichkeiten in zwei wichtigen Bereichen vorgestellt: Verhaltensauffälligkeiten und Auffälligkeiten in der Sprachentwicklung. Wiederum exemplarisch für eine Vielzahl von weiteren Konzepten werden zudem noch Trainings zur Stärkung der Aufmerksamkeit und früher mathematischer Fertigkeiten referiert.

5.2.1 Prävention von Verhaltensauffälligkeiten

Die Programme zur Prävention gezielter Verhaltensauffälligkeiten sind zumeist klar strukturiert, manualisiert aufgebaut und orientieren sich an den Grunderkenntnissen zur Entstehung dieser Auffälligkeiten – wobei, zumindest bei jungen Kindern, mehrheitlich die Prävention von expansiven Verhaltensauffälligkeiten im Mittelpunkt steht. Wesentliche Elemente, die sich in nahezu allen Konzepten wiederfinden, sind:

- die Einübung von Selbstbeobachtung und Selbstbewertung;
- die Einübung von Emotionsregulationsstrategien bzw. die Stärkung inhibitorischer Funktionen, ein Beispiel hierfür ist das »Ärger-Management-Training« (Koglin & Petermann, 2006), also das Wahrnehmen der Gefühle Ärger und Wut und das Umgehen damit;
- die Einübung von Fremdwahrnehmung (»Was bedeutet der Gesichtsausdruck des anderen?«) und sozialer Perspektivenübernahme;
- das Einüben von situationsangemessenem Sozialverhalten sowie das Trainieren von Problemlösefähigkeiten, v. a. in sozialen Situationen.

EFFEKT – Entwicklungsförderung in Familien: Eltern und Kindertraining

(Lösel et al., 2004, 2007; Beelmann, 2004) www.effekt-training.de

Ziele und Hintergrund

Das Präventionsprogramm EFFEKT ist in eine komplexe Entwicklungs- und Präventionsstudie eingebettet. Die Erlangen-Nürnberger Studie erforscht prospektiv die Entstehung und Verfestigung von Verhaltensauffälligkeiten von Kindern im Vorschulalter und schließt die Entwicklung und Evaluation kind- und elternzentrierter Präventionsmaßnahmen mit ein.

Das Programm beinhaltet ein Kinder- und ein Elterntraining und bezieht damit zwei Ebenen ein. Auf der Ebene der Kinder wird das Ziel verfolgt, dass die Kinder über bessere soziale Problemlösefertigkeiten verfügen und sich ihre sozialen Kompetenzen verbessern. Das Elterntraining hat das Ziel, durch konkrete Hilfen die Erziehungskompetenz der Eltern zu unterstützen.

Aufbau

Das *Kindertraining* für 4- bis 7-jährige Kinder umfasst ein manualisiertes Gruppentraining: »Ich kann Probleme lösen (IKPL)«. Es basiert auf dem amerikanischen Trainingsprogramm »I can solve problems« von Spivack und Shure (1989).

Es kann entweder drei Wochen lang täglich oder dreimal pro Woche in fünf Wochen mit einer Gruppe von sechs bis zehn Kindern und zwei KursleiterInnen durchgeführt werden. Die Inhalte der 15 Einheiten setzen sich zusammen aus den Grundlagen der sozial-kognitiven Problemlösung (z. B. Gefühle, Gründe und Ursachen für Verhalten) und sozial-kognitiven Problemlösefertigkeiten (z. B. alternative Lösungsvorschläge, Bewertung von Handlungskonsequenzen). Als Methoden werden z. B. Rollen- und Modellspiele eingesetzt, Bildbetrachtungen mit Frage-Antwort-Runden sowie Sing- und Bewegungsspiele. Begleitend werden zwei Handpuppen (Ernie und Bert aus der Sesamstraße) zur Förderung der Identifikation eingesetzt.

Das Elterntraining für Eltern von Vor- und Grundschulkindern ist ebenfalls manualisiert aufgebaut. Beginnend mit einem einführenden Elternabend finden fünf wöchentliche Sitzungen von je 90 bis 120 Minuten mit zehn bis 20 Eltern statt. Der Elternkurs soll dazu beitragen, die positive Eltern-Kind-Beziehung zu stärken und Belastungen der Eltern abzubauen. Dies soll mit Hilfe der Themen »Grundregeln positiver Erziehung, Bitten und Aufforderungen, Grenzen setzen und schwierige Erziehungssituationen, Überforderung in der Erziehung sowie soziale Beziehungen in der Familie« erreicht werden. Methodisch werden die Themen durch Arbeitsgruppen, Gruppendiskussionen, Rollenspiele, Hausaufgaben, strukturierte Arbeitsmaterialien und Vorträge vermittelt.

Evaluation

Das Programm wurde mittels Prozess- und Ergebnisevaluation im Kontrollgruppendesign untersucht. Es wurde nicht nur eine Unterscheidung zwischen Durchführungs- und Vergleichsgruppe vorgenommen, sondern es wurden darüber hinaus in der Durchführungsgruppe drei verschiedene Modelle evaluiert:

a) Gruppe, in der nur die Kinder an einem Training teilnahmen,
b) Gruppe, in der nur die Eltern an einem Training teilnahmen,
c) Gruppe, in der sowohl die Kinder als auch die Eltern an einem Training teilnahmen.

Jede der Gruppen war einer vergleichbaren Kontrollgruppe zugeordnet.

Bei den Kindern, die selbst an einem Training teilgenommen hatten, verringerten sich die Verhaltensprobleme im Vergleich mit der Kontrollgruppe signifikant (standardisierter Test, Einschätzung durch ErzieherInnen). Wenn nur die Eltern an einem Elternkurs teilgenommen hatten, zeigten sich die geringsten Veränderungen. Die größten Effekte konnten bei den Kindern nachgewiesen werden, die eine Kombination aus Kinder- und Elterntraining durchlaufen hatten. Deutlich wurde außerdem, dass vor allem die Kinder von dem Training profitierten, bei denen zu Beginn des Trainings größere Probleme bestanden.

> **»Faustlos« – Ein Curriculum zur Förderung sozial-emotionaler Kompetenzen und zur Gewaltprävention für den Kindergarten.**
>
> Cierpka (2004a). www.h-p-z.de/faustlos/index.asp
>
> »Faustlos« ist ein weit verbreitetes und evaluiertes Programm zur Gewaltprävention und Förderung der sozial-emotionalen Kompetenzen in Kindertageseinrichtungen und Grundschulen. Da Zielsetzung und Durchführung gleichartig aufgebaut sind, erfolgt eine Kurzbeschreibung des Programms im ▶ **Kap. 5.3** *Gezielte Prävention im Setting Grundschule.*

Weitere Programme

- **Verhaltenstraining im Kindergarten** (Koglin & Petermann, 2006). Dieses Training zur Förderung sozial-emotionaler Kompetenzen wurde in Luxemburg an einer kleineren Gruppe von Kindern erprobt und evaluiert. Das Training umfasst Module mit systematisch aufgebauten Einheiten (mit entsprechenden Materialien). Oberthemen sind »Basisemotionen, Soziale Emotionen [Fremdwahrnehmung], Emotionswissen, Wahrnehmung und Interpretation von Konflikten, Handlungsalternative für Konflikte finden, Konsequenzen eigener Handlungen finden und bewerten« (ebd., S. 39).
- **Papilio** – Vorbeugung gegen die Entwicklung von Sucht und Gewalt. Förderung sozial-emotionaler Kompetenz im Kindergarten. (Mayer et al., 2004, 2007; Barquero et al., 2005, 2007) www.papilio.de. Papilio ist für 3- bis 6-jährige Kinder geeignet. Das Programm stellt eine Weiterentwicklung des Rotary-Projekts »LOS – Leben ohne Sucht« dar. Das Ziel ist eine Verminderung von Verhaltensauffälligkeiten durch Förderung von sozial-emotionalen Kompetenzen. Damit soll die Entwicklung von Gewalt und Sucht verhindert werden. Die theoretische Grundlage für das Programm basiert auf einem Konzept der entwicklungsorientierten Sucht- und Gewaltprävention und orientiert sich an verhaltenstherapeutischen Verfahren.
- **EMIL – Emotionen regulieren lernen** (www.znl-ulm.de/Themen/Exekutive-Funktionen/EMIL/emil.html). Dieses Konzept wurde in Ulm am TransferZentrum für Neurowissenschaften und Lernen (ZNL) entwickelt und evaluiert. Es hat das Ziel, die Selbstregulationsfähigkeit und das soziale Verhalten von Kindern zu fördern und knüpft am täglichen Handeln von pädagogischen Fachkräften im Kindergarten an. Durch Fortbildungen und begleitendes Coaching sowie vielfältige Materialien und Praxisanregungen werden ErzieherInnen befähigt, ihr professionelles Handeln bezüglich der Förderung kindlicher Selbstregulation zu reflektieren und zu erweitern. Alltagsbegleitend sollen exekutive Funktionen und dabei besonders die inhibitorische Verhaltenssteuerung, planvolles und flexibles Vorgehen, die Aufmerksamkeitslenkung sowie die Regulierung eigener Emotionen von Kindern spielerisch gefördert werden (ebd.).

5.2.2 Prävention von Auffälligkeiten in der Sprachentwicklung[22]

Der Sprachförderung in Kindertageseinrichtungen wird im Fachdiskurs wie in der politischen Debatte eine hohe Bedeutung beigemessen, nicht zuletzt in Bezug auf die Gewährung von Chancengerechtigkeit. Dabei lässt sich feststellen: »Ein beträchtlicher Anteil von Kindern weist aber unzureichende sprachliche Kenntnisse auf, wenn sie in die Schule kommen. Vor allem Kinder aus Familien mit Migrationshintergrund und/oder einem anregungsarmen häuslichen (Sprach-)Umfeld sind erheblich davon betroffen (Baumert & Schümer, 2002; Bos et al., 2003; Maiworm-Jäckel, 2005). Ein enger Zusammenhang zwischen der sozialen Herkunft und den schulischen Leistungen besteht bereits im Grundschulbereich (Roos & Schöler, 2009) und bleibt auch im Sekundarbereich weiter bestehen« (Schöler & Roos, 2010, S. 36).

Trotz mancher linguistischer oder entwicklungspsychologischer Kontroversen lässt sich der Verlauf der kindlichen Sprachentwicklung relativ klar beschreiben (Zusammenstellungen z. B. bei Weinert, 2007; Gretsch & Mischo, 2009; Tracy, 2008; Bickes & Pauli, 2009).

Eine besondere Bedeutung, insbesondere auch für die späteren Lese- und Rechtschreibkompetenzen hat die »phonologische Bewusstheit« der Kinder, »also der Einsicht in die Phonologie der Sprache [...] Während die Fähigkeit zur Identifikation von größeren sprachlichen Einheiten wie Wörtern oder Silben auch als phonologische Bewusstheit im weiteren Sinne charakterisiert wird, wird die Fähigkeit von kleineren Einheiten wie Einzellauten als phonologische Bewusstheit im engeren Sinne oder phonemische Bewusstheit gekennzeichnet. Letztere wird in der Regel erst mit Beginn des schulischen Schriftspracherwerbs (dem Erlernen von Laut-Buchstaben-Korrespondenzen) erworben, die phonologische Bewusstheit im weiteren Sinne dagegen schon vor Schuleintritt« (Schneider & Marx, 2007, S. 243)[23].

Fröhlich et al. (2010, S. 283) fanden sogar einen tendenziellen Zusammenhang zwischen der Kompetenz »phonologische Bewusstheit« und potentiellen Verhaltensauffälligkeiten im Kindergartenalter: »Kinder mit niedrigeren Werten in der phonologischen Bewusstheit [zeigten] aus Sicht der Erzieherinnen stärkere Auffälligkeiten in den SDQ-Skalen (deutschsprachige Version des Strenghts and Difficulties Questionnaire) ›Emotionale Probleme‹, ›Hyperaktivität‹ und ›Probleme mit Peers‹[...] als Gleichaltrige mit höheren Werten in der phonologischen Bewusstheit«.

---

22 In diesen Abschnitt sind überarbeitete Teile des Artikels von Gretsch & Fröhlich-Gildhoff (2012) eingegangen.
23 Zur Förderung der phonologischen Bewusstheit ist ein spezifisches Förderprogramm entwickelt und mit positiven Ergebnissen evaluiert worden: »hören, lauschen, lernen« (Küspert & Schneider, 2006). Dies »besteht aus sechs Übungseinheiten, die inhaltlich aufeinander aufbauen und das Ziel verfolgen, Vorschulkindern Einblick in die Lautstruktur der gesprochenen Sprache zu vermitteln. Im Vordergrund steht die akustische Diskrimination bzw. die Abstraktion sprachlicher Segmente wie Wörter, Reime, Silben und Laute« (Küspert et al., 2007, S. 88).

Entsprechend der Bedeutung früher sprachlicher Bildung – diese ist mittlerweile länderübergreifend in den Bildungsplänen verankert – sind eine Vielzahl von Sprachförderkonzepten, -instrumenten und -aktivitäten entstanden, die von ihrer Zielgruppenspezifik, vom Aufbau, den linguistischen Förderschwerpunkten, einer möglichen Themenzentrierung und den Rahmenbedingungen her sehr unterschiedlich sind (z. B. Weinert, 2007; Jampert et al., 2007); eine Systematik findet sich bei Weinert und Lockl (2007, S. 109). Wichtige Unterscheidungskriterien sind dabei z. B. die Förderung in »isolierten« Gruppen vs. gezielte Förderung im pädagogischen Alltag (»inzidentelles Sprachtraining«) oder Training mit externen Fachkräften vs. Förderung durch die vertraute pädagogische Fachkraft. »Die Qualität der angebotenen Förderprogramme und -materialien variiert aus spracherwerbstheoretischer, psycholinguistischer und pädagogischer Perspektive stark« (Gretsch & Fröhlich-Gildhoff, 2012, S.278).

Sprachförderung ist dabei keine Therapie im Sinne einer schnellen Beseitigung unerwünschter Symptome. Sprachfördermaßnahmen wirken, wenn ein vorliegender Benachteiligungseffekt messbar abnimmt. »Auch die beste Förderung kann nicht garantieren, nach ein bis zwei Jahren zum vermeintlichen Optimum, d. h. dem angenommenen altersgemäßen Sprachstand des einsprachigen, unauffälligen Spracherwerbsverlaufs zu führen, wenn im prototypischen Fall in den drei Jahren davor Entscheidendes versäumt wurde oder nicht angeboten werden konnte« (ebd., S. 278).

Ein weiteres Problem besteht in den lange Zeit nicht ausgereiften Screening-Instrumenten zur Erkennung des Förderbedarfs; so konnte erst jüngst ein standardisiertes Instrument zur Erfassung des Sprachstandes von Kindern mit Deutsch als Zweitsprache vorgestellt werden (Schulz & Tracy, 2012; www.lise-daz.de).

Die (wenigen) Ergebnisse zur Effektivität entsprechender, v. a. programmbasierter Maßnahmen zur Förderung der Kinder sind mehr als ernüchternd (vgl. Schakib-Ekbatan et al., 2007; Roos, Polotzek & Schöler, 2010, 2008; Schöler & Roos, 2010). Zum Teil wird dies darauf zurückgeführt, dass die Kinder erst spät, zum Ende der Kindergartenzeit, gefördert werden (vgl. Kaltenbacher, 2011).

So zeigte die methodisch sorgfältige Untersuchung des breit aufgelegten Förderprogramms »Sag mal was« der Landesstiftung Baden-Württemberg, dass geförderte Kinder zwar Fortschritte z. B. im Wortschatz machen, sich jedoch der ursprüngliche Abstand zu den nicht förderbedürftigen (und nicht geförderten Kindern) nicht verringert: »Auch nach der Sprachförderung im letzten Kindergartenjahr bleiben die sprachlichen Leistungen der Gruppen mit Förderbedarf zumeist unterdurchschnittlich bzw. liegen im unteren Durchschnittsbereich, während die Gruppe ohne Förderbedarf ein altersgemäßes Leistungsniveau erreicht [...] Bei allen sprachlichen Leistungsindikatoren ergeben sich bedeutsame Unterschiede zwischen der Gruppe ohne Förderbedarf und den Gruppen, bei denen spezifische und unspezifische Sprachfördermaßnahmen erfolgten [...] Das Sprachniveau der Kinder ohne Förderbedarf liegt signifikant über dem der Gruppen mit Förderbedarf, wobei sich die Gruppen mit spezifischer und unspezifischer Förderung nicht in den sprachlichen Leistungen unterscheiden« (Schöler & Roos, 2010, S. 54). Auch in einer ähnlichen, regional begrenzteren Untersuchung von Sprachförderungsmaßnahmen für jüngere Kinder zeigten sich – neben einer sehr großen Vielfalt unterschiedlicher Fördermaßnahmen in den Kitas – die gleichen Effekte (Gretsch & Fröhlich-Gildhoff, 2012). Beim Vergleich der monolingualen (deutschsprachigen) Kindern mit denjenigen, die Deutsch als Zweitsprache (DaZ) erlernen, zeigt sich generell ein geringer Ausgangswert der DaZ-Kinder. »Bei den nicht geförderten, zweisprachigen Kindern zeichnet sich ein geringerer Kompetenzzuwachs im Unterschied zu den deutschen einsprachigen Kindern ab, dieser Trend ist der Tendenz nach signifikant. Daraus folgt, dass bei ausbleibender Förderung DaZ-Kinder in ihren sprachlichen Möglichkeiten sogar gebremst bzw. nicht adäquat unterstützt werden. Ohne Förderung läuft die Entwicklungsschere zwischen deutschsprachigen Kindern und DaZ-Kindern zu Ungunsten der DaZ-Kinder auseinander« (ebd., S. 293) – die Konsequenz hieraus muss darin bestehen, *alle* Kinder mit DaZ gezielt zu fördern (zum Diskurs über die Zweitsprachentwicklung nötige Fördermaßnahmen vgl. Weinert, 2007, S. 120 ff.).

Konsequenzen

Aus den noch wenig ermutigenden empirischen Befunden zu den Effekten bisheriger, programmorientierter Sprachförderungsmaßnahmen lassen sich dennoch eine Reihe von Konsequenzen für eine systematische Unterstützung von Kindern mit Sprachentwicklungsrückständen ziehen:

1. Ausgangspunkt für systematische Sprachförderung sollte eine frühzeitige, gezielte Untersuchung (Screening) aller Kinder einer Kindertageseinrichtung sein; das Ergebnis muss dann die Grundlage für eine passgenaue, individualisierte Förderung darstellen. Auch wenn über die Güte der verschiedenen Diagnoseinstrumente im wissenschaftlichen Diskurs noch keine Einigkeit zu bestehen scheint, so stehen hier doch mittlerweile verschiedene taugliche, auch mit der Alltagsbeobachtung zu verbindende Verfahren zur Verfügung – z. B. SISMIK (Ulich & Mayr, 2003); SELDAK (Ulich & Mayr, 2006); LiSe –DaZ, (Schulz & Tracy, 2012); HASE (Bruner & Schöler, 2001); weiterer Überblick: List, 2011, S. 36 ff.). Eine grundlegende Orientierung zur Einleitung von Sprachförderungsmaßnahmen schlägt von Suchodoletz (2007a, S. 73) vor: Es »sollte bei Kindern mit umschriebenen Sprachentwicklungsverzögerungen im Alter von etwa zwei Jahren mit einer Frühintervention begonnen werden. Kriterien für eine Sprachentwicklungsverzögerung sind ein Wortschatz kleiner als 50 Wörter und das Fehlen des Gebrauchs von Zwei- und Mehrwortsätzen«.
2. Nach den vorliegenden Erkenntnissen erscheint es sinnvoll, von vornherein ein besonderes Augenmerk auf die Förderung aller Kinder zu legen, die mit Deutsch als Zweitsprache (DaZ) aufwachsen. Sie »starten« – bei durchaus großer Varianz (z. B. Gretsch & Fröhlich-Gildhoff, 2012) – im Durchschnitt mit einem Sprachentwicklungsniveau, das unter dem der einsprachig (mit deutsch) aufwachsenden Kinder liegt. Hier erscheint eine generelle Förderung unter deutlicher kultursensitiver Perspektive, also der Berücksichtigung und der Wertschätzung der Herkunftskultur, erforderlich.
3. In der Diskussion um die Variablen Kleingruppenförderung vs. Förderung im Alltag, gibt es gute Argumente für die Koexistenz beider Fördervarianten, wo-

bei die implizite Sprachförderung als notwendige Querschnittkompetenz professioneller (Früh-)Pädagogik für alle pädagogischen Fachkräfte im Handlungsfokus stehen sollte (List, 2011; s. a. die Ergebnisse der Studie von Buschmann et al., 2010 a, b). Dabei scheint es besonders wichtig zu sein, dass die vertrauten Bezugspersonen, die pädagogischen Fachkräfte, als Sprachvorbild wirken und in ihrer Interaktion sehr gezielt auf die »Bedürfnissen« der Sprachentwicklung des Kindes eingehen (Buschmann et al., 2010, a, b).

Hinsichtlich der expliziten Sprachförderung muss eine passgenaue Förderung nach abklärender Diagnostik in Kleinstgruppen das Ziel sein, um den Kindern auch ausreichend Möglichkeit zum Sprechen zu bieten[24]. Die wachsende Orientierung an der Peergroup und ihrem Sprachverhalten legt nahe, dass monolinguale oder bilinguale sprachstarke Kinder als Sprachmodell bzw. Tandempartner in Sprachfördermaßnahmen einbezogen werden. Wenn in Kita-Gruppen oder Kleingruppen zur DaZ-Förderung sprachbenachteiligte Kinder nur auf ihresgleichen treffen und sich alle sprachförderlichen Maßnahmen darin erschöpfen, bleibt ihnen die natürliche Sprach-Expertise anderer Kinder für die in Teilen auch bewusste Auseinandersetzung mit der Zweitsprache verschlossen. Eine gewisse Angebotsvariation ist folglich sinnvoll und für die Beteiligten auch attraktiv.

Insbesondere die implizite, alltagsbezogene Sprachförderung stellt besondere Anforderungen an die pädagogischen Fachkräfte; hier besteht Qualifizierungsbedarf. Buschmann et al. (2010b, S. 109) referieren Untersuchungsergebnisse, wonach ErzieherInnen nur »gelegentlich [...] sprachförderliche Grundstrategien einnehmen (kindorientierte Interaktionen, wie dem Kind eine aktive Rolle zukommen lassen, oder interaktionsfördernde Reaktionen, wie die Einbeziehung aller Kinder in ein Gespräch) bzw. sprachmodellierende Strategien (z. B. Äußerungen der Kinder inhaltlich und sprachlich erweitern) benutzen«. Es liegen hierzu erfolgreich durchgeführte Qualifizierungsprogramme (z. B. Buschmann et al., 2010a, b) und ausgereifte Kompetenzprofile (WiFF, 2011a) vor.

4. Übereinstimmend zeigen Studienergebnisse, dass bessere Resultate zu erzielen sind, wenn die Eltern systematisch in die Sprachförderung(smaßnahmen) einbezogen werden. So zeigten beispielsweise Hildenbrand und Köhler (2010, S. 212), dass »die Kooperation zwischen pädagogischen Fachkräften der Kindertageseinrichtung und den Eltern sowie der Einbezug der Eltern in die Sprachförderarbeit der Kita mit einem Zuwachs der kindlichen Zweitsprachkompetenz in Zusammenhang stehen« (vgl. auch Schöler & Roos, 2010). Von Suchodoletz (2007, S. 67) stellt zusammenfassend fest: »Insgesamt zeigen bisherige Erfahrungen, dass sich durch eine Anleitung von Eltern zu sprachförderndem Verhalten Wortschatz und Sprachkompetenz bei sprachentwicklungsverzögerten Kindern verbessern lassen. Die Elternanleitung führt nicht nur zu einer Beschleunigung des Spracherwerbs, sondern auch zu einer einfühlsameren Interaktion zwischen Mutter und Kind«.

---

24 Eine gute Übersicht über die verschiedenen Sprachförderprogramme findet sich bei Jampert et al. (2005) und List (2011, S. 33 ff., 61 f.).

Bedeutsam ist dabei eine Haltung der Fachkräfte, die die Eltern als PartnerInnen ernst nehmen und möglichst auch hier »passgenau« – das heißt auf die Situation und den Hintergrund der Eltern bezogene – Unterstützungs- bzw. Begleitungsangebote gestalten (vgl. Roth, 2010; Fröhlich-Gildhoff et al., 2011b).
Neben der Realisierung offener und zugehender Angebote (s. a. Friederich, 2011) gilt es insbesondere, kultursensibel auf die Eltern einzugehen und dann integrierte Sprachförderung durch niedrigschwellige Angebote, z. B. parallele Eltern- und Kinderkurse mit abgestimmten Inhalten (z. B. »Rucksack-Projekt; vgl. RAA, o. J., oder »Kinder- und Familienbildung«, www.kifa.de) zu verwirklichen. Gemeinsame Begegnungsveranstaltungen (z. B. interkulturelle Feste, gemeinsames Erforschen des Sozialraums, Kulturbörsen) für Kita-Eltern mit und ohne Migrationshintergrund können als »Türöffner« dienen und kultureller sowie sprachlicher Vielfalt einen »alltäglichen« Raum geben (vgl. Fischer, 2011a, b).
5. Nicht zuletzt müssen für die Sprachförderung ausreichende *Rahmenbedingungen* zur Verfügung stehen. Erforderlich ist ein Handeln und Konzept der gesamten Institution Kindertageseinrichtung, also:
- eine große Sprachförderexpertise möglichst aller Beteiligten in der einzelnen Institution,
- eine sprachförderliche Haltung des gesamten Teams,
- das Vorhandensein geeigneter Sprachfördermaterialien und zweisprachiger interkultureller Kinderbücher,
- ausreichende zeitliche und personelle Ressourcen, um Diagnostik, Förderung und Dokumentation leisten zu können und
- eine bessere Vernetzung der Sprachförderkräfte untereinander.

5.2.3 Prävention von Auffälligkeiten in der Entwicklung mathematischer Kompetenzen

Von Carolin Eichin

Die Entwicklung mathematischer Fähigkeiten sowie Beispiele zur frühen Förderung mathematischer Vorläuferkompetenzen wurden in ▶ **Kap. 4.2.3** dargelegt. Es zeigten sich in unterschiedlichen Studien (vgl. ▶ **Kap. 4.2.3**), dass die Mengen-Zahlen-Kompetenzen im Vorschulalter eine gute Vorhersagekraft bezüglich der späteren schulischen Mathematikleistungen aufweisen, so dass eine frühe präventive Förderung, insbesondere bei Kindern mit schwach ausgebildeten mathematischen Vorläuferkompetenzen, unbedingt angezeigt ist.
Zeigen sich bei Kindern mit durchschnittlicher Intelligenz Entwicklungsdefizite bezüglich des Rechnens oder des Verständnisses von Zahlen, wird von einer Rechenschwäche (Dyskalkulie) gesprochen (van Eimeren & Ansari, 2009; die Testergebnisse müssen eine Diskrepanz von 1 ½ bis 2 Standardabweichungen umfassen); im System des ICD-10 (Dilling, Mombour & Schmidt, 2008) als *umschriebene Entwicklungsstörung der schulischen Fertigkeiten* unter F81.2. klassi-

fiziert. Die Prävalenzrate liegt zwischen 4,4 und 6,6 % (Shalev, 2007; Jacobs & Petermann, 2007, geben eine Spannweite von 4,7 bis 10,9 % an).

Studien zu Effekten mathematischer Förderung bei Kindern mit schwachen mathematischen Vorläuferkompetenzen wurden in einer Metaanalyse von Kroesbergen & Van Luit (2003) zusammengefasst. Die Ergebnisse zeigen, dass die Förderung der reinen Zählfertigkeit und Zahlenkenntnis sowie die Mengenrelation nicht ausreichen. Die Förderung muss »mindestens auf den Erwerb des präzisen Anzahlkonzepts (aufsteigende Zahlen als ›zunehmende Anzahlen‹ …) abzielen, da erst dieses dazu befähigt, Zahlen nach ihrer numerischen Größe zu ordnen (Kardinalverständnis von Zahlen)« (Krajewski, 2007, S. 297).

Ein aus den Niederlanden stammendes Programm zur Förderung rechenschwacher Kinder zwischen vier und sieben Jahren ist das »Additional Early Mathematics« (Van Luit & van de Rijt, 1998). Das Programm wird in 26 halbstündige Treffen eingeteilt, in welchen die Kinder in den numerischen Basisfertigkeiten (z. B. Vergleichen; 1 zu 1-Zuordnung; Zählfertigkeiten) sowie in den Mengen-Zahlen-Kompetenzen (z. B. Anzahlseriation – Zahlenfolge repräsentiert quantitativ ansteigende Anzahlen) gefördert werden.

Ein weiteres Beispiel stellt das Förder- sowie Diagnosekonzept »Kalkulie« dar (Gerlach et al., 2007); einsetzbar in der Schuleingangsstufe und bis zum Ende des 3. Schuljahrs. Das als Bausteinsystem aufgebaute Programm bietet entwicklungsanregende Aufgaben, die in sechs Stufen eingeteilt sind: Isolierte Konzepte; Zahlen als Zählzahlen; Ordinaler Zahlenstrahl; Integration von Menge und Zahlwortreihe; Teile-Ganzes-Konzept & Verknüpfung des relationalen Zahlbegriff mit dem T-T-G-Konzept (Teilmenge-Teilmenge-Gesamtmenge-Konzept). Um die individuelle Leistungen eines Kindes einem Förderbaustein zuzuordnen, liegt zudem für jeden Baustein ein Diagnoseset an normierten Aufgaben vor (Fritz & Ricken, 2009).

Das Programm FEZ (Förderung des Zahlbegriffs, Peucker & Weißhaupt, 2008) richtet sich an Kinder, die ein Risiko zur Entwicklung einer Rechenstörung aufweisen. Es soll in leistungshomogenen Kleingruppen durchgeführt werden und setzt an der »Hürde« des »Verstehens von Zahlen als Quantitäten« und dem »Erkennen von Zahl- bzw. Mengenrelationen« an; dabei wird der Zahlenraum systematisch erweitert (vgl. Ricken, 2009, S. 119 f.).

5.3 Gezielte Prävention im Setting Grundschule

In diesem Kapitel werden beispielhaft Programme vorgestellt, die das Ziel haben, in umschriebenen (Entwicklungs-)Bereichen der Entstehung von deutlichen Auffälligkeiten, Rückständen oder Defiziten vorzubeugen. Diese Programme sind oftmals in klinisch- oder pädagogisch-psychologischen Studien entwickelt und evaluiert worden. Sie müssen auf die jeweilige(n) Gruppe(n) adaptiert werden. Sie sollten im optimalen Fall in eine Gesamt-Präventions-Strategie der Organisation Schule eingebettet werden (vgl. ▶ Kap. 4.3.2 in diesem Buch).

Die referierten Programme beziehen sich zum einen auf die Prävention gewalttätigen Verhaltens. Zum anderen wird – exemplarisch für das weite Feld der potentiellen Schulleistungsstörungen – der Bereich der Lese-Rechtschreibschwierigkeiten bzw. -störungen betrachtet, da es sich hier um einen besonders relevanten Bereich der schulischen Entwicklung handelt.

5.3.1 Prävention von Gewalt (und Sucht)

Zur Prävention von Gewalt, Sucht und allgemeiner externalisierenden Verhaltensproblemen existiert mittlerweile eine Reihe von gut evaluierten Programmen für den Grundschulbereich. Exemplarisch werden hierzu drei vorgestellt, die von den grundsätzlichen Zielen ähnlich aufgebaut sind, jedoch unterschiedlich breite »Zugangsweisen« haben: So sind »Faustlos« und »Friedensstifter« systematisch aufgebaute Curricula – mit differierenden Schwerpunktsetzungen – für den Einsatz in Klassenverbänden; »PFADE« geht darüber hinaus, bezieht in der Zielsetzung auch die Prävention internalisierender Problem-Verhaltensweisen ein und bettet das Programm in die Schulentwicklung ein.

»Faustlos« – Ein Curriculum zur Förderung sozial-emotionaler Kompetenzen und zur Gewaltprävention für die Grundschule.

Cierpka (2004a). www.h-p-z.de/faustlos/index.asp

Grundgedanken und Ziele

»Faustlos« ist ein Curriculum zur Prävention von aggressivem und gewaltbereitem Verhalten bei Kindern. Es soll »das impulsive und aggressive Verhalten von 6- bis 10-jährigen Kindern vermindern und ihre sozialen Kompetenzen erhöhen [...] »Faustlos« vermittelt alters- und entwicklungsadäquate prosoziale Kenntnisse und Fähigkeiten in den Bereichen Empathie, Impulskontrolle und Umgang mit Ärger und Wut« (Cierpka 2004b, S. 7).

»Faustlos« ist die deutsche Fassung des Programms »Second Step« (Beland, 1988), das in den USA entwickelt wurde und laut Cierpka (2004c, S. 253) an über 10 000 Schulen angewendet wurde.

Aggressives und gewalttätiges Verhalten wird auf »Defizite bei bestimmten Fähigkeiten« zurückgeführt (Cierpka, 2004b, S. 12). Entsprechend diesen empirisch erhobenen Defiziten sollen mit dem Curriculum Fähigkeiten in drei zentralen Bereichen vermittelt werden:

Empathietraining: Das Programm geht davon aus, dass eine verbesserte Empathie, also die »Fähigkeit, die Gefühle anderer wahrzunehmen und zu verstehen und auf diese angemessen zu reagieren« (ebd., S. 12) dazu führt, dass weniger gewalttätiges Verhalten gezeigt wird.

Die Fähigkeit zur Impulskontrolle: Diese Fähigkeit wird auf zwei wesentliche Aspekte zurückgeführt. Zum einen spielt eine verbesserte Kompetenz zum Problemlösen eine Rolle. Dabei vermittelt »Faustlos« ein »Problemlöseverfahren« in fünf Schritten. Der zweite Aspekt ist das »Training sozialer Verhaltensfertigkeiten«. Dieses »soll Kindern ermöglichen, sich in sozialen Situationen angemessen und erfolgreich verhalten zu können« (Krannich et al., 1997, S. 240).

Umgang mit Ärger und Wut: Hierbei sollen die Kinder auch über das Mittel des »lauten Denkens« für den Umgang mit Ärger und Wut ein strukturiertes Verfahren erlernen: »Im ersten Schritt lernen Kinder körperliche Anzeichen für Ärger und Wut zu identifizieren bzw. Ärgergefühle auf der Basis körperlicher Empfindungen zu erkennen und auszudrücken. Der zweite Schritt dient der Reduktion der Ärgergefühle durch vier aufeinanderfolgende Beruhigungstechniken. Die Ärgerreduktion ist die Voraussetzung für den nächsten Schritt, indem die Kinder das Problemlöseverfahren anwenden und abschließend wird der Prozess reflektiert« (ebd., S. 241).

Zielgruppe und Dauer

Das Programm »Faustlos« existiert mittlerweile in zwei Varianten; eine ist für die Anwendung in Kindergärten und die andere für die Anwendung in Grundschulen. Die Programme sind von der Struktur her gleich aufgebaut und enthalten die oben genannten Elemente. »Faustlos« ist ein Gruppenprogramm, das für alle SchülerInnen einer Klasse bzw. Kinder einer Gruppe eingesetzt werden kann (und soll).

Dauer: »Faustlos« für den Kindertagesstättenbereich umfasst 28 Lektionen à ca. 20 Minuten, das Programm für den Grundschulbereich umfasst 51 Lektionen, die über drei Klassenstufen verteilt werden. Empfehlenswert sind zwei Lektionen pro Woche mit einer Dauer von jeweils 30 bis 45 Minuten. Die AutorInnen weisen ausdrücklich daraufhin, dass sich die Durchführenden einem vorhergehenden Training unterzogen haben sollten.

Aufbau

Die Arbeit mit »Faustlos« ist sehr strukturiert. Es liegt ein systematisiertes Manual mit ritualisierten Vorgaben für die einzelnen Lektionen vor. Jede Lektion beinhaltet drei Schritte:

1. Ein Foto zu einem bestimmten Thema wird projiziert und zugleich eine vorgegebene Geschichte mit gleichfalls vorgegebenen Fragen vorgelesen. Danach wird die jeweilige Geschichte diskutiert und reflektiert.
2. Rollenspiele: Nachdem die Geschichte erzählt und diskutiert wurde, wird ein Modellrollenspiel in der Regel von dem Lehrer oder der Lehrerin und einem Kind vorgeführt. Nach dem Modellrollenspiel wird dieses von den SchülerInnen nachgespielt. Die Durchführung wird reflektiert.
3. Vertiefung des Gelernten: Das Gelernte soll übertragen werden; hierzu gibt es Materialien für zu Hause sowie ergänzende Spiele und Übungen (ausführliche Beschreibung im Handbuch Cierpka, 2004b, S. 18 ff.).

Evaluation

Nach sorgfältig kontrollierten Vorstudien wurde »Faustlos« in Baden-Württemberg in einem Langzeitdesign mit Kontrollgruppen in 21 Grundschulen (Durchführungsgruppe: 14 Schulen mit 30 Klassen, Kontrollgruppe 7 Schulen mit 14 Klassen) über einen Zeitraum von drei Jahren eingesetzt und evaluiert. Nach Cierpka (2003) ist die entsprechende Studie »im deutschsprachigen Raum die erste kontrollierte Studie eines naturalistischen Ansatzes über mehrere Jahre zur Gewaltprävention« (ebd., S. 253). Die Ergebnisse der Langzeitstudie mit insgesamt vier Messzeitpunkten zeigten, »dass bei ›Faustlos‹ Kinder, die Ängstlichkeit (insbesondere vor einem Kontrollverlust in konflikthaften Situationen) und die Internalisierungstendenz (weniger Depressivitätsneigung) deutlich reduziert wurden.« Sowohl die Befragung der Eltern als auch der Kinder ergab »einen Kompetenzerwerb für das bessere Durchstehen von spannungsreichen Konflikten« (ebd., S. 253). Die Einschätzungen der CBCL (Arbeitsgruppe Deutsche Child Behavior Checklist, 1998), die durch die Eltern ausgefüllt wurde, zeigen tendenziell einen Transfereffekt. In einer anderen, ausführlicheren Darstellung der Evaluation (Schick & Cierpka, 2003), zeigte sich neben den beschriebenen Effekten allerdings, dass das Ausmaß an Externalisierungsstörungen sowohl bei Durchführungs- als auch bei Kontrollgruppen abgenommen hat und die Effekte nicht eindeutig auf das Programm zurückzuführen sind. Zusammenfassend kommen die Autoren zu dem Schluss: »Insgesamt konnten mit ›Faustlos‹ […] einige Verhaltens- und Erlebensänderungen bei den Kindern angestoßen werden, wobei die Effekte, wie bei den Programmen zur Förderung sozialer Kompetenzen, erwartungskonform eher gering waren« (Schick & Cierpka, 2003, S. 198).

Das Friedensstifter-Training. Grundschulprogramm zur Gewaltprävention.

Gasteiger-Klicpera & Klein (2006).

Ziele und Hintergrund

Ziel des curricularen Programms »Friedensstifter« ist der Erwerb neuer Handlungsstrategien zum Umgang mit Konflikten sowie die Erweiterung sozialer Kompetenzen; Grundlage dazu ist eine Verbesserung emotionaler Fertigkeiten. Dabei ist das Training vor allem fokussiert auf einen gewaltfreien und konstruktiven Umgang mit Konflikten. Grundlagen des Programms sind die soziale Lerntheorie und die Theorie der sozialen Informationsverarbeitung (Crick & Dodge, 1994).

Aufbau

Das Friedensstifter Training ist curricular aufgebaut und besteht aus 13 Unterrichtseinheiten die von den LehrerInnen durchgeführt werden. Das Programm hat vier Teile:

1. Einführung in das Thema Konflikte
2. Verhandeln: Trennen von Sach- und Beziehungsebene, Zielanalysen
3. Umgang mit eigenen negativen Gefühlen, Reflexion der bisherigen Handlungsstrategien und Aufbau neuer Ärgerbewältigungsstrategien
4. Mediation und Konfliktlösungen; Rolle und Aufgaben des Mediators. In diesem Teil sollen Kinder zu Friedenstiftern werden.

Der systematische Aufbau wird im Handbuch durch Materialien und gezielte Aufgabenstellungen ergänzt. Das Programm kann sowohl auf Klassen- aber auch gesamter Schulebene eingesetzt werden; Letzteres wird von den AutorInnen ausdrücklich empfohlen.

Evaluation

Nach Gasteiger-Klicpera (2002) und Gasteiger-Klicpera und Klein (2005) zeigte die Evaluation im Kontrollgruppendesign, dass in Klassen, die am Friedensstifter-Training teilgenommen haben, das Ausmaß der Aggressionen zurückging und ein Zuwachs an sozialen Kompetenzen festgestellt werden konnte. In einer Langzeitstudie nahm das positive Verhalten unter SchülerInnen zu.

PFADE. Programm zur Förderung alternativer Denkstrategien – zur Prävention von Sucht und Gewalt

Jünger (2009, 2010). www.pfade.ch

Theoretischer Hintergrund

Das Programm PFADE basiert auf dem schon in den 1990er Jahren in den USA und Kanada breit implementierten und evaluierten Programm PATHS (z. B. Greenberg & Kusche, 1993). Ziel und Interventionsbereich ist generell die Prävention von Verhaltensproblemen mittels einer »Vielzahl von Lektionen, Konzepten und Ritualen für den schulischen Unterricht und Alltag« (Jünger, 2010, S. 23). Grundlage dafür ist die Arbeit in den Bereichen »Gefühlswahrnehmung, gesundes Selbstwertgefühl, Einhalten und Reflektieren von Regeln und Übernahme von Verantwortung, Selbstkontrolle, Problemlösen und Pflege von Beziehungen« (ebd.). Dabei sollen externalisierende wie internalisierende Problemverhaltensweisen reduziert und auch der Substanzmissbrauch der SchülerInnen verringert werden.

Eine besondere Bedeutung bei diesem Programm hat die Verbindung von individueller Verhaltensmodifikation bzw. dem Aufbau individueller Kompetenzen einerseits, sowie der Einbezug der gesamten Klassen- und Schulgemeinschaft andererseits. So geht es darum, gemeinsame Regeln des Zusammenlebens aufzustellen und zu überprüfen, das Selbstwertgefühl der Kinder durch Rituale wie »Kind der Woche« zu stärken und gezielt am Aufbau der Reflexion von Beziehungen und Freundschaften unter den SchülerInnen zu arbeiten.

Aufbau

Generell wird das Programm umgesetzt durch die LehrerInnen (und weitere Fachkräfte) der jeweiligen Schule. Diese werden hierzu qualifiziert und zumindest anfangs wird der Umsetzungsprozess begleitet. Ziel ist dabei auch immer die Reflexion der Unterrichtsqualität und letztlich eine Verbesserung der Schulkultur.

In der Schule werden regelmäßige »PFADE-Stunden« im Sinne eines Kursprogramms durchgeführt. Dazu gibt es ein Handbuch mit 46 aufeinander aufbauenden Lektionen, diese sind ritualisiert gestaltet und beinhalten Übungen und Spiele zu den oben aufgeführten Zielen. Konkrete Themen sind dann z. B. »Einführung in die Gefühle« oder »Umgehen mit Provokationen«. Elemente wie das »Kind der Woche« werden in diesen Stunden immer wieder systematisch berücksichtigt (es gibt zusätzliche Aktivitäten und auch Arbeits- und Hausaufgaben für die SchülerInnen (vgl. Eisner et al., 2006; Jünger, 2009, 2010).

Evaluation

Das Programm ist in den USA ausführlich mit positiven Effekten evaluiert worden (Greenberg et al., 1995, 2004); es wird in der Schweiz zunehmend breiter eingesetzt und auch entsprechend evaluiert.

Weitere Programme

Es gibt eine Reihe weiterer Programme zur Stärkung sozialer und emotionaler Kompetenzen, die direkter die Prävention von Auffälligkeiten zum Ziel haben. Beispiele sind:

- Anti-Stress-Training in der Grundschule (AST), Backhaus et al. (2010).
- Eltern und Schule stärken Kinder (ESSKI): Ein Mehrebenen-Ansatz zur Förderung der sozialen Kompetenz, Schmidt et al. (2008).

5.3.2 Prävention von Lese-Rechtschreibstörungen

Der Erwerb der Kompetenz zum Lesen und Rechtschreiben ist ein zentrales Bildungsziel in der Schule – das von einem Teil der Kinder nicht erreicht wird; etwa 2–4 % der Kinder erfüllen die Kriterien einer Lese-Rechtschreibstörung nach ICD-10; bei 15 % der Kinder liegen die Leistungen mehr als eine Standardabweichung unter dem Durchschnitt (Esser & Wyschkon, 2002).

Die Lese-Rechtschreibstörung ist definiert durch »eine Diskrepanz zwischen einer normalen bis überdurchschnittlichen Intelligenz und einer weit unterdurchschnittlichen Lese-Rechtschreibleistung […] Diese Diskrepanz wird als Indikator einer Teilleistungsschwäche angesehen, die sich nur im Lese-Rechtschreibbereich äußert« (Schneider & Marx, 2007, S. 237).

Nach Schneider und Marx werden Lese-Rechtschreibschwierigkeiten »in der Regel [...] relativ spät identifiziert und diagnostiziert, meistens erst am Ende der zweiten oder in der dritten Klassenstufe, wenn auch das Benotungssystem greift und die schulischen Anforderungen gesteigert werden« (Schneider & Marx, 2007, S. 239). Es kommt dann zu motivationalen Problemen insbesondere im Bereich des Rechtschreibens und zu sinkender Schulmotivation insgesamt.

Die Entstehung von Lese-Rechtschreibschwierigkeiten und -störungen hängt offensichtlich zum einen mit – früh entwickelten – Problemen der »phonologischen Informationsverarbeitung« und hier insbesondere der phonologischen Bewusstheit (s. ▶ Kap. 5.2) sowie mit der frühen Lesesozialisation zusammen. Des Weiteren spielen offensichtlich die Leseumgebung und eine anregende Leseumwelt – beispielsweise durch das regelmäßige, gemeinsam konzentrierte Vorlesen – eine wesentliche Rolle. Weitere wichtige Aspekte sind unter den Begriff der »Frühschriftlichkeit« (»Early Literacy«) zusammengefasst: »Hier werden sowohl Fertigkeiten und Wissen hinsichtlich Sprache und Schrift (z. B. Wortschatz, phonologische Bewusstheit, Buchstabenkenntnis, Wissen über Kombinationen der Schrift) als auch Einstellung (z. B. Interesse an Bilderbüchern) und Umwelterfahrung (z. B. Vorlesen, gemeinsames Bilderbuchlesen) als Basis des Schriftspracherwerbs angesehen« (Schneider & Marx, 2007, S. 261).

Im Bildungsbericht 2012 (Autorengruppe Bildungsberichterstattung, 2012) werden die Untersuchungen zum positiven Zusammenhang zwischen früher, anregender Leseumgebung und den Lesekompetenzen im 4. Schuljahr bestätigt; moderierend wirkt der Besuch einer Kindertageseinrichtung: je länger diese besucht wurde, umso eher kann das Risiko von Kompetenzrückständen im Bereich Lesen kompensiert werden (ebd., S. 49 f.).

Nach Schneider und Marx (2007) ist wegen der möglichen langfristigen Folgen eine frühe Risikodiagnose schon im Vorschulalter nötig. Nach diesen Autoren standen lange Zeit keine geeigneten, validen Screening-Instrumente zur Verfügung. Gute Prognosequalitäten zeigt der neuere »Gruppentest zur Früherkennung von Lese- und Rechtschreibschwierigkeiten. Phonologische Bewusstheit bei Kindergartenkindern und Schulanfängern (PB-LRS)« (Barth & Gomm, 2008).

Die gezielte Förderung bei Lese-Rechtschreibschwierigkeiten oder gar Störungen in der Grundschule ist nach Küspert et al. (2007, S. 94) ein Problem: »Die Fördersituation in der Grundschule stellt sich immer noch defizitär dar: Es sind nach wie vor relativ wenige wissenschaftlich evaluierte Interventionsprogramme verfügbar [...] nach wie vor fehlen Grundschulförderprogramme, die sehr früh (also in der ersten Klassenstufe) einsetzen und dadurch die Möglichkeit bieten, schon zu Beginn des Schriftspracherwerbs steuernd einzugreifen«.

Zwei solcher Programme sind:

Lautgetreue Lese-Rechtschreibförderung (Reuter-Liehr, 2000). Diese folgt einem Konzept, das sich am natürlichen Lese- und Rechtschreiberwerb der Kinder orientiert und »primär der Sicherung einer lautgetreuen Schreibung dienen soll. Im Mittelpunkt steht die rhythmische Durchgliederung der Sprache anhand lautgetreuen Wortmaterials« (Küspert et al., 2007, S. 83). Dazu gibt es systematisch aufgebaute Doppelstundenabläufe zur Übung. Die Evaluationsdaten lassen auf langfristige Erfolge schließen.

Marburger Rechtschreibtraining (Schulte-Körne & Mathwig, 2000). Das Marburger Rechtschreibtraining erstreckt sich über zwei Jahre; es besteht aus einem Pool von Übungen, die anhand einer gezielten Diagnostik dann auf das jeweils einzelne Kind bezogen werden. Je nach Schwierigkeiten des Kindes können einzelne Module angewendet werden und es wird dann mit spezifischen Übungsmaterialien gearbeitet. Auch dieses Programm ergab in der Evaluation positive Effekte.

5.3.3 Förderung in weiteren Bereichen

Förderung bei schwachen mathematischen Kompetenzen

Ein Trainingsprogramm für rechenschwache Grundschulkinder der 1. und 2. Klasse ist das »Dortmunder Zahlbegriffstraining« von Moog und Schulz (2005). SchülerInnen mit Dyskalkuliesymptomatik festigen durch das Therapieprogramm ihre Zähl- und Abzählfertigkeit und lernen die Mengen-Zahlrelationen kennen. Das Training unterstützt die Kinder darin, ihre Fähigkeiten in der Addition und Subtraktion zu verbessern.

In ihrer Übersicht zu den Evaluationsergebnissen weist Ricken (2009) darauf hin, dass für die meisten Programme zur Förderung von rechenschwachen Schülern zwar Effekte nachgewiesen werden können, allerdings profitieren besonders schwache Schüler noch nicht ausreichend. Für diese müsste die Förderung noch sorgfältiger an Entwicklungsniveaus oder an je individuellen Kompetenz-»lücken« orientiert werden: Die »Förderung [muss] der Entwicklung des Kindes folgen oder aber an den (jeweiligen) ›Nadelöhren‹ ansetzen« (Ricken, 2009, S. 125).

Förderung der Aufmerksamkeit

Das bekannteste »Training mit aufmerksamkeitsgestörten Kindern« stammt von Lauth und Schlottke (2009); es richtet sich an Kinder im Grundschulalter und basiert auf einer genaueren Beobachtung und Diagnostik des jeweiligen Kindes. In der neuesten Auflage des Handbuchs werden systematisch Bezüge zum Störungsbild des ADHS – und eben der Prävention derselben – hergestellt. »Die Intervention gliedert sich in vier Therapiebausteine, die detailliert dargestellt werden: Basistraining zum Erwerb spezifischer Fertigkeiten bei der Eigensteuerung; Strategietraining zur Entwicklung eines bedacht-geordneten Vorgehens; Wissensvermittlung, um die Übertragung der Therapieinhalte auf die Schule zu erleichtern; Elternanleitung zur Unterstützung des Therapiefortschritts und der Aufarbeitung spezifischer Interaktions- bzw. Erziehungsprobleme« (Lauth & Schlottke, 2009, S. 3).

Ein breiter Überblick über weitere Formen der »Konzentrations- und Aufmerksamkeitsförderung« findet sich bei Lohaus und Domsch (2009).

5.4 Gezielte Unterstützung im weiteren Umfeld

Die Unterstützung von risikobelasteten Kindern und Familien im weiteren Umfeld war in Deutschland lange Zeit dadurch gekennzeichnet, dass verschiedene Systeme – Bildungssystem (Schule, Kindertageseinrichtungen), Jugendhilfe (Jugendsozialarbeit, Hilfen zur Erziehung), Gesundheitssystem, Sozialhilfe (inkl. der Hilfen für Menschen mit Behinderungen) – relativ unverbunden nebeneinander existierten und z. T. unklare Zuständigkeiten und disparate Finanzierungsstrukturen bestanden. Das führte dazu, dass auf Problemlagen nicht, zu spät oder mit »reiner« Weiterverweisung reagiert wurde. Präventiv ausgerichtete Angebote existierten punktuell, oft in Form befristeter Projekte und ein breiter wie systematischer Zugang war nur begrenzt möglich.

Erst in den letzten Jahren haben sich – auch wiederum beflügelt durch Modellprojekte – Kooperationen oder Netzwerke über die Systemgrenzen hinweg entwickelt; Beispiele hierfür sind die Netzwerke im Rahmen der Frühen Hilfen (vgl. ▶ Kap. 5.1) oder Kooperationen von Jugendarbeit und Schule (beispielsweise Henschel et al., 2008; Handlungsempfehlungen der agj, 2006).

Konzepte oder Programme, die niedrigschwellig – noch ›diesseits‹ des Systems der Hilfen zur Erziehung (SGB VIII, §§ 27 ff.) – versuchen, problem- oder risikobelastete Kinder und Familien zu erreichen, haben sich gleichfalls erst in den letzten Jahren in Deutschland etabliert. Exemplarisch sollen hier ein auf systematische Kooperation ausgelegtes Projekt und verschiedene MentorInnenprogramme für Familien und Kinder/Jugendliche vorgestellt werden, die lebenslagenbezogen, in der sozialen Umwelt möglichst passgenaue Unterstützung bieten.

Projekt FuN – Familie und Nachbarschaft

Das Projekt FuN ist ein Kooperationsmodell, bei dem sich mindestens zwei Organisationen zusammenschließen, um Gruppen von Eltern und Kindern in fachlich begleiteter Form Möglichkeiten zum gemeinsamen Erfahrungsammeln und Lernen zu bieten. Dabei geht es »um die Stärkung des inneren Zusammenhalts der Familie und die Stärkung der Familie in ihrem sozialen Umfeld« (Institut für Präventive Pädagogik, o. J.). Zielgruppe sind in erster Linie »bildungsungewohnte und sozialbenachteiligte Familien und Familien mit Migrationshintergrund« (ebd.).

Die Familien treffen sich mit fachlicher Begleitung einmal wöchentlich für drei Stunden über acht Wochen hinweg; hinzu kommen selbstorganisierte Treffen der FuN-Familien. Erfahrungsorientiert werden Spiele, Aufgaben etc. zur Unterstützung entwicklungsförderlicher Interaktionen in den Familien vorgegeben; die Kurse werden von zwei Fachkräften aus unterschiedlichen Institutionen mit unterschiedlichen Kompetenzen geleitet. »FuN spricht besonders die Eltern an und bestärkt sie in ihrer Bedeutung für das Familienleben: die Eltern erklären ihren Kindern die Spielregeln, geben kleine Aufträge an die Kinder weiter und sorgen dafür, dass alle mitmachen; bei diesen Aufgaben werden sie von den Teamern durch intensives Coaching unterstützt. Diese Erfahrungen stärken die innere Struktur der Familie« (Institut für Präventive Pädagogik, o. J.; ausführliche Beschreibung und Evaluationsergebnisse bei Tschöpe-Scheffler, 2006).

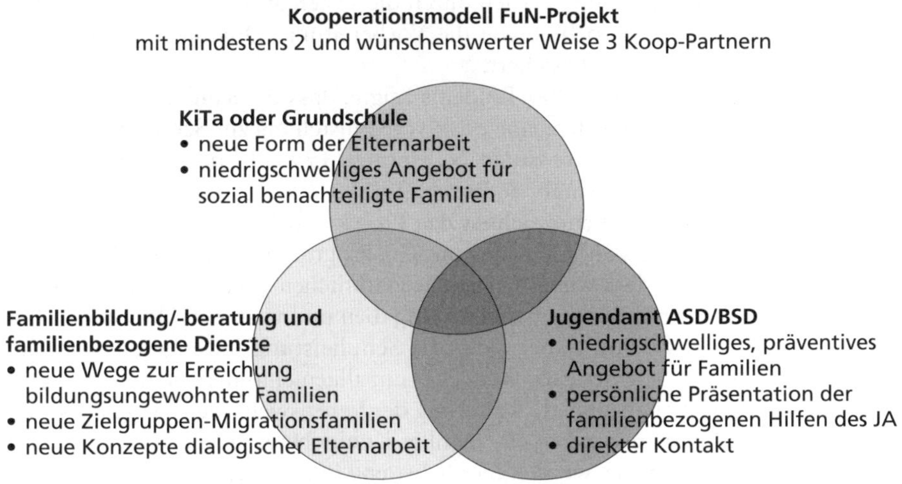

Kooperationsmodell FuN-Projekt
mit mindestens 2 und wünschenswerter Weise 3 Koop-Partnern

KiTa oder Grundschule
- neue Form der Elternarbeit
- niedrigschwelliges Angebot für sozial benachteiligte Familien

Familienbildung/-beratung und familienbezogene Dienste
- neue Wege zur Erreichung bildungsungewohnter Familien
- neue Zielgruppen-Migrationsfamilien
- neue Konzepte dialogischer Elternarbeit

Jugendamt ASD/BSD
- niedrigschwelliges, präventives Angebot für Familien
- persönliche Präsentation der familienbezogenen Hilfen des JA
- direkter Kontakt

Abb. 5.2: Struktur des Projekts FuN (www.praepaed.de/kooperationsprojekt.html)

MentorInnenprogramme

Eine gute Möglichkeit, Kinder, Jugendliche und Familien mit besonderem Unterstützungsbedarf zu erreichen – und zugleich systematisch tragfähige Beziehungen zu etablieren – sind sogenannte MentorInnenprogramme.

Zwei Beispiele für derartige Programme auf *Familienebene* – unter Einbezug der Nachbarschaft – sind das SaFE-Programm (Schools and Families Educating Children) und in Deutschland das Projekt »Familienlotsen Hamburg-Hamm«. Beide wurden ausführlicher im ▶ **Kap. 4.4** vorgestellt.

Auf der Ebene einzelner *Kinder und Jugendlicher* haben Mentoren-Systeme, also Eins-zu-Eins-Beziehungen von Freiwilligen zu gefährdeten Kindern und Jugendlichen, positive Effekte auf Schulleistung, Abnahme des Drogen- und Alkoholkonsums sowie Abnahme des Schulschwänzens und die Betroffenen zeigten sich insgesamt psychisch stabiler. Dies konnten schon vor fast 20 Jahren Tierny, Grossman und Resch (1995) mit dem »BigBrothers, BigSisters«-Programm nachweisen (aktueller in den USA: Herrera, 2007). Dieses Programm hat sich mittlerweile auch in Deutschland etabliert (www.bbbsd.org): Das Grundprinzip besteht darin, dass »risikobelastete« Kinder und Jugendliche mit (besonderen) Bedürfnissen oder Problemen einen erwachsenen Mentor oder eine Mentorin erhalten, der/die dann das Kind individuell fördert. »Das Kind trifft sich mit seinem Mentor oder seiner Mentorin alle ein bis zwei Wochen für ein paar Stunden zu gemeinsamen Aktivitäten und erhält so auf spielerische, informelle Weise neue Impulse für seine Entwicklung. Anerkennung und Wertschätzung durch die Mentoren stärken das Selbstvertrauen der jungen Menschen, gemeinsame Gespräche fördern ihre Kommunikationsfähigkeit« (BigBrothersBigSisters Deutschland, o. J.).

Die ehrenamtlichen MentorInnen werden in »Regionalteams« von speziell geschulten Professionellen fachlich begleitet. Im Programm werden »hohe Qualitätsstandards« angelegt; diese werden durch die systematische Auswahl der Tandems von Kind und MentorIn sowie die Vorbereitung, Qualifizierung und das Coaching der MentorInnen gesichert.

Die Evaluation von über 1000 Tandems zeigte, dass die Kinder und Jugendlichen »selbstbewusster« wurden, eine positivere Einstellung zur Schule zeigten und weniger Drogen nahmen (Grossman & Tierney, 1998; Rhodes, Grossman & Resch, 2000; Tierney, Grossman, & Resch, 2000).

Ein ähnliches Konzept kennzeichnet das Projekt »Balu und Du« (www.balu-und-du.de). Es handelt sich auch hier um ein Programm, durch das Kinder im Grundschulalter gefördert werden. Die ehrenamtlichen MentorInnen (»Balus«) begleiten die Kinder regelmäßig bei Hausaufgaben und weiteren Aktivitäten. Für die Kinder (»Moglis«) soll dabei nicht die Schulleistung im engeren Sinne im Vordergrund stehen. Stattdessen geht es eher um allgemeine außerschulische Lernanregungen. Ziel ist auch eine »Erweiterung der Lebenswelt« der »Moglis« sowie das »Erschließen ganz neuer Felder« (Müller-Kohlenberg, 2012, S. 197). Die Eltern der begleiteten Kinder werden möglichst eng in den Gesamtprozess der Unterstützung einbezogen.

Die (ehrenamtlichen) Mentoren werden geschult und von Fachkräften begleitet (vgl. weitergehend und zu Evaluationsergebnissen: Müller-Kohlenberg, 2008; Schlüter & Müller-Kohlenberg, 2010; Drexler et al., 2012; hier zeigten sich positive Effekte in Schulleistungen, Motivation und Problemlösefähigkeiten bei den ProjektteilnehmerInnen gegenüber einer Kontrollgruppe).

6 Unterstützung bei (Verhaltens-) Auffälligkeiten

Dieses Kapitel hat die gezielte Unterstützung von Kindern bei diagnostizierten Auffälligkeiten zum Gegenstand. Die wichtigsten Unterstützungsformen werden in Unterkapiteln vorgestellt, wobei der Schwerpunkt auf den Interventionen bei kindlichen Verhaltensauffälligkeiten liegt; diese Auswahl erfolgte, weil die Breite von Interventionen sonst in diesem Buch nicht darstellbar gewesen wäre.

Beim Vorliegen von spezifischen Auffälligkeiten lassen sich Grundprinzipien jeglicher Art von Intervention beschreiben:

- In der Regel ist ein vernetztes, interdisziplinäres bzw. multiprofessionelles Vorgehen nötig, um dem Kind und seiner Familie in den unterschiedlichen Lebensfeldern Unterstützung anbieten zu können.
- Es ist wichtig, das Kind und seine Familie zu erreichen; die Eltern bleiben insbesondere in der Kindheit eine wichtige Bezugsgröße.
- Bedeutsam ist der Bezug zwischen therapeutischen oder anderen intervenierenden Maßnahmen zu den Regelinstitutionen, in denen ein Kind aufgenommen ist; dies gewinnt insbesondere unter der Inklusionsperspektive an Bedeutung.
- Die Hilfen bzw. Unterstützungsmaßnahmen müssen sehr genau auf die besonderen Bedürfnisse und Problemlagen des Kindes und seiner Familie zugeschnitten sein. Es wird keine Standardlösungen, bestenfalls weit abgesteckte Handlungsleitlinien geben. Dies ist für die professionellen Fachkräfte eine Herausforderung, die in der Regel nur im Zusammenspiel mehrerer Disziplinen zu bewältigen ist (s. o.). Zum Teil spielen hier leider immer wieder rechtliche Zuständigkeitsunterschiede bzw. Kostenproblematiken eine einschränkende Rolle.
- Eine Reihe von Programmen, die vor allem in der verhaltenstherapeutischen Tradition entwickelt wurden, können eine ergänzende und unterstützende Funktion haben; eine wichtige Voraussetzung dafür ist jedoch, dass sie in ein Gesamtkonzept eingebettet sind.

Das weite Feld der Zusammenarbeit mit Eltern bzw. Familien wird in diesem Kapitel nur kursorisch behandelt; es ist ausführlicher in den ▶ Kap. 5.1 und 7 dargestellt. Die einzelnen Unterstützungsformen können an dieser Stelle nur vorgestellt werden, allein die Literatur zur Kinder- und Jugendlichenpsychotherapie füllt Bücherregale – zur vertiefenden Auseinandersetzung werden Literaturhinweise gegeben.

6.1 (Pädagogische) Frühförderung

(Pädagogische) Frühförderung[25] ist ein Angebot für Familien mit Kindern, die von Behinderung betroffen oder von einer Behinderung bedroht sind. Diese Leistung leitet ihren Rechtsanspruch nach dem Sozialgesetzbuch IX ab. Frühförderung ist in diesem Sinne als Eingliederungshilfe definiert, die dem Personenkreis »in noch nicht schulpflichtigem Alter« zur Verfügung steht. Nach § 2 des SGB IX sind Menschen behindert, »wenn ihre körperliche Funktion, geistige Fähigkeit oder seelische Gesundheit mit hoher Wahrscheinlichkeit länger als sechs Monate von dem für das Lebensalter typischen Zustand abweichen. Dazu gehören Kinder, die durch eine frühe Schädigung eine manifeste Behinderung aufweisen« (Weiß et al., 2004, S. 53). Damit ist ein weites Spektrum von Kindern mit manifesten, z. B. biologisch-genetisch, aber auch anderen körperlichen oder psycho-sozial bedingten Einschränkungen gemeint.

Grundsätzlich lassen sich zwei Formen der Frühförderung unterscheiden:

- *Sozialpädiatrische Zentren* sind in der Regel an Kliniken als ambulante Einrichtungen angegliedert, sie sind ärztlich geleitet und haben ein überregionales Angebot. Das Ziel ist in der Regel eine umfangreiche Diagnostik und Therapieplanung durch ein interdisziplinäres Team, Behandlungsmöglichkeiten werden hier selten angeboten. Die Finanzierung erfolgt über die Krankenkassen.
- *Frühförderstellen* sind regional bezogene, familien- und wohnortnahe Angebote. Sie werden meist von PädagogInnen oder PsychologInnen geleitet und bieten eine »offene Anlaufstelle für Erstkontakte, pädagogisch-psychologische Diagnostik und eine mobile oder ambulante Förderung in einem« (Sarimski, 2007, S. 82), gleichfalls in einem interdisziplinären Team. Die Finanzierung erfolgt überwiegend durch den örtlichen Sozialhilfeträger nach Maßgaben des SGB IX.

In Deutschland haben sich in allen Regionen regelhaft Frühförderstellen etabliert, allerdings mit sehr unterschiedlichen Finanzierungsstrukturen, Arbeitsansätzen und Ausgangsqualifikationen der Fachkräfte (Weiß et al., 2004). Dennoch lassen sich für dieses Arbeitsgebiet einige *grundsätzliche Arbeitsprinzipien* festlegen:

- Unter dem Primat der *Ganzheitlichkeit* wird das Kind mit (und ohne) Behinderung immer in seinem Bezugssystem gesehen und »in seinen Schwächen und Stärken, seinem körperlichen Befinden, seinem Selbsterleben und Selbstwertgefühl, aber auch in seinen förderlichen und möglicherweise hemmenden Bedingungen seiner Lebenswelt wahrgenommen« (Sättele, 2007, S. 216).
- *Interdisziplinarität* bedeutet, dass bei der Unterstützung von Kindern und Familien mit (und ohne) Behinderungen in der Regel immer Fachkräfte unterschied-

---

25 Es gibt sehr unterschiedliche Bezeichnungen für das hier vorgestellte Arbeitsgebiet, z. B. »Pädagogische Frühförderung«, »Heilpädagogische Frühförderung«, ... – aus Gründen der Einfachheit (und weil in der wissenschaftlichen Diskussion etabliert) wird hier der Begriff »Frühförderung« gewählt.

licher Professionen zusammenarbeiten. Bei den Problemlagen der Kinder und Familien geht es in der Regel um eine Kombination aus körperlichen, psychischen und sozialen Schwierigkeiten, wobei in einem interdisziplinären, vernetzten Ansatz am ehesten Unterstützung gewährleistet werden kann.
- *Familienorientiertheit und Klientenorientiertheit* bedeutet, dass das betroffene Kind und seine Familie in ihrer Lebensumwelt wahr- und angenommen werden. Dabei kommt es darauf an, für dieses System sehr spezifisch passgenaue Hilfen anzubieten.

Die Frühförderung hat sich von ihren Arbeitsprinzipien her sehr deutlich entwickelt: In den Anfangsjahren (60er Jahre des vergangenen Jahrhunderts) lag der Schwerpunkt vor allem auf der Einzelförderung des betroffenen Kindes, um diagnostizierte Defizite zu verringern. Hier wurden entsprechende Übungen und Trainings angeboten.

Aktuell liegt der Schwerpunkt wesentlich stärker auf einer ressourcenorientierten Unterstützung des Kindes und seiner Familie. Dabei ist eine partizipative Herangehensweise unabdingbar. Im Kern geht es um die entwicklungsbezogene, familienorientierte Unterstützung der Interaktion zwischen Eltern und Kind. Ausgangspunkt sind dabei das Kind, aber auch die »Familienbedürfnisse« (Sarimski, 2007, S. 67. Sarimski führt auch entsprechende diagnostische Verfahren auf).

Die Einrichtungen der Frühförderung stellen die im Folgenden aufgeführten *Angebote* zur Verfügung, wobei die Schwerpunkte der sozialpädiatrischen Zentren eher im Bereich der Diagnostik liegen und die der (ambulanten) Frühförderstellen im Bereich der Familienunterstützung.

- *Früherkennung und Diagnostik*: Frühförderstellen sind Anlaufstellen für Eltern, die die Vermutung haben, dass ihr Kind eine Entwicklungsverzögerung oder Behinderung hat. Oftmals erfolgt die Erstzuweisung über Geburts- bzw. Kinderkliniken oder Kinderärzte. Die Familien erhalten zeitnah eine Erstberatung und anschließend erfolgt eine gegenstandsangemessene, sehr differenzierte Diagnostik. Diese »umfasst alle Dimensionen der kindlichen Persönlichkeit und seiner Entwicklung, bedient sich normorientierter Verfahren (standardisierte Screenings, spezifische Befunderhebung, klinisch-psychologische Entwicklungstests), verwendet förderdiagnostische Verfahren sowie eingebundene, freie und hypothesengeleitete Beobachtungen des Verhaltens des Kindes« und seiner Familie (Sättele, 2007, S. 218; zu den Verfahren vgl. Sarimski, 2007, S. 64ff.).
- *Unterstützung bei der Auseinandersetzung mit der Diagnose*. Wenn Eltern damit konfrontiert sind, dass ihr Kind eine Behinderung aufweist, so bedeutet dies eine große Belastung. Es entsteht »Enttäuschung und Trauer über die verlangsamte Entwicklung«, es kommt zu »Schuldgefühlen, Vorwürfen oder Zorn«, es muss mit »negativen Gefühlen mit dem Kind« umgegangen werden und es wird soziale Isolierung und Hoffnungslosigkeit antizipiert (Sarimski, 2007, S. 74). Nicht selten ist die Diagnose »(drohende) Behinderung« auch eine Kränkung für die Familie oder einzelner Familienmitglieder. Die Eltern benötigen in diesem Prozess – der phasenweise immer wieder in unterschiedlichen Facetten auftaucht – Unterstützung; in dieser Situation sind die Frühförderstellen eine wichtige Anlaufstelle.

- *Förderung und Therapie des Kindes.* Die Therapie des Kindes kann mit medizinisch-neurologischen oder mit pädagogisch-psychologischem Schwerpunkt erfolgen. Die Angebote umfassen z. B. Ergotherapie, Logopädie, Krankengymnastik, Heilpädagogik etc., wobei es viele Überschneidungen der Methoden und Ansätze gibt. Speck bezeichnet einen solchen Ansatz als »multikonzeptionellen Ansatz« (Speck, 2004, S. 78; s. a. Sättele, 2007).
- *Unterstützung der Eltern-Kind-Interaktion.* Eine Reihe von empirischen Befunden zeigt, dass insbesondere die Unterstützung der Eltern-Kind-Interaktion positive Auswirkungen auf die Entwicklung des Kindes mit einer (drohenden) Behinderung hat (Sarimski, 2007). Von besondere Bedeutung ist dabei die »Responsivität der Mütter in gemeinsamen Spielsituationen« (ebd., S. 74). So ist ein wichtiger Schwerpunkt, dass entsprechend der Bedürfnisse und Möglichkeiten der Familie immer wieder – auch ganz praktisch – die Eltern-Kind-Interaktion so gestützt wird, dass sie für das Kind entwicklungsförderlich ist.
- *Beratung und Begleitung der Bezugspersonen.* Die Bezugspersonen des Kindes werden in kontinuierlicher Weise über Beratung unterstützt. Steinebach (1997, S. 15 ff.) hat die verschiedenen Ebenen der Beratung in der Frühförderung folgendermaßen unterteilt:
  - Elternberatung (konkrete Informationen über Mittel und Ziele der Förderung und Absprachen über Ergänzungen durch die Eltern).
  - Erziehungsberatung (Reflexion von erziehungsbezogenen Einstellungen und Erziehungsverhalten bei bestehenden sekundären Verhaltensproblemen).
  - Entwicklungsberatung (Optimierung des Familiensystems im Sinne eines Teams, dass verschiedene Krisen konstruktiv meistern kann).
  - Familientherapie (strukturelle, strategische und systemische) (Sättele, 2007, S. 219).

  Von besonderer Bedeutung sind Formen gruppenbezogener Angebote für die Eltern. Das gemeinsame Erleben von Familien in ähnlichen Lebensumständen kann gleichermaßen unterstützend wie entlastend wirken.
- *Casemanagement.* Oftmals übernehmen die Fachkräfte der Frühförderstellen eine Moderations- oder Koordinationsfunktion beim Zusammenspiel und beim Zusammenführen der verschiedenen Unterstützungsformen. Bei regelmäßig stattfindenden »Runden Tischen« treffen sich alle Fachkräfte, die an der Unterstützung des Kindes und seiner Familie beteiligt sind. Diese Coachingfunktion ist auch wichtig, wenn es um die Unterstützung der Integration des Kindes in Kindertageseinrichtungen oder den Übergang in die Schule geht.

Insgesamt hat sich das Gebiet der Frühförderung zu einem höchst professionellen Angebot der Unterstützung von Kindern mit verschiedenen Problemlagen und mit (und ohne) Behinderungen etabliert; hervorzuheben ist der sehr familienorientierte und interdisziplinäre Arbeitsansatz.

> **Weiterführende Literatur**
>
> Weiß, H., Neuhäuser, G. & Sohns, A. (2004). *Soziale Arbeit in der Frühförderung und Sozialpädiatrie.* München: Reinhardt.

6.2 Die Unterstützung von Kindern mit Verhaltensauffälligkeiten in Kita und Grundschule

Kinder mit Verhaltensauffälligkeiten, aber auch Lern- und Entwicklungsstörungen, besuchen wie ihre AltersgenossInnen eine Bildungsinstitution; dies sollte entsprechend den Vorgaben der UN-Behindertenrechtskonvention und der Kinderrechte eine Regelinstitution sein, die in besonderer Weise die besonderen Bedürfnisse dieser Kinder aufgreift und beantwortet sowie ihnen angemessene, individualisierte Entwicklungs- und Förderangebote zur Verfügung stellt (Kreuzer & Ytterhus, 2008; Booth et al., 2006).

Aber nicht nur diese ethische, gleichwohl rechtlich verbindliche Vorgabe stellt die Bedeutung der Bildungsinstitutionen und der dort tätigen Fachkräfte für die Unterstützung auffälliger Kinder heraus – alle Therapiekonzeptionen zur Intervention bei diagnostizierten Auffälligkeiten bzw. Störungen weisen darauf hin, dass ein »multimodales« Vorgehen die höchste Erfolgswahrscheinlichkeit betrifft. Dies bedeutet, dass abgestimmt mit der spezifischen Unterstützung des Kindes durch Psychotherapie, Heilpädagogik etc. immer auch die Eltern und die pädagogischen Fachkräfte oder Bezugspersonen eine wichtige Funktion im Interventions- bzw. Therapieprozess übernehmen (müssen).

Eine wesentliche Voraussetzung ist neben der Einrichtung und Gewährleistung organisatorischer Rahmenbedingungen (vor allem reduzierte Gruppengrößen und angemessene Räumlichkeiten) ein »Passungs-Verhältnis« zwischen den Angeboten der Einrichtung und den Bedürfnissen der einzelnen Kinder. Nach Kreuzer (2008, S. 31) »wird das Gelingen sozialer Beziehung zum einen davon abhängen, wie die Erwachsenen und die Gleichaltrigen in der Kindergruppe sich darauf [auf Kinder mit besonderem Unterstützungsbedarf] einstellen und ihre eigenen Basisfähigkeiten […] produktiv anpassen können.«

Die – wenigen – Studien zu dieser Thematik (z. B. Kreuzer & Ytterhus, 2008; Casey, 2008; s. a. Booth et al., 2006) stellen zwei Aspekte in den Vordergrund: die Beziehungsgestaltung der Pädagogin und die Realisierung spezifischer Methoden bzw. Angebote.

Kinder mit Entwicklungs-, Lern- oder Verhaltensauffälligkeiten benötigen eine besondere Aufmerksamkeit und Unterstützung im Alltag. Eine wichtige *Grundlage* ist zunächst eine *entwicklungsförderliche Beziehungsgestaltung*. Oftmals haben Diskontinuität, Unzuverlässigkeit, wechselnde Stimmungen der Eltern und bzw. oder die nicht kontingente Befriedigung von Bedürfnissen zu der sichtbaren Symptomatik und den Auffälligkeiten geführt. In der Beziehung zur pädagogischen Fachkraft hat das Kind die Möglichkeit, neue, »emotional korrigierende« (Cremerius, 1979) Beziehungserfahrungen zu machen. PädagogInnen (ErzieherInnen, KindheitspädagogInnen und LehrerInnen) können – dies haben Studien im Rahmen der Resilienzforschung gezeigt (Pianta et al., 2007) – kompensatorisch wirken und zumindest teilweise auf frühe negative Beziehungsmuster und deren intrapsychische innere Abbilder (Repräsentationen bzw. Schemata, vgl. ▶ **Kap. 2.1**) ausgleichend wirken. Von besonderer Bedeutung ist es dabei, dass sich Fachkräfte auf die spezifischen Bindungsmuster der Kinder einstellen, sich z. B. von Zurückweisung oder überbordendem Verhalten seitens des Kindes nicht »überrollen« oder zu stark vereinnahmen lassen. Kinder mit externalisierenden Störungen benötigen dabei andere Formen der (reflektierten!) Beziehungsgestaltung als solche mit internalisierenden.

Kinder mit besonderen Bedürfnissen benötigen ein noch zuverlässigeres Eingehen auf ihre besondere Situation, z. T. besondere Formen der Strukturgebung; dies meint das gezielte Anbieten von Anregungen innerhalb der Zone der proximalen Entwicklung der Kinder (auch in den spezifischen Funktionsbereichen), aber auch das Anbieten von Orientierung beispielsweise durch Grenzen.

Besonders nötig sind oftmals die Unterstützung bei der Affektregulation und Affektabstimmung durch spezifische Rückmeldungen, durch Beruhigung, aber auch die Möglichkeit, Gefühle zu symbolisieren (diese zu beschreiben und in Sprache oder Bilder zu übersetzen).

Oftmals brauchen Kinder mit besonderen Bedürfnissen und Auffälligkeiten Trost und Schutz, und Unterstützung bei ihrer Weise, Kontakt zu anderen zu finden. Die erwachsenen Bezugspersonen müssen bei der Bewältigung besonderer Schwierigkeiten Vorbild sein.

Auf *organisatorischer Ebene* ist es wichtig, dass gerade Kinder mit Entwicklungsauffälligkeiten feste Bezugspersonen haben und die Möglichkeit, mit diesen immer wieder Eins-zu-Eins-Situationen zu verbringen.

In der *Zusammenarbeit mit den Eltern* muss bedacht werden, dass das Erkennen und Benennen von Entwicklungsauffälligkeiten den Eltern Angst macht oder auch eine Kränkung darstellen kann. Daher bedarf die Kooperation mit den Eltern eines besonderen Maßes an Einfühlungsvermögen, um deren »Verwundbarkeit« nicht noch zu verstärken.

Aus der Analyse vorliegender Veröffentlichungen zum »Umgang« von pädagogischen Fachkräften mit Kindern mit (Verhaltens-)Auffälligkeiten haben Fröhlich-Gildhoff et al. (2013, i. Dr.) übergreifend eine mehrstufige *Strategie bei der Vermutung des Vorliegens einer Verhaltensauffälligkeit* herausgearbeitet (vgl. hierzu Esch et al., 2010; Fröhlich-Gildhoff, 2010; Textor, 2004, 2006b; Brandau et al., 2006):

1) Systematische Beobachtung des Kindes

Zunächst wird der pädagogischen Fachkraft im pädagogischen Alltag etwas »auffallen« und sie wird aufgrund ihrer Wahrnehmungen eine erste Vermutung haben und eine Hypothese bilden. Dann gilt es, entsprechend dieser Hypothese das Kind systematisch in unterschiedlichen Zusammenhängen zu beobachten, genau zu dokumentieren und weitere Informationsquellen – vor allem die Erfahrungen der KollegInnen im Team mit dem Kind – hinzuzuziehen. Dabei ist bedeutsam, den Blick nicht nur auf das als »schwierig« empfundene Verhalten zu richten, sondern auch die Ressourcen und Bewältigungsmöglichkeiten des Kindes aufzunehmen. In der Regel ist ein Austausch mit der Einrichtungsleitung wichtig, auch um die spezifische Zusammenarbeit mit den Eltern vorzubereiten bzw. abzustimmen.

2) Austausch mit den Eltern

Wenn sich das als auffällig bewertete Verhalten wiederholt und möglicherweise auch situationsunabhängig zeigt, ist zunächst ein Gespräch mit den Eltern des Kindes nötig, um die Beobachtungen mitzuteilen und sich darüber auszutauschen. Es können dann weitere gezielte Beobachtungen – auch im häuslichen Umfeld – vereinbart werden.

3) Motivierung zu weitergehenden diagnostischen Untersuchungen

Wenn sich der Verdacht einer deutlichen, andauernden Auffälligkeit erhärtet und unmittelbare Erklärungsmuster zum Verstehen nicht ausreichen, wird es sinnvoll sein, die Familie zu einer ausführlichen diagnostischen Untersuchung in einer Erziehungsberatungsstelle, bei einem oder einer niedergelassenen Kinder- und JugendlichenpsychotherapeutIn oder in anderen Institutionen, wie z. B. sozialpädiatrischen Zentren, zu motivieren.

4) Handlungsmöglichkeiten im Rahmen der Institutionen Kindertageseinrichtung und Grundschule

Die Handlungsmöglichkeiten der pädagogischen Fachkräfte sind abhängig von

- der Stärke der Verhaltensauffälligkeit,
- der Bereitschaft der Eltern zur Mitarbeit,
- der Kompetenz der Fachkraft,
- den Ressourcen in der jeweiligen Einrichtung.

Abhängig von diesen Kriterien können gezielte Interventionen abgesprochen werden oder/und eine weitere Unterstützung durch die oben angegebenen Institutionen eingeleitet werden. In der Regel wird auch hierbei ein abgestimmtes Handeln von (therapeutischer) externer Institution, Eltern und pädagogischen Fachkräften in der Kita nötig sein.

Entsprechend der Ergebnisse des diagnostischen Prozesses und auf dem Hintergrund haltgebender und entwicklungsförderlicher Beziehungen bieten sich weitere *spezifische Interventionsmöglichkeiten im Alltag* der Einrichtung an:

- Rituale im Alltag des Tagesablaufs, die für die Kinder »Anker« sind und Sicherheit bieten.
- Möglichkeiten des Rückzugs: Am wichtigsten ist hier das Anbieten von Eins-zu-Eins-Situationen oder auch von Kleingruppen, in denen die Kinder mit besonderen Bedürfnissen spezifische Schutz- und Anregungsmöglichkeiten haben.
- Gezielte Angebote, die auf die jeweilige Besonderheit abgestimmt sind, wie z. B. Möglichkeiten einer weiteren Wahrnehmungsdifferenzierung, Möglichkeiten zur Entwicklung von Empathie, Förderung in spezifischen Funktionsbereichen (Grobmotorik, Feinmotorik, Sprache). Hierzu können und sollen vielfältige spielerische und kreative Möglichkeiten im Rahmen des pädagogischen Alltags der Einrichtung genutzt werden. Besonders wichtig ist es allerdings, dass die Anforderungen sehr differenziert auf die einzelnen Kinder

zugeschnitten werden und basierend auf den Beobachtungsdaten Anregungen gestaltet werden.
- Hilfen bei der Regulation können klare und transparente Regeln sein oder Methoden wie die »Ampel- oder Stoppregel«.
- Im Gestalten von pädagogischen Angeboten wird es darauf ankommen, schon bei der Vorbereitung eine Binnendifferenzierung zu berücksichtigen, um alle Kinder einer Gruppe auf ihrem jeweiligen Entwicklungs- und Fähigkeitsstand anzusprechen. Hier kann das Prinzip des »Lernens am gleichen Gegenstand« (aber mit unterschiedlichen Herangehensweisen) im Sinne einer »entwicklungslogischen Didaktik« (Feuser, 1989) handlungsleitend sein.
- Die Kinder einer Gruppe, in der ein Kind mit besonderen Bedürfnissen aufgenommen ist oder in der ein Kind besondere Auffälligkeiten zeigt, sollten in angemessener Weise aufgeklärt werden, damit sie das mehr oder weniger »ungewöhnliche« Verhalten dieses Kindes nicht verunsichert, damit nicht zusätzliche Ausgrenzungen gelebt werden. Ein offener Umgang mit dem »Anders-Sein«, einschließlich der damit verbundenen Probleme und Belastungen, ist ein besserer Weg, als Tabuisierungen mitzutragen oder Schwierigkeiten zu beschönigen.
- Ferner kann es hilfreich sein, »Patenschaften« oder »Assistenz-Partnerschaften« zwischen »stabileren« Kindern und solchen mit besonderen Bedürfnissen zu bilden, um auf direkte Weise das Miteinander und auch Verständnis zu fördern – allerdings müssen diese »Arrangements« sehr gut vorbereitet und eng begleitet werden.
- Die Möglichkeit sollte geschaffen werden, angemessene Verantwortung (z. B. durch Ämter) zu übernehmen und auf diese Weise Kindern Integrationsmöglichkeiten in die Gruppe zu bieten.
- Positive Eigenschaften und Stärken der Kinder können und sollen kontinuierlich gestärkt werden; Beispiele hierfür sind das Führen eines Lobbuches (vgl. Fröhlich-Gildhoff, Dörner & Rönnau-Böse, 2012a), das spielerische Hervorheben der Fähigkeiten aller Kinder etc.

Kinder mit besonderen Auffälligkeiten – und entsprechenden besonderen Bedürfnissen – stellen oft eine besondere Herausforderung für die Fachkräfte in den Bildungsinstitutionen dar. Es ist dennoch für die Gruppe aller Kinder eine Bereicherung, wenn es gelingt, diesen besonderen Kindern einen tragfähigen, inkludierenden Entwicklungsraum anzubieten. Dazu sind jedoch, dies sei noch einmal betont, gute Rahmenbedingungen eine absolut notwendige Voraussetzung.

Über diese Möglichkeiten der Unterstützung auf der Ebene der Fachkraft-Kind-Interaktion hinaus finden sich einige erfolgreich umgesetzte und evaluierte *Konzepte, die die gesamte Organisation einbeziehen*:

Ein Beispiel dafür ist die »Frankfurter Präventionsstudie« (Leuzinger-Bohleber & Fischmann, 2010; Leuzinger-Bohleber et al., 2006). In 14 Frankfurter Kindertageseinrichtungen wurde – je nach Bedarf der Kinder – für Kinder mit einer ADHS-Auffälligkeit systematisch ein mehrstufiges Vorgehen realisiert, das aus verschiedenen Bausteinen bestand (vierzehntägliche Supervision der pädagogischen Fachkräfte, wöchentliche psychoanalytisch-pädagogische Angebote durch MitarbeiterInnen der Studie, intensive Zusammenarbeit mit den Eltern sowie psychoanalytische Einzeltherapie für besonders bedürftige Kinder in den Einrichtungen selbst). Bei der Evaluation im Kontrollgruppendesign konnte ein deutlicher Rückgang der ADHS-Symptomatik festgestellt werden.

Ein weiteres Beispiel für Interventionen, welche die gesamte Organisation einbeziehen, ist das sogenannte »Olweus-Konzept« (Olweus, 2006). Dabei werden in Schulen koordinierte Maßnahmen der Intervention bei Gewaltproblematiken auf der Ebene der gesamten Schulgemeinschaft, der Klasse und der einzelnen Kinder – unter Beteiligung aller Mitglieder der Schulgemeinschaft – umgesetzt. Es geht dabei insbesondere um klare Schul- und Klassenregeln, regelmäßige Klassengespräche, Maßnahmen des Täter-Opfer-Ausgleichs und die Umsetzung wirksamer Sanktionen. Ein Umsetzungsbeispiel für eine Förderschule findet sich bei Steinmetz-Brandt (2006).

6.3 Kinder- und Jugendlichen-Psychotherapie

Die Psychotherapie mit Kindern und Jugendlichen hat sich zwar zeitlich erst nach der Erwachsenenpsychotherapie entwickelt, mittlerweile aber hat sie eine lange und eigenständige Tradition. Die Entwicklung verlief (und verläuft) »parallel« zu den klassischen Therapieschulen Psychoanalyse/Tiefenpsychologie, Personzentrierte Psychotherapie, Verhaltenstherapie und Systemische Therapie (vgl. zu den Grundlinien und zum Vergleich: Gahleitner et al., 2011; Fröhlich-Gildhoff, 2013).

Im Folgenden werden Grundprinzipien und Vorgehensweise der Kinder- und Jugendlichenpsychotherapie detaillierter – als therapieschulenübergreifendes, integratives Konzept – vorgestellt.

6.3.1 Grundkonzept und Praxis der Kinder- und Jugendlichenpsychotherapie

Ausgangspunkt der Kinder- und Jugendlichenpsychotherapie ist der (empirisch gut bestätigte) Grundgedanke, dass seelische Prozesse – und eben auch diejenigen, bei welchen Auffälligkeiten oder Erkrankungen zugrunde liegen – ihre Wurzeln in frühen Beziehungserfahrungen und dysfunktionalen Bewältigungen von Entwicklungsaufgaben oder aktuellen Anforderungen haben.

Folglich hat Psychotherapie die Aufgabe, neue, entwicklungsförderliche Beziehungserfahrungen zu ermöglichen, Gelegenheiten zum Verstehen und Verarbeiten nicht bewältigter Konflikte und Erlebnisse zu geben sowie neue Entwicklungsräume – auch zum Ausprobieren neuer Bewältigungsformen – zu eröffnen.

Die Bedeutung der Therapiebeziehung

Die therapeutische Beziehung wird so als zentrale Grundlage des therapeutischen Prozesses und als »Hintergrundfolie« jeglicher Interventionen gesehen:

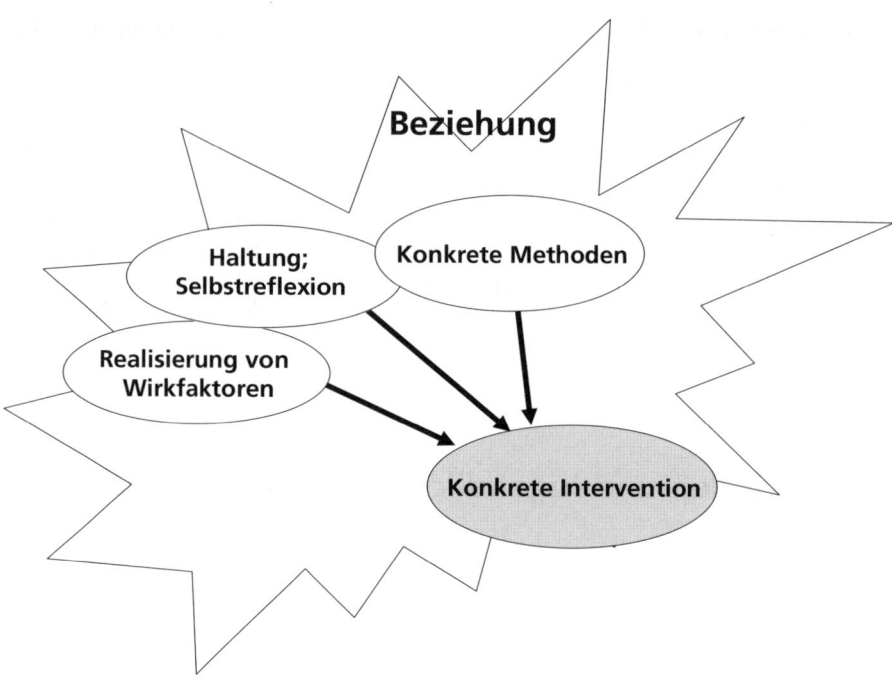

Abb. 6.1: Die Therapiebeziehung als Basis des Therapieprozesses

Zumindest in der personzentrierten und in der tiefenpsychologischen bzw. psychoanalytischen Therapietradition wird die psychotherapeutische Beziehung als der zentrale Wirkfaktor angesehen. Diese Position wird durch die Erkenntnisse der empirischen Psychotherapieforschung bestätigt.

Die Beziehung zwischen TherapeutIn und PatientIn wird auch in der empirischen Psychotherapieforschung übereinstimmend seit etwa 15 Jahren als *die* zentrale Variable für das Therapieergebnis angesehen: »Wenn man alle je untersuchten Zusammenhänge zwischen bestimmten Aspekten des Therapiegeschehens und dem Therapieergebnis zusammennimmt, dann sind Aspekte des Beziehungsgeschehens diejenigen Merkmale des Therapieprozesses, deren Einfluss auf das Therapieergebnis am besten gesichert ist« (Grawe, 1994, S. 775; ebenso: Orlinsky et al., 1994). In neueren Studien und Überblicksarbeiten wird deutlich, dass im Vergleich zu dem »unspezifischen Faktor« der Therapiebeziehung »der Anteil der Erfolgsvarianz, der auf spezifische Techniken zurückzuführen ist, aufgrund von Metaanalysen und quantitativen Vergleichsstudien auf 5–15 %« geschätzt werden kann (Stucki, 2004, S. 8, unter Berufung auf Norcross, 2002). Zu ähnlichen Ergebnissen kommen Lambert und Barley (2002) sowie Wampold (2001) in ihren Analysen.

Auf diesem Hintergrund ist die Frage nach der »richtigen« oder »wirkungsvollsten« Technik oder Methode zunächst zurückzustellen und es geht um – noch weitgehend unerforschte – »dahinter« liegenden Fragen, nämlich: *Wie* sieht eine gute, *gelingende Beziehungsgestaltung* aus?

6.3 Kinder- und Jugendlichen-Psychotherapie

Ein wichtiger Faktor ist dabei die »Passung« zwischen TherapeutIn und PatientIn. Diese Variable ist empirisch noch wenig untersucht; Orlinsky & Howard (1987) haben versucht, diesen komplexen Prozess genauer in Kategorien zu fassen und unterscheiden die Passung zwischen (a) Behandlungsmodell und Störungsmodell, (b) PatientIn und Behandlungsmodell, (c) TherapeutIn und PatientIn sowie (d) TherapeutIn und Störung des Patienten oder der Patientin.

Zwischen diesen Ebenen bestehen vielfältige Wechselwirkungen:

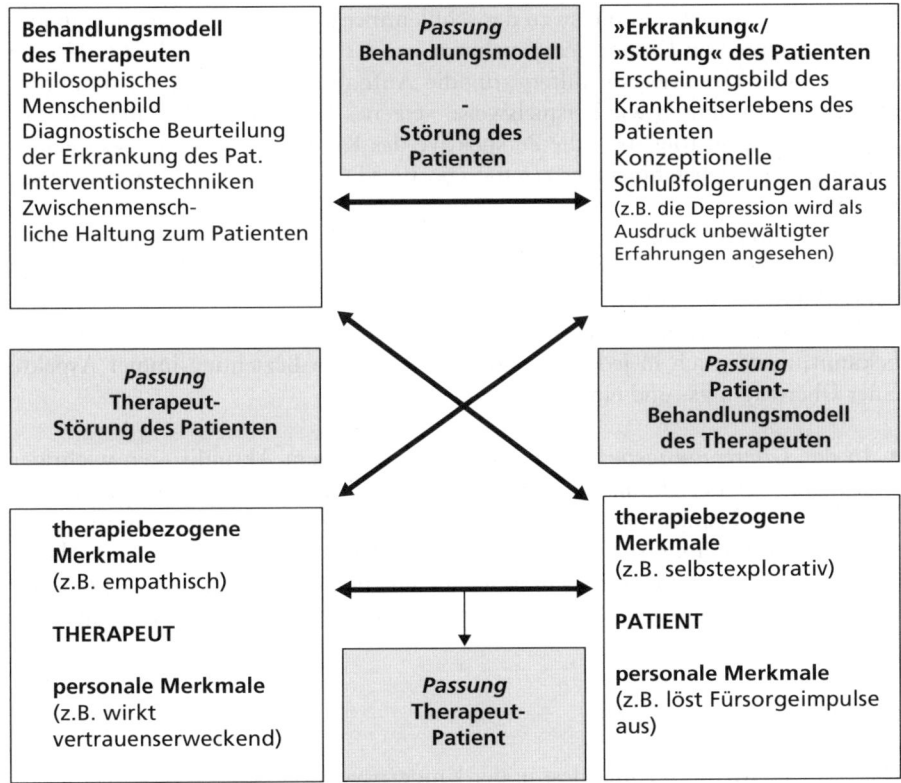

Abb. 6.2: Passung in der Psychotherapie (nach: Orlinsky & Howard, 1987; neu bearbeitet nach Anregungen aus Eckert, 2001, 2010)

Aus den verschiedenen Untersuchungen zur Psychotherapieforschung lassen sich auf einer allgemeinen Ebene Parameter eines entwicklungsförderlichen Beziehungsverhaltens seitens des/der TherapeutIn identifizieren:

- das Ausstrahlen von Kompetenz, das Sicherheit vermittelt (z. B. Huf, 1992);
- Kongruenz, unbedingte positive Wertschätzung und Akzeptanz (Rogers, 1987; Axline, 1947; Schmidtchen, 2001);
- Empathie (Rogers, 1987) und Feinfühligkeit (vgl. Ainsworth et al., 1978);

- Sensibilität für die Regungen der Patientin oder des Patienten und entsprechende, auch nonverbale Begleitung (Behr, 2009);
- Dasein für den Patienten, »ohne ihn zu dominieren« (Grawe, 1998, S. 537);
- »verständnisvoll gewährend sein, aber gleichzeitig führend und strukturierend, wenn der Patient Unterstützung braucht« (ebd.);
- gezielte Ko-Regulation affektiver Zustände (z. B. Papoušek et al., 2004);
- das Einnehmen einer ressourcenfördernden und -aktivierenden *Haltung* (z. B. Grawe & Grawe-Gerber, 1999; Fröhlich-Gildhoff et al., 2004).

Hier finden sich viele Parallelen zu der schulenübergreifenden Analyse der subjektiven Konzepte von KindertherapeutInnen von Göpfert und Castello (2004), die bedeutsame »Orientierungshilfen« für die Aufnahme eines »guten Kontaktes« identifizieren konnten wie beispielsweise »eigenes Erleben und Gefühle einbringen«, »dem Kind folgen«, »die Perspektive des Kindes ernst nehmen«, »sich in das kindliche Erleben hineinversetzen«, »positive Deutung von Symptomen« (ebd., S. 839 f.).

Die Passung ist übrigens auch in sozialpädagogischen Prozessen ein wesentliches Element für den Erfolg von Interventionen (vgl. Fröhlich-Gildhoff, 2003b, Fröhlich-Gildhoff et al., 2006a).

Wie aus der psychoanalytischen/tiefenpsychologischen Tradition hinlänglich bekannt, finden sich in jeder psychotherapeutischen Beziehung immer Aspekte einer Übertragungs- und einer Realbeziehung.

- In der *Übertragungsbeziehung* kommt es zu einem Aktualisieren wichtiger vergangener Beziehungserfahrungen. Dabei werden »schwierige«, aber auch »gute« Erfahrungen übertragen; es zeigen sich Probleme und Wünsche.
- Die *Realbeziehung* ist hingegen die reale aktuelle Beziehung zwischen TherapeutIn und Kind. Beide Beziehungselemente finden sich (in fast) jeder Szene der Therapie und sind gemeinsam oder in jeweils unterschiedlichen Ausprägungen vorhanden.

Die Bedeutung des Spiels

Das zentrale Medium zumindest in der Kinderpsychotherapie ist das Spiel. Es ist die bedeutsamste Ausdrucksmöglichkeit, die »Sprache« (Zulliger, 1990) des Kindes. »Handlungsebene ist in erster Linie das freie Spiel: Es ist das Medium, in dem das Kind sich vorwiegend ausdrückt und seine innere Wirklichkeit inszeniert. Die Beziehungsmuster und die Beziehung zu sich selbst haben dabei eine herausragende Bedeutung. Dabei sucht sich das Kind immer den für die Erlebnisverarbeitung optimalen Spannungszustand. Im Spiel werden die mit der jeweiligen Situation einhergehenden Gefühle wieder erlebt und so einer Bearbeitung zugänglich gemacht: Konflikte und traumatische Ereignisse werden auf der Spielebene dargestellt, wiederholt und verändert, bis das Kind sie in sein Selbstbild integrieren kann. Indem die Therapeutin die Gefühle des Kindes – sowohl die verbalen wie die nicht-verbalen – empathisch aufgreift, hilft sie dem Kind, sich mit so unterschiedlichen Gefühlen wie Wut, Schmerz, Traurigkeit und Scham wahrzunehmen, sich zu verstehen und damit umgehen zu können. Im Probehandeln werden eigene Lösungen und Antworten gesucht, so wird Vergangenheit bewältigt und Zukunft vorweggenommen« (Weinberger 2010, S. 36).

Die Interventionen der TherapeutInnen erfolgen verbal und auf der Spielebene, sie geben Resonanz auf die Selbst- und Lebensäußerungen des Kindes und ermöglichen ihm die Aktivierung eigener Ressourcen, die innere Klärung und Überwindung innerpsychischer Inkongruenz.

Dabei müssen KindertherapeutInnen immer »Übersetzungsarbeit« leisten: Sie müssen das Kind in seiner spielerischen, symbolhaften Sprache verstehen und »einordnen« und dann wieder verbal oder auf der Spielebene antworten. Das »Übersetzen ist oft gleichbedeutend mit einer Transformation unbewusster Inhalte in Bewusstes, es trägt somit auch zur besseren Verankerung neuer Erfahrungsinhalte bei. Der Therapeut bewegt sich also immer auf zwei Ebenen gleichzeitig: einmal auf der Realebene, zum andern auf der Spiel- bzw. Symbolebene. Damit verbunden sind auch mehrere Rollen: Der Therapeut ist einerseits ein in der Realität verankerter Erwachsener, der Orientierung bietet, er ist aber auch immer Spielpartner bzw. Mithandelnder auf der Symbolebene« (Fröhlich-Gildhoff et al., 2004, S. 179).

Die Interventionen, das Handeln in der Situation

Grundsätzlich lassen sich – auf dem Hintergrund einer tragenden und entwicklungsförderlichen therapeutischen Beziehung – die in ▶ Abb. 6.3 dargestellten Interventionsebenen unterscheiden.

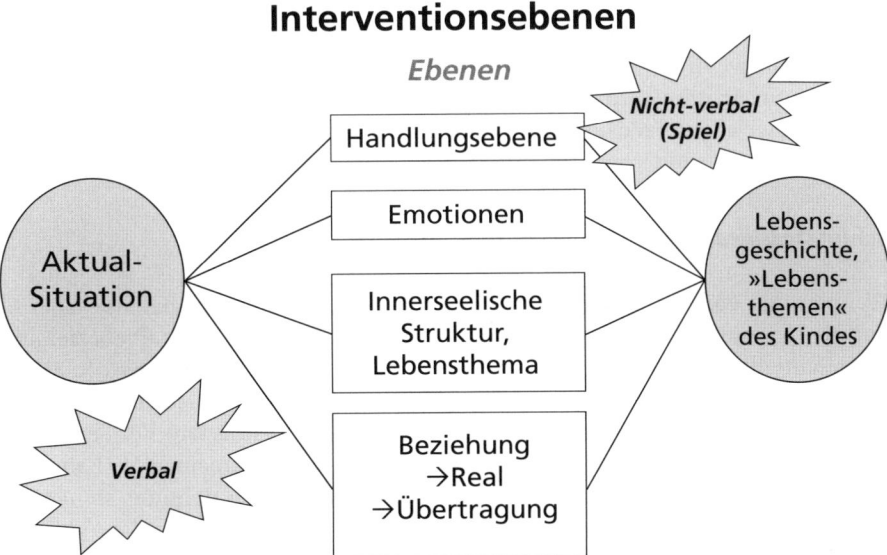

Abb. 6.3: Interventionsebenen in der Kinder- und Jugendlichenpsychotherapie

Bezugspunkte für die Intervention sind die jeweilige aktuelle Situation (»Hier und Jetzt«) und die »Lebensthematik« (die Inkongruenzen bzw. intrapsychischen Konflikte, die bisherigen zentralen Beziehungserfahrungen, die Ressourcen und Bewältigungsformen usw.).

- *Handlungsebene*: Das Beobachtete wird beschrieben. Verbalisierungen des Geschehens auf der Handlungsebene machen einen großen Teil der Interventionen aus. Die Kinder werden »gespiegelt«; damit wird ressourcenorientiert an frühe positive Interaktionserfahrungen angeknüpft.
- *Emotionale Ebene*: Die – vielleicht auch nur latent – gezeigten Emotionen werden verbalisiert. Auch auf dieser Ebene hat das Spiegeln an sich eine große Bedeutung. Das Kind kann sich jetzt damit auseinandersetzen.
- *Ebene der handlungsleitenden innerpsychischen Struktur*: Hier kann der Bezug zum »Lebensthema« bzw. den »handlungsleitenden Kognitionen« (Kognitive Verhaltenstherapie) oder dem »internal working model« (Bindungstheorie) hergestellt werden. Es kann »Klärung« im Sinne des Grawe'schen Wirkfaktors (Grawe, 1994, 1998) stattfinden; solche Interventionen setzen präzise Kenntnisse der Geschichte des Kindes und seiner Lebensbewegungen voraus.
- *Beziehungsebene*: Auf der Basis gewachsenen Vertrauens kann das Geschehen auf der Ebene der Realbeziehung, aber auch der Übertragungsbeziehung angesprochen werden.

Diese oder ähnliche Interventionsebenen lassen sich überwiegend auch in der Jugendlichen- und Erwachsenentherapie beschreiben – in der Kindertherapie werden sie jedoch nicht nur auf verbaler, sondern ebenso auf symbolischer, also auf der Spielebene realisiert.

Es muss zudem betont werden, dass es die richtige bzw. in ihrer Absolutheit perfekte Intervention »an sich« nicht gibt. Das Handeln des Therapeuten oder der Therapeutin ist immer auf das jeweilige Kind bezogen, eben auf die Person zentriert. Auf welcher Ebene die Intervention erfolgt, ist vor allem vom Entwicklungsstand des Kindes und vom Stand des therapeutischen Prozesses abhängig.

Schlussfolgerungen für den Therapieprozess

Wenn es den PatientInnen ermöglicht werden soll, neue, »korrigierende« Beziehungserfahrungen zu machen, so muss die Gestaltung der Therapiebeziehung »differentiell«, »entlang der Bedürfnisse der Patienten« (Stucki, 2004, S. 3) gestaltet werden. Caspar (2007) geht vom Konzept einer »komplementären« oder motivorientierten (an den Motiven der PatientInnen orientierten) Beziehungsgestaltung aus: »Um das »richtige« [...] komplementäre Therapeuten-Verhalten zu konstruieren, müssen wir aus dem Patientenverhalten die dahinter stehenden Motive des Patienten erschließen, daraus die passenden Therapeutenpläne ableiten und diese dann als Konstruktionsregeln für konkretes Verhalten benutzen« (ebd. S. 324; deutliche Analogien finden sich hier zu Tscheulins, 2006, Konzept der

»Komplementarität in der therapeutischen Beziehung«). Letztlich – und das ist eine große Herausforderung – geht es um eine »passgenaue« Begegnung von Person zu Person, die ein sehr hohes Maß an Selbstreflexivität der TherapeutIn ebenso erfordert wie ein Reflektieren des Therapieprozesses auf einer Meta-Ebene. Erst »danach« ist es sinnvoll, über einen Einsatz von spezifischen Techniken nachzudenken.

Eine bedeutende Rolle spielt dabei das kind- und therapieprozessgerechte, passgenaue Realisieren therapeutischer *Wirkfaktoren*.

Zusammenfassend lassen sich – schulenunabhängig – folgende Erkenntnisse formulieren, die den Therapieprozess leiten:

1. Die »Passung« zwischen TherapeutIn und Kind/Jugendlichem/r ist zumindest zu Beginn der Therapie ein wesentlicher Faktor, der über einen positiven Verlauf entscheidet. Es muss Energie in das reflektierte Herstellen dieser Passung investiert werden.
2. Es lassen sich Parameter einer entwicklungsförderlichen Beziehungsgestaltung formulieren. Neben den klassischen Basisvariablen sind dies Halt und Strukturgebung, aber auch eine Ko-Regulation affektiver Zustände.
3. Je nach Entwicklungsgeschichte, psychischer Struktur und Konfliktdynamik des Patienten oder der Patientin ist es bedeutsam, die Möglichkeit zu »korrektiven Erfahrungen« (Grawe, 1998) bzw. »korrigierenden emotionalen Erfahrungen« (Cremerius, 1979) in der Beziehung mit dem Therapeuten oder der Therapeutin zu gestalten.
4. Zu einem erfolgreichen Therapieverlauf trägt ein »Jonglieren« mit den einzelnen therapeutischen Wirkfaktoren bei, je nach Stand der PatientIn und des Therapieprozesses.
5. Darüber hinaus ist es wichtig, auch gezielte »Anstöße« zu geben, zur Veränderung auf einer Schema- bzw. Selbststrukturebene. Hierzu trägt im Wesentlichen die Beziehungsgestaltung bei; insbesondere auf der Ebene des Spieles können allerdings auch neue herausfordernde und erlebnisaktivierende Methoden gezielt eingesetzt werden.

Die *Finanzierung* der Kinder- und Jugendlichenpsychotherapie erfolgt in der Regel über die Krankenkassen – wenn die Therapie bei einer approbierten Psychologischen PsychotherapeutIn bzw. Kinder- und JugendlichenpsychotherapeutIn durchgeführt wird, die über eine Kassenzulassung verfügt. Nach in der Regel fünf sogenannter probatorischen Sitzungen, die insbesondere der Diagnostik dienen, kann eine Kurzzeittherapie (25 Sitzungen) oder Langzeittherapie (bis 150 Sitzungen) beantragt werden; zusätzlich können Kontingente für die begleitende Zusammenarbeit mit den Bezugspersonen beantragt werden.

> **Weiterführende Literatur**
>
> Weinberger, S. (2010). *Kindern spielend helfen. Eine personzentrierte Lern- und Praxisanleitung.* Weinheim: Beltz.

> In diesem Buch werden Begründungen und Grundlagen der Kinderpsychotherapie, insbesondere der Spieltherapie, systematisch dargestellt. Ausgangspunkt ist dabei eine humanistische, moderne personzentrierte Sicht; allerdings werden die Ansätze anderer Therapieschulen integriert und ein störungsspezifisches therapeutisches Vorgehen für verschiedene Auffälligkeiten beschrieben.
>
> Behr, M. (2012). *Interaktionelle Psychotherapie mit Kindern, Jugendlichen, Eltern und Familien*. Göttingen: Hogrefe.

6.3.2 Verhaltenstherapeutisch orientierte Programme

Neben dem oben ausgeführten Ansatz einer »breiten«, beziehungsorientierten Kinderpsychotherapie existieren eine Reihe von Programmen, die im Rahmen der Verhaltenstherapie entwickelt worden sind und vor allem *störungsspezifisch*[26] ausgerichtet sind. Diese klar manualisierten Programme sind hinsichtlich ihrer Wirksamkeit gut evaluiert; sie können auch im Rahmen verschiedener therapeutischer Zusammenhänge eingesetzt werden.

> **THOP – Therapieprogramm für Kinder mit hyperkinetischem und oppositionellem Problemverhalten.**
>
> (4., vollst. überarb. Aufl.). Döpfner, Schürmann & Frölich (2007).
>
> THOP richtet sich an Kinder im Alter von drei bis zwölf Jahren, die expansive Verhaltensauffälligkeiten – besonders hyperkinetische Störungen oder oppositionelles Problemverhalten – zeigen. Es handelt sich »um ein Programm zur multimodalen Einzeltherapie von Kindern [...] Je nach Problemkonstellation werden die Eltern und weitere wichtige Bezugspersonen unterschiedlich stark in die Behandlung einbezogen« (Döpfner & Kinnen, 2009, S. 21). Das Programm umfasst 22 Behandlungsbausteine, die sich in sechs Themengruppen untergliedern: (1) »Problemdefinition, Entwicklung eines Störungskonzepts und Behandlungsplanung«, (2) »Förderung positiver Eltern-Kind-Interaktionen«, (3) »pädagogisch-therapeutische Interventionen«, (4) »spezielle operante Methoden« (v. a. Verstärkerprogramme), (5) »Interventionen zur Verminderung von spezifischen Verhaltensproblemen«, (6) Abschluss (ebd., S. 2). Das Programm enthält Therapieaufgaben, die zwischen den Sitzungen bewältigt werden sollen. Nach Angabe der Autoren ist THOP erfolgreich, weil THOP zu einer differenzierten Diagnostik anleitet, die Problembereiche erfasst, aber auch die

---

26 Auch die anderen psychotherapeutischen Traditionen verfügen über störungsspezifische Konzeptionen, die jedoch nicht den Charakter von Trainingsprogrammen haben, sondern eher als Handlungsleitlinien für die therapeutische Arbeit mit Kindern mit bestimmten Formen von Auffälligkeiten verstanden werden (vgl. z. B. Fröhlich-Gildhoff & Rose, 2012).

Stärken des Kindes und der Familie erkennen lässt. Weiterhin ist das Programm »anpassungsfähig: Aus den 21 Bausteinen des Programms kann eine individuelle Therapie zusammengestellt werden« (Döpfner et al., 2007, S. 2).

PEP – Ein Präventionsprogramm für drei- bis sechsjährige Kinder mit expansivem Problemverhalten.

Plück, Wieczzoreck, Wolff Metternich & Döpfner (2006)

Das Präventionsprogramm für expansives Problemverhalten (PEP) ist eng an das Therapieprogramm für Kinder mit hyperkinetischem und oppositionellem Problemverhalten (THOP) angelehnt. »PEP besteht aus zwei Komponenten: einem Elternprogramm mit zehn Sitzungen (PEP-EL) und einem Erzieherprogramm (PEP-ER), das ebenfalls zehn Sitzungen umfasst und analog zum Elternprogramm aufgebaut ist« (Wolff Metternich et al., 2002, S. 98). Eltern- und ErzieherInnen-Programm können auch kombiniert werden. Die jeweiligen Sitzungen verlaufen immer nach einem einheitlichen, ritualisierten Muster. Inhalte des manualisierten Programms sind: »Stärkung der Beziehung zum Kind«, Aussteigen aus »Teufelskreismodellen« der Interaktion, »Strukturierung der Tagesabläufe«, Regeln, »wirkungsvolle Aufforderungen« und positive wie negative Konsequenzen sowie »typische Situationen mit Beteiligung Dritter« (Döpfner & Kinnen, 2009, S. 25). Auch hier werden zwischen den Sitzungen Therapieaufgaben bearbeitet.

THAV – Therapieprogramm für Kinder mit aggressivem Verhalten

Görtz-Dorten & Döpfner (2010a, b).

Das THAV ist im Prinzip analog dem THOP aufgebaut – Zielgruppe sind jedoch Kinder im Alter von sechs bis zwölf Jahren mit diagnostiziertem *aggressivem* Problemverhalten.

Es handelt sich bei THAV um ein »multimodales« Therapieprogramm, das auf mehreren Ebenen ansetzt und die Bezugspersonen (Eltern und LehrerInnen) einbezieht. Ausgangspunkt sind dabei konkrete aggressive Verhaltensweisen eines Kindes bzw. soziale Konfliktsituationen mit Gleichaltrigen. Das Behandlungsprogramm ist modular aufgebaut, umfasst 12 Bausteine, die dann individuell auf das jeweilige Kind bezogen werden können. »Der Schwerpunkt der patientenzentrierten Interventionen liegt hierbei auf der Schulung der sozial-kognitiven Informationsverarbeitung, der Entwicklung und Stärkung von Impulskontrolle, dem sozialen Problemlöse- und Fertigkeitentraining sowie auf der Modifikation sozialer Interaktionen« (Programmbeschreibung, Görtz & Döpfner, 2010a). Die jeweiligen Sitzungen sind klar strukturiert aufgebaut. Für das Programm wurde ergänzend ein »Materialkoffer« entwickelt (Görtz-Dorten & Döpfner, 2010b). Bei der Evaluation ließen sich »statistisch signifikant stärkere Verbesserungen von oppositionellem Verhalten nachweisen als in der Kontrollgruppe« (Evaluation am Uniklinikum Köln: http://akip.uk-koeln.de/akip-psychotherapie-ambulanz/rz_akip_newsletter_web_2_thav_scout.pdf).

Freunde für Kinder

Barrett, Webster & Turner (2003)

Das Gruppenprogramm »Freunde« ist gleichfalls verhaltenstherapeutisch aufgebaut. Es richtet sich an Kinder im Alter von sieben bis zwölf Jahren, die deutlich ängstliches und/oder depressives Verhalten zeigen. Es ist manualisiert und besteht aus zehn Sitzungen und vier begleitenden Elternabenden. Die Inhalte sind so ausgerichtet, dass die körperlichen, kognitiven und emotionalen Begleitphänomene von Angst (und Depression) verstanden und »bearbeitet« werden können; Hausaufgaben dienen zur Überprüfung des Gelernten. Es wird mit Belohnungs- und Selbstmanagement-Techniken gearbeitet.

Mutig werden mit Til Tiger

Ahrens-Eipper & Leplow (2004). *Mutig werden mit Til Tiger*. Göttingen: Hogrefe.

Das Gruppenprogramm richtet sich an die Zielgruppe sozial unsicherer bzw. sozial ängstlicher Kinder im Alter von fünf bis zehn Jahren. Es umfasst zwei Einzel- und neun Gruppensitzungen; Ziele sind: Förderung des Einsatzes vorhandener Kompetenzen in sozialen Situationen, Aufbau neuer Handlungsstrategien, Vermittlung von stärkerem Selbstbewusstsein und erhöhter Selbstsicherheit. Interventionstechniken sind Informationen, Rollenspiele, Entspannungstraining. Die Sitzungsabläufe sind klar strukturiert (manualisiert), gleichfalls sollen Hausaufgaben bearbeitet und dann nachbereitet werden.

Weiterführende Literatur

Borg-Laufs, M. (Hrsg.) (2007a). *Lehrbuch der Verhaltenstherapie mit Kindern und Jugendlichen, Band 1: Grundlagen*. Tübingen: DGVT-Verlag.
Borg-Laufs, M. (Hrsg.) (2007b), *Lehrbuch der Verhaltenstherapie mit Kindern und Jugendlichen, Band 2: Diagnostik und Intervention*. Tübingen: DGVT-Verlag.

Die beiden Bände von M. Borg-Laufs geben einen breiten Überblick über die Grundlagen, aber auch spezifische Verfahren der Verhaltenstherapie. Hier wird die Anwendung der Programme auch in ein breiteres Gesamtkonzept eingebettet.

6.4 Jugendhilfe/Hilfen zur Erziehung

Ein wichtiges Unterstützungssystem für Kinder und Jugendliche ist das der Jugendhilfe. Die verschiedenen Formen der Jugendhilfe sind im »Kinder- und Jugendhilfegesetz« – gefasst als achter Teil des Sozialgesetzbuches (SGB VIII) – gesetzlich geregelt. Das SGB VIII beschreibt die Leistungen der Jugendhilfe von der Jugendarbeit, Jugendsozialarbeit, der Förderung der Erziehung in der Familie, der Förderung von Kindern in Tagespflegeeinrichtungen bis hin zu den Hilfen zur Erziehung, der Eingliederungshilfe für seelisch behinderte Kinder und Jugendliche sowie den Hilfen für junge Volljährige. Das Gesetz wird ergänzt durch eine Vielzahl präziser Verfahrensvorschriften und durch Ausführungsbestimmungen auf Länderebene. (Der Gesetzestext ist veröffentlicht z. B. unter http://bundesrecht.juris.de/sgb_8/index.html).

Für den Bereich der Arbeit mit Kindern und Jugendlichen mit Verhaltensauffälligkeiten haben insbesondere die »Hilfen zur Erziehung« eine besondere Bedeutung: In den §§ 27 ff. SGB VIII (»Hilfen zur Erziehung«) werden verschiedene Hilfeformen von der Erziehungsberatung über die Heimerziehung bis hin zu Eingliederungshilfen für seelisch behinderte Kinder und Jugendliche beschrieben. Darüber hinaus werden Möglichkeitsräume für weitere innovative Unterstützungsangebote für Kinder und Jugendliche und ihre Familien geschaffen. Die Grundlagen der Hilfen zur Erziehung sind in § 27 SGB VIII festgelegt:

§ 27 Hilfe zur Erziehung

1. Ein Personensorgeberechtigter hat bei der Erziehung eines Kindes oder eines Jugendlichen Anspruch auf Hilfe (Hilfe zur Erziehung), wenn eine dem Wohl des Kindes oder des Jugendlichen entsprechende Hilfe nicht gewährleistet ist und die Hilfe für seine Entwicklung geeignet und notwendig ist.
2. Hilfe zur Erziehung wird insbesondere nach den Maßgaben der §§ 28 bis 35 gewährt. Art und Umfang der Hilfe richten sich nach dem erzieherischen Bedarf im Einzelfall; dabei soll das engere soziale Umfeld des Kindes oder des Jugendlichen einbezogen werden […].
3. Hilfe zur Erziehung umfasst insbesondere die Gewährung pädagogischer und damit verbundener therapeutischer Leistungen. Dies soll bei Bedarf Ausbildungs- und Beschäftigungsmaßnahmen im Sinn des § 13 Absatz 2 einschließen.

Aus dieser Formulierung wird deutlich, dass zunächst die Personensorgeberechtigten (also in der Regel die Eltern) berechtigt sind, einen Antrag zur Hilfe zur Erziehung – in der Regel beim örtlich zuständigen Jugendamt – zu stellen. Die *Finanzierung* der Hilfen erfolgt ebenfalls durch das örtlich zuständige Jugendamt.

Im Falle einer Kindeswohlgefährdung sind bei der letzten Revision des SGB VIII die Möglichkeiten des Jugendamtes gestärkt worden: Neu eingefügt in § 8a wurde ein ausdrücklicher »Schutzauftrag« des Jugendamtes bei Kindeswohlgefährdung.

Abgesehen von diesen Situationen der akuten Kindeswohlgefährdung ist der Hilfeplan nach § 36 SGB VIII das zentrale Steuerungsinstrument. Hiernach soll im Zusammenwirken von betroffenen Kindern bzw. Jugendlichen, deren Personensorgeberechtigten und den Fachkräften des Jugendamtes – und gegebenenfalls des hilfedurchführenden Trägers – eine Entscheidung »über die im Einzelfall angezeigte Hilfeart« (§ 36 SGB VIII) getroffen werden. Folgende Hilfeformen sind im SGB VIII aufgeführt und haben sich in der Praxis etabliert:

§ 28 Erziehungsberatung

Das Angebot der Erziehungsberatung richtet sich an Bezugspersonen und Kinder bzw. Jugendliche. Das Besondere an dieser Hilfeform ist, dass diese ohne vorhergehende Hilfeplanung nach § 36 SGB VIII erfolgen kann (zur Erziehungsberatung: vgl. Veröffentlichung der Bundeskonferenz für Erziehungsberatung: www.bke.de). Erziehungsberatung ist ein niedrigschwelliges und kostenfreies Angebot. In Erziehungsberatungsstellen (manchmal auch als Psychologische Beratungsstellen bezeichnet) arbeiten PsychologInnen, SozialarbeiterInnen, SozialpädagogInnen oder HeilpädagogInnen an den Problemen und Bedürfnissen der Klientinnen und Klienten orientiert. Die Beratung kann wenige Sitzungen umfassen, sich aber auch, meist nach ausführlicher Diagnostik, über längere Zeiträume hinziehen. In Ausnahmefällen wird Familientherapie oder Einzeltherapie für Kinder angeboten.

§ 29 Soziale Gruppenarbeit

Die Soziale Gruppenarbeit richtet sich in der Regel an Kinder und Jugendliche ab zwölf Jahren. Diese Kinder werden ein- bis zweimal pro Woche im Rahmen einer Gruppe pädagogisch betreut. Ziele sind vor allen Dingen eine Verbesserung sozialer Kompetenzen. Dieses Angebot ist längerfristig ausgelegt.

§ 30 Erziehungsbeistandschaft/Betreuungshelfer

Hier handelt es sich um eine niederfrequente Form der Einzelbetreuung, die sehr variabel auf eine Person (Kind/Jugendliche/r) bezogen ist und meist vor Ort, das heißt in der Familie oder in der Wohnung des/der Jugendlichen umgesetzt wird. In der Regel trifft sich die Betreuungshelferin ein- bis dreimal pro Woche im Umfang von bis zu fünf Stunden pro Woche mit den Betroffenen.

§ 31 Sozialpädagogische Familienhilfe (SPFH)

Die SPFH ist eine ambulante Unterstützungsform, die ebenfalls sehr variabel auf die gesamte Familie oder Teile davon bezogen ist. Diese erfolgt in der Regel auch vor Ort, im Lebensraum der Familie. Auch die SPFH wird in der Regel ein- bis dreimal in der Woche im Umfang bis zu zehn Stunden realisiert.

§ 32 Tagesgruppe

Sozialpädagogische Tagesgruppen sind ein teilstationäres Angebot, das in der Regel Kinder im Alter von sechs bis zwölf Jahren erreichen soll. Die Kinder gehen teilweise vor, zumeist jedoch direkt nach der Schule, in die Tagesgruppe und werden dort z. B. an fünf Tagen in der Woche zwischen 12 und 18 Uhr betreut. Ein weiteres Kennzeichen der Arbeit in Tagesgruppen ist die begleitende intensive Zusammenarbeit mit Eltern.

§ 33 Vollzeitpflege

Hier handelt es sich um eine Form der Fremdunterbringung. Dies bedeutet, das Kind oder der/die Jugendliche lebt in einer Pflegefamilie und wird dort Tag und Nacht betreut und gefördert. Eine Zusammenarbeit mit den Eltern/der Herkunftsfamilie sollte erfolgen. Ein Sonderfall sind sogenannte Sonderpädagogische Pflegefamilien oder Erziehungsstellen: Hier hat mindestens eine der Bezugspersonen eine pädagogische Ausbildung; Zielgruppe sind Kinder mit besonderen Verhaltensproblemen bzw. Förderbedarf.

§ 34 Heimerziehung/Sonstige betreute Wohnformen

Die Heimerziehung hat die längste Tradition im Rahmen der Jugendhilfe. Auch hier handelt es sich um eine Betreuung von Kindern und Jugendlichen außerhalb der Herkunftsfamilie. Insbesondere in den letzten 25 Jahren hat sich die Heimerziehung sehr differenziert; es gibt unterschiedliche Formen von betreuten Wohngemeinschaften, betreutem Einzelwohnen über Betreuung in Kleinst-Heimen (die pädagogischen Fachkräfte leben mit den Kindern zusammen) bis hin zur klassischen Form der Gruppen-Heimerziehung.

§ 35 Intensive sozialpädagogische Einzelbetreuung

Hierbei handelt es sich um ein hochflexibles Setting, bei dem Kinder oder eher noch Jugendliche von einer pädagogischen Fachkraft betreut werden. Die Betreuung ist relativ hochfrequent und umfasst in der Regel mindestens 10 bis 15 Stunden pro Woche. Grundsätzlich lassen sich drei Formen unterscheiden: Der/die Jugendliche lebt allein und wird hochfrequent betreut; Betreuerin und Kind/Jugendliche(r) leben zusammen; das Kind oder der/die Jugendliche lebt noch in seiner Herkunftsfamilie, steht aber individuell im Fokus der Betreuung.

§ 35a Hilfen für Kinder und Jugendliche mit (drohenden) seelischen Behinderungen

Diese Form der Hilfe kann nur nach einer fachlichen Begutachtung erfolgen. Sie umfasst ein sehr breites Spektrum, von der Förderung bei Lese-Rechtschreib-Schwäche bis hin zur Vollzeitbetreuung in therapeutischen Wohngemeinschaften.

In der Praxis gibt es Überschneidungen zwischen diesen Hilfeformen, sie können auch parallel gewährt werden – so ist zusätzlich zur SPFH (s. o.) eine gezieltere Einzel- oder Gruppenbetreuung einzelner Kinder der Familie denkbar. Grundsätzlich sollen in den Hilfeplänen die Formen der Unterstützung konzipiert werden, die am ehesten eine positive Prognose für die kindliche Entwicklung erwarten lassen.

7 Die Zusammenarbeit von Bildungsinstitutionen und Eltern bzw. Familien

In diesem Kapitel werden – zusammenführend – noch einmal allgemeine Grundprinzipien der Zusammenarbeit zwischen Fachkräften in Bildungsinstitutionen und Eltern bzw. Familien[27] vorgestellt. Familien haben für die Entwicklung der Kinder eine sehr hohe, und in den ersten Jahren des Kindes weitaus größere Bedeutung als die Bildungsinstitutionen (s. u.). Gerade deshalb ist es bedeutsam, die Kooperation mit den Eltern in einer professionellen, das heißt wertschätzenden, unterstützenden und passgenauen Weise zu gestalten. Dabei sei vorausgeschickt, dass es sich bei den Eltern und Familien um jeweils sehr unterschiedliche Menschen mit unterschiedlichen Hintergründen und Bedürfnissen handelt, so dass es im Grund unzulässig ist, in verallgemeinernder Weise von *der* Zusammenarbeit mit *den* Eltern zu sprechen. Dennoch lassen sich aus verfügbaren Konzepten und (den wenigen zur Verfügung stehenden) Studien einige allgemeine Hinweise für eine gelingende Zusammenarbeit herausarbeiten.

In der Tradition der (pädagogischen bzw. klinischen) Psychologie sind vor allem Eltern-Kurs-Angebote relativ gut erforscht, weniger die alltägliche Begegnung und Kooperation im Rahmen der Bildungsinstitutionen. Derartige Kurse bzw. Elternbildungsangebote können jedoch nur ein (geringer) Bestandteil einer konzeptionell verankerten Zusammenarbeit sein; aufgrund ihrer Tradition und ihres Stellenwerts in der Forschung wird ihnen ein eigenes Kapitel (7.2) gewidmet.

Generell erscheint es sinnvoll und nötig, Familien sehr frühzeitig zu erreichen und bei der Bewältigung der Herausforderungen des Zusammenlebens und der angemessenen Förderung der Entwicklung des (sehr kleinen) Kindes zu unterstützen – entsprechende Ansätze sind schon im ▶ Kap. 5.1 über die Frühen Hilfen vorgestellt; daher wird in diesem Kapitel nicht weiter darauf eingegangen.

Ebenso kann aus Platzgründen nicht auf die verschiedenen Formen einer Zusammenarbeit mit Eltern oder Familien im Rahmen therapeutischer Prozesse eingegangen werden; hier sei auf die vorliegende Fachliteratur verwiesen (zur Familientherapie: z. B. v. Schlippe & Schweitzer, 2003; zur Zusammenarbeit mit Eltern in der Kinderpsychotherapie: z. B. Ehlers, 2001; zur Zusammenarbeit zwischen

---

27 Pädagogische Fachkräfte haben in ihrer Arbeit oft nicht nur Kontakt mit den Eltern, sondern auch mit weiteren Familienangehörigen, wie Großeltern oder älteren Geschwistern eines Kindes. Manchmal übernehmen diese Familienmitglieder sogar die Rolle der Hauptbezugsperson oder sind in besonderer Weise prägend für Familienklima und -kultur. Auf diese Aspekte kann hier nicht vertiefend eingegangen werden; aus Gründen der Lesbarkeit wird im Folgenden »nur« von der »Zusammenarbeit mit »Eltern« gesprochen.

TherapeutIn und Eltern im Rahmen von Psychotherapien mit Jugendlichen: z. B. Fröhlich-Gildhoff, 2003a).

7.1 Die Kooperation von Eltern und pädagogischen Fachkräften in Bildungsinstitutionen[28]

Ein Problem bei der Betrachtung der Thematik »Zusammenarbeit mit Eltern im Rahmen der alltäglichen Praxis in Bildungsinstitutionen« besteht darin, dass es nur sehr wenige *empirische* Studien gibt, die sich mit genau dieser Fragestellung befassen. Während es viele Untersuchungen z. B. zu Elternkursprogrammen oder zur Zusammenarbeit mit Eltern von Kindern mit Verhaltensauffälligkeiten gibt, so ist die Kooperation zwischen Fachkräften und Eltern im Feld (institutionalisierter) Bildung, Betreuung und Erziehung insbesondere im deutschsprachigen Raum weitgehend unerforscht (s. a. Friederich, 2011). Im Unterschied dazu existiert eine Vielzahl von eher praktisch orientierten Ratgebern für pädagogische Fachkräfte oder auch systematischer, theoriebasierter Handbücher (z. B. Roth, 2010) – Letztere stellen Bezugspunkte für die folgenden Ausführungen dar.

7.1.1 Die Bedeutung der Zusammenarbeit zwischen Fachkräften und den Eltern

Die Zusammenarbeit mit (den) Eltern und weiteren Bezugspersonen in den Bildungsinstitutionen Kindertageseinrichtung und Schule, hat in der Praxis wie im fachwissenschaftlichen Diskurs (z. B. Wolf, 2006; Viernickel, 2006; Fried & Roux, 2006; Kasüschke & Fröhlich-Gildhoff, 2008) an Bedeutung gewonnen und wird in den normativen Vorgaben des SGB VIII (§ 22, Abs. 2 und 3) sowie den Bildungs- und Lehrplänen der Bundesländern als konstitutive Aufgabe der Einrichtungen wie Fachkräfte beschrieben.

Diese Zusammenarbeit hat aus den folgenden Gründen eine hohe Bedeutung:

- Eltern und pädagogische Fachkräfte tragen gemeinsam für das Wohl des Kindes in verschiedenen Lebensbereichen Verantwortung.
- Längsschnittuntersuchungen zur Qualität und Effektivität frühkindlicher (außer)familiärer Bildung und Betreuung (vgl. z. B. Sylva et al., 2004; NICHD, 2006; Tietze et al., i. V.) und Befunde aus der Bindungsforschung (u. a. Ahnert,

---

28 Teile dieses Beitrags basieren auf einer deutlich überarbeiteten und aktualisierten Fassung eines Artikels von Fröhlich-Gildhoff (2013, i. Dr.); ein Dank geht an die wissenschaftliche Mitarbeiterin im Zentrum für Kinder- und Jugendforschung an der EH Freiburg, Sibylle Fischer (BA Kindheitspädagogin), für ihre hilfreichen Anregungen und Anmerkungen bei der Arbeit an diesem Artikel.

2010, 2004a, b) zeigen, dass familiale Sozialisationsbedingungen insbesondere bei jüngeren Kindern tendenziell einen größeren Einfluss auf deren Entwicklung haben als die pädagogischen Fachkräfte.
- Eltern können über die Bildungsinstitutionen niedrigschwellig »erreicht«, für Themen der Elternbildung sensibilisiert und zur Wahrnehmung entsprechender Angebote vor Ort motiviert werden (z. B. Rönnau & Fröhlich-Gildhoff, 2008; Thiersch, 2006). Dies hat gerade angesichts der Veränderung familialer Lebenslagen und wachsender Unsicherheit von Eltern in Erziehungsfragen eine besondere Bedeutung (z. B. Textor, 2010; Henry-Huthmacher, 2008).
- Alle Eltern können unabhängig von ihrem kulturellen und sozioökonomischen Hintergrund eine Atmosphäre des Willkommenseins und der Integration erfahren.
- Über eine enge Zusammenarbeit kann möglichen Entwicklungsrisiken und -auffälligkeiten der Kinder vorgebeugt werden kann (z. B. Hess, 2011; Bengel et al., 2009).

7.1.2 Grundsätzliches zu »Zusammenarbeit mit Eltern« und »Erziehungspartnerschaft«

Aufgrund der gemeinsamen Verantwortung für die Entwicklung eines Kindes – in unterschiedlichen Lebenswelten und in unterschiedlichen Rollen – müssen Fachkräfte und Eltern kooperieren und die jeweiligen Angebote auch auf dem Hintergrund der Situation der (unterschiedlichen!) Familien gestalten; dies gilt in verstärkter Weise für die Kindertageseinrichtungen. »Um an den Bedürfnissen der Familien anknüpfen zu können und eine individuelle Förderung des Kindes zu gewährleisten, ist der Austausch mit Eltern unabdingbare Voraussetzung. Den Fachkräften kommt dabei als VertreterInnen der Einrichtungen eine gewichtige Rolle zu, da sie auf den Prozess der Zusammenarbeit großen Einfluss nehmen. Sie gestalten die Rahmenbedingungen, interagieren mit den Eltern und beziehen gewonnene Informationen in ihre Arbeit ein. Ihre Kenntnisse, Orientierungen und Kompetenzen sind demnach entscheidende Faktoren in der Ausgestaltung der Zusammenarbeit« (Friedrich, 2011, S. 8).

Der lange Zeit vorherrschende Begriff der »Elternarbeit« – der von der Semantik her Eltern eher als Gegenstand betrachtet, an dem »herumgearbeitet« wird – wird in der Fachdiskussion zunehmend durch die Begriffe »Zusammenarbeit mit Eltern« bzw. »Erziehungspartnerschaft« ersetzt, die auf das Grundverhältnis einer (gleichwertigen) Kooperation verweisen.

Mit dem Begriff der »Erziehungspartnerschaft« oder »Bildungspartnerschaft« (Textor, 2009) wird die Notwendigkeit beschrieben, dass sich Eltern und pädagogische Fachkräfte (ErzieherInnen, KindheitspädagogInnen oder LehrerInnen) gemeinsam im Interesse der Kinder austauschen und partnerschaftlich die Entwicklung des Kindes fördern. Dies bedeutet, dass beide wichtigen Bezugssysteme der Kinder eng kooperieren, ihr Handeln und ihre Haltung gegenseitig austauschen und sich gemeinsam im Interesse der Kinder unterstützen. Textor beschreibt Erziehungs- und Bildungspartnerschaft wie folgt: »Die Grundhaltung ist hier, dass

7.1 Die Kooperation von Eltern und pädagogischen Fachkräften

die Erziehung und Bildung eines Kindes die ›Co-Produktion‹ von Eltern, ErzieherInnen, LehrerInnen und dem Kind selbst ist. Daraus ergibt sich die Zusammenarbeit zwischen allen Erwachsenen, basierend auf einem intensiven dialoghaften Informations- und Erfahrungsaustausch. Je mehr die Familie als Co-Produzent von Bildung wahrgenommen und je intensiver die Kooperation mit ihr wird, umso mehr müssen ErzieherInnen und LehrerInnen ihre Erziehungs- und Bildungsziele mit den Eltern abstimmen und ihre Bildungsangebote in die Familie hineintragen« (Textor, 2009, S. 157 f.).

Die Interaktionen zwischen Eltern und pädagogischen Fachkräften beeinflussen die Lernatmosphäre, die Inhalte der Förderung und die Interaktionen mit dem Kind selbst (Larrá, 2005). Die Qualität dieser Prozesse wirkt sich unmittelbar auf die Entwicklungsprozesse der Kinder aus (z. B. Viernickel, 2006; Strehmel, 2007; Ott et al., 2007).

PädagogInnen, Eltern und Kind(er) bewegen sich in einem »Beziehungsdreieck«:

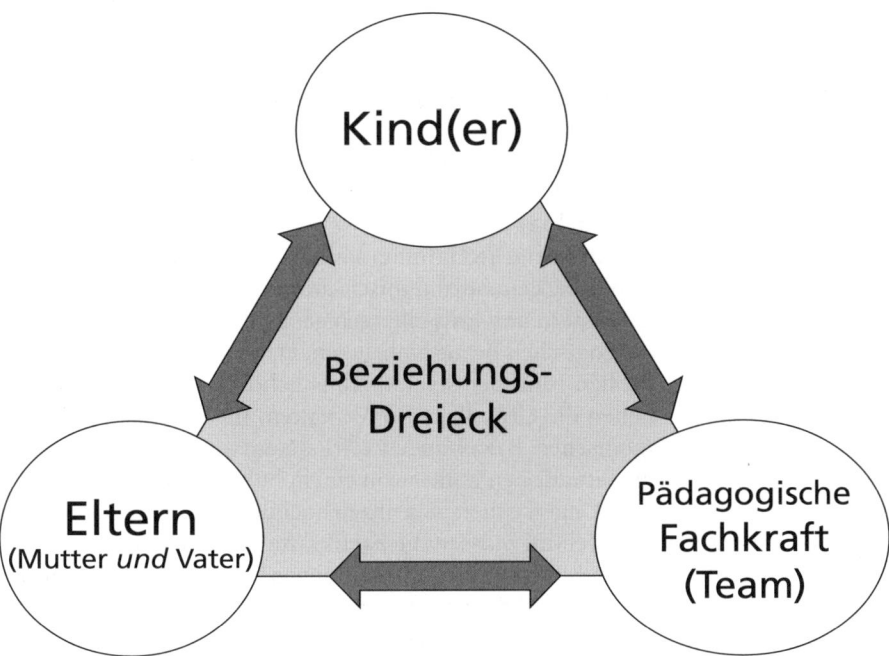

Abb. 7.1: Beziehungsdreieck der Erziehungspartnerschaft

Die Erwachsenen müssen sich somit immer wieder bewusst machen, dass sie aufeinander bezogen die Kontakte zum Kind gestalten – und ausbalancieren – sollten.

ErzieherInnen sind nach den (Ehe-)PartnerInnen für die Eltern die wichtigsten Ansprechpersonen bei Erziehungsfragen, wie die Studie von Fröhlich-Gildhoff, Kraus und Rönnau (2006) zeigte; sie sind wichtiger als andere Personen, wie z. B. Kinderärzte oder Verwandte. Besondere Wünsche nach Unterstützung zeigten sich bei Fragen hinsichtlich der Entwicklung des Kindes, bei der Erziehung oder auch beim Betrachten möglicher Verhaltensauffälligkeiten (Befragung von 1147 Eltern). Eine ähnlich hohe Bedeutung der LehrerInnen und ErzieherInnen zeigte sich in der ifb-Elternbefragung 2002 (vgl. Smolka, 2006).

Auch wenn die Forderung nach dem Erreichen einer »Partnerschaft auf Augenhöhe« zwischen pädagogischen Fachkräften und Eltern positiv besetzt ist, wird der Begriff der »Erziehungspartnerschaft« im Fachdiskurs allerdings z. T. auch kritisch hinterfragt: So weisen z. B. Cloos und Karner (2010) darauf hin, dass der Begriff der »Partnerschaft« ein grundsätzlich asymmetrisches Verhältnis zwischen Eltern und Fachkräften nicht ausreichend reflektiert. Beide Gruppen haben unterschiedliche Sichtweisen, Ziele und z. T. auch unterschiedliche Interessen, die nicht immer partnerschaftlich oder gar »auf Augenhöhe« abzugleichen sind. Nicht selten sehen sich PädagogInnen und Eltern als Konkurrenten und schieben sich wechselseitig die Schuld für Probleme der Kinder zu etc. Ebenso betont Brock (2011, S. 16) ausdrücklich, dass es von Bedeutung ist, mögliche existierende »Machtasymmetrien« und Hierarchien in den Blick zu nehmen, zu reflektieren und zu bearbeiten.

7.1.3 Die Bedeutung der Haltung der Fachkräfte

Eine entscheidende Bedeutung für eine gelingende Zusammenarbeit zwischen pädagogischen Fachkräften und Eltern hat die professionelle Haltung als handlungsleitende Orientierung der Fachkräfte.

»Mit dem Terminus ›professionelle Haltung‹ sind [...] konkrete Orientierungsmuster, im Sinne von handlungsleitenden (ethisch-moralischen) Wertorientierungen, Normen, Deutungsmustern und Einstellungen gemeint, die Pädagog/innen in ihre Arbeit und den pädagogischen Bezug einbringen. Das Bild vom Kind und das eigene professionelle Rollen- und Selbstverständnis gehören im Kern zu dieser Haltung. Haltungen stellen die Grundlage für Verhalten, für die Gestaltung von Praxis und von pädagogischen Beziehungen dar« (Nentwig-Gesemann et al., 2011). Da pädagogische Situationen immer von einem hohen Grad von Komplexität, Mehrdeutigkeit und Ungewissheit gekennzeichnet und daher im Detail auch nur begrenzt planbar sind (ebd.), müssen die Fachkräfte in besonderer Weise die eigenen – auch biographisch geprägten – Einstellungen und (Vor)Urteile in der jeweiligen Interaktionssituation reflektieren (s. a. Fischer, 2011a).

Die Bedeutung der Haltung der pädagogischen Fachkräfte in der Zusammenarbeit mit Eltern konnte – zumindest für den Bereich der Kindertageseinrichtungen – in der Studie von Fröhlich-Gildhoff, Kraus und Rönnau (2005, 2006), empirisch nachgewiesen werden. Eine wesentliche Erkenntnis bestand darin, dass eine veränderte Haltung der ErzieherInnen gegenüber den Eltern den Erfolg der Zusammenarbeit zwischen Eltern und ErzieherInnen positiv beeinflusst bzw. gewährleistet: »Dort wo Konkurrenz bestand, Berührungsängste den wechselseitigen Umgang prägten und/oder vorrangig die Defizite der Erziehungsberechtigten gesehen wurden, gelang es durch ein verändertes und gestärktes Selbstverständnis der Fachkräfte, den Blick vom einzelnen Kind zur gesamten Familie zu weiten. Die ErzieherInnen sahen, dass sie als Professionelle auf die Eltern zugehen und sich an deren Stärken und Interessen orientieren sollten. Dabei ist es wichtig, die je einzelne Familie mit ihren Ressourcen aber auch Problemen in den Blick zu nehmen« (Fröhlich-Gildhoff, Kraus & Rönnau, 2006, S. 14). Dabei ließ sich eine »Wirkungskette zur Gestaltung einer erfolgreichen Zusammenarbeit zwischen Eltern und ErzieherInnen« (ebd.) beschreiben.

Roth (2010) führt ferner aus, dass eine pädagogische Haltung, die getragen ist durch die Komponenten Respekt und Wertschätzung, Vorurteilsbewusstsein, Ressourcenorientierung, Dialoghaftigkeit sowie Selbstreflexion, die kommunikative Beziehungsgestaltung zu den Eltern begünstigen. Dabei ist »neben einer respektvollen Haltung gegenüber den Eltern die reflexive Haltung gegenüber den eigenen Wertvorstellungen maßgeblich, um in der pädagogischen Arbeit mit Eltern nicht in die Pädagogisierung [oder gar Belehrung, der Autor] von Eltern abzugleiten« (Wiezorek, 2006, S. 57f.).

In Aus- und Weiterbildungszusammenhängen stellt es eine besondere Herausforderung dar, mit PädagogInnen reflexiv an ihrer Haltung und deren Weiterentwicklung zu arbeiten (zu entsprechenden Konzepten vgl. Fröhlich-Gildhoff et al., 2011; WiFF, 2011b; Dusolt, 2008).

7.1.4 Methoden und Funktionen der Zusammenarbeit zwischen Eltern und pädagogischen Fachkräften

Die Formen und Angebote in der Zusammenarbeit mit den Eltern sind vielfältig. Dabei ist es unabdingbar, für die jeweilige Zielgruppe auf der Basis einer systematischen (Bedarfs-)Analyse passgenaue Angebote zu gestalten. Grundsätzlich ist bei der großen Diversität von Lebenslagen davon auszugehen, dass es *die* Eltern nicht gibt – Professionalität ist dadurch gekennzeichnet, dass die jeweiligen Interaktionen und die Angebote zielgruppenspezifisch adaptiert werden.

Die verschiedenen Formen der Zusammenarbeit mit Eltern lassen sich folgendermaßen kategorisieren:

- *Informationen.* Hierzu zählen beispielsweise die ersten Elternkontakte (Aufnahmegespräch, erste Hausbesuche bei der Aufnahme), schriftliche Informationen über Abläufe im Alltag der Schule oder Kita, allgemeine Elternabende und besonders die wichtigen »Tür- und Angelgespräche«.
- *Austausch und enge Kooperation hinsichtlich der Entwicklung des Kindes.* Eine besondere Bedeutung haben die Entwicklungsgespräche auf der Basis vorhergehender dokumentierter Beobachtungen, die den zentralen Anknüpfungspunkt der Kooperation darstellen sollten. Solche regelmäßigen, anlass- oder problemunabhängigen Entwicklungsgespräche gehören mittlerweile zum Standard in Kindertageseinrichtungen, sind jedoch nur selten in Schulen regelhaft vorzufinden. Bedeutsam sind auch die gemeinsam gestalteten Übergangsphasen, dabei sind die Eingewöhnungsphase in die Kita und der Übergang in die Grundschule zentrale Schlüsselprozesse. Insbesondere mit Eltern von Kindern unter drei Jahren ist eine regelmäßige Kommunikation für die Herstellung von Sicherheit bedeutend (z. B. Hédervári-Heller, 2009).

- *Mitbestimmung.* Hierbei geht es um die Beteiligung der Eltern an Entscheidungsprozessen z. B. über die Mitarbeit im Elternbeirat oder durch die Mitarbeit bei der Entwicklung der Konzeption.
- *Mitwirkung.* Dieser Aspekt umfasst ein breites Spektrum von Möglichkeiten, bei denen die Eltern direkt in besondere Vorhaben (wie z. B. Öffentlichkeitsarbeit bei besonderen Anlässen, Gestaltung des Außengeländes, Angebote von Eltern für Eltern, Ausflüge, Feste) oder alltägliche Aktivitäten (z. B. Mitwirkung als »Lesepatin«, Einbringen eigener Hobbys oder beruflicher Kompetenzen in den pädagogischen Alltag) eingebunden sind. Auch kommunikative Gelegenheiten, wie z. B. ein Elterncafé oder eine »Kita-Zeitung« sollten durch die Mitwirkung von Eltern oder anderen Bezugspersonen verwirklicht werden.
- *Elternbildung im eigentlichen Sinn.* Hierunter werden gezieltere Angebote wie Elternsprechstunden, themenbezogene Elternabende oder Gruppen- und Kursangebote zur Stärkung der Erziehungskompetenz gefasst; auf diese Kurse wird im nächsten Kapitel vertieft eingegangen.
- *Institutionelle Weiterentwicklung zu Familienzentren.* Auf einer institutionellen Ebene entwickeln sich Kindertageseinrichtungen weiter zu Familienzentren, z. T. angelehnt an die englischen Modelle der »Early Excellence Center«. In Deutschland spielt hier das Pestalozzi-Fröbel-Haus in Berlin eine Vorreiterrolle (z. B. Hebenstreit-Müller & Lepenies, 2007) Einige Bundesländer haben einen systemtischen Entwicklungsprozess angestoßen (z. B. Nordrhein-Westfalen: www.familienzentren.nrw.de). Im Rahmen dieses Beitrags kann auf die wichtige Thematik nicht vertiefend eingegangen werden.

> **Weiterführende Literatur**
>
> Zu Formen der Zusammenarbeit mit Eltern: u. a. Roth, 2010; Textor, 2006a; Bernitzke & Schlegel, 2004; Fröhlich-Gildhoff et al., 2011; Dusolt, 2008.

Eine gelingende Zusammenarbeit mit Eltern oder die Entscheidung für eines der oben genannten Angebote sollte grundsätzlich auf der Basis von Bedarfserhebungen und gezielten Analysen erfolgen. Da es nicht *den* idealen Zugangsweg zu allen Eltern gibt, gilt es passgenaue Angebote für die jeweils spezifischen Familiensituationen bzw. Elterngruppe(n) herauszufinden. Dabei sind die individuellen und allgemeinen Zugangsmöglichkeiten der Eltern, ihre momentane Lebenssituation und Problemlage oder anstehende Entwicklungsaufgaben (z. B. die Gestaltung von Übergängen) zu berücksichtigen. Hinsichtlich der verschiedenen Elterngruppen in der Institution gilt es zu differenzieren, denn bedarfsgerechte Arbeit setzt Angebote bzw. spezifisch entwickelte Konzepte (Blank, 2006.) für die verschiedenen Zielgruppen voraus – z. B. die Einbindung von Vätern oder von Eltern mit Migrationshintergrund. Es hat sich bewährt, dass sich Einrichtungsteams auf die Etablierung von eher wenigen Arbeitsschwerpunkten konzentrieren und diese dann entsprechend realisieren.

7.1.5 Eine besondere Herausforderung: Familien mit unterschiedlichen kulturellen Hintergründen

Es ist eine besondere Aufgabe für die pädagogischen Fachkräfte, den Zugang zur Bildungseinrichtung für Familien mit Migrationshintergrund bzw. mit unterschiedlichem kulturellen Hintergrund zu erleichtern. Folgende Arbeitsansätze fördern die interkulturelle Verständigung und das Erreichen der entsprechenden Eltern (z. B. Makey & Bayram, 2008; Textor, 2009; Fischer, 2011a,b):

- der Einsatz pädagogischer Fachkräfte mit Migrationshintergrund;
- die systematische Einbeziehung von aktiven Eltern mit Migrationshintergrund, damit diese eine Mittler- oder »Brücken«-Funktion – bis hin zum Anbieten von Elterngruppen – übernehmen können;
- integrierte Sprachförderung durch niedrigschwellige Angebote, z. B. Eltern-Kind-Gruppen, die von Sprachförderkräften begleitet werden oder parallele Eltern- und Kinderkurse mit abgestimmten Inhalten (z. B. »Rucksack-Projekt; vgl. RAA, o. J.[29]);
- gemeinsame Begegnungsveranstaltungen (z. B. interkulturelle Feste, gemeinsames Erforschen des Sozialraums, Kulturbörsen) für Eltern/Familien mit und ohne Migrationshintergrund.

7.1.6 Standards in der Zusammenarbeit mit Eltern

Aus den vorliegenden Studien, theoretisch abgesicherten Handlungsempfehlungen und Qualitätsanalysen lassen sich abschließend neun Mindeststandards für die Zusammenarbeit der Institutionen Kindertageseinrichtung und Grundschule in der Zusammenarbeit mit den Eltern formulieren; ein wichtiges Leitbild insbesondere für die Institution Schule ist dabei der Satz: »Kontakt *vor* dem Problem«:

1. Schriftlich fixiertes *Eingewöhnungskonzept*, das regelmäßig evaluiert und reflektiert wird.
2. Systematische *Information* der Eltern über die Abläufe in der Kita bzw. der Grundschule auf verschiedenen Wegen (Gespräche, schriftliche Informationen – in mehreren Sprachen, möglichst Hausbesuche etc.). Auch informelle Informationswege, z. B. Gespräche in Eltern-Cafés, sind hier einzubeziehen.
3. Regelmäßige *Bedarfsanalysen*, um Wünsche und Bedürfnisse der Eltern bzw. der verschiedenen Subgruppen zu erfassen und darauf zielgruppenspezifisch Angebote planen zu können.

---

29 In einer Längsschnittstudie in 22 Einrichtungen mit 350 Kindern mit Migrationshintergrund konnten Hildenbrand und Köhler (2010; S. 206) zeigen, »dass Kinder sprachlich kompetenter sind, wenn sich ihre Eltern an der Sprachförderung in der Kita interessiert zeigen […] Zum Ausdruck kommen kann dieses Interesse beispielsweise durch eine rege Beteiligung an Elternabenden, Elterngesprächen oder sonstigen Aktivitäten der Kita«.

4. Qualifizierte *Tür- und Angelgespräche* oder kurze Telefonate: Diese sind der Kern des Kontakts zwischen Fachkraft und Eltern. Hierfür müssen die Fachkräfte qualifiziert sein und ein dafür ausgewiesener Zeitrahmen muss nicht nur zur Verfügung stehen, sondern als bewusstes Element in Arbeitszeitberechnungen einbezogen werden.
5. Mindestens halbjährlich stattfindende *Entwicklungsgespräche* mit den Eltern und gegebenenfalls weiteren Bezugspersonen auf der Basis systematischer Beobachtung und Dokumentation.
6. Regelmäßige Formen der *Elternbildung* z. B. durch Informationsnachmittage oder -abende zu zielgruppenspezifischen oder allgemeinen Themen; das Angebot von Elternkursen – für *alle* Eltern – zur Stärkung der Erziehungskompetenz ist dabei eine sinnvolle Zusatzleistung.
7. Regelmäßige *Eltern-Kind-Aktivitäten* zur Verbesserung des Kontakts und zum gemeinsamen Erleben von Interaktionen im Beziehungsdreieck.
8. Pläne für ein »*Krisenmanagement*« bei besonderen Problemen (z. B. Verdacht auf Kindeswohlgefährdung), damit die zuständige Fachkraft in der Zusammenarbeit mit den betroffenen Familien schnell Unterstützung erhält.
9. Gezielte *Übergangskonzepte* und systematische Übergangsberatung der Eltern (Übergang Krippe – Kita; Kita – Grundschule; Grundschule – weiterführende Schule).

Wird die Zusammenarbeit mit Eltern auf dieser strukturell-organisatorischen Ebene angesiedelt – die gemeinsame Ziele, Transparenz und systematische Planung von Aktivitäten und Interventionen, Absprachen mit Vertretungen aller Elterngruppen sowie eine kontinuierliche Weiterqualifizierung der Fachkräfte berücksichtigt – erlangen pädagogische Fachkräfte Handlungssicherheit im Umgang mit divergenten Familienformen und sind in der Lage, die Qualität der Zusammenarbeit kontinuierlich zu verbessern.

7.2 Elternkurse (Elternbildung)

Mittlerweile existiert eine Vielzahl von Programmen, die das Ziel haben, Eltern in ihrer Erziehungs- und Beziehungsfähigkeit zu stärken, um Fehlentwicklungen bei den Kindern zu verhindern oder die Erziehungskompetenzen der Eltern zu verbessern (s. Zusammenstellungen bei: Heinrichs et al. 2006; Tschöpe-Scheffler, 2003, 2006).

Grundsätzlich lassen sich diese Kurse unterscheiden in solche, die allgemein präventiv ausgerichtet sind, also Eltern allgemein in ihrer Kompetenz stärken und ein besseres Zusammenleben von Kindern und Eltern ermöglichen wollen. Der zweite Kurstyp ist konzipiert für Eltern, deren Kinder spezifische Auffälligkeiten zeigen. Darüber hinaus gibt es weitere Kurse für spezifische Zielgruppen.

7.2.1 Allgemein-präventiv ausgerichtete Kurse

Diese Kurse haben in der Regel universell präventiven Charakter: Es geht darum, den Eltern Möglichkeiten zur Weiterentwicklung ihrer Erziehungskompetenzen zu geben und ein wertschätzendes wie entwicklungsförderliches Zusammenleben in der Familie zu unterstützen.

Eine Übersicht und kritische Würdigung dieser Kurse findet sich bei Tschöpe-Scheffler (2003, 2005; weitere Zusammenstellungen und kritische Betrachtungen bei: Kalicki, 2006; Wahl & Sann, 2006; Behn, 2006). Die folgende Zusammenstellung der wichtigsten und am meisten verbreiteten Programme ist einem Beitrag von Tschöpe-Scheffler (2004) entnommen und aktualisiert worden:

Tab. 7.1: Vergleich der am meisten verbreiteten Elternkurse (zusammengestellt aus: Tschöpe-Scheffler 2004, S. 9–13; aktualisiert vom Autor 2012)

	Menschenbild	Struktur	Weiterf. Hinweise
Gordon Familientraining	Humanistisches Menschenbild (Streben nach Selbstverwirklichung); Umsetzung eines kooperativen Erziehungsstils, Suche nach partnerschaftlichen Lösungen.	Mind. 30 Std., verteilt auf mehrere Abende, bzw. Wochenenden.	Gordon, T. (1999). *Familienkonferenz*. Müchen: Heyne. Gordon, T. (1993). *Die neue Familienkonferenz*. Hamburg: Hoffmann und Campe.
Kess (kooperativ, ermutigend, sozial, situationsorientiert)	Humanistisches Menschenbild; hohe Bedeutung hat das Bedürfnis des Kindes nach Zugehörigkeit. Der elterliche Blick soll auf die Stärken des Kindes gelenkt werden; kooperativer Erziehungsstil.	5 Treffen (je 2–3 Std.), Fortsetzungskurse werden angeboten.	Horst, C., Kulla, C., Maaß-Keibel, E., Raulfs, R. & Mazzola, R. (2003). *Kess erziehen – Elternhandbuch*. Bonn: AKF Arbeitsgemeinschaft für kath. Familienbildung e. V. www.akf-bonn.de/Kess.html
STEP (Systematic Training for Effective Parenting)	Optimistische, zukunftsorientierte Grundhaltung. Der Mensch als soziales Wesen braucht das Gefühl der Zugehörigkeit. Kinder brauchen Achtung und Respekt. Sie sollen Einfluss nehmen dürfen und auf demokratische Weise in Entscheidungsprozesse miteinbezogen sein.	10 Treffen (je 2 Std.)	Dinkmeyer, D. Sr., Dinkmeyer D. Jr. & McKay, G. (2001). *Step Elternhandbuch: Grundkurs 1*. Deutsche Übersetzung von T. Kühn und R. Petcov. München: Beust. www.instep-online.de
Starke Eltern – Starke Kinder® des DKSB	Humanistisches Menschenbild (Streben nach Selbstverwirklichung und Beziehungsgleichgewichten). Der Erziehungsstil soll demokratisch, konsequent sein (autoritativ, nicht autoritär!) und ohne Gewalt und Strafen auskommen.	20–30 Kursstunden, verteilt über 10 bis 12 Treffen.	Honkanen-Schoberth, P. (2003). *Starke Kinder brauchen starke Eltern. Der Elternkurs des Deutschen Kinderschutzbundes*. Berlin: DKSB. www.starkeeltern-starkekinder.de/

Tab. 7.1: Vergleich der am meisten verbreiteten Elternkurse (zusammengestellt aus: Tschöpe-Scheffler 2004, S. 9–13; aktualisiert vom Autor 2012) (Fortsetzung)

	Menschenbild	Struktur	Weiterf. Hinweise
Eltern stärken mit Kursen in Kitas	Humanistisches Menschenbild; Kurs setzt spezifisch an den Stärken und Bewältigungsmöglichkeiten der Eltern an; Verbindung zum Resilienzkonzept.	6 Kurseinheiten von je 90 Minuten Dauer, strukturierte Inhalte; Adaptation an die jeweilige Gruppe.	Fröhlich-Gildhoff, K., Rönnau, M. & Dörner, T. (2008). *Eltern stärken mit Kursen in Kitas.* München: Reinhardt.
Triple P (Positive Parenting Program)	Lerntheorie, Verhaltenstherapie; hohe Bedeutung von klaren Regeln und Konsequenzen.	Unterschiedliche »Levels« der Intervention – von »Elternselbsthilfe« bis zur Elternbegleitung im Alltag. In der Regel 4 Treffen (je 2 Std.), anschließend 4 telefonische Beratungen.	Markie-Dadds, C., Sanders, M.R. & Turner, K.M (2002). *Das Triple P Elternarbeitsbuch. Der Ratgeber zur positiven Erziehung mit praktischen Übungen.* Münster: PAG Verlag für Psychotherapie. www.triplep.de

Die wichtigsten methodischen Elemente in den verschiedenen Kursprogrammen sind:

- Informationsvermittlung (über Entwicklung, die Wirkung und Wechselseitigkeit von Verhalten; diese Informationen sind auf die Themen der Eltern, aber auch auf das Alter der Kinder zu beziehen) durch Kurz-Inputs der KursleiterInnen, geeignete Texte, Filme usw.
- Möglichkeiten zur Selbstreflexion und Selbst-Auseinandersetzung durch gezielte Übungen, Reflexion von »Hausaufgaben«, Raum zum Darstellen von einzelnen (Problem-)Situationen (die Bedürfnisse und jeweiligen Themen der Eltern haben eine zentrale Bedeutung) etc.
- praktische Übungen; auch zum Erarbeiten und Ausprobieren von Problemlösestrategien, z. B. bei Konflikten mit den Kindern. Hilfreich ist eine ganz konkrete Orientierung am Erziehungs- und Lebensalltag, hilfreich sind »Hausaufgaben«, die dann nachbereitet werden.
- Wechsel unterschiedlichster Arbeitsformen (Einzelarbeit, Dyaden-Arbeit, Kleingruppe, Plenum, Vortrag etc.).

Die verschiedenen Elternkurse sind unterschiedlich gut evaluiert (z. B. Heinrichs et al., 2006; Grimm & Mackowiak, 2006). Insgesamt zeigt sich dabei, dass solche Kurse, die praktische Übungselemente beinhalten, die besten Effekte zeigen (Grimm & Mackowiak, 2006; Plück et al., 2000).

7.2.2 Kurse für spezifische Zielgruppen

Eine Schwierigkeit besteht oft darin, sogenannte »bildungsferne« Eltern oder Eltern mit Migrationshintergrund mit Kursangeboten oder »Elterntrainings« zu erreichen (z. B. Bauer & Bittlingmayer, 2005; Heinrichs et al., 2006; Wahl et al., 2006). Hier muss die Niedrigschwelligkeit noch einmal verbessert werden, die Eltern müssen sehr gezielt angesprochen und zur Teilnahme aufgefordert werden, nichtsprachliche Kursinhalte sollten verstärkt werden. Generell müssen auch Ängste und Vorbehalte überwunden werden. »Ein Teil der stark problembelasteten Familien betrachtet Unterstützungsangebote [...] generell skeptisch. [...] Gerade diese Eltern [fühlen sich] oft ohnmächtig und ›am Ende‹« (Wahl et al., 2006, S. 41). Letztlich haben diese Familien Probleme, sich (staatlichen) »Hilfsangeboten zu öffnen« (ebd.). Diese Familien greifen oft auf sehr konkrete Erziehungsratschläge, auch auf populäre Erziehungsratgeber wie »Super Nanny« im Fernsehen zurück.

Gute Erfahrungen wurden in Projekten gemacht, bei denen muttersprachliche Eltern – mit fachlicher Begleitung – selbst Kurse für Menschen aus dem gleichen Kulturkreis angeboten haben (z. B. Fröhlich-Gildhoff et al., 2005; Hippy Projekt: Kiefl, 1996; Rucksack-Projekt: Springer-Geldmacher, 2005; Wahl & Sann, 2006).

Beispiele für Programme für spezifische Zielgruppen sind »ELTERN AG« und »PALME«:

> **ELTERN AG – Für Eltern, die mit mehreren Schwierigkeiten gleichzeitig kämpfen.**
>
> Armbruster, 2006, 2011.
>
> ELTERN AG ist ein Programm zum Empowerment und zur Anleitung zur Selbsthilfe für Familien, die mit einer Vielzahl von Problemen wie Armut, Arbeitslosigkeit, chronischer Erkrankung, Alleinerziehendem-Status etc. umgehen müssen. ELTERN-AG konzentriert sich primär auf Eltern mit Kindern im Vorschul- und Einschulalter. Ausgangspunkt sind Institutionen, v. a. Kindertageseinrichtungen, über welche die Zielgruppe angesprochen wird; die Gruppengröße sollte zehn Eltern(teile) umfassen. Die eigentliche ELTERN-AG umfasst 20 Sitzungen mit je zwei Gruppenstunden à 45 Minuten. Jede ELTERN-AG wird von je einem weiblichen und männlichen Mentor geleitet, dokumentiert und evaluiert.
>
> »Die ELTERN-AG beginnt in der *Initialphase* mit zehn Sitzungen. Sie dient der Herausbildung von geregelten Gruppenabläufen, der Bearbeitung der ›Sechs Goldenen Erziehungsregeln‹ (vgl. Armbruster, 2006) und der Gruppenregeln sowie der Förderung der Gruppenidentität. Die Inhalte der Treffen widerspiegeln die Interessen und Bedürfnisse der teilnehmenden Eltern [...] Die *Konsolidierungsphase* erstreckt sich über die Sitzungen 11 bis 20. Sie eröffnet den Eltern bei gleicher Struktur die Möglichkeit, die Gestaltung der Treffen sukzessive in die Hand zu nehmen. Damit werden die Eltern vorbereitet, die Grup-

pe selbstständig nach den 20 Sitzungen weiterzuführen« (Armbruster, 2011, S. 232 f.). Dabei werden jeweils drei Kernelemente umgesetzt: soziales Lernen in der Gruppe, Stressmanagement und Reflexion auf der kognitiven Ebene.

Erste Evaluationsergebnisse zeigten, dass die avisierte Zielgruppe mit dem Programm erreicht wird, ein Großteil der Eltern sich auch nach der Begleitung weiter trifft. »Im Verlauf der Teilnahme erhöhen sich bei den Eltern die wahrgenommene soziale Unterstützung und die Erziehungskompetenz signifikant. Die Kinder zeigen im Vergleich zur Kontrollgruppe eine hochsignifikante Verbesserung der Testwerte emotionaler Entwicklung« (Schneider & Böhm, 2012, S. 245).

PALME – Elterntraining für alleinerziehende Mütter und ihre Kinder

Franz (2009). www.palme-elterntraining.de

PALME ist ein Elterntraining für alleinerziehende Mütter und ihre Kinder im Vor- und Grundschulalter. Es ist bindungstheoretisch fundiert und umfasst 20 klar strukturierte, (manualisierte) und modularisiert aufeinander aufbauende Gruppen-Sitzungen zu je 90 Minuten, die von einem geschulten LeiterInnenpaar moderiert werden. Die Ziele des Programms liegen v. a. in der Stärkung elterlicher Kompetenzen und der Stabilisierung der Mutter-Kind-Beziehung. Neben Informationen, die den Müttern gegeben werden, sind praktische Fragen, aber auch Übungen, z. B. Rollenspiele, Gegenstand der Einheiten; es werden typische Herausforderungen und Alltagskonflikte alleinerziehender Mütter bearbeitet. »Schließlich werden mittels kindgerechter Mutter-Kind-Übungen für Zuhause die feinfühlige Wahrnehmung der Bedürfnisse des Kindes und die Lösung bestehender Konflikte gefördert« (der homepage entnommen: www.palme-elterntraining.de). Das Programm ist systematisch mit positiven Effekten auf der Ebene der Mütter evaluiert worden; die Depressivität und psychosomatische Belastung der Teilnehmerinnen nahm im Unterschied zur Vergleichsgruppe ab und die berichtete Lebensqualität nahm zu. Die Konflikte in der Mutter-Kind-Interaktion verringerten sich leicht. Im Verhalten der Kinder ließen sich mittels Testverfahren keine Änderungen und Unterschiede zwischen Interventions- und Vergleichsgruppe beschreiben (Franz et al., 2011, 2012).

7.2.3 Kurse für Eltern, deren Kinder besondere Auffälligkeiten zeigen

Zusätzlich zu den eher universell ausgerichteten Kursen und denen für spezifische Zielgruppen, gibt es auch Unterstützungsangebote für Eltern, deren Kinder bereits diagnostizierte Auffälligkeiten zeigen; Beispiele für solche Kurse sind:

- Elterntraining als Programmbestandteil des Therapieprogramms für Kinder mit hyperkinetischem und oppositionellem Problemverhalten THOP (Döpfner et al., 2002).
- Präventionsprogramm für Expansives Problemverhalten (PEP) (Plück et al., 2006).
- Kompetenztraining für Eltern sozial auffälliger Schüler (KES) (Lauth & Heubeck, 2005).
- Psychoedukation für Eltern in der Behandlung essgestörter Jugendlicher (Hagenah & Vloet, 2005).

Literatur

Achenbach, T. M. (1997). *Guide for the caregiver-Teacher Report Form for ages 2–5*. Berlington, VT: University of Vermont, Department of Psychiatry.
Achenbach, T. M. (1991). *Manual for the Child Behavior Checklist/4–18 and 1991 Profile*. Berlington, VT: University of Vermont, Department of Psychiatry.
Ackermann, F. & Wegner, W. (2010). *Gemeinwesenarbeit*. Stuttgart: Kohlhammer.
Agj – Arbeitsgemeinschaft für Jugendhilfe (2006). *Handlungsempfehlungen zur Kooperation von Jugendhilfe und Schule*. Zugriff am 28.11.2012. Verfügbar unter www.agj.de/pdf/5/2006/Handlungsempfehlungen%20AGJ.pdf?id1=6&id2=1
Ahnert, L. (2010). *Wieviel Mutter braucht ein Kind? Bindung – Bildung – Betreuung: öffentlich und privat*. Heidelberg: Spektrum.
Ahnert, L. (2007). Von der Mutter-Kind- zur Erzieherinnen-Kind-Bindung? In F. Becker-Stoll & M. R. Textor (Hrsg.), *Die Erzieherin-Kind-Beziehung. Zentrum von Bildung und Erziehung* (S. 31–41). Berlin: Cornelsen Scriptor.
Ahnert, L. (2004a). Bindungsbeziehungen außerhalb der Familie: Tagesbetreuung und Erzieherinnen-Kind-Bindung. In L. Ahnert (Hrsg.), *Frühe Bindung. Entstehung und Entwicklung* (S. 256–277). München: Reinhardt.
Ahnert, L. (2004b). *Frühe Bindung. Entstehung und Entwicklung*. München: Reinhardt.
Ahrbeck, B. & Wilmann, M. (Hrsg.). (2009). *Handbuch Pädagogik bei Verhaltensstörungen*. Stuttgart: Kohlhammer.
Ahrens-Eipper, S. & Leplow, B. (2004). *Mutig werden mit Til Tiger*. Göttingen: Hogrefe.
Ainsworth, M., Blehar, M. C., Waters, E. R. & Wall, S. (1978). *Patterns of attachment. A psychological study of the strange situation*. Hillsdale, NY: Erlbaum.
Ainsworth, M. D. S., Bell, S. M. & Stayton, D. J. (1974). Infant-mother attachment and social development: »Socialisation« as a product of reciprocal responsiveness to signals. In M. P. M. Richards (Hrsg.), *The integration of a child into a social world* (S. 99–135). London: Cambridge University Press.
Als, H. (1984). *Manual for Naturalistic Observation of the Newborn (Pre-term and Fullterm)*. Boston: Childrens Hospital.
Al-Yagon, M. & Margalit, M. (2006). Loneliness, sense of coherence and perception of teachers as a secured base among children with reading difficulties. *European Journal of Special Needs Education, 21*, 21–37.
Andres, B., Laewen, H.-J. & Pesch, L. (Hrsg.). (2005). *Elementare Bildung. Band 2: Handlungskonzept und Instrumente*. Weimar: Das Netz.
Antonovsky, A. (1997). *Salutogenese: zur Entmystifizierung der Gesundheit*. Tübingen: DGVT.
Arbeitsgemeinschaft für katholische Familienbildung e. V. (o. J.). *Kess erziehen*. Zugriff am 28.11.2012. Verfügbar unter www.akf-bonn.de/Kess.html
Arbeitsgruppe Deutsche Child Behavior Check List (1998). *Elternfragebogen über das Verhalten von Kindern und Jugendlichen; Deutsche Bearbeitung der Child Behavior Check List (CBCL/4–8). Einführung und Anleitung zur Handauswertung.* (2. Aufl. mit deutschen Normen). Köln: Arbeitsgruppe Kinder- und Jugend-Familiendiagnostik (KJFD).
Armbruster, M. (2011). ELTERN-AG – Für Eltern, die mit mehreren Schwierigkeiten gleichzeitig kämpfen. In K. Fröhlich-Gildhoff, S. Pietsch, M. Wünsche & M. Rönnau-Böse (Hrsg.), *Zusammenarbeit mit Eltern in Kindertageseinrichtungen. Ein Curriculum für die Aus- und Weiterbildung* (S. 228–236). Freiburg: FEL.

Armbruster, M. (2006). *Eltern-AG. Das Empowerment-Programm für mehr Elternkompetenz in Problemfamilien.* Heidelberg: Carl-Auer.
Aßhauer, M., Burow, F. & Hanewinkel, R. (1999). *Fit und stark fürs Leben. 3. und 4. Schuljahr. Persönlichkeitsförderung zur Prävention von Aggression, Stress und Sucht.* Stuttgart: Klett.
Aunola, K., Leskinen, E., Lerkkanen, M.-K. & Nurmi, J. E. (2004). Development dynamics of mathematical performance from preschool to grade 2. *Journal of Educational Psychology, 96,* 699–713.
Autorengruppe Bildungsberichterastattung (Hrsg.). (2012). *Bildung in Deutschland 2012. Ein indikatorengestützter Bericht mit einer Analyse zur kulturellen Bildung im Lebenslauf.* Bielefeld: Bertelsmann.
Axline, V. M. (1947). *Play Therapy. The Inner Dynamics of Childhood.* Boston: Hougthon Mifflin.
Backhaus, O., Petermann, F. & Hampel, P. (2010). Effekte des Anti-Stress-Trainings in der Grundschule. *Kindheit und Entwicklung, 19,* 119–128.
Baden-Württemberg Stiftung (o. J.). *»Sag mal was«. Sprachförderprogramm.* Zugriff am 28.11.2012. Verfügbar unter www.sagmalwas-bw.de
Baker, C. (2006). *Bilingual Education. Encyclopedia of Language and Linguistics.* Boston: Elsevier.
Bakermans-Kraneburg, M. J., Ijzendoorn, M. H. van & Juffer, F. (2003). Less is more: Meta-analysis of sensitivity and attachment interventions in early childhood. *Psychological bulletin, 129,* 129–215.
Balu und Du e. V. (o. J.). *Balu und Du.* Zugriff am 28.11.2012. Verfügbar unter www.balu-und-du.de
Bandura, A. (1997). *Self-efficacy: the exercise of control.* New York: Freeman.
Bandura, A. (Hrsg.). (1995). *Self- Efficacy in changing societies.* Cambridge: Cambridge University Press.
Bandura, A. (1977). Self-efficacy: Toward a unifying theory of behavior change. *Psychological Review, 84,* 191–215.
Barnow, S. (2012). Emotionsregulation und Psychopathologie. Ein Überblick. *Psychologische Rundschau, 63 (2),* 111–124.
Barquero, B., Mayer, H., Heim, P., Scheithauer, H., Meir-Brenner, S., Koglin, U., Petermann, F. & Erhardt, H. (2007). PAPILIO®: Ein Programm zur Prävention von Verhaltensproblemen, zur Förderung sozial-emotionaler Kompetenzen im Kindergarten und zur langfristigen Prävention von Sucht und Gewalt. In B. Röhrle (Hrsg.), *Für Kinder und Jugendliche* (S. 397–418). Tübingen: DGVT.
Barquero, B., Scheithauer, H., Mayer, H., Heim, P., Meir-Brenner, S., Erhardt, H. (2005). *Primärprävention von Verhaltensproblemen und Förderung sozialer-emotionaler Kompetenz im Kindergarten. Ein Beitrag zur entwicklungsorientierten Sucht- und Gewaltprävention. Abschlussbericht zur Evaluation des Projekts Papillio.* Augsburg: beta-institut.
Barrett, P. M., Webster, H. & Turner, C. (2003). *Freunde für Kinder. Gruppenleitermanual.* München: Reinhardt.
Barth, K. & Gomm, B. (2008). Gruppentest zur Früherkennung von Lese- und Rechtschreibschwierigkeiten. Phonologische Bewusstheit bei Kindergartenkindern und Schulanfängern (PB-LRS). In W. Schneider, H. Marx, & M. Hasselhorn (Hrsg.), *Diagnostik von Rechtschreibleistungen und -kompetenz* (S. 7–43). Göttingen: Hogrefe.
Bauer, U. & Bittlingmayer, U. H. (2005). Wer profitiert von Elternbildung? *Zeitschrift für Soziologie der Erziehung und Sozialisation, 25 (3),* 263–280.
Bauer, U., Langness, A. & Hurrelmann, K. (2004). *Implementierung des Lions-Quest Programms »Erwachsen werden«. Ergebnisse der Befragung von Schulleitungen, Schülerinnen und Eltern.* Bielefeld: Universität Bielefeld, Fakultät für Gesundheitswissenschaften. Zugriff am 28.11.2012. Verfügbar unter www.lions-quest.de/fileadmin/content/Lions-Quest/Evaluationen/Implementierung_LQBauer_Hurrelmann_2004.pdf
Baumert, J. & Schümer, G. (2002). Familiäre Lebensverhältnisse, Bildungsbeteiligung und Kompetenzerwerb im nationalen Vergleich. In J. Baumert, C. Artelt, E. Klieme, M. Neubrand, M. Prenzel, U. Schiefele, W. Schneider, K.-J. Tillmann & M. Weiß (Hrsg.), *PISA*

2000 – Die Länder der Bundesrepublik Deutschland im Vergleich (S. 159–202). Opladen: Leske + Budrich.

Baumrind, D. (2008). Authoritative Parenting for Character and Competence. In D. Streight (Hrsg.), *Parenting for Character: Five Experts, Five Practices* (S. 17–32). Oregon: CSEE.

Baumrind, D. (1991). Parenting styles and adolescent development. In R. Lerner, J. Brooks-Gunn & A. C. Peterson (Hrsg.), *Encyclopedia of adolescence (Vol. 2).* (S. 746–758). New York: Garland.

Baumrind, D. (1971). Current Patterns of Parental Authority. *Developmental Psychology, 4*, 1–103.

Becker, J. (2012). *Evaluation des Kursprogramms Resilienzförderung in Grundschulen.* Unveröffentlichte Masterthesis im Studiengang Bildung und Erziehung im Kindesalter an der Ev. Hochschule Freiburg.

Becker-Stoll, F., Berkic, J. & Kalicki, B. (Hrsg.). (2010). *Bildungsqualität für Kinder in den ersten drei Jahren.* Berlin: Cornelsen Scriptor.

Becker-Stoll, F. & Textor, M. R. (Hrsg.). (2007). *Die Erzieherin-Kind-Beziehung. Zentrum von Bildung und Erziehung.* Berlin: Cornelsen Scriptor.

Beebe, B. & Lachmann, F. M (1998). The contribution of mother-infant mutual influence to the origins of self and object representations. *Psychoanalytic Psychology 5*, 305–337.

Beelmann, A. (2006). Wirksamkeit von Präventionsmaßnahmen bei Kindern und Jugendlichen: Ergebnisse und Implikationen der integrativen Erfolgsforschung. *Zeitschrift für klinische Psychologie und Psychotherapie, 35 (2)*, 151–162.

Beelmann, A. (2004). Förderung sozialer Kompetenzen im Kindergarten: Evaluation eines sozialen Problemlösetrainings zur universellen Prävention dissozialer Verhaltensprobleme. *Kindheit und Entwicklung, 13,* 113–121.

Beelmann, A. & Schmitt, C. (2012).Einflussfaktoren auf die Effektivität. In M. Fingerle & M. Grumm (Hrsg.), *Prävention von Verhaltensauffälligkeiten bei Kindern und Jugendlichen* (S. 120–142). München: Reinhardt.

Beelmann, A. & Lösel, F. (2007). Entwicklungsbezogene Prävention dissozialer Verhaltensprobleme: Eine Meta-Analyse zur Effektivität sozialer Kompetenztrainings. In W. v. Suchodoletz (Hrsg.), *Prävention von Entwicklungsstörungen* (S. 235–258). Göttingen: Hogrefe.

Behn, S. (2006). Elterntrainings – Eine Übersicht. *Unsere Jugend, 11/12,* 476–480.

Behr, M. (2012). *Interaktionelle Psychotherapie mit Kindern, Jugendlichen, Eltern und Familien.* Göttingen: Hogrefe.

Behr, M. (2009). Die interaktionelle Therapeut-Klient-Beziehung in der Spieltherapie – Das Prinzip der Interaktionsresonanz. In M. Behr, D. Hölldampf & D. Hüsson (Hrsg.), *Psychotherapie mit Kindern und Jugendlichen. Personzentrierte Methoden und interaktionelle Behandlungskonzepte* (S. 37–58). Göttingen: Hogrefe.

Behrensen, B., Sauerhering, M., Solzbacher, C. & Warnecke, W. (Hrsg.). (2011). *Das einzelne Kind im Blick. Individuelle Förderung in der Kita.* Freiburg: Herder.

Beland, K. (1988). *Second Step. A violence-prevention curriculum. Grades 1–3.* Seattle, WA: Committee for Children.

Benard, B. (1991). *Fostering resiliency in kids: Protective factors in the family, school and community.* Portland, OR: Northwest Regional Educational Laboratory.

Bengel, J., Meinders-Lücking, F. & Rottmann, N. (2009). *Schutzfaktoren bei Kindern und Jugendlichen. Stand der Forschung zu psychosozialen Schutzfaktoren für Gesundheit.* (Forschung und Praxis der Gesundheitsförderung, Bd. 35). Köln: BZgA.

Benz, B. & Umbach, K. (2009). *FREUNDE – ein Schlüssel zur Lebenskompetenzförderung. 10 Jahre FREUNDE in Kindertagesstätten – Ergebnisse aus der Qualitätssicherung.* München: Stiftung FREUNDE.

Berk, L. E. (2005). *Entwicklungspsychologie.* (3., aktual. Aufl.). München: Pearson.

Bernard, B. (2004). *Resiliency: What we have learned.* San Francisco, CA: WestEd.

Bernitzke, F. & Schlegel, P. (2004). *Das Handbuch der Elternarbeit* (korrigierter Nachdruck). Troisdorf: Bildungsverlag EINS.

Bertelsmann Stiftung (Hrsg.). (2007). *Von der Kita in die Schule. Handlungsempfehlungen an Politik, Träger und Einrichtungen.* Gütersloh: Bertelsmann Stiftung.

Bickes, H. & Pauli, U. (2009). *Erst- und Zweitspracherwerb: Eine Einführung.* Stuttgart: UTB.
Bieg, S. & Behr, M. (2005). *Mich und Dich verstehen. Ein Trainingsprogramm zur Emotionalen Sensibilität bei Schulklassen und Kindergruppen im Grundschul- und Orientierungsstufenalter.* Göttingen: Hogrefe.
Biermann-Ratjen, E.-M. (2002). Entwicklungspsychologie und Störungslehre. In C. Boeck-Singelmann, B. Ehlers, T. Hensel, F. Kemper, & C. Monden-Engelhardt, (Hrsg.), *Personzentrierte Psychotherapie mit Kindern und Jugendlichen. Band 1: Grundlagen und Konzepte* (S. 11–34).Göttingen, Bern, Toronto, Seattle: Hogrefe.
BigBrothersBigSisters Deutschland gGmbH (o. J.). *Big Brothers BigSisters Deutschland. Mentoren für Kinder.* Zugriff am 28.11.2012. Verfügbar unter www.bbbsd.org
Bilukha, O., Hahn, R.A., Crosby, A., Fullilove, M. T., Libermann, A., Moscicki, E., Snyder, S., Tuma, F., Corso, P., Schofield, A., Bris, P. A. & Task Force on Community Preventice Services (2005). The effectiveness of early childhood home visitation in preventing violence. *American Journal of Preventive Medicine, 28,* 11–39.
Blank, B. (2006). Die Zusammenarbeit mit Eltern planen – Bedarf und Bedürfnissen Gehör verschaffen. In M. R. Textor (Hrsg.), *Erziehungs- und Bildungspartnerschaft mit Eltern* (S. 64–71). Freiburg: Herder.
BMFSFJ (Bundesministerium für Familie, Senioren, Frauen und Jugend) (2010). *Familien-Report. Leistungen, Wirkungen, Trends.* Berlin: BMFSFJ. Zugriff am 28.11.2010. Verfügbar unter www.bmfsfj.de/RedaktionBMFSFJ/Broschuerenstelle/Pdf-Anlagen/familien-report-2010,property=pdf,bereich=bmfsfj,sprache=de,rwb=true.pdf
BMFSFJ (Bundesministerium für Familie, Senioren, Frauen und Jugend) (2005). *Zwölfter Kinder- und Jugendbericht.* Berlin: BMFSFJ. Zugriff am 28.11.2012. Verfügbar unter www.bmfsfj.de/doku/Publikationen/kjb/data/haupt.html
Böhm, I. (Hrsg.). (1994). *Gemeindepsychologisches Handeln. Ein Werkstattbuch.* Freiburg: Lambertus.
Böttinger, U. (2010a). Frühe Hilfen im Ortenaukreis. Ein Modell für die Regelversorgung im Flächenkreis. In Nationales Zentrum Frühe Hilfen (Hrsg), *Voneinander lernen – Konferenzdokumentation Teil I, II und III.* Köln: Dokumentation NZFH.
Böttinger, U. (2010b). *Kooperation und Schnittstellenklärung Fachstellen Frühe Hilfen im Ortenaukreis/Kommunale Soziale Dienste im Ortenaukreis.* Unveröffentlichtes Dokument, Eigendruck.
Böttinger, U. & Strauß, M. (2010). *Frühe Hilfen im Ortenaukreis. Das Konzept.* Zugriff am 28.11.2012. Verfügbar unter www.fruehe-hilfen-ortenau.de/wir-ueber-uns/konzept.html
Bohl, T. (2009). Weiterentwicklung des offenen Unterrichts. Mikroprozesse des Lernens berücksichtigen und Gesamtkonzeption optimieren. In *Aufgelesen (Ausgabe 6)* Neuwied: Staatliches Studienseminar.
Boos-Nünning, U. & Karakaşoğlu, Y. (2010). *Viele Welten leben. Zur Lebenssituation von Mädchen und jungen Frauen mit Migrationshintergrund in Deutschland.* Münster: Waxmann.
Booth, T., Ainscow, M. & Kingston, D. (2006). *Index für Inklusion (Tageseinrichtungen für Kinder). Lernen, Partizipation und Spiel in der inklusiven Kindertageseinrichtung entwickeln.* Gewerkschaft Erziehung und Wissenschaft (GEW). Frankfurt: Eigendruck GEW.
Borchert, W. (2007). *Einführung in die Sonderpädagogik.* München: Oldenbourg.
Borg-Laufs, M. (Hrsg.). (2007a). *Lehrbuch der Verhaltenstherapie mit Kindern und Jugendlichen, Band 1: Grundlagen.* Tübingen: DGVT.
Borg-Laufs, M. (Hrsg.). (2007b). *Lehrbuch der Verhaltenstherapie mit Kindern und Jugendlichen, Band 2: Diagnostik und Intervention.* Tübingen: DGVT.
Borg-Laufs, M. (2006). *Störungsübergreifendes Diagnostik-System für die Kinder- und Jugendlichenpsychotherapie (SDS-KJ). Ein Manual zur Therapieplanung.* Tübingen: DGVT.
Bortz, J. & Döring, N. (2003). *Forschungsmethoden und Evaluation für Human- und Sozialwissenschaftler.* Berlin: Springer.
Bortz, J. (1993). *Statistik für Sozialwissenschaftler.* Berlin: Springer.
Bos, W., Lankes, E.-M., Prenzel, M., Schwippert, K., Valtin, R. & Walther, G. (Hrsg.). (2003). *Erste Ergebnisse aus IGLU. Schülerleistungen am Ende der vierten Jahrgangsstufe im*

internationalen Vergleich – Zusammenfassung ausgewählter Ergebnisse. Münster: Waxmann.
Brandau, H., Pretis, M. & Kaschnitz, W. (2006). *ADHS bei Klein- und Vorschulkindern.* (2. Aufl.) München: Reinhardt.
Brandtstädter, J. & Gräser, H. (1985). *Entwicklungsberatung unter dem Aspekt der Lebensspanne.* Göttingen: Hogrefe.
Brazelton, T. B. (1984). *Neonatal Behavioral Assement Scale.* Philadelphia, PA: Lipincott.
Brisch, K.-H. (2010). *SAFE® – Sichere Ausbildung für Eltern. Sichere Bindung zwischen Eltern und Kind.* Stuttgart: Klett-Cotta.
Brisch, K.-H. (2007). Prävention von emotionalen und Bindungsstörungen. In W. v. Suchodoletz (Hrsg.), *Prävention von Entwicklungsstörungen* (S. 167–181). Göttingen: Hogrefe.
Brisch, K.-H. (1999). *Bindungsstörungen. Von der Bindungstheorie zur Therapie.* Stuttgart: Klett-Cotta.
Brisch, K.-H. (o. J.). *SAFE. Sichere Ausbildung für Eltern.* Zugriff am 28.11.2012. Verfügbar unter www.safe-programm.de
Brock, I. (2011). *Die Beziehung zwischen Eltern und frühpädagogischen Fachkräften in Kindertageseinrichtungen. Psychodynamische Aspekte der Beziehungsgestaltung.* Expertise. München: WiFF.
Bronfenbrenner, U. (1981). *Die Ökologie der menschlichen Entwicklung. Natürliche und geplante Experimente.* Stuttgart: Klett-Cotta.
Brooks, J. E. (2006). Strengthening resilience in children and youths. Maximizing opportunities through the schools. *Children & Schools, 28,* 69–76.
Bruner, M. & Schöler, H. (2001). *HASE – Heidelberger auditives Screening in der Einschulungsdiagnostik.* Wertingen: Westra.
Buber, M. (1953). Rede über das Erzieherische, In M. Buber. *Reden über Erziehung* (S. 11–49). Heidelberg: Schneider.
Bühler, A. & Heppekausen, K. (2005). *Gesundheitsförderung durch Lebenskompetenzprogramme in Deutschland. Grundlagen und kommentierte Übersicht.* (Gesundheitsförderung konkret Bd. 6). Köln: Bundeszentrale für gesundheitliche Aufklärung (BZgA).
Bundeskonferenz für Erziehungsberatung (o. J.). *Veröffentlichung der Bundeskonferenz für Erziehungsberatung.* Zugriff am 28.11.2012. Verfügbar unter www.bke.de
Bundesvereinigung Evangelischer Tageseinrichtungen für Kinder e. V. (BETA) und Diakonisches Institut für Qualitätsmanagement und Forschung gGmbH (DQF) (Hrsg.). (2002). *Bundesrahmenhandbuch evangelischer Tageseinrichtungen für Kinder.* Stuttgart: Diakonisches Werk, Eigendruck.
Burow, M., Aßhauer, M. & Hanewinkel, R. (1998). *Fit und stark fürs Leben. 1. und 2. Schuljahr.* Stuttgart: Klett.
Buschmann, A., Jooss, B., Simon, S. & Sachse, S. (2010a). Alltagsintegrierte Sprachförderung in Krippe und Kindergarten. Das »Heidelberger Trainingsprogramm« – Ein sprachbasiertes Interaktionstraining für den Frühbereich. L.O.G.O.S. *Interdisziplinär, (18),* 84–95.
Buschmann, A., Simon, S., Jooss, B. & Sachse, S. (2010b). Ein sprachbasiertes Interaktionstraining für ErzieherInnen (»Heidelberger Trainingsprogramm«) zur alltagsintegrierten Sprachförderung in Krippe und Kindergarten – Konzept und Evaluation. In K. Fröhlich-Gildhoff, I. Nentwig-Gesemann & P. Strehmel (Hrsg.), *Forschung in der Frühpädagogik, Band 3. Schwerpunkt Sprachentwicklung und Sprachförderung* (S. 107–130). Freiburg: FEL.
Butterwegge, C. (2010). *Armut von Kindern mit Migrationshintergrund. Ausmaß, Erscheinungsformen und Ursachen.* Wiesbaden: VS-Verlag.
BZgA (Bundeszentrale für gesundheitliche Aufklärung) (o. J.). *Gesund groß werden – Eltern-Ordner.* Zugriff am 28.11.2012. Verfügbar unter www.kindergesundheit-info.de/infomaterial-service/infomaterial/eltern-ordner
BZgA (Bundeszentrale für gesundheitliche Aufklärung) (o. J.). *Gesundheitliche Chancengleichheit.* Zugriff am 28.11.2012. Verfügbar unter. www.gesundheitliche-chancengleichheit.de/?id=main2&idx=44704
Carle, U. & Samuel, A. (2007). *Frühes Lernen – Kindergarten und Grundschule kooperieren.* Baltmannsweiler: Schneider.

Carr, M. (2007). Learning Stories – Ein Bildungs- und Lernkonzept aus Neuseeland. In N. Neuß (Hrsg.), *Bildungs- und Lerngeschichten im Kindergarten. Konzepte, Methoden, Beispiele* (S. 41–54). Weimar: Cornelsen-Scriptor.

Carr, M. (2001). *Assessment in Early Childhood Settings. Learning Stories.* London: Paul Chapman.

Carver, C. S., Scheier, M. F. & Weintraub, J. K. (1989). Assessing coping strategies: A theoretically based approach. *Journal of Personality and Social Psychology, 56 (2)*, 267–283.

Casey, T. (2008). Die Rolle der Erwachsenen bei der Forderung des integrativen Spiels. In M. Kreuzer & B. Ytterhus (Hrsg.), *»Dabei sein ist nicht alles«. Inklusion und Zusammenleben im Kindergarten* (S. 219–238). München: Reinhardt.

Caspar, F. (2007). »Das kriegen wir schon hin«. Überlegungen zur therapeutischen Beziehung. *Verhaltenstherapie und Psychosoziale Praxis, 39 (2)*, 321–334.

Castello, A. (2011). Allgemeine Entwicklung, EET 6–6. In C. Mischo, D. Weltzien & K. Fröhlich-Gildhoff (Hrsg.), *Beobachtungs- und Diagnoseverfahren in der Frühpädagogik* (S. 109–111). Kronach: Wolters Kluwer.

Castello, A. (2009). Frühpädagogische Diagnostik. In K. Fröhlich-Gildhoff, C. Mischo & A. Castello (Hrsg.), *Entwicklungspsychologie für Fachkräfte in der Frühpädagogik* (S. 228–244). Kronach: Carl Link.

Castro, F. G. (2005). A cultural approach for promoting resilience among adjudicated mexican-american youth. In K. H. Barrett & W. H. Georg (Hrsg.), *Race, Cultur, Psychology and Law* (S. 327–341). Thousand Oaks: Sage.

Castro Mar do, M. & Mecheril, P. (2010). *Migrationspädagogik*. Weinheim, Basel: Beltz.

Chang, H.-L. (2004). Mathematics learning differences between resilient, average, and non-resilient Elementary Students. In C. H. Waxman, Y. N. Padron & J. P. Gray (Hrsg.), *Educational resiliency: student, teacher, and school perspectives* (137–156). Greenwich, CT: Information Age Pub.

Chen, J. D. & Taylor, E. (2006). Resilience and self-control impairment. In S. B. Goldstein & B. Robert, (Hrsg.), *Handbook of Resilience in Children*. New York: Springer, S. 257–278.

Christle, C., Jolivette, K. & Nelson, C. M. (2005). Breaking the school to prison pipeline: Identifying school risk and protective factors for youth delinquency. *Exceptionality, 13* H. 2, 69–88.

Cierpka, M. (2012). Familienunterstützende Prävention. In M. Cierpka (Hrsg.), *Frühe Kindheit 0–3 Jahre. Beratung und Psychotherapie für Eltern mit Säuglingen und Kleinkindern.* (S. 523–530). Berlin: Springer.

Cierpka, M. (Hrsg.). (2004a). *FAUSTLOS – Ein Curriculum zur Förderung sozial-emotionaler Kompetenzen und zur Gewaltprävention für den Kindergarten.* Göttingen: Hogrefe.

Cierpka, M. (Hrsg.). (2004b). *FAUSTLOS – Ein Curriculum zur Prävention von aggressivem und gewaltbereitem Verhalten bei Kindern der Klassen 1 bis 3.* Göttingen: Hogrefe.

Cierpka, M. (2004c). Täterschaft im Ansatz verhindern – das Curriculum FAUSTLOS. In: M. Broda, S. Fliegel, A. v. Schlippe, J. Schweitzer, W. Senf & U. Streeck (Hrsg.), *Psychotherapie im Dialog: Täter, 5 (2)* (S.160–162). Stuttgart, New York: Thieme.

Cierpka, M. (2003). FAUSTLOS – ein sozial-emotionales Lernprogramm. *Psychotherapeut, 48,* 247–254.

Cloos, P. & Karner, B. (2010). Erziehungspartnerschaft? Auf dem Weg zu einer veränderten Zusammenarbeit von Kindertageseinrichtungen und Familien. In P. Cloos & B. Karner (Hrsg.), *Erziehung und Bildung von Kindern als gemeinsames Projekt. Zum Verhältnis familialer Erziehung und öffentlicher Kinderbetreuung* (S. 169–189). Baltmannsweiler: Schneider Verlag Hohengehren.

Cloos, P., Köngeter, S., Müller, B. & Thole, W. (2007). *Die Pädagogik der Kinder- und Jugendarbeit.* Wiesbaden: VS-Verlag.

Courchesne, E., Townsend, J. & Chase, C.(1995). Neurodevelopmental principles guide research on a developmental psychopathologies. In D. Cicchetti & D. J. Cohen (Hrsg.), *Developmental psychopathology, Vol. 1, theory and methods.* (S. 195–226). New York: John Wiley.

Cremerius, J. (1979). Gibt es zwei psychoanalytische Techniken? *Psyche 33*, 577–599.
Crick, N. R. & Dodge, K. A. (1994). A review and reformulation of social information processing mechanisms in children's social adjustment. *Psychological Bulletin, 115*, 74–101.
Deutsche Gesellschaft für Kinder- und Jugendpsychiatrie und Psychotherapie (Hrsg.). (2003). *Leitlinien zu Diagnostik und Therapie von psychischen Störungen im Säuglings-, Kindes- und Jugendalter*. Köln: Deutscher Ärzteverlag.
Deutsches Institut für Medizinische Dokumentation und Information (DIMDI) (Hrsg.). (2005). *ICD-10-GM 2005. Systematisches Verzeichnis. Internationale statistische Klassifikation der Krankheiten und verwandter Gesundheitsprobleme*. Köln: Deutscher Ärzteverlag.
Deutscher Kinderschutzbund Bundesverband e. V. (o. J.). *Starke Eltern – Starke Kinder. Elternkurse des deutschen Kinderschutzbundes*. Zugriff am 28.11.2012. Verfügbar unter www.starkeeltern-starkekinder.de
Diefenbach, H., Nauck, B. & Petri, K. (1998). Intergenerationale Transmission von kulturellem Kapital unter Migrationsbedingungen. *Zeitschrift für Pädagogik, 44 (5)*, 701–722.
Dilling, H., Mombour, W. & Schmidt, M. H. (Hrsg.). (2008). *Internationale Klassifikation psychischer Störungen. ICD-10 Kapitel V (F)*. Bern: Huber.
Dinkmeyer, D. Sr., Dinkmeyer D. Jr. & McKay, G. (2001). *Step Elternhandbuch: Grundkurs* (Deutsche Übersetzung von T. Kühn und R. Petcov). München: Beust.
Dodge, K. A., Dishion, T. J. & Lansford, J. E. (2006): Findings and Recommendations: A Blueprint to Minimize Deviant Peer Influence in Youth Interventions and Programs. In K. A Dodge, T. J. Dishion, & J. E. Lansford, (Hrsg.), *Deviant Influences in Programs for Youth: Problems and Solutions* (S. 366–394). New York: Guilford.
Döpfner, M. & Kinnen, C. (2009). Hyperkinetische Störung. In A. Lohaus & H. Domsch (Hrsg.), *Psychologische Förder- und Interventionsprogramme für das Kindes- und Jugendalter* (S. 18–36). Heidelberg: Springer.
Döpfner, M. & Petermann, F. (2008). *Diagnostik psychischer Störungen im Kindes- und Jugendalter*. Göttingen: Hogrefe.
Döpfner, M., Schürmann, S. & Frölich, J. (2007). *Therapieprogramm für Kinder mit hyperkinetischem und oppositionellem Problemverhalten (THOP)*. (4., vollst. überarb. Aufl.). Weinheim: Beltz PVU.
Döpfner, M., Lehmkuhl, G., Heubrock, D. & Petermann, F. (2000). *Diagnostik psychischer Störungen im Kindes- und Jugendalter. Leitfaden Kinder- und Jugendpsychotherapie. Bd. 2*. Göttingen: Hogrefe.
Döpfner, M., Berner, W., Fleischmann, T. & Schmidt, M. H. (1993). *Verhaltensbeurteilungsbogen für Vorschulkinder (VBV)*. Weinheim: Beltz.
Dornes, M. (2009). *Der kompetente Säugling* (14. Aufl.). Frankfurt/M.: Fischer.
Dornes, M. (1997). *Die frühe Kindheit*. Frankfurt/M.: Fischer.
Drexler, S., Borrmann, B. & Müller-Kohlenberg, H. (2012). Learning life skills strengthening basic competencies and health-related quality of life of socially disadvantaged elementary school children through the mentoring program »Balu und Du« (»Baloo and you«). *Journal of Public Health, 20*, 141–149.
Dreyfus, H. L. & Dreyfus, S. E. (1987). *Künstliche Intelligenz. Von den Grenzen der Denkmaschine und dem Wert der Intuition*. Reinbek: Rowohlt.
DuBois, D. L. & Silverthorn, N. (2005). Characteristics of natural mentoring relationships and adolescent adjustment. Evidence from a national study. *Journal of Primary Prevention, 26*, 69–92.
DuMont, K. A., Widom, C. & Czaja, S. J. (2007). Predictors of Resilience in Abused and Neglected Children Grown-Up: The Role of Individual and Neighborhood Characteristics. *Child Abuse & Neglect, 31c (3)*, 255–274.
Durlak, J. A (2003).Generalizations regarding effective prevention and health promotion programs. In T. P. Gullotta & M. Bloom (Hrsg.), *The encyclopedia of primary prevention and health promotion* (S. 61–69). New York: Kluwer Academic/Plenum.
Durlak, J. A. & Wells, A. M. (1997). Primary prevention mental health programs for children and adolescents. A meta-analytic review. *American Journal of Community Psychology, 25*, 115–152.

Durlak, J. A. & Wells, A. M. (1998). Evaluation of indicated preventive intervention (secondary prevention) mental health programs for children and adolescents. *American Journal of Community Psychology, 26,* 775–802.
Dusolt, H. (2008). *Elternarbeit als Erziehungspartnerschaft. Ein Leitfaden für den Vor- und Grundschulbereich* (3., vollst. überarb. Aufl.). Weinheim: Beltz.
Dweck, C. S. (2002). The development of ability conceptions. In A. Wigfield & J. S. Eccles (Hrsg.), *Development of achievement motivation* (S. 57–88). San Diego, CA: Academic Press.
Eckert, J. (2010). Differenzielle Therapieindikation. Wann ist welche Psychotherapie indiziert – und bei wem? In J. Eckert, S. Barnow & R. Richter (Hrsg.), *Das Erstgespräch in der Klinischen Psychologie. Diagnostik und Indikation zur Psychotherapie* (S. 353–365). Bern: Huber.
Eckert, J. (2001). Schulenübergreifende Aspekte der Psychotherapie. In: C. Reimer, J. Eckert, M. Hautzinger, E. Wilke (Hrsg.), *Psychotherapie. Ein Lehrbuch für Ärzte und Psychologen* (2. Aufl.) (S. 413–428). Heidelberg: Springer.
Egger, J. (1992). Zum Krankheitsbegriff in der Verhaltenstherapie. In A. Pritz & H. Petzolt (Hrsg.), *Der Krankheitsbegriff in der modernen Psychotherapie.* (S. 303–322). Paderborn: Junfermann.
Ehlers, B. (2001). Praxis der Elternarbeit in der Personzentrierten Psychotherapie mit Kindern und Jugendlichen. In C. Boeck-Singelmann, T. Hensel, S. Jürgens-Jahnert & C. Monden-Engelhardt (Hrsg), *Personzentrierte Psychotherapie mit Kindern und Jugendlichen Band 2* (2. Aufl.) (S. 73–92). Göttingen: Hogrefe.
Eikenbusch, G. (2009). Classroom Management – für Lehrer und für Schüler. Wege zur gemeinsamen Verantwortung für den Unterricht. *Pädagogik 61 (2),* 6–10.
Eimeren, L. van & Ansari, D. (2009). Rechenschwäche – eine neurokognitive Perspektive. In A. Fritz, G. Ricken & S. Schmidt (Hrsg.), *Handbuch Rechenschwäche* (S. 25–34). Weinheim, Basel: Beltz.
Eisenberg, N. (2000). Emotion, regulation, and moral development. *Annual Review of Psychology,* 51, 665–697.
Eisner, M., Jünger, R. & Greenberg, M. (2006). Gewaltprävention durch die Förderung emotionaler und sozialer Kompetenzen in der Schule: Das PATHS/PFAD Curriculum. *Praxis der Rechtspsychologie, 16 (1/2),* 144–168.
Engel, E.-M., Rönnau-Böse, M., Beuter, S., Wünsche, M. & Fröhlich-Gildhoff, K. (2010). Selbstkonzeptfragebogen für Kinder im Vorschulalter (SKF) – Konzept, Entwicklung und praktische Erfahrungen. In K. Fröhlich-Gildhoff, I. Nentwig-Gesemann & P. Strehmel (Hrsg.), *Forschung in der Frühpädagogik III. Schwerpunkt Sprachentwicklung und Sprachförderung* (S. 305–328). Freiburg: FEL.
Erickson, M. F. & Egeland, B. (2006). *Die Stärkung der Eltern-Kind-Bindung. Frühe Hilfen für die Arbeit mit Eltern von der Schwangerschaft bis zum zweiten Lebensjahr des Kindes durch das STEEP ™-Programm.* Stuttgart: Klett-Cotta.
Erickson, M. F. & Egeland, B. (2004). Lessons from STEEP: Linking theory, research and practice for the well-being of infants and parents. In A. J. Sameroff, S. C. McDonough & K. L. Rosenblum (Hrsg.), *Treating parent-infant relationship problems.* (S. 213–242). London: Guilford.
Esch, K., Klaudy, E. K., Stöbe-Blossey, S. & Wecker, F. (2010). *Verhaltensauffällige Kinder in Kindergarten und Grundschule. Die Herner Materialien zur Früherkennung und zum Umgang mit Verhaltensauffälligkeiten.* Kronach: Carl Link.
Essau, C. A. & Conradt, J. (2004). *Aggression bei Kindern und Jugendlichen.* München, Basel: Reinhardt.
Esser, G. & Wyschkon, A. (2002). Umschriebene Entwicklungsstörungen. In F. Petermann (Hrsg.), *Lehrbuch der klinischen Kinderpsychologie und -psychotherapie* (5., korr. Aufl.) (S. 409–429). Göttingen: Hogrefe.
Faltermaier, T. (2005). *Gesundheitspsychologie.* Stuttgart: Kohlhammer.
Feuser, G. (1989). Allgemeine integrative Pädagogik und entwicklungslogische Didaktik. *Behindertenpädagogik, 28 (1),* 4–48.

Filipp, S.-H. (2007). Kritische Lebensereignisse. In J. Brandtstädter & U. Lindenberger. (Hrsg.), *Entwicklungspsychologie der Lebensspanne. Ein Lehrbuch.* (S. 337–366). Stuttgart: Kohlhammer.

Fingerle, M. (2011). Resilienz deuten – Schlussfolgerungen für die Prävention. In M. Zander (Hrsg.). *Handbuch Resilienzförderung* (S. 208–218). Wiesbaden: VS-Verlag.

Fingerle, M. & Grumm, M. (Hrsg.). (2012). *Prävention von Verhaltensauffälligkeiten bei Kindern und Jugendlichen. Programme auf dem Prüfstand.* München: Reinhardt.

Fingerle, M., Grumm, M. & Hein, S. (2012). Ein etwas anderes Buch über Präventionsprogramme zum Aufbau sozialer und emotionaler Kompetenzen bei Kindern und Jugendlichen. In M. Fingerle & M. Grumm (Hrsg.), *Prävention von Verhaltensauffälligkeiten bei Kindern und Jugendlichen* (S. 8–12). München: Reinhardt.

Fischer, S. (2011a). Grundlagen für eine kultursensible Zusammenarbeit mit Eltern. In K. Fröhlich-Gildhoff, S. Pietsch, M. Wünsche & M. Rönnau-Böse (Hrsg.), *Zusammenarbeit mit Eltern in Kindertageseinrichtungen. Ein Curriculum für die Aus- und Weiterbildung* (S. 236–262). Freiburg: FEL.

Fischer, S. (2011b): Kultursensible Resilienzförderung in Kitas. *Kita aktuell spezial BW, 3,* 26–28.

Fischer, S. & Fröhlich-Gildhoff, K. (2011). *Chancen-gleich! Kulturelle Vielfalt als Ressource in frühkindlichen Bildungsprozessen. Ein Qualifizierungsprogramm für pädagogische Fachkräfte.* Stuttgart: Robert Bosch Stiftung.

Flavell, J. H., Green, F. L., Flavell, E. R. & Lin, N. T. (1999). Development of children's knowlegde about unconsciousness. *Child Development, 70,* 396–412.

Fonagy, P., Gergely, G., Jurist, E. & Target, M. (2004). *Affektregulierung, Mentalisierung und die Entwicklung des Selbst.* Stuttgart: Klett-Cotta.

Fonagy, P. & Target, M., (1997) Attachment and reflective function: Their role in self-organization. *Development and Psychopathology, 9* (679–700).

Franz, M., Weihrauch, L. & Schäfer, R. (2011). PALME: a preventive parental training program for single mothers with preschool aged children. *Journal of Public Health, 19 (4),* 30–319.

Franz, M., Weihrauch, L., Buddenberg, T., Haubold, S. & Schäfer, R. (2010). Wirksamkeit eines bindungstheoretisch fundierten Elterntrainings für alleinerziehende Mütter und ihre Kinder: PALME. *Kindheit und Entwicklung, 19,* 90–101.

Franz, M. (2009). *PALME – Präventives Elterntraining für alleinerziehende Mütter geleitet von Erzieherinnen und Erziehern.* Göttingen: Vandenhoeck & Ruprecht.

Franzen, A. & Freitag, M. (Hrsg.). (2007). *Sozialkapital. Grundlagen und Anwendungen. Kölner Zeitschrift für Soziologie und Sozialpsychologie.* Sonderausgabe. Wiesbaden: VS-Verlag.

Fried, L. & Roux, S. (Hrsg.). (2006). *Pädagogik der frühen Kindheit.* Weinheim: Beltz.

Friederich, T. (2011). *Zusammenarbeit mit Eltern. Anforderungen an frühpädagogische Fachkräfte.* Zugriff am 28.11.2012. Verfügbar unter: www.weiterbildungsinitiative.de/uploads/media/WiFF_Expertise_Friederich.pdf

Friedrich, S. (2008). Die Aktivierung sozialer Netzwerke in der Sozialpädagogischen Familienhilfe. Dissertation, Universität Hamburg. Zugriff am 28.11.2012. Verfügbar unter www.sub.uni-hamburg.de/opus/volltexte/2008/3655/pdf/dissend.pdf

Friedrichs, B. (2009). *Praxisbuch Klassenrat: Gemeinschaft fördern, Konflikte lösen.* Weinheim: Beltz.

Fries, M. & Bütow, B. (2004). *Entwicklungspsychologische Beratung in der frühen Kindheit. Ein Angebot für die Jugend- und Sozialhilfe.* Zugriff am 28.11.2012. Verfügbar unter http://liga-kind.de/fruehe/404_fries.php

Fritz, A. & Ricken, G. (2009). Grundlagen des Förderkonzeptes »Kalkulie.« In A. Fritz, G. Ricken & S. Schmidt (Hrsg.), *Handbuch Rechenschwäche.* (S. 374–396). Weinheim, Basel: Beltz.

Fröhlich, L. P., Koglin, U. & Petermann, F. (2010). Zusammenhang zwischen phonologischer Bewusstheit und Verhaltensauffälligkeiten bei Kindern im Vorschulalter. *Zeitschrift für Kinder- und Jugendpsychiatrie und Psychotherapie, 38 (4),* 283–290.

Fröhlich-Gildhoff, K. (2013). *Verhaltensauffälligkeiten bei Kindern und Jugendlichen* (2. durchges. Aufl.). Stuttgart: Kohlhammer.
Fröhlich-Gildhoff, K. (2013, i. Dr.). Kooperation von Familien und familienergänzenden Einrichtungen. In M. Stamm & D. Edelmann (Hrsg.), *Handbuch Frühkindliche Bildungsforschung*. Wiesbaden: VS-Verlag.
Fröhlich-Gildhoff, K. (2011). Diagnoseverfahren zur Beurteilung von Verhaltensauffälligkeit. In C. Mischo, D. Weltzien & K. Fröhlich-Gildhoff (Hrsg.), *Beobachtungs- und Diagnoseverfahren in der Frühpädagogik* (S. 228–243). Kronach: Carl Link.
Fröhlich-Gildhoff, K. (2010). Sie fallen auf und fordern uns heraus – Kinder mit auffälligem Verhalten. *kindergarten heute, 40 (1)*, 8–16.
Fröhlich-Gildhoff, K. (2009). Ausgangspunkte: Das Selbst als handlungsleitende Struktur. In K. Fröhlich-Gildhoff, C. Mischo & A. Castello (Hrsg.), *Entwicklungspsychologie für Fachkräfte in der Frühpädagogik* (S. 30–40). Kronach: Carl Link.
Fröhlich-Gildhoff, K. (2004). Stellungnahme zum Artikel von Döpfner »Wie wirksam ist Kinder- und Jugendlichenpsychotherapie?« *Psychotherapeutenjournal, 3 (1)*, 34–37.
Fröhlich-Gildhoff, K. (2003a). Bezugspersonenarbeit im Rahmen der personzentrierten Psychotherapie mit Jugendlichen. In C. Boeck-Singelmann, T. Hensel, S. Jürgens-Jahnert & C. Monden-Engelhardt (Hrsg.), *Personzentrierte Psychotherapie mit Kindern und Jugendlichen. Band 3* (S. 293–326). Göttingen: Hogrefe.
Fröhlich-Gildhoff, K. (2003b). *Einzelbetreuung in der Jugendhilfe*. Münster: Lit Verlag.
Fröhlich-Gildhoff, K., Lorenz, F. L., Tinius, C. & Sippel, M. (2013). Überblicksstudie zur pädagogischen Arbeit mit Kindern mit Verhaltensauffälligkeiten in Kindertageseinrichtungen. *Frühe Bildung (2), 2*, 59–71.
Fröhlich-Gildhoff, K., Becker, J. & Fischer, S. (2012a). *Prävention und Resilienz in Grundschulen (PRiGS). Ein Kursprogramm*. München: Reinhardt.
Fröhlich-Gildhoff, K., Dörner, T. & Rönnau, M. (2012b). *PRiK – Prävention und Resilienzförderung in Kindertagesstätten. Ein Trainingsprogramm* (2., vollst. überarb. Aufl.). München: Reinhardt.
Fröhlich-Gildhoff, K. & Eichin, C. (2012). *Evaluation Frühe Hilfen im Ortenaukreis. Abschlussbericht*. Unveröffentlichtes Dokument. Freiburg: Zentrum für Kinder- und Jugendforschung im Forschungs- und Innovationsverbund FIVE e. V. an der evangelischen Hochschule Freiburg.
Fröhlich-Gildhoff, K. & Pietsch, S. (2012). *»Ferienzeit – Gestaltungszeit. Innovative pädagogische Freizeitangebote für Kinder und Jugendliche während der Ferienzeit«. Abschlussbericht der wissenschaftlichen Begleitevaluation des Programms*. Schriftenreihe der Baden-Württemberg Stiftung. Soziale Verantwortung: Nr. 62. Stuttgart: Baden-Württemberg-Stiftung, Eigendruck.
Fröhlich-Gildhoff, K. & Rönnau-Böse, M. (2012). Prevention of exclusion: the promotion of resilience in early childhood institutions in disadvantaged areas. *Journal of Public Health, 20 (2)*, 131–139.
Fröhlich-Gildhoff, K. & Rose, H. U. (2012). Störungen des Sozialverhaltens: Handlungsleitlinien zur Behandlung bei Personzentrierter Psychotherapie mit Kindern, Jugendlichen und Bezugspersonen. *Person, 16 (1)*, 1–13.
Fröhlich-Gildhoff, K., Pietsch, S., Wünsche, M. & Rönnau-Böse, M. (Hrsg.). (2011). *Zusammenarbeit mit Eltern in Kindertageseinrichtungen. Ein Curriculum für die Aus- und Weiterbildung*. Freiburg: FEL.
Fröhlich-Gildhoff, K., Beuter, S., Fischer, S., Lindenberg, J. & Rönnau-Böse, M. (2011). *Förderung der seelischen Gesundheit in Kitas für Kinder und Familien mit sozialen Benachteiligungen*. Freiburg: FEL.
Fröhlich-Gildhoff, K. & Rönnau-Böse, M. (2011). *Resilienz* (2. Aufl.). München: Reinhardt/ UTB.
Fröhlich-Gildhoff, K. & Strohmer, J. (2011). Untersuchungen zum Stand von Beobachtung, Dokumentation und Diagnostik in Kindertageseinrichtungen. In K. Fröhlich-Gildhoff, I. Nentwig-Gesemann & H. R. Leu. (Hrsg.). *Forschung in der Frühpädagogik IV. Schwerpunkt: Beobachten, Verstehen, Interpretieren, Diagnostizieren* (S. 37–68). Freiburg: FEL.

Fröhlich-Gildhoff, K. & Glaubitz, D. (2009). Innovative pädagogische Freizeitangebote für Kinder und Jugendliche. Ergebnisse einer ersten Evaluationsstudie. *deutsche jugend, 57 (10),* 434–443.
Fröhlich-Gildhoff, K., Mischo, C. & Castello, A. (Hrsg.). (2009). *Entwicklungspsychologie für Fachkräfte in der Frühpädagogik.* Kronach: Carl Link.
Fröhlich-Gildhoff, K. & Mischo, C. (2009). Exkurs: Biologische Grundlagen steuern mit – und sind beeinflussbar. In K. Fröhlich-Gildhoff, C. Mischo & A. Castello (Hrsg.), *Entwicklungspsychologie für Fachkräfte in der Frühpädagogik* (S. 18–23). Kronach: Carl Link.
Fröhlich-Gildhoff, K. Rönnau, M. & Dörner, T. (2008). *Eltern stärken mit Kursen in Kitas.* München: Reinhardt.
Fröhlich-Gildhoff, K., Engel., E.-M. & Rönnau, M. (2006a). *Sozialpädagogische Familienhilfe im Wandel.* Freiburg: FEL.
Fröhlich-Gildhoff, K., Kraus, G. & Rönnau, M. (2006b). Gemeinsam auf dem Weg. Eltern und ErzieherInnen gestalten Erziehungspartnerschaft. *kindergarten heute, 10,* 6–15.
Fröhlich-Gildhoff, K., Kraus, G. & Rönnau, M. (2005). *Abschlussbericht der Evaluation des Projekts »Stärkung der Erziehungskraft der Familie durch und über den Kindergarten«.* Freiburg: Evangelische Fachhochschule, Eigendruck.
Fröhlich-Gildhoff, K., Hufnagel, G. & Jürgens-Jahnert, S. (2004). Auf dem Weg zu einer Allgemeinen Kinder- und Jugendlichenpsychotherapie: Die Praxis ist weiter als die Therapieschulen. In R. Dittrich & P. Michels (Hrsg.), *Auf dem Weg zu einer Allgemeinen Kinder- und Jugendlichenpsychotherapie.* Tübingen: DGVT.
Fthenakis, W. E. (1999). Transitionspsychologische Grundlagen des Übergangs zur Elternschaft. In Deutscher Familienverband (Hrsg.), *Handbuch Elternbildung. Band 1: Wenn aus Partnern Eltern werden* (S. 31–68). Opladen: Leske + Budrich.
Fuchs, L. S., Compton, D. L., Fuchs, D., Paulsen, K., Bryant, J. D. & Hamlett, C. L. (2005). The prevention, identification, and cognitive determinants of math difficulty. *Journal of educational Psychology, 97,* 493–513.
Fuhrer, U. (2005). *Erziehungspsychologie.* Bern: Huber.
Gahleitner, S., Fröhlich-Gildhoff, K., Wetzorke, F. & Schwarz, M. (Hrsg.). (2011). *Ich sehe was, was Du nicht siehst ... Gemeinsamkeiten und Unterschiede der verschiedenen Perspektiven der Kinder- und Jugendlichenpsychotherapie.* Stuttgart: Kohlhammer.
Garbarino, J., Hammond, W. R., Mercy, J. & Yung, B. R. (2004). Community violence and children: Preventing exposure and reducing harm. In K. Maton, C. J. Schellenbach, B. J. Leadbeater & A. L. Soularz (Hrsg.), *Investing in children, youth, families and communities: Strength-based research and policy* (S. 303–320). Washington, D. C.: American Psychological Association.
Gasteiger-Klicpera, B. (2002). Konfliktmediation in der Grundschule – eine Pilotuntersuchung. *Heilpädagogische Forschung, 28,* 2, 80–89.
Gasteiger-Klicpera, B. & Klein, G. (2006). *Das Friedensstifter Training. Grundschulprogramm zur Gewaltprävention.* München: Reinhardt.
Gasteiger-Klicpera, B. & Klein, M. (2005). Aggressionsprävention in der Grundschule: Evaluation eines Trainings zur Konfliktlösung in dritten Volksschulklassen. In A. Ittel, M. von Salisch (Hrsg.), *Lästern, lügen, leiden lassen. Aggressives Verhalten von Kinder und Jugendlichen* (S. 135–156). Stuttgart: Kohlhammer.
Gerlach, M., Fritz, A., Ricken, G. & Schmidt, S. (2007). *Kalkulie. Diagnose und Trainingsprogramm für Rechenschwache Kinder. Bausteine 1–3.* Berlin: Cornelsen.
Gisbert, K. (2004). *Lernen lernen: lernmethodische Kompetenzen von Kindern in Tageseinrichtungen fördern.* Weinheim: Beltz.
Gloger-Tippelt,G. (2007). Präventive Programme zur Stärkung elterlicher Beziehungskompetenz. Der Beitrag der Bindungsforschung. In U. Ziegenhain, J. M. Fegert (Hrsg.), *Vernachlässigung und Kindeswohlgefährdung* (S. 128–141). München: Reinhardt.
Glück, J. (2007). Handlungstheorien in der Entwicklungspsychologie. In M. Hasselhorn, M. & W. Schneider (Hrsg.), *Handbuch der Entwicklungspsychologie* (S. 38–48). Göttingen: Hogrefe.

Glumpler, E. (1985): *Schullaufbahn und Schulerfolg türkischer Migrantenkinder*. Hamburg: Rissen.
Göpfert, M. & Castello, C. (2004). Kinder kennen lernen: Eine schulenübergreifende Betrachtung des Aufbaus einer »positiven Beziehung« zwischen Therapeut/innen und Kindern. *Verhaltenstherapie und Psychosoziale Praxis, 36 (4)*, 835–844.
Göppel, R. (2011). Resilienzförderung als schulische Aufgabe? In M. Zander (Hrsg.), *Handbuch Resilienzförderung* (S. 383–406). Wiesbaden: VS-Verlag.
Görtz-Dorten, A. & Döpfner, M. (2010a). *Therapieprogramm für Kinder mit aggressivem Verhalten (THAV)*. Göttingen: Hogrefe.
Görtz-Dorten, A. & Döpfner, M. (2010b). *Therapieprogramm für Kinder mit aggressivem Verhalten (THAV) – Materialkoffer*. Göttingen: Hogrefe.
Gollwitzer, M. (2005). Könnten Antiaggressionstrainings in der Schule wirksamer sein, wenn sie weniger standardisiert wären? In A. Ittel & M. v. Salisch (Hrsg.), *Lästern, lügen, leiden lassen. Aggressives Verhalten von Kindern und Jugendlichen* (S. 276–291). Kohlhammer: Stuttgart.
Gordon, T. (1999). *Familienkonferenz*. Müchen: Heyne.
Gordon, T. (1993). *Die neue Familienkonferenz*. Hamburg: Hoffmann und Campe.
Gorman-Smith, D. & Tolan, P. H. (2003). Positive adaptation among youth exposed to community violence. In S. Luthar (Hrsg.), *Resilience and vulnerability: Adaptation in the context of childhood adversities* (S. 392–413). New York: Cambridge University Press.
Grawe, K. (2004). *Neuropsychotherapie*. Göttingen: Hogrefe.
Grawe K. (1998). *Psychologische Therapie*. Göttingen: Hogrefe.
Grawe, K. (1994). Psychotherapie ohne Grenzen – von den Therapieschulen zur Allgemeinen Psychotherapie. *Verhaltenstherapie und Psychosoziale Praxis, 26 (3)*, 357–370.
Grawe, K., Donati, R. & Bernauer, F. (2001). *Psychotherapie im Wandel – von der Konfession zur Profession* (5. unveränd. Aufl.). Göttingen: Hogrefe.
Grawe, K. & Grawe-Gerber, M. (1999). Ressourcenaktivierung – ein primäres Wirkprinzip der Psychotherapie. *Psychotherapeut, 44 (2)*, 63–73.
Grawe, K., Regli, D., Smith, E. & Dick, A. (1999). Wirkfaktorenanalyse – ein Spektroskop für die Psychotherapie. *Verhaltenstherapie und psychosoziale Praxis, 2*, 201–225.
Green, J. & Tones, K. (2010). *Health Promotion. Planning and Strategies*. London: Sage.
Greenberg, N. T. (2004). Current and Future Challenges in School – Based Prevention: The Researcher Perspective. *Prevention Science, 5*, 5–13.
Greenberg, M. T. & Kusche, C. A. (1993). *Promoting social and emotional development in deaf children: The PATHS Project*. Seattle, WA: University of Washington Press.
Greenberg, M. T., Kusche, C. A., Cook, E. T. & Quamma, J. P. (1995). Promoting emotional competence in school-aged children: The effects of the PATHS Curriculum. *Development and Psychopathology, 7*, 117.
Greenberg, M. T., Kusche, C. A. & Riggs, N. (2004). The PATHS Curriculum: Theory and research on neuro-cognitive development and school success. In J. E. Zins, R. P. Weissberg, M. C. Wang & H. J. Walberg (Hrsg.), *Building academic success on social and emotional learning: What does the research say?* (S. 170–188) New York: Teachers College Press.
Gretsch, P. & Fröhlich-Gildhoff, K. (2012). Evaluation der Sprachfördermaßnahmen für 3–5jährige Kinder in der Stadt Freiburg. In K. Fröhlich-Gildhoff, I. Nentwig-Gesemann & H. Wedekind (Hrsg.), *Forschung in der Frühpädagogik, Band. 5. Schwerpunkt Naturwissenschaftliche Bildung* (S. 275–304). Freiburg: FEL.
Gretsch, P. & Mischo, C. (2009). Sprachentwicklung. In K. Fröhlich-Gildhoff, C. Mischo & A. Castello (Hrsg.), *Entwicklungspsychologie für Fachkräfte in der Frühpädagogik. Grundlagen der Frühpädagogik, Band 2* (S. 129–149). Köln: Carl Link.
Greve, W. (2008). Bewältigung und Entwicklung. In R. Oerter & L. Montada (Hrsg.), *Entwicklungspsychologie* (6. Aufl.) (S. 910–926). Weinheim: Beltz PVU.
Griebel, W. & Niesel, R. (2005). Die Bewältigung von Übergängen zwischen Familie und Bildungseinrichtung als Ko-Konstruktion aller Beteiligten. In M. R. Textor (Hrsg.), *Kindergartenpädagogik – Online-Handbuch*. Zugriff am 28.11.2012 Verfügbar unter: www.kindergartenpaedagogik.de

Griebel, W. & Niesel, R. (2004). *Transitionen. Fähigkeit von Kindern in Tageseinrichtungen fördern, Veränderungen erfolgreich zu bewältigen*. Weinheim: Beltz.

Grimm, K. & Mackowiak, K. (2006). Kompetenztraining für Eltern sozial auffälliger und aufmerksamkeitsgestörter Kinder (KES). *Praxis der Kinderpsychologie und Kinderpsychiatrie, 55 (5),* 363–383.

Grimm, H. & Wilde, S. (1998). Im Zentrum steht das Wort. In H. Keller (Hrsg.), *Lehrbuch Entwicklungspsychologie* (S. 445–473). Bern: Huber.

Grossmann, K. (2001). Die Geschichte der Bindungsforschung. In G. Suess, H. Scheuerer-Englisch & W.-K. Pfeifer (Hrsg.), *Bindungstheorie und Familiendynamik* (S. 29–52). Gießen: Psychosozial Verlag.

Grossmann, K. E. & Grossmann, K. (2007). »Resilienz« – Skeptische Anmerkungen zu einem Begriff. In Fooken, I. & Zinnecker, J. (Hrsg.), *Trauma und Resilienz. Chancen und Risiken lebensgeschichtlicher Bewältigung von belasteten Kindheiten* (S. 29–38). Weinheim: Juventa.

Grossmann, K. & Grossmann, K. E. (2004). *Bindungen – das Gefüge psychischer Sicherheit*. Stuttgart: Klett-Cotta.

Grossman, J. B., & Tierney, J. P. (1998). Does mentoring work? An impact study of the BigBrothers BigSisters program. *Evaluation Review, 22 (3),* 402–425.

Grumm, M., Hein, S. & Fingerle, M. (2012). Effektivität und Wirksamkeit von Präventionsangeboten – welche Rolle spielt die soziale Validität? In M. Fingerle & M. Grumm (Hrsg.), *Prävention von Verhaltensauffälligkeiten bei Kindern und Jugendlichen* (S. 157–172). München: Reinhardt.

Grundmann, M. & Kunze, I. (2008). Systematische Sozialraumforschung. Urie Bronfenbrenners Ökologie der menschlichen Entwicklung und die Modellierung mikrosozialer Raumgestaltung. In F. Kessl & C. Reutlinger (Hrsg.), *Schlüsselwerke der Sozialraumforschung. Traditionslinien in Text und Kontexten* (S. 172–188). Wiesbaden: VS-Verlag.

Gutknecht, D. (2012). *Bildung in der Kinderkrippe. Wege zur Professionellen Responsivität.* Stuttgart: Kohlhammer.

Haderlein, R. (2005). Das KTK-Gütesiegel – ein verbandlich abgestimmtes Entwicklungs- und Zertifizierungsinstrument für Kindertageseinrichtungen. In A. Diller, H. R. Leu & T. Rauschenbach (Hrsg.), *Der Streit ums Gütesiegel. Qualitätskonzepte für Kindertageseinrichtungen* (S. 209–218). München: Deutsches Jugendinstitut.

Haenggi, Y., Schweinberger, K & Perrez, M. (2011). *Feinfühligkeitstraining für Eltern. Kursmanual zum Freiburger Trainingsprogramm »Wie sagt mein Kind, was es braucht?«.* Bern: Huber.

Hagenah, U. & Vloet, T. (2005). Psychoedukation für Eltern essgestörter Jugendlicher. *Praxis der Kinderpsychologie und Kinderpsychiatrie, 54 (5),* 303–317.

Harnach-Beck, V. (2000). *Psychosoziale Diagnostik in der Jugendhilfe*. Weinheim: Juventa.

Hasselhorn, M., Mähler, C. & Grube, D. (2008). Lernstörungen in Teilleistungsbereichen. In R. Oerter & L. Montada (Hrsg.), *Entwicklungspsychologie* (S. 769–778). Weinheim: Beltz PVU.

Heckhausen, J. (1999). *Developmental regulation in adulthood: age-normative and sociostructural constraints as adaptive challenges.* New York: Cambridge University Press.

Hédervári-Heller, É. (2009). Eingewöhnung des Kindes in die Krippe. In J. Maywald & B. Schön (Hrsg.), *Krippen: Wie frühe Betreuung gelingt. Fundierter Rat zu einem umstrittenen Thema* (S. 65–73). Weinheim: Beltz.

Heidelberger Präventionszentrum (o. J.). *Faustlos.* Zugriff am 28.11.2012. Verfügbar unter www.h-p-z.de/faustlos

Heinrichs, N., Krüger, S. & Gruse, U. (2006). Der Einfluss von Anreizen auf die Rekrutierung von Eltern und auf die Effektivität eines präventiven Elterntrainings. *Zeitschrift für klinische Psychologie und Psychotherapie, 35 (2),* 97–108.

Heinrichs, N., Saßmann, H., Hahlweg, K. & Perrez, M. (2002). Prävention kindlicher Verhaltensstörungen. *Psychologische Rundschau, 53 (4),* 170–183.

Heller, S., Larrieu, J. A., D'Imperio, R. & Boris, N. W. (1999). Research on resilience to child maltreatment. Empirical considerations. *Child Abuse/Neglect, 23(4),* 321–338.

Henry-Huthmacher, C. (2008). Eltern unter Druck. Die wichtigsten Ergebnisse der Studie. In T. Merkle, C. Wippermann, C. Henry-Huthmacher & M. Borchard (Hrsg.), *Eltern unter Druck. Selbstverständnisse, Befindlichkeiten und Bedürfnisse von Eltern in verschiedenen Lebenswelten* (S. 1–24). Stuttgart: lucius & lucius.

Henschel, A., Krüger, R., Schmitt, C. & Stange, W. (Hrsg.). (2008). *Jugendhilfe und Schule: Handbuch für eine gelingende Kooperation.* Wiesbaden: VS-Verlag.

Hensel, S. & Hensel, N. (2011). *Klassenrat in der Grundschule: Ein praktischer Leitfaden mit Kopiervorlagen.* Buxtehude: Persen im Aap Lehrerfachverlag.

Herrenkohl, T. I., Tajima, E. A., Whitney, S. D. & Huang, B. (2005). Protection Against Antisocial Behavior in Children Exposed to Physically Abusive Discipline. *Journal of Adolescent Health, 36 (3),* 457–465.

Herriger, N. (2006). *Empowerment in der Sozialen Arbeit: Eine Einführung* (3., aktual. Aufl.). Stuttgart: Kohlhammer.

Hess, S. (2011). Befähigung zur Zusammenarbeit mit Eltern – Professionalisierung von Pädagoginnen zur Unterstützung von Familien mit behinderten Kindern und Familien in sozialer Benachteiligung. *Zeitschrift für Heilpädagogik, 62 (9),* 346–354.

Hetzer, H., Todt, E., Seiffge-Krenke, I. & Arbinger, R. (Hrsg.). (1990). *Angewandte Entwicklungspsychologie des Kindes- und Jugendalters* (2. Aufl.). Heidelberg: Quelle & Meyer/UTB.

Hildenbrand, C. & Köhler, H. (2010). Kooperation mit den Eltern als Bestandteil der Sprachförderung in Kindertageseinrichtungen. In K. Fröhlich-Gildhoff, I. Nentwig-Gesemann & P. Strehmel (Hrsg.), *Forschung in der Frühpädagogik – Band 3: Sprachentwicklung und Sprachförderung* (S. 193–217). Freiburg: FEL-Verlag.

Hilfswerk der Deutschen Lions e. V. (o. J.). *Lions-Quest. Erwachsen werden.* Zugriff am 28.11.2012. Verfügbar unter www.lions-quest.de

Hilgers, H., Sandvoss, U. & Jasper, C. (2009). Von der Verwaltung der Kinderarmut zur frühen umfassenden Hilfe. Das Dormagener Modell: Was es beinhaltet und was man von ihm lernen kann. In W. Markus & A. Osner (Hrsg.), *Handbuch Kommunalpolitik* (S. 2–34). Berlin: Raabe.

Hillenbrand, C., Hennemann, T. & Heckler-Schell, A. (2008). *Lubo aus dem All!: Programm zur Förderung sozial-emotionaler Kompetenzen im Vorschulalter.* München: Reinhardt.

HIPPY Deutschland e. V. (o. J.). Wie funktioniert HIPPY? Zugriff am 28.11.2012. Verfügbar unter www.hippy-deutschland.de/implementierung_funktioniert.php

Holodynski, M. (1999). Handlungsregulation und Emotionsdifferenzierung. In W. Friedlmeier & M. Holodynski (Hrsg.), *Emotionale Entwicklung. Funktion, Regulation und soziokultureller Kontext von Emotionen* (S. 29–51). Heidelberg: Spektrum.

Honkanen-Schoberth, P. (2003). *Starke Kinder brauchen starke Eltern. Der Elternkurs des Deutschen Kinderschutzbundes.* Berlin: DKSB.

Horst, C., Kulla, C., Maaß-Keibel, E., Raulfs, R. & Mazzola, R. (2003). *Kess erziehen – Elternhandbuch.* Bonn: AKF Arbeitsgemeinschaft für kath. Familienbildung e. V.

Howard, K. S., Carothers, S. S., Smith, L. E. & Akai, C. E. (2007). Overcoming the odds: Protective factors in the lives of children. In J. G. Borkowski, J. R. Farris, T. L. Whitman, S. S. Carothers, K. Weed & D. A. Keogh (Hrsg.), *Risk and Resilience. Adolescent mothers and their children grow up.* (S. 205–232). Mahwah, NJ: Erlbaum.

Hüther, G. (2005). *Die Macht der inneren Bilder. Wie Visionen das Gehirn den Menschen und die Welt verändern.* Göttingen: Vandenhoeck & Ruprecht.

Hüther, G. (2004). Die neurobiologische Verankerung von Erfahrungen und ihre Auswirkungen auf das spätere Verhalten. *Gesprächspsychotherapie und Personenzentrierte Beratung, 35, (4),* 246–252.

Hüther, G. (o. J.). In jedem Kind steckt ein Genie. Interview im SPIEGEL: Zugriff am 28.11.2012. Verfügbar unter www.spiegel.de/schulspiegel/wissen/kritik-am-schulsystem-huether-will-gymnasium-und-lehrplaene-abschaffen-a-850405.html

Huf, A. (1992). *Psychotherapeutische Wirkfaktoren.* Weinheim: Beltz PVU.

Hurrelmann, K., Klotz. T. & Haisch, J. (Hrsg.). (2004). *Lehrbuch Prävention und Gesundheitsförderung.* Bern: Huber.

Hurrelmann, K., Klocke, A., Melzer, W. & Ravens-Sieberer, U. (Hrsg.). (2003). *Jugendgesundheitssurvey: Internationale Vergleichsstudie im Auftrag der Weltgesundheitsorganisation WHO*. Weinheim: Juventa.
Ilg, W. (2008). Freizeitenevaluation. Hintergründe zu Methodik und Einsatz des Standard-Verfahrens für die Auswertung von Freizeiten und internationalen Jugendbegegnungen. *deutsche jugend, 56 (3)*, 101–106.
Ilg, W. (2002). Evaluation von Jugendfreizeiten. Grundlagen, Methodik, Ergebnisse. *deutsche jugend, 50 (9)*, 380–387.
Infant Mental Health Journal. Special Issue (2011). The Practice of Clinical Infant Mental Health. *Infant Mental Health Journal, 32 (6)*.
InSTEP Weiterbildungsinstitut (o. J.). *Step. Das Elterntraining*. Zugriff am 28.11.2012. Verfügbar unter www.instep-online.de
Institut Beatenberg (o. J.). *Kompetenzraster Mathematik*. Zugriff am 28.11.2012. Verfügbar unter www.institut-beatenberg.ch/images/pdf/kompetenzraster/kompetenzraster.pdf
Institut für Erziehungswissenschaft Universität Zürich. PFADE. *Programm zur Förderung Alternativer Denkstrategien*. Zugriff am 28.11.2012. Verfügbar unter www.gewaltprävention-an-schulen.ch
Institut für Präventive Pädagogik (o. J.). *praepaed. Das FuN-Konzept*. Zugriff am 28.11.2012. Verfügbar unter www.praepaed.de/funkonzept.html
Institut für Seelische Gesundheit und Prävention e. V. (ISGP) (o. J.). *PALME. Präventives Elterntraining für alleinerziehende Mütter geleitet von ErzieherInnen*. Zugriff am 28.11.2012. Verfügbar unter www.palme-elterntraining.de
Isensee, B. & Hanewinkel, R. (2009). *Klasse2000: Evaluation des Unterrichtsprogramms in Hessen*. Abschlussbericht. Institut für Therapie- und Gesundheitsforschung, IFT-Nord Kiel.
Jacobs, C. & Petermann, F. (2007). *Rechenstörungen*. Göttingen: Hogrefe.
Jaffee, S. R., Caspi, A., Moffitt, T. E., Polo-Thomas, M. & Taylor, A. (2007). Individual, Family, and Neighborhood Factors Distinguish Resilient from Non-Resilient Maltreated Children: A Cumulative Stressors. *Child Abuse & Neglect, 31 (3)*, 231–253.
Jampert, K., Zehnbauer, A., Best, P., Sens, A., Leuckefeld, K. & Laier, M. (Hrsg.) (2009). *Kinder-Sprache stärken! Sprachliche Förderung in der Kita: das Praxismaterial*. Weimar/Berlin: verlag das netz.
Jampert, K., Best, P., Guadatiello, A., Holler, D. & Zehnbauer, A. (2005). *Schlüsselkompetenz Sprache. Sprachliche Bildung und Förderung im Kindergarten. Konzepte, Projekte und Maßnahmen*. Weimar/Berlin: verlag das netz.
Janssen, Rolf (2010). *Die Ausbildung Frühpädagogischer Fachkräfte an Berufsfachschulen und Fachschulen. Eine Analyse im Ländervergleich*. Expertise für das Projekt Weiterbildungsinitiative Frühpädagogischer Fachkräfte (WiFF). München: DJI.
Jerusalem, M. (1990). *Persönliche Ressourcen, Vulnerabilität und Stresserleben*. Göttingen: Hogrefe.
Jünger, R. (2010). PFADE – Prävention durch Förderung sozialer Kompetenzen. *SuchtMagazin,1*, 23–28.
Jünger, R. (2009). Training des Sozialen. In B. Grubenmann & J. Oelkers, (Hrsg.), *Das Soziale in der Pädagogik. Zürcher Festgabe für Reinhard Fatke* (S. 251–268). Bad Heilbrunn: Klinkhardt.
Juffer, F., Bakermans-Kraneburg, M. J. & Ijzendoorn, M. H. van (2007). *Promoting Positive Parenting: An Attachement-Based Intervention*. Hove: Psychology Press.
Kalicki, B. (2006). Ansätze der Familienbildung in Kindertageseinrichtungen. In: M. R. Textor (Hrsg.). *Erziehungs- und Bildungspartnerschaft mit Eltern*. (S. 122–134). Freiburg: Herder.
Kaltenbacher, E. (2011). Zur Problematik der Evaluation von Sprachfördermaßnahmen. In N. Hahn & T. Roelcke (Hrsg.), *Grenzen überwinden mit Deutsch. 37. Jahrestagung des Fachverbandes Deutsch als Fremdsprache an der Pädagogischen Hochschule Freiburg/Br. 2010* (S. 163–178) Göttingen: Universitätsverlag.
Kammermeyer, G. (2004). Fit für die Schule – oder nicht? Was Erzieherinnen über das heutige Verständnis von Schulfähigkeit wissen müssen. *Kindergarten heute, 10*, 6–12.

Kammermeyer, G. (2001). Schulfähigkeit. In G. Faust-Siehl & A. Speck-Hamdan (Hrsg.), *Schulanfang ohne Umwege. Mehr Flexibilität im Bildungswesen* (S. 96–118). Frankfurt/M.: Grundschulverband, Arbeitskreis Grundschule e. V.
Kastner- Koller, U. & Deimann, P. (2002). *Wiener Entwicklungstest*. Göttingen: Hogrefe.
Kasüschke, D. (Hrsg.). (2010). *Didaktik in der Pädagogik der frühen Kindheit*. Carl Link: Kronach.
Kasüschke, D. & Fröhlich-Gildhoff, K. (2008). *Frühpädagogik heute. Herausforderungen an Disziplin und Profession*. Kronach: Wolters Kluwer.
Keller, H. (Hrsg.). (2011). *Handbuch der Kleinkindforschung* (4., vollst. überarb. Aufl.). Bern: Huber.
Keller, H. (2007). *Cultures of infancy*. Mahwah, NJ: Erlbaum.
Keller, H., Yvoski, R., Borke, J., Kärntner, J., Jensen, H. & Papaligoura, Z. (2004). Developmental consequences of early parenting experiences: Self recognition and self regulation in three cultural communities. *Child Development, 75*, 1745–1760.
Keupp, H. (2012). *Freiheit und Selbstbestimmung in Lernprozessen ermöglichen*. Freiburg: Centaurus.
Kiefl, W. (1996). *HIPPY. Bilanz eines Modellprojekts zur Integration von Aussiedler- und Ausländerfamilien in Deutschland*. München: Deutsches Jugendinstitut.
Kindler, H. (2009). Wie könnte ein Risikoinventar für Frühe Hilfen aussehen? In T. Meysen, L. Schönecker & H. Kindler (Hrsg.), *Frühe Hilfen im Kinderschutz. Rechtliche Rahmenbedingungen und Risikodiagnostik in der Kooperation von Gesundheits- und Jugendhilfe* (S. 173–235). Weinheim, München: Juventa.
Kindler, H. & Spangler, G. (2005). Wirksamkeit ambulanter Jugendhilfemaßnahmen bei Misshandlung bzw. Vernachlässigung. *Kindesmisshandlung und -vernachlässigung, 8,* 101–116.
Kissgen, R. & Suess, G. J (2005). Bindungstheoretisch fundierte Intervention in Hoch-Risiko-Familien: Das STEEP-Programm. *Frühförderung interdisziplinär, 24,* 124–133.
Klemenz, B. (2003). *Ressourcenorientierte Diagnostik und Intervention bei Kindern und Jugendlichen*. Tübingen: DGVT.
König, A. (2010). *Interaktion als didaktisches Prinzip: Bildungsprozesse bewusst begleiten und gestalten*. Troisdorf: Bildungsverlag Eins.
Koglin, U. & Petermann, F. (2006). *Verhaltenstraining im Kindergarten: Ein Programm zur Förderung sozial-emotionaler Kompetenz*. Göttingen: Hogrefe.
Koglin, U., von Marées, N., Natzke, H. & Petermann, F. (2007). *Verhaltenstraining in der Grundschule: Ein Präventionsprogramm zur Förderung emotionaler und sozialer Kompetenzen*. Göttingen: Hogrefe.
Krajewski, K. (2007). Vorschulische Förderung mathematischer Kompetenzen. In F. Petermann & W. Schneider (Hrsg.), *Angewandte Entwicklungspsychologie* (S. 275–306). Göttingen: Hogrefe.
Krajewski, K., Nieding, G. & Schneider, W. (2007). *Mengen, zählen, Zahlen: Die Welt der Mathematik entdecken (MZZ)*. Berlin: Cornelsen.
Krajewski, K. & Schneider, W. (2006). Mathematische Vorläuferkompetenzen im Vorschulalter und ihre Vorhersagekraft für die Mathematikleistungen bis zum Ende der Grundschulzeit. *Psychologie in Erziehung und Unterricht, 53,* 246–262.
Krannich, S., Sanders, M., Ratzke, K., Diepold, B. & Cierpka, M. (1997). FAUSTLOS – Ein Curriculum zur Förderung sozialer Kompetenzen und zur Prävention von aggressivem und gewaltbereitem Verhalten bei Kindern. *Praxis der Kinderpsychologie und Kinderpsychiatrie, 46,* 236–247.
Kreuzer, M. (2008). Zur Beteiligung von Kindern im Gruppenalltag von Kindergärten – Ein Überblick zu Ergebnissen deutscher Integrationsprojekte. In M. Kreuzer & B. Ytterhus (Hrsg.), *»Dabeisein ist nicht alles«. Inklusion und Zusammenleben im Kindergarten* (S. 22–34). München: Reinhardt.
Kreuzer, M. & Ytterhus, B. (Hrsg.). (2008). *»Dabeisein ist nicht alles«. Inklusion und Zusammenleben im Kindergarten*. München: Reinhardt.
Kroesbergen, E. & Van Luit, J. (2003). Mathematical interventions for children witch special education needs: A meta-analysis. *Remedial and Special Education, 24,* 97–114.

Literatur

Küspert, P., Weber, J., Marx, P. & Schneider, W. (2007). Prävention von Lese-Rechtschreibschwierigkeiten. In W. v. Suchodoletz (Hrsg.), *Prävention von Entwicklungsstörungen* (S. 81–96). Göttingen: Hogrefe.

Küspert, P. & Schneider, W. (2006). *Hören, lauschen, lernen. Sprachspiele für Kinder im Vorschulalter – Würzburger Trainingsprogramm zur Vorbereitung auf den Erwerb der Schriftsprache.* Göttingen: Vandenhoek & Ruprecht.

Lachmann, F. M. (2004). *Aggression verstehen und verändern.* Stuttgart: Pfeiffer bei Klett-Cotta.

Laewen, H.-J. & Andres, B. (2007). Das Infans-Konzept der Frühpädagogik. In N. Neuß (Hrsg.), *Bildungs- und Lerngeschichten im Kindergarten. Konzepte, Methoden, Beispiele* (S. 73–100). Berlin: Cornelsen Scriptor.

Laewen, H.-J. & Andres, B. (Hrsg.). (2002). *Bildung und Erziehung in der frühen Kindheit. Bausteine zum Bildungsauftrag von Kindertageseinrichtungen.* Weinheim: Beltz.

Laewen, H.-J., Andres, B. & Hédervári, É. (2000). *Die ersten Tage in der Krippe. Ein Modell für die Gestaltung der Eingewöhnungssituation* (3., erw. Aufl.). Neuwied: Luchterhand.

Lambert, M. J. & Barley, D. E. (2002). Research summary on the therapeutic relationship and psychotherapy outcome. In J. C. Norcross (Hrsg.), *Psychotherapy relationships that work: Therapist contributions and responsiveness to patients.* Oxford: University Press.

Landesinstitut für Schulentwicklung Baden-Württemberg (2009). *Neue Lernkultur. Lernen im Fokus der Kompetenzorientierung. Individuelles Fördern in der Schule durch Beobachten – Beschreiben – Bewerten – Begleiten.* Stuttgart: Landesinstitut für Schulentwicklung.

Larrá, F. (2005). Ansätze zur Steuerung pädagogischer Qualität in vorschulischen Einrichtungen. In Sachverständigenkommission 12. Kinder und Jugendbericht (Hrsg.), *Entwicklungspotenziale institutioneller Angebote im Elementarbereich* (S. 235–268). München: Deutsches Jugendinstitut.

Laucht, M., Schmidt, M. H., Esser, G. (2000). Risiko- und Schutzfaktoren in der Entwicklung von Kindern und Jugendlichen. *Frühförderung interdisziplinär, 3,* 97–108.

Lauth, G. W. & Schlottke, P. (2009). *Training mit aufmerksamkeitsgestörten Kindern* (6., vollst. überarb. Aufl.). Weinheim: Beltz PVU.

Lauth, G. W. & Heubeck, B. (2005). *KES: Kompetenztraining für Eltern sozialauffälliger und aufmerksamkeitsgestörter Kinder.* Göttingen: Hogrefe.

Layzer J. I., Goodson, B. D., Bernstein, L., Price, C. (2001). *National evaluation of family support programs. Final report vol. A: The meta-analysis.* Washington: DHHS.

Lazarus, R. L. (1999). *Stress and Emotion. A new Synthesis.* London: Free Association Books.

Lenz, A. & Stark, W. (Hrsg.). (2002). *Empowerment. Neue Perspektiven für psychosoziale Praxis und Organisation.* Tübingen: DGVT.

Leu, H.-R. & von Behr, A. (Hrsg.). (2010). *Forschung und Praxis der Frühpädagogik. Profiwissen für die Arbeit mit Kindern von 0–3 Jahren.* München: Reinhardt.

Leu, H.-R. & Fläming, K. (2007). Bildungs- und Lerngeschichten – ein Projekt des Deutschen Jugendinstituts. In N. Neuß (Hrsg.), *Bildungs- und Lerngeschichten im Kindergarten. Konzepte, Methoden, Beispiele* (S. 55–72). Berlin: Cornelsen Scriptor.

Leu, H. R., Fläming, K., Frankenstein, Y., Koch, S., Pack, I., Schneider, K. & Schweiger, M. (2007). *Bildungs- und Lerngeschichten. Bildungsprozesse in früher Kindheit beobachten, dokumentieren und unterstützen.* Berlin: das netz.

Leu, H.R. (2006). Beobachtung in der Praxis. In L. Fried & S. Roux (Hrsg.), *Pädagogik der frühen Kindheit. Handbuch und Nachschlagewerk* (S. 232–243). Weinheim: Beltz.

Leutner, D., Klieme, E., Meyer, K., Wirth, J. (2005). Die Problemlösekompetenz in den Ländern der Bundesrepublik Deutschland. In M. Prenzel, J. Baumert, W. Blum, R. Lehmann, D. Leutner, M. Neubrand, R. Pekrun, J. Rost & U. Schiefele (Hrsg.), *PISA 2003. Der zweite Vergleich der Länder in Deutschland – Was wissen und können Jugendliche?* (S. 125–146) Waxmann, Münster.

Leuzinger-Bohleber, M., Brandl, Y., Hau, S., Aulbach, Lars, Caruso, B., Einert, K.-M., Glindemann, O., Göppel, G., Hermann, P., Hesse, P., Heumann, J., Karaca, G, König, J., Lendle, J., Rüger, B., Schwenk, A., Staufenberg, A. Steuberm S., Uhl, C., Vogel, J., Waldung, C., Wolff, L. & Hüther, G. (2006). Die Frankfurter Präventionsstudie. Zur psychischen und psychosozialen Integration von verhaltensauffälligen Kindern (insbesondere von ADHS) im Kindergartenalter – ein Arbeitsbericht. In M. Leuzinger-Bohleber, Y. Brandl & G. Hüther (Hrsg.), *ADHS – Frühprävention statt Medikalisierung. Theorie, Forschung, Kontroversen.* (S. 238–269). Göttingen: Vandenhoeck und Ruprecht.

Leuzinger-Bohleber, M. & Fischmann, T. (2010). Attention-Deficit-Hyperactivity Disorder (AD/HD): A field for contemporary psychoanalysis? Some clinical, conceptual and neurobiological considerations based on the Frankfurt Prevention Study. In J. Tsiantis, & J. Trowell (Hrsg.), *Assessing change in psychoanalytic psychotherapy of children and adolescents* (S. 139–176). London: Karnac Books.

Li, F., Godinet, M. T. & Arnsberger, P. (2011). Protective Factors Among Families With Children at Risk of Maltreatment: Follow Up to Early School Years. *Children and Youth Services Review, 33 (1),* 139–148.

Liegle, L. (2006). *Bildung und Erziehung in früher Kindheit.* Stuttgart: Kohlhammer.

Lischewski, F. & Müller, R. (2006). Individualisiertes Lernen – Möglichkeiten und Grenzen in der Schulpraxis. Dissertation. Universität Oldenburg. Zugriff am 28.11.2012. http://duepublico.uni-duisburg-essen.de/servlets/DerivateServlet/Derivate-16343/Diss.pdf

List, G. (2011). Frühpädagogik als Sprachförderung. Qualitätsanforderungen für die Aus- und Weiterbildung der Fachkräfte. In WiFF (Hrsg.), *Sprachliche Bildung. Grundlagen für die kompetenzorientierte Weiterbildung. WiFF Wegweiser Weiterbildung 1* (S. 21–60). München: DJI/WiFF.

Lösel, F (2006). *Bestandsaufnahme und Evaluation von Angeboten im Elternbildungsbereich.* Abschlussbericht. Erlangen: Friedrich-Alexander-Universität Erlangen-Nürnberg.

Lösel, F. & Bender, D. (2007). Von generellen Schutzfaktoren zu spezifischen protektiven Prozessen: Konzeptuelle Grundlagen und Ergebnisse der Resilienzforschung. In G. Opp, M. Fingerle & A. Freytag (Hrsg.), *Was Kinder stärkt: Erziehung zwischen Risiko und Resilienz* (S. 57–78) (2. Aufl.). München: Reinhardt.

Lösel, F., Jaursch, S., Bellmann, A. & Stemmler, M. (2007). Prävention von Störungen des Sozialverhaltens – Entwicklungsförderung in Familien: Das Eltern- und Kindertraining EFFEKT. In W. v. Suchodoletz (Hrsg.), *Prävention von Entwicklungsstörungen* (S. 215–234). Göttingen: Hogrefe.

Lösel, F., Beelmann, A., Stemmler, M. & Jaursch, S. (2004). *Soziale Kompetenz für Kinder und ihre Familien. Ergebnisse der Erlangen-Nürnberger Entwicklungs- und Präventionsstudie.* Berlin: Bundesministerium für Familien, Senioren, Frauen und Jugend.

Lohaus, A. & Domsch, H. (Hrsg.). (2009). *Psychologische Förder- und Interventionsprogramme für das Kindes- und Jugendalter.* Heidelberg: Springer.

Love, J. M., Eliason Kisker, E., Ross, C., Constantine, J., Boller, K., Chazan-Cohen, R., Brady-Smith, C., Sidle Fuligni, A., Raikes, H., Brooks-Gunn, J., Banks Tarullo, L., Schochet, P. Z., Paulsell, D. & Vogel, C. (2005). The Effectiveness of Early Head Start for 3-Year-Old Children and their Parents: Lessons for Policy and Programs. *Developmental Psychology (41),* 885–901.

Luhmann, N. (2000). *Organisation und Entscheidung.* Opladen: Leske + Budrich.

Luthar, S. S. (2006). Resilience in development: A synthesis of research across five decades. In D. Cicchetti & D. J. Cohen (Hrsg.), *Developmental Psychopathology: Risk, disorder, and adaptation (2nd edition)* (S. 739–795). New York: Wiley.

MacLeod, J. & Nelson, G. (2000). Programs for the promotion of family wellness and the prevention of child maltreatment: A meta-analytic review. *Child Abuse and Neglect, 24,* 1127–1149.

Mahoney, J. L. & Stattin, H. (2000). Leisure activities and adolescent social behavior: The role of structure and social context. *Journal of adolescence, 23,* 125–141.

Maiworm-Jäckel, M. (2005). Sprachförderung in Tageseinrichtungen für Kinder. Das Beispiel der Stadt Wuppertal. In C. Röhner (Hrsg.), *Erziehungsziel Mehrsprachigkeit – Diagnose von Sprachentwicklung und Förderung von Deutsch als Zweitsprache* (S. 139–160). Weinheim: Juventa.

Makey, N. & Bayram, V. (2008). Mit Familien auch mal zu Ikea fahren. Zusammenarbeit mit Eltern im interkulturellen Kontext. *Theorie und Praxis der Sozialpädagogik, 6,* 32–33.

Manns, M. & Schultze, J. (2004). *Soziale Kompetenz und Prävention: Berliner Präventionsprogramm für Haupt- und Gesamtschüler*. Frankfurt/M: Lang.
Marées, N. von (2009). *Der Bullying- und Viktimisierungsfragebogen: Konstruktion und Analyse von Instrumenten zur Erfassung von Bullying im Vor- und Grundschulalter*. Zugriff am 28.11.2012. Verfügbar unter http://elib.suub.uni-bremen.de/diss/docs/00011350.pdf
Marées, N. von & Petermann, F. (2010). *Bullying- und Viktimisierungsfragebogen BVF. Kinderversion und Lehrerversion*. Göttingen: Hogrefe.
Marées, N. von & Petermann, F. (2009). Förderung sozial-emotionaler Kompetenzen im Grundschulalter. *Kindheit und Entwicklung, 18 (4),* 244–253.
Markie-Dadds, C., Sanders, M. R. & Turner, K. M (2002). *Das Triple P Elternarbeitsbuch. Der Ratgeber zur positiven Erziehung mit praktischen Übungen*. Münster: PAG Verlag für Psychotherapie.
Marx, E. & Keller, K. (2010). Effekte eines induktiven Denktrainings auf die Denk- und Sprachentwicklung bei Vorschulkindern und Erstklässlern in benachteiligten Stadtteilen. *Zeitschrift für Pädagogische Psychologie (24),* 139–146.
Mayer, H., Heim, P. & Scheithauer, H. (2007). *Papilio. Ein Programm für Kindergärten zur Primärprävention von Verhaltensproblemen und zur Förderung sozial-emotionaler Kompetenz. Ein Beitrag zur Sucht- und Gewaltprävention. Theorie und Grundlagen* (2., aktual. u. erw. Aufl.). Augsburg: beta institut.
Mayer, H., Heim, P., Barquero, B., Scheithauer, H. & Koglin, U. (2004). *Papillo. Programm Ordner 1*. Augsburg: beta institut.
Mayr, T. & Ulich, M. (2007). *PERiK. Positive Entwicklung und Resilienz im Kindergartenalltag*. Freiburg: Herder.
Mc Neely, C. A., Nonnemaker, J. M. & Blum, R. W. (2002). Promoting school connectedness: evidence from the National Longitudinal Study of Adolescent Health. *Journal of School Health, 72,* 138–147.
Mecheril, P., Castro Valera, M. do Mar, Dirim, I., Kalpaka, A. & Melter, C. (2010). *Migrationspädagogik*. Weinheim, Basel: Beltz.
Meyer, H. (2008). *Was ist guter Unterricht?* (5. Aufl.). Berlin: Cornelsen-Scriptor.
Meysen, T., Eschelbach, D. (2012). *Das neue Bundeskinderschutzgesetz*. Baden-Baden: Nomos.
Michel, A. (2008). *Resilienz bei Jugendlichen mit Migrationshintergrund*. In H. J. Kerner & E. Marks (Hrsg.), Internetdokumentation des Deutschen Präventionstages. Zugriff am 28.11.2012. Verfügbar unter www.praeventionstag.de/Dokumentation.cms/179
Ministerium für Arbeit und Sozialordnung, Familien, Frauen und Senioren BW (2010). *Familien in Baden-Württemberg. Kinderschutz und Frühe Hilfen*. Zugriff am 28.11.2012. Verfügbar unter www.fafo-bw.de/BevoelkGebiet/FaFo/Familien_in_BW/R20103.pdf
Ministerium für Familie, Kinder, Jugend, Kultur und Sport des Landes Nordrhein-Westfalen (o. J.). *Familienzentrum NRW*. Zugriff am 28.11.2012. Verfügbar unter www.familienzentren.nrw.de
Mischo, C. (2011). Methodische Grundlagen standardisierter Verfahren. In C. Mischo, D. Weltzien & K. Fröhlich-Gildhoff (Hrsg.), *Beobachtungs- und Diagnoseverfahren in der Frühpädagogik* (S. 106–115). Kronach: Carl Link.
Mischo, C. (2009a). Kognitive Entwicklung. In K. Fröhlich-Gildhoff, C. Mischo & A. Castello (Hrsg.), *Entwicklungspsychologie für Fachkräfte in der Frühpädagogik. Grundlagen der Frühpädagogik, Band 2* (S. 84–129). Köln: Carl Link.
Mischo, C. (2009b). Entwicklungsumwelten. In K. Fröhlich-Gildhoff, C. Mischo & A. Castello (Hrsg.), *Entwicklungspsychologie für Fachkräfte in der Frühpädagogik. Grundlagen der Frühpädagogik, Band 2* (S. 150–201). Köln: Carl Link.
Mischo, C. & Fröhlich-Gildhoff, K. (2011). Professionalisierung und Professionsentwicklung im Bereich der frühen Bildung. *Frühe Bildung, 0 (1),* 4–12.
Mischo, C., Weltzien, D. & Fröhlich-Gildhoff, K. (2011). *Beobachtungs- und Diagnoseverfahren in der Frühpädagogik*. Kronach: Carl Link.
Montada, L. (2008). Fragen, Konzepte, Perspektiven. In R. Oerter & L. Montada (Hrsg.), *Entwicklungspsychologie* (6. Aufl.) (S. 3–48). Weinheim: Beltz PVU.

Montada, L. (1995). Entwicklungspsychologie und Anwendungspraxis. In R. Oerter & L. Montada (Hrsg.), *Entwicklungspsychologie – ein Lehrbuch* (3. Aufl.) (S. 895–914). Weinheim: Beltz PVU.
Moog, W. & Schulz, A. (2005). *Zahlen begreifen. Diagnose und Förderung bei Kindern mit Rechenschwäche* (2. Aufl.). Weinheim: Beltz.
Müller, G. & Zipperle, M. (2011). Bildungs- und Lerngeschichten in der Praxis. Eine Zwischenbilanz. In K. Fröhlich-Gildhoff, I. Nentwig-Gesemann & H .R. Leu (Hrsg.), *Forschung in der Frühpädagogik IV. Schwerpunkt: Beobachten, Verstehen, Interpretieren, Diagnostizieren* (S. 121–150). Freiburg: FEL.
Müller-Kohlenberg, H. (2012). My home is my castle – Welche Zugangswege gibt es zu benachteiligten Familien? In *Forschung und Praxis der Gesundheitsförderung, Band 41, Gesund aufwachsen in Kita, Schule, Familie und Quartier. Nutzen und Praxis verhaltens- und verhältnisbezogener Prävention – KNP-Tagung am 18. und 19. Mai 2011 in Bonn* (S. 191–201) Köln: BZgA.
Müller-Kohlenberg, H. (2008). Entwicklungsorientierte Prävention von Devianz im Jugendalter: Das Mentorenprojekt »Balu und Du«. In Bundesministerium des Innern (Hrsg.), *Theorie und Praxis gesellschaftlichen Zusammenhalts* (S. 241–259). Berlin: Eigendruck des BMI.
Murdock, T. B. & Bolch, M. B. (2005). Risk and protective factors for poor school adjustment in lesbian, gay, and bisexual (LGB) high school youth: Variable and person-centered analyses. *Psychology in the Schools, 42,* 159.
National Institute of Child Health and Human Development, NICHD, DHHS. (2006). *The NICHD Study of Early Child Care and Youth Development (SECCYD): Findings for Children up to Age 4 1/2 Years (05-4318).* Washington, D. C.: U.S. Government Printing Office.
Nationales Zentrum Frühe Hilfen (NZFH) in der Bundeszentrale für gesundheitliche Aufklärung (o. J.). *Frühe Hilfen.* Zugriff am 28.11.2012. Verfügbar unter www.fruehehilfen.de
Nentwig-Gesemann, I. (2011). Evaluation. In K. Fröhlich-Gildhoff, S. Beuter, S. Fischer, J. Lindenberg & M. Rönnau-Böse, M. (2011). *Förderung der seelischen Gesundheit in Kitas für Kinder und Familien mit sozialen Benachteiligungen* (S. 81–89). Freiburg: FEL.
Nentwig-Gesemann, I., Fröhlich-Gildhoff, K., Harms, H. & Richter, S. (2011). *Professionelle Haltung/Identität der Fachkraft für die Arbeit mit Kindern unter drei Jahren.* München: DJI/WiFF.
Nentwig-Gesemann, I. (2008). Rekonstruktive Forschung in der Frühpädagogik. In H. von Balluseck (Hrsg.), *Professionalisierung der Frühpädagogik* (S. 251–263). Opladen & Farmingtion Hills: Barbara Budrich.
Norcross, J. C. (2002). *Psychotherapy relationships that work: Therapist contributions and responsiveness to patients.* Oxford: Universitiy Press.
Oerter, R. & Montada, L. (Hrsg.). (2008). *Entwicklungspsychologie.* Weinheim: Beltz PVU.
Oerter, R., Hagen, V. C., Röper, G. & Noam, G. (Hrsg.). (1999). *Klinische Entwicklungspsychologie. Ein Lehrbuch.* Weinheim: Beltz PVU.
Olweus, D. (2006). *Gewalt in der Schule. Was Lehrer und Eltern wissen sollten – und tun können.* Bern: Huber.
Opp, G. (2007). Schule – Chance oder Risiko? In G. Opp & M. Fingerle (Hrsg.). *Was Kinder stärkt: Erziehung zwischen Risiko und Resilienz* (2. Aufl.) (S. 227–245). München: Reinhardt.
Opp, G., Teichmann, J. & Otto, A. (2012). Inklusionsprozesse und Positive Peerkultur. In M. Fingerle & M. Grumm (Hrsg.), *Prävention von Verhaltensauffälligkeiten bei Kindern und Jugendlichen* (S. 105–117). München: Reinhardt.
Opp, G. & Teichmann, J. (2008). (Hrsg.). *Positive Peerkultur. Best Practices in Deutschland.* Bad Heilbrunn: Klinkhardt.
Opp, G. & Fingerle, M. (Hrsg.). (2007). *Was Kinder stärkt. Erziehung zwischen Risiko und Resilienz.* (2., neu bearb. Aufl.). München: Reinhardt.
Opp, G., Kulig, W. & Puhr, K. (2006). *Einführung in die Sonderpädagogik.* München: Reinhardt/UTB.

Opp, G. & Unger, N. (2006). *Kinder stärken Kinder. Positive Peer Culture in der Praxis.* Hamburg: Edition Körber Stiftung.
Opp, G. & Wenzel, E. (2003). Schule: Schutz- oder Risikofaktor kindlicher Entwicklung. In K. H. Brisch & T. Hellbrügge (Hrsg.), *Bindung und Trauma. Risiken und Schutzfaktoren für die Entwicklung von Kindern. Internationaler Kongress Attachment and Trauma: Risk and Protective Factors in the Development of Children.* (S. 84–93). Stuttgart: Klett-Cotta.
Orlinsky, D. E. (2008). Die nächsten 10 Jahre Psychotherapieforschung. Die Kritik des herrschenden Forschungsparadigmas mit Korrekturvorschlägen. *Psychotherapie – Psychosomatik – Medizinische Psychologie, 58 (9/10),* 345–354.
Orlinsky, D. E., Grawe, K., & Parks, B. (1994). Process and Outcome in Psychotherapy. In A. E. Bergin & L. S. Garfield (Hrsg.), *Handbook of Psychotherapy and Behavior Change* (S. 270–376). New York: Wiley.
Orlinsky D. E. & Howard K. I. (1987). A generic model of psychotherapy. *Journal of Integrative Eclectic Psychotherapy 6,* 627.
Ott, B., Käsgen, R., Ott-Hackmann, H. & Hinrichsen, S. (2007). *Die systemische Kita. Das Konzept und seine Umsetzung.* Weimar: das netz.
Otto, H. U. (2007). *Zum aktuellen Diskurs um Ergebnis und Wirkung im Feld der Sozialpädagogik und Sozialarbeit – Literaturvergleich nationaler und internationaler Diskussion. Expertise im Auftrag Auftragsgemeinschaft für Kinder- und Jugendhilfe.* AGJ. Berlin: Eigendruck der AGJ.
Papilio e. V. (o. J.). *Papilio. Vorbeugung gegen die Entwicklung von Sucht und Gewalt. Förderung sozial-emotionaler Kompetenz im Kindergarten.* Zugriff am 28.11.2012. Verfügbar unter www.papilio.de
Papoušek, M. (2004). Regulationsstörungen der frühen Kindheit: Klinische Evidenz für ein neues diagnostisches Konzept. In M. Papousek, M. Schieche, & H. Wurmser (Hrsg.), *Regulationsstörungen der frühen Kindheit. Frühe Risiken und Hilfen im Entwicklungskontext der Eltern- und Kindbeziehung* (S. 77–110). Bern: Huber.
Papoušek, M. (2002). Störungen des Säuglingsalters. In G. Esser (Hrsg.), *Lehrbuch der klinischen Psychologie und Psychotherapie des Kindes- und Jugendalters* (S. 80–101). Stuttgart: Thieme.
Papoušek, M., Schieche, M. & Wurmser, H. (Hrsg.). (2004). *Regulationsstörungen der frühen Kindheit. Frühe Risiken und Hilfen im Entwicklungskontext der Eltern- und Kindbeziehung.* Bern: Huber.
Papoušek, H. & Papoušek, M. (1999). Symbolbildung, Emotionsregulation und soziale Interaktion. In W. Friedlmeier & M. Holodynski (Hrsg.), *Emotionale Entwicklung* (S. 136–155). Heidelberg: Spektrum.
Pauen, S. (2007): *Was Babys denken. Eine Geschichte des ersten Lebensjahres.* München: Reinhardt.
Pauen, S., Frey, B. & Ganser, L. (2012). Entwicklungspsychologie in den ersten drei Lebensjahren. In M. Cierpka (Hrsg.), *Frühe Kindheit 0–3 Jahre. Beratung und Psychotherapie für Eltern mit Säuglingen und Kleinkindern.* (S. 21–35). Berlin: Springer.
Paulus, P. (2007). Schulische Gesundheitsförderung – auf dem Weg zur guten gesunden Schule. In B. Röhrle (Hrsg.), *Prävention und Gesundheitsförderung, Band III. Kinder und Jugendliche* (S. 324–345). Tübingen: DGVT.
Perels, F. & Otto, B. (2009). Förderung selbstregulierten Lernens im Vor- und Grundschulalter. In H. Schwalb & G. Theunissen (Hrsg.), *Inklusion, Partizipation und Empowerment in der Behindertenarbeit. Best-Practice-Beispiele: Wohnen – Leben – Arbeit – Freizeit* (S. 174–193). Stuttgart: Kohlhammer.
Perren, S. & Graf, I. (2012). Nicht intendierte Effekte von Präventionsprogrammen. In M. Fingerle & M. Grumm (Hrsg.), *Prävention von Verhaltensauffälligkeiten bei Kindern und Jugendlichen* (S. 142–156). München: Reinhardt.
Petermann, F., Stein, J. & Macha, T. (2008). *Entwicklungstest »sechs Monate bis sechs Jahre« (ET 6-6)* (3. Aufl.). Göttingen: Hogrefe.
Petermann, F. & Macha, T. (2007). Entwicklungsdiagnostik. In F. Petermann und W. Schneider (Hrsg.), *Angewandte Entwicklungspsychologie.* (S. 19–60). Göttingen: Hogrefe.

Petermann, F. & Schneider, W. (Hrsg.). (2007a). *Angewandte Entwicklungspsychologie.* Göttingen: Hogrefe.
Petermann, F. & Schneider, W. (2007b). Angewandte Entwicklungspsychologie: Ziele und Themen. In F. Petermann & W. Schneider (Hrsg.), *Angewandte Entwicklungspsychologie* (S. 1–18). Göttingen: Hogrefe.
Petermann, F., Natzke, H., Gerken, N. & Walter, H.-J. (2006). *Verhaltenstraining für Schulanfänger: Ein Programm zur Förderung sozialer und emotionaler Kompetenzen.* Göttingen: Hogrefe.
Petermann, U. & Petermann, F. (2006). Erziehungskompetenz. *Kindheit und Entwicklung, 15 (1),* 1–8.
Petermann, F., Niebank, K. & Scheithauer, H. (2004): *Entwicklungswissenschaft, Entwicklungspsychologie – Genetik – Neuropsychologie.* Berlin: Springer.
Petermann, F. & Wiedebusch, S. (2003). *Emotionale Kompetenz bei Kindern.* Göttingen: Hogrefe.
Petermann, F., Döpfner, M., Lehmkuhl, G. & Scheithauer, H. (2000). Klassifikation und Epidemiologie psychischer Störungen. In F. Petermann (Hrsg.), *Lehrbuch der klinischen Kinderpsychologie und -psychotherapie.* (S. 29–56).Göttingen: Hogrefe.
Peucker, S. & Weißhaupt, S. (2008). *FEZ – Förderprogramm zu Entwicklung des Zahlkonzepts. Programmmanual.* Freiburg: Pädagogische Hochschule.
Pianta, R. C., Stuhlman, M. W. & Hamre, B. K. (2007). Der Einfluss von Erwachsenen-Kind-Beziehungen auf Resilienzprozesse im Vorschulalter und in der Grundschule. In G. Opp & M. Fingerle (Hrsg.), *Was Kinder stärkt. Erziehung zwischen Risiko und Resilienz* (2., neu bearb. Aufl.) (S. 192–211). München: Reinhardt.
Piko, B., Fitzpatrick, K. & Wright, D. (2005). A risk and protective factors framework for understanding youth's externalizing problem behaviour in two different cultural settings. *European child & adolescent psychiatry, 14 (2),* 95–103.
Plück, J., Döpfner, M. & Lehmkuhl, G. (2000). Internalisierende Auffälligkeiten bei Kindern und Jugendlichen in Deutschland – Ergebnisse der PAK-KID-Studie. *Kindheit und Entwicklung, 9,* 133–142.
Plück, J., Wieczorrek, E., Wolff Metternich, T. & Döpfner, M. (2006). *Präventionsprogramm für expansives Problemverhalten (PEP). Ein Manual für Eltern- und Erziehergruppen.* Göttingen: Hogrefe.
Pramling, I. (1990). *Learning to learn. A study of Swedish preschool children.* New York: Springer.
Preiß, G. (2009). »Guten Morgen liebe Zahlen« Projekte zur Frühen mathematischen Bildung von Prof. Gerhard Preiß. Zugriff am 28.11.2012. Verfügbar unter www.zahlenland.info/download/zlpp_gutenmorgenliebezahlen.pdf
Premack, D. & Woodruff, G. (1978). Does the chimpanzee have a theory of mind? *Behavioral and Brain Sciences, 1,* 515–526.
Pressley, M., Borkowski, J. G. & Schneider, W. (1989). Good information processing. What it is and how education can promote it. *Journal of Educational Research, 2,* 857–867.
Quante, S., Eisenbarth, I., Popp, V., Thieme, I., Wolf, S. & Ungerer-Röhrich, U. (2010). »Schatzsuche im Kindergarten« – Ressourcen stärken durch Bewegung. In I. Hunger & R. Zimmer (Hrsg.), *Bildungschancen durch Bewegung* (S. 212–219). Schorndorf: Hofmann Verlag.
RAA – Regionale Arbeitsstellen zur Förderung von Kindern und Jugendlichen aus Zuwandererfamilien (o. J.). *Rucksack-Projekt. Ein Konzept zur Sprachförderung und Elternbildung im Elementarbereich.* Zugriff am 28.11.2012. Verfügbar unter www.raa.de/fileadmin/dateien/pdf/produkte/RAA-Flyer-Rucksack_Allgemein_LR.pdf
Rauh, H. (2008). Vorgeburtliche Entwicklung und frühe Kindheit. In R. Oerter & L. Montada (Hrsg.), *Entwicklungspsychologie* (6. Aufl.) (S. 149–224). Weinheim: Beltz PVU.
Ravens-Sieberer, U., Wille, N., Bettge, S. & Erhart, M. (2007). Psychische Gesundheit von Kindern und Jugendlichen in Deutschland. Ergebnisse aus der BELLA-Studie im Kinder- und Jugendgesundheitssurvey (KiGGS). *Bundesgesundheitsblatt – Gesundheitsforschung – Gesundheitsschutz 50, (5–6),* 871–878.

Reicher, A. & Jauck, M. (2012). Programme zur Förderung sozialer Kompetenz im schulischen Setting. In M. Fingerle & M. Grumm (Hrsg.), *Prävention von Verhaltensauffälligkeiten bei Kindern und Jugendlichen* (S. 29–48). München: Reinhardt.

Reichle, B. (1999). *Wir werden Familie. Ein Kurs zur Vorbereitung auf die erste Elternschaft.* München: Juventa.

Remsperger, R. (2011). Sensitive Responsivität im Umgang mit Kindergartenkindern. In K. Fröhlich-Gildhoff, I. Nentwig-Gesemann & H-R. Leu (Hrsg.), *Forschung in der Frühpädagogik IV* (S. 235–264). Freiburg: FEL.

Renner, I. & Heimeshoff, V. (2010). *Modellprojekte in den Ländern. Zusammenfassende Ergebnisdarstellung.* Köln: NZFH.

Resch, F. (2004). Entwicklungspsychopathologie der Frühen Kindheit im interdisziplinären Spannungsfeld. In M. Papoušek, M. Schieche, & H. Wurmser (Hrsg.), *Regulationsstörungen in der frühen Kindheit. Frühe Risiken und Hilfen im Entwicklungskontext der Eltern-Kind-Beziehungen* (S. 31–48). Bern: Huber.

Reuter-Liehr, C. (2000). *Lautgetreue Lese-Rechtschreibförderung.* Bochum: Winkler.

Rhodes, J. E., Grossman, J. B., & Resch, N. L. (2000). Agents of change: Pathways through which mentoring relationships influence adolescents' academic adjustment. *Child Development, 71,* 1662–1671.

Richardson, D. R, Green, L. R., & Lago, T. (1998). The relationship between perspective taking and nonaggressive responding in the face of attack. *Journal of Personality, 66,* 235–256.

Ricken, G. (2009). Dyskalkulie. In A. Lohaus & H. Domsch (Hrsg.), *Psychologische Förder- und Interventionsprogramme für das Kindes- und Jugendalter* (S. 113–130). Heidelberg: Springer.

Robert Bosch Stiftung (2008). *Frühpädagogik studieren – ein Orientierungsrahmen für Hochschulen.* Zugriff am 28.11.2012. Verfügbar unter www.bosch-stiftung.de/content/language1/downloads/PiK_orientierungsrahmen_druckversion.pdf

Röhrle, B. (2008). Die Forschungslage zur Prävention psychischer Störungen und zur Förderung psychischer Gesundheit. *Verhaltenstherapie und Psychosoziale Praxis, 40 (2),* 343–347.

Röhrle, B. (Hrsg.). (2007). *Prävention und Gesundheitsförderung, Bd. III. Kinder und Jugendliche.* Tübingen: DGVT.

Röhrle, B. (1999). Ein Modell präventiven und gesundheitsförderlichen Handelns. In B. Röhrle & G. Sommer (Hrsg.), *Prävention und Gesundheitsförderung* (S. 53–68). Tübingen: DGVT.

Röhrle, B., Caspar, F. & Schlottke, P. F. (Hrsg.). (2007). *Lehrbuch der klinisch-psychologischen Diagnostik.* Stuttgart: Kohlhammer.

Röhrle, B. & Sommer, G. (Hrsg.). (1995). *Gemeindepsychologie: Bestandsaufnahmen und Perspektiven.* Tübingen: DGVT.

Rönnau-Böse, M. (2013, i. Dr.). *Resilienzförderung in Kindertageseinrichtungen (Arbeitstitel).* Dissertation. Freiburg: FEL.

Rönnau-Böse, M. & Fröhlich-Gildhoff, K. (2012). Einführung: Das Konzept der Resilienz und Resilienzförderung. In K. Fröhlich-Gildhoff, S. Fischer & J. Becker (Hrsg.), *Gestärkt von Anfang an – Resilienzförderung in der Kindheit* (S. 9–29). Weinheim: Beltz.

Rönnau-Böse, M. & Fröhlich-Gildhoff, K. (2010). *Resilienzförderung im Kita-Alltag. Was Kinder stark und widerstandsfähig macht.* Freiburg: Herder.

Rönnau, M. & Fröhlich-Gildhoff, K. (2008). *Elternarbeit in der Gesundheitsförderung. Angebote und Zugangswege unter besonderer Berücksichtigung der Zielgruppe »schwer erreichbare Eltern«.* Expertise. Handlungsempfehlung. Stuttgart: Landesgesundheitsamt.

Rönnau, M., Kraus-Gruner, G. & Engel, E. M. (2008). Resilienzförderung in der Kindertagestätte. In K. Fröhlich-Gildhoff, I. Nentwig-Gesemann & R. Haderlein (Hrsg.), *Forschung in der Frühpädagogik (Bd. I)* (S. 117–138). Freiburg: FEL.

Rogers, C. R. (1987). *Eine Theorie der Psychotherapie, der Persönlichkeit und der zwischenmenschlichen Beziehungen.* Köln: GwG-Verlag.

Roos, S. & Grünke, M. (2011). Auf dem Weg zur »resilienten« Schule. Resilienz in Förderschulen. In M. Zander (Hrsg.), *Handbuch Resilienzförderung.* (S. 407–433). Wiesbaden: VS-Verlag.

Roos, J., Polotzek, S. & Schöler, H. (2010). *EVAS Evaluationsstudie zur Sprachförderung von Vorschulkindern. Abschlussbericht der Wissenschaftlichen Begleitung der Sprachfördermaßnahmen im Programm »Sag' mal was – Sprachförderung für Vorschulkinder«. Unmittelbare und längerfristige Wirkungen von Sprachförderungen in Mannheim und Heidelberg.* Zugriff am 09.12.2012. Verfügbar unter www.sagmalwas-bw.de/media/WiBe%201/pdf/EVAS_Abschlussbericht_Januar2010.pdf

Roos, J. & Schöler, H. (Hrsg.). (2009). *Entwicklung des Schriftspracherwerbs in der Grundschule. Längsschnittanalyse zweier Kohorten über die Grundschulzeit.* Wiesbaden: VS-Verlag.

Rosenbrock, R. & Hartung, S. (o. J.). Public Health Action Cycle/Gesundheitspolitischer Aktionszyklus. BZgA: Leitbegriffe der Gesundheitsförderung. Zugriff am 28.11.2012. Verfügbar unter www.bzga.de/leitbegriffe/?uid=3ed0b3afe02626868b02204d52c69652&id=angebote&idx=163

Roßbach, H.-G. (2006). Institutionelle Übergänge in der Frühpädagogik. In L. Fried & S. Roux (Hrsg.), *Pädagogik der frühen Kindheit. Handbuch und Nachschlagewerk* (S. 280–291). Weinheim: Beltz.

Roßbach, H.-G., Kluczniok, K. & Isenmann, D. (2008). Erfahrungen aus internationalen Längsschnittstudien. In H.-G. Roßbach & S. Weinert (Hrsg.), *Kindliche Kompetenzen im Elementarbereich: Förderbarkeit, Bedeutung und Messung* (S. 7–88). Bildungsforschung Band 24. Berlin: Bundesministerium für Bildung und Forschung (BMBF).

Roth, X. (2010). *Handbuch Bildungs- und Erziehungspartnerschaft. Zusammenarbeit mit Eltern in der Kita.* Freiburg: Herder.

Rotter, J. B. (1966). Generalized Expectancies for Internal versus External Control of Reinforcement. *Psychological Monographs, 80.*

Roux, S. (2004). Von der Familie in den Kindergarten. Zur Theorie und Praxis eines frühpädagogischen Übergangs. In L. Denner & E. Schumacher (Hrsg.), *Übergänge im Elementar- und Primarbereich reflektieren und gestalten. Beiträge zu einer grundlegenden Bildung* (S. 75–90). Bad Heilbrunn/Klinkhardt.

Rückert, E., Kunze, S., Schillert, M. & Schulte-Körne, G. (2010). Prävention von Lese-Rechtschreibschwierigkeiten. Effekte eines Eltern-Kind-Programms zur Vorbereitung auf den Schriftspracherwerb. *Kindheit und Entwicklung, 19 (2),* 82–89.

Rupp, M. & Oberndorfer, R. (2005). Familienforschung und niedrigschwellige Angebote für Familien. *Pro Jugend, (4),* 4–8.

Rutter, M. (2000). Nature, nurture and psychopathology: a newlook at an old topic. In Tizard, B. & Varma, V. (Hrsg.), *Vulnerability and Resilience in Human Development* (S. 21–38). London; Philadelphia: Jessica Kingsley Publishers.

Rutter, M. (1994). Stress research. Accomplishments and tasks ahead. In R. J. Haggerty, L. R. Sherrod, N. Garmenzy & M. Rutter (Hrsg.), *Stress, risk & resilience in children and adolescents* (S. 529–540). Cambridge: University Press.

Rutter, M. & Maughan, B. (2002). School effectiveness findings 1979–2002. *Journal of School Psychology, 40 (6),* 451–475.

Saarni, C. (2002). Die Entwicklung emotionaler Kompetenzen in Beziehungen. In M. v. Salisch (Hrsg.), *Emotionale Kompetenz entwickeln. Grundlagen in Kindheit und Jugend* (S. 3–30). Stuttgart: Kohlhammer.

Sättele, E.-M. (2007). Frühförderung. In K. Fröhlich-Gildhoff, *Verhaltensauffälligkeiten bei Kindern und Jugendlichen* (S. 213–221). Stuttgart: Kohlhammer.

Sampson, R. J. (2006). Collective Efficacy Theory: Lessons Learned and Directions for Future Inquiry. In F. T. Cullen, J. P. Wright & K. R. Blevins (Hrsg.), *Advances in Criminological Theory*, (Volume 15) Taking Stock: The Status of Criminological Theory (S. 149–167). New Brunswick: Transaction Publishers.

Sampson, R. J. (2001). How do communities undergrid or undermine human development? Relevant contexts and social mechanisms. In A. Both & A. C. Crouter (Hrsg.), *Does it take a village? Community effects on children, adolescents, and families* (S. 3–30). Mahwah, NJ: Erlbaum.

Sampson, R. J., Raudenbush, S. W. & Earls, F. (1997). Neighborhoods and Violent Crime: A Multilevel Study of Collective Efficacy. *Science , 277 (5328),* 918–924.

Sann, A. & Thrum, K. (2005): *Opstapje – Schritt für Schritt. Ein präventives Spiel- und Lernprogramm für Kleinkinder aus sozial benachteiligten Familien und ihre Eltern.* Zugriff am 28.11.2012. Verfügbar unter www.opstapje.de/docs/Opstapje_Praxisleitfaden.pdf

Sarimski, K. (2007). Frühdiagnostik und Interventionen im Frühbereich. In: F. Petermann & W. Schneider (Hrsg.), *Angewandte Entwicklungspsychologie.* (S. 61–92). Göttingen: Hogrefe.

Saß, H., Wittchen, H.-U. & Zaudig, M. (1996). *Diagnostisches und Statistisches Manual Psychischer Störungen.* Göttingen: Hogrefe.

Scanlon, D. & Mellard, D. F. (2002). Academic and participation profiles of school-age dropouts with and without disabilities. *Council for Exceptional Children, 68 (2),* 239–258.

Schakib-Ekbatan, K., Hasselbach, P., Roos, J. & Schöler, H. (2007). *Die Wirksamkeit der Sprachförderungen in Mannheim und Heidelberg auf die Sprachentwicklung im letzten Kindergartenjahr.* Zugriff am 09.12.2012. Verfügbar unter: www.ph-heidelberg.de/wp/schoeler/seiten/EVAS%20Bericht%203.pdf

Scheithauer, H. & Meyer, H. (2008) Papilio: Ein Programm zur entwicklungsorientierten Primärprävention von Verhaltensproblemen und Förderung sozial-emotionaler Kompetenzen im Kindergarten. In Bundesministerium des Innern (Hrsg.), *Theorie und Praxis des gesellschaftlichen Zusammenhalts – Aktuelle Aspekte der Präventionsdiskussion um Gewalt und Extremismus.* (S. 221–239) Berlin, BMI.

Scheithauer, H., Petermann, F. & Niebank, K. (2000). Frühkindliche Entwicklung und Entwicklungsrisiken. In F. Petermann, K. Niebank & H. Scheithauer (Hrsg.), *Risiken in der frühkindlichen Entwicklung. Entwicklungspsychopathologie der ersten Lebensjahre* (S. 15–38). Göttingen: Hogrefe.

Schell, A. (2011). *Die Förderung emotionaler und sozialer Kompetenzen im Vorschulalter »Lubo aus dem All!« Entwicklung, Implementierung und Evaluation eines Trainingsprogramms zur Prävention von Gefühls- und Verhaltensstörungen.* Bad Heilbrunn: Klinkhardt.

Schick, A. & Cierpka, M. (2009). Gewaltprävention an weiterführenden Schulen: Das FAUSTLOS-Curriculum für die Sekundarstufe. *Praxis der Kinderpsychologie und Kinderpsychiatrie, 58,* 655–671.

Schick, A. & Cierpka, M. (2003). FAUSTLOS: Evaluation eines Curriculums zur Förderung sozial-emotionaler Kompetenzen und zur Gewaltprävention in der Grundschule. *Kindheit und Entwicklung, 12 (2),* 100–110.

Schlippe, A. v. & Schweitzer, J. (2003). *Lehrbuch der systemischen Therapie und Beratung.* Göttingen: Vandenhoeck & Ruprecht.

Schlüter, M. & Müller-Kohlenberg, H. (2010). Feststellung der Wirksamkeit von Präventionsmaßnahmen am Beispiel des Mentorenprogramms »Balu und Du«: Effektstärken, Netto-Effektstärken und die Funktion von Kontrollgruppen. *Forum Kriminalprävention, 3,* 34–36.

Schmidt, H., Fäh, B., Bodenmann, G., Schönenberger, M., Lattmann, U. P., Cina, A., Kern-Scheffeldt, W. & Anliker, S. (2008). Eltern und Schule stärken Kinder (ESSKI): Ein Mehrebenenansatz zur Förderung der sozialen Kompetenz. In T. Malti & S. Perren (Hrsg.), *Soziale Kompetenz bei Kindern und Jugendlichen. Entwicklungsprozesse und Förderungsmöglichkeiten* (S. 197–213). Stuttgart: Kohlhammer.

Schmidtchen, S. (2001). *Allgemeine Psychotherapie für Kinder, Jugendliche und Familien.* Stuttgart: Kohlhammer.

Schneewind, K. (2006). *Freiheit in Grenzen. Eine interaktive CD-ROM zur Stärkung elterlicher Erziehungskompetenzen für Eltern von Klein- und Vorschulkindern.* München: Creative Communication Concepts GmbH.

Schneider, M. & Böhm, B. (2012). Sozial benachteiligte Eltern erreichen: Erste Ergebnisse aus der Evaluation des Elternprogramms ELTERN-AG. In K. Fröhlich-Gildhoff, I. Nentwig-Gesemann & H. Wedekind (Hrsg.), *Forschung in der Frühpädagogik, Band 5* (S. 245–274). Freiburg: FEL.

Schneider, W. & Marx, P. (2007). Früherkennung und Prävention von Lese-Rechtschreib-Schwierigkeiten. In F. Petermann & W. Schneider (Hrsg.), *Angewandte Entwicklungspsychologie* (S. 236–273). Göttingen: Hogrefe.

Schöler, H. & Roos, J. (2010). Ergebnisse einer Evaluation von Sprachfördermaßnahmen in Mannheimer und Heidelberger Kitas (2010). In K. Fröhlich-Gildhoff, I. Nentwig-Gesemann, P. Strehmel (Hrsg.), *Forschung in der Frühpädagogik – Band 3. Schwerpunkt: Sprachentwicklung und Sprachförderung in Kindertageseinrichtungen* (S. 35–74). Freiburg: FEL.

Schone, R. (2010). Kinderschutz zwischen Frühe Hilfen und Gefährdungsabwehr. *IzKK-Nachrichten 1*, 4–7.

Schulte-Körne, G. & Mathwig, F. (2000). *Das Marburger Rechtschreibtraining*. Bochum: Winkler.

Schulz, M. & Cloos, P. (2011). Die »Entdeckung« kindlicher Bildungsprozesse. Ethnographische Hinweise auf professionelle Praktiken der Beobachtung. In K. Fröhlich-Gildhoff, I. Nentwig-Gesemann & H. R. Leu (Hrsg.), *Forschung in der Frühpädagogik IV. Schwerpunkt: Beobachten, Verstehen, Interpretieren, Diagnostizieren* (S. 91–120). Freiburg: FEL.

Schulz, P. & Tracy, R. (2012). *LiSe-DaZ®. Linguistische Sprachstandserhebung – Deutsch als Zweitsprache*. Götingen: Hogrefe.

Schulz, R. & Heckhausen, J. (1996). A life-span model of successfull aging. *American Psychologist, 51*, 702–714.

Seifert, A. (2011). *Resilienzförderung an der Schule: Eine Studie zu Service-Learning mit Schülern aus Risikolagen*. Wiesbaden: VS-Verlag.

Selye, H. (1948). The general adaptation syndrome and diseases of adaptation. *Journal of clinical endocrinology*, 117–230.

Shalev, R. S. (2007). *Prevalence of Developmental dyscalculia. Pediatric Neurology, 24 (5)*, 337–342.

Siefen, R.-G. (2005). Psychische Entwicklungsrisiken bei Kindern und Jugendlichen mit Migrationshintergrund. In T. Borde & M. David (Hrsg.), *Kinder und Jugendliche mit Migrationshintergrund. Lebenswelten, Gesundheit und Krankheit* (S. 107–117). Frankfurt/M.: Mabuse.

Siegrist, J. (2005). Symmetry in social exchange and health. *European Review, 13 (2)*, 145–155.

Siraj-Blatchford, I. (2007). Effektive Bildungsprozesse. Lehren in der frühen Kindheit. In F. Becker-Stoll & M. R. Textor (Hrsg.), *Die Erzieherin-Kind-Beziehung* (S. 97–114). Berlin: Cornelsen Scriptor.

Siraj-Blatchford, I., Sylva, K., Taggart, B., Melhuish, E. & Sammons, P. (2005). Das Projekt »The Effective Provision of Preschool Education«: Wirksame Bildungsangebote im Vorschulbereich – EPPE. In Pestalozzi-Fröbel-Verband pfv (Hrsg.), Innovationsprojekt Frühpädagogik. *pfv Jahrbuch 10* (S. 87–103). Berlin: pfV.

Skolverket (2011). Vad fungera? Resultat av utvärdering av metoder mot mobbning. Stockholm: Skolverket. [Was funktioniert? Ergebnisse der Untersuchung von Methoden gegen Mobbing]. Zugriff am 28.11.2012. Verfügbar unter www.skolverket.se

Smolka, A. (2006). Welchen Orientierungsbedarf haben Eltern? In K. Wahl & K. Hees (Hrsg), *Helfen »Super Nanny« & Co.? Ratlose Eltern – Herausforderung für die Elternbildung* (S. 44–58). Weinheim: Beltz.

Sommer, G. (Hrsg.). (1977). *Gemeindepsychologie: Therapie und Prävention in der sozialen Umwelt*. München/Wien: Urban & Schwarzenberg.

Souvignier, E. (2007). Förderung intellektueller Kompetenz. In F. Petermann & W. Schneider (Hrsg.), *Angewandte Entwicklungspsychologie* (S. 389–412). Göttingen: Hogrefe.

Sozialgesetzbuch VIII (o. J.). *Kinder- und Jugendhilfe*. Zugriff am 09.12.2012. Verfügbar unter www.gesetze-im-internet.de/sgb_8

Speck, O. (2004). *System Heilpädagogik. Eine ökologisch reflexive Grundlegung*. München: Reinhardt.

Spivack, G. & Shure, M. B. (1989). Interpersonal Cognitive Problem Solving (ICPS). A competence-building primary prevention program. *Prevention in Human Services, 6*, 151–178.

Springer-Geldmacher, M. (2005). Rucksack-Projekt – Ein Konzept zur Sprachförderung und Elternbildung im Elementarbereich. In Regionale Arbeitsstelle zur Förderung von Kindern und Jugendlichen aus Zuwandererfamilien (RAA); Ministerium für Generationen (Hrsg.), *RAA in NRW. 25 Jahre interkulturelle Kompetenz. Konzepte – Praxis – Perspektiven.* Essen: Eigendruck RAA. Zugriff am 09.12.2012. Verfügbar unter www.raa.de/dokumentation-25-jahre-raa-in-nr.html

Staatsinstitut für Familienforschung an der Universität Bamberg (ifb) (2008). *Evaluation des HIPPY Programms in Bayern.* Zugriff am 28.11.2012. Verfügbar unter www.ifb.bayern.de/imperia/md/content/stmas/ifb/materialien/mat_2008_3.pdf

Statistisches Bundesamt (2012). *Anteil der Familien mit Migrationshintergrund nach Kinderanzahl.* Zugriff am 28.11.2012. Verfügbar unter http://de.statista.com/statistik/daten/studie/1448/umfrage/anteil-familien-mit-migrationshintergrund-nach-kinderanzahl

Stadt Ludwigsburg. Fachbereich Bürgerschaftliches Engagement (o. J.). *Programm KiFa – Kinder- & Familienbildung.* Zugriff am 28.11.2012. Verfügbar unter www.kifa.de

Staudinger, O. M. (2007). Lebensspannen-Psychologie. In M. Hasselhorn, M. & W. Schneider (Hrsg.), *Handbuch der Entwicklungspsychologie* (S. 71–84). Göttingen: Hogrefe.

Steinebach, C. (2000). *Entwicklungspsychologie.* Stuttgart: Klett-Cotta.

Steinebach, C. (Hrsg.). (1997). *Heilpädagogik für chronisch kranke Kinder und Jugendliche.* Freiburg: Lambertus.

Steinmetz-Brand, U. (2006). In der Krise wächst die Chance. Ganzheitliches Gewaltpräventions- und Interventionsprogramm der Georg Büchner Schule, Schule für Erziehungshilfe und Kranke. In K. Fröhlich-Gildhoff, *Gewalt begegnen. Konzepte und Projekte zur Prävention und Intervention* (S. 134–151). Stuttgart: Kohlhammer.

Stern, C., Mahlmann, J. & Vaccaro, E. (2003). *Vergleich als Chance. Schulentwicklung durch internationale Qualitätsvergleiche – Grundlagen.* Gütersloh: Bertelsmann.

Stern, D. N. (1998). *Die Mutterschafts-Konstellation. Eine vergleichende Darstellung verschiedener Formen der Mutter-Kind-Psychotherapie.* Stuttgart: Klett-Cotta.

Stern, D. N. (1995). Die Repräsentation von Beziehungsmustern, entwicklungspsychologische Betrachtungen. In R. Petzold, (Hrsg.), *Die Kraft liebevoller Blicke. Psychotherapie & Babyforschung (Bd. 2.)* (S. 193–219). Paderborn: Junfermann.

Stern, D. N. (1992). *Die Lebenserfahrung des Säuglings.* Stuttgart: Klett-Cotta.

Storck, C., Duprée, T., Dokter, A. & Bölcskei, P. L. (2007). Zwischen Wunsch und Wirklichkeit: Die langfristige Umsetzung schulbasierter Präventionsprogramme in der Praxis am Beispiel Klasse2000. *Prävention und Gesundheitsförderung, 2 (1),* 19–25.

Strätz, R. (2007). Das Kind wahrnehmen, beobachten, verstehen. In F. Becker-Stoll & M. R. Textor (Hrsg.), *Die Erzieherin-Kind-Beziehung. Zentrum von Bildung und Erziehung* (S. 115–130). Berlin: Cornelsen Scriptor.

Strehmel, P. (2007). Frühe Förderung von Kindern in Kindertageseinrichtungen. In F. Petermann & W. Schneider (Hrsg.), *Angewandte Entwicklungspsychologie.* (S. 205–236). Göttingen: Hogrefe.

Strohmer, J. (2011). Interessen: Adaption des deutschsprachigen Inventory of Childrens Activities. In C. Mischo, D. Weltzien & K. Fröhlich-Gildhoff (Hrsg.), *Beobachtungs- und Diagnoseverfahren in der Frühpädagogik* (S. 223–228). Kronach: Carl Link.

Suchodoletz, W. v. (2007a). Prävention umschriebener Sprachentwicklungsstörungen. In v. Suchodoletz, W. (Hrsg.): *Prävention von Entwicklungsstörungen* (S. 45–80). Göttingen: Hogrefe.

Suchodoletz, W. v. (2007b). Möglichkeiten und Grenzen von Prävention. In W. v. Suchodoletz (Hrsg.), *Prävention von Entwicklungsstörungen* (S. 1–10). Göttingen: Hogrefe.

Stucki, C. (2004). *Die Therapiebeziehung differentiell gestalten. Dissertation an der Universität Bern.* Zugriff am 28.11.2012. Verfügbar unter www.zb.unibe.ch/download/eldiss/04stucki_c.pdf

Suess, G. J., Mali, A. & Bohlen, U. (2010). Einfluss des Bindungshintergrunds der HelferInnen auf Effekte der Intervention – Erste Erfahrungen aus dem Praxisfoschungsprojekt. »Wie Elternschaft gelingt (WiEge).« In I. Renner & A. Sann (Hrsg.), *Forschung und Praxisentwicklung Früher Hilfen. Modellprojekte begleitet vom nationalen Zentrum Frühe Hilfen* (S. 147–162). Köln: NZFH.

Sweet, M. A. & Appelbaum, M. I. (2004). Is home visiting an effective strategy? A meta-analytic review of home visiting programs for families with young children. *Child Development, 75*, 1435–1456.
Sylva, K., Melhuish, E., Sammons, P., Siraj-Blatchford, I. & Taggart, B. (2004). *The Effective Provision of Pre-School Education (EPPE) Project. Final Report.* London: Institute of Education.
Tausch, R. & Tausch, A.-M. (1998). *Erziehungspsychologie. Begegnung von Person zu Person* (11. Aufl.). Göttingen: Hogrefe.
Textor, M. R. (o. J.). Zur Notwendigkeit einer Individualisierung von Bildungsprozessen. In M. R. Textor (Hrsg.), *Kindergartenpädagogik – Online-Handbuch.* Zugriff am 28.11.2012. Verfügbar unter www.kindergartenpaedagogik.de/1925.html
Textor, M. R. (2010). *Erziehungspartnerschaft mit Eltern unter Dreijähriger.* Zugriff am 28.11.2012. Verfügbar unter www.kindergartenpaedagogik.de/2084.html
Textor, M. R. (2009). *Elternarbeit im Kindergarten. Ziele, Formen, Methoden.* Norderstedt: Books on Demand.
Textor, M. R. (Hrsg.). (2006a). *Erziehungs- und Bildungspartnerschaft mit Eltern. Gemeinsam Verantwortung übernehmen.* Freiburg: Herder.
Textor, M. R. (2006b). *Verhaltensauffällige Kinder.* Zugriff am 28.11.2012. Verfügbar unter www.kindergartenpaedagogik.de/1486.html
Textor, M. R. (Hrsg.). (2004). *Verhaltensauffällige Kinder fördern. Praktische Hilfen für Kindergarten und Hort.* (3. Aufl.). Berlin: Cornelsen Scriptor.
Thiersch, R. (2006). *Elternbildung und Erziehungspartnerschaft.* Zugriff am 28.11.2012. Verfügbar unter http://amargo.de/kunden/ipff/download/texte/Elternbildung_und_Erziehungspartnerschaft.pdf
Thiersch, H. (1992). *Lebensweltorientierte soziale Arbeit: Aufgaben der Praxis im sozialen Wandel.* Weinheim, München: Juventa.
Thiesen, P. (2003). *Beobachten und Beurteilen in Kindergarten, Hort und Heim.* Weinheim: Beltz.
Thole, W. (2000). *Kinder- und Jugendarbeit. Eine Einführung.* Weinheim: Juventa.
Tierney, J. P., Grossman, J. B., & Resch, N. L. (2000). *Making a difference: An impact study of BigBrothers BigSisters.* Zugriff am 09.12.2012. Verfügbar unter http://hfrp.org/out-of-school-time/ost-database-bibliography/database/big-brothers-big-sisters-of-america-program
Tierny, J. P., Grossman, J. B. & Resch, N. L. (1995). *Making a difference: An impact study of BigBrothers BigSisters.* Philadelphia. PA: Public/Private Ventures.
Tietze, W., Becker-Stoll, F., Bensel, J., Eckhardt, A. G., Haug-Schnabel, G., Kalicki, B., Keller, H. & Leyendecker, B. (Hrsg.). (in Vorb.). *NUBBEK – Nationale Untersuchung zur Bildung, Betreuung und Erziehung in der frühen Kindheit. Forschungsbericht.* Weimar/Berlin: verlag das netz. Kurzfassung (Zugriff am 28.11.2012) verfügbar unter www.nubbek.de/media/pdf/NUBBEK%20Broschuere.pdf
Tietze, W. & Förster, C. (2005). Allgemeines pädagogisches Gütesiegel für Kindertageseinrichtungen. In A. Diller, H. R. Leu & T. Rauschenbach (Hrsg.), *Der Streit ums Gütesiegel. Qualitätskonzepte für Kindertageseinrichtungen* (S. 31–66). München: Deutsches Jugendinstitut.
Tietze, W. & Viernickel, S. (Hrsg.). (2003). *Pädagogische Qualität in Tageseinrichtungen für Kinder. Ein nationaler Kriterienkatalog.* Weinheim: Beltz.
Tietze, W., Meischner, T., Gänsfuß, R., Grenner, K., Schuster, K.-M., Völkel, P. & Roßbach, H.-G. (1998). *Wie gut sind unsere Kindergärten? Eine Untersuchung zur pädagogischen Qualität in deutschen Kindergärten.* Neuwied: Luchterhand.
Tolan, P., Gorman-Smith, D. & Henry, D. (2004). Supporting families in a high-risk setting: Proximal effects of the SAFE children prevention program. *Journal of Consulting and Clinical Psychology, 72,* 855–869.
Tomasello, M. (1995): Joint attention as social cognition. In C. Moore & P. J. Dunham, (Hrsg.), *Joint attention. Its origins and role in development* (S. 103–130). Hillsdale/New Jersey: Lawrence Erlbaum.
Tracy, R. (2008). *Wie Kinder Sprachen lernen: Und wie wir sie dabei unterstützen können.* Tübingen: Francke.

Tripel P Deutschland GmbH (o. J.). *Triple P. Positives Erziehungsprogramm. Für alle Eltern.* Zugriff am 28.11.2012. Verfügbar unter www.triplep.de
Trzeszkowski, G. (o. J). *NeFF ein Netzwerk für Familien. Das Dormagener Modell »Willkommen im Leben«.* Zugriff am 28.11.2012 Verfügbar unter: www.dormagen.de/filead min/civserv/pdf-dateien/fachbereich_5/erzieherische_hilfen/fr%C3%BChe_hilfe_brosch%C3%BCre_komplett_klein.pdf
Tscheulin, D. (2006). Über Komplementarität in der therapeutischen Beziehung. Als Präsentation gestalteter Vortrag anlässlich der Emeritierung von Reiner Bastine. *Verhaltenstherapie und Psychosoziale Praxis, 38 (2),* 303–310.
Tschöpe-Scheffler, S. (2006). *Konzepte der Elternbildung – eine kritische Übersicht.* Leverkusen: Barbara Budrich.
Tschöpe-Scheffler, S. (2006). *Konzepte der Elternbildung – eine kritische Übersicht* (2., durchges. Aufl.). Opladen: Leske + Budrich.
Tschöpe-Scheffler, S. (2005). *Neue Konzepte der Elternbildung – ein kritischer Überblick.* Opladen: Leske + Budrich.
Tschöpe-Scheffler, S. (2004). Elternkurse im Vergleich – Menschenbilder, Inhalte, Methoden. *Theorie und Praxis der Sozialpädagogik (TPS), 8,* 8–13.
Tschöpe-Scheffler, S. (2003). *Elternkurse auf dem Prüfstand. Wie Erziehung wieder Freude macht.* Opladen: Leske + Budrich.
Tuters, E., Doulis, S. & Yabsley, S. (2011). Challenges Working with Infants and their Families: Symptoms and Meanings – Two Approaches of Infant-Parent Psychotherapy. *Infant Mental Health Journal, 32 (6),* 632–649.
Ulich, M. & Mayr, T. (2006). *SELDAK – Sprachentwicklung und Literacy bei deutschsprachig aufwachsenden Kindern.* Freiburg: Herder.
Ulich, M. & Mayr, T. (2003). *SISMIK – Sprachverhalten und Interesse an Sprache bei Migrantenkindern in Kindertageseinrichtungen.* Freiburg: Herder.
Ulich, D., Kienbaum, J. & Volland, C. (2002). Empathie mit anderen entwickeln. Wie entwickelt sich Mitgefühl? In M. v. Salisch (Hrsg.), *Emotionale Kompetenz entwickeln. Grundlagen in Kindheit und Jugend* (S. 111–134). Stuttgart: Kohlhammer.
Ungar, M. (2011). Kontextuelle und kulturelle Aspekte von Resilienz – Jugendhilfe mit menschlichem Antlitz. Ein konzeptioneller Beitrag mit Praxisbezug. In M. Zander (Hrsg.), *Handbuch Resilienzförderung* (S. 133–156). Wiesbaden: VS-Verlag.
Uniklinikum Köln (o.J.). *Evaluation THAV – Therapieprogramm für Kinder mit aggressivem Verhalten.* Zugriff am 28.11.2012. Verfügbar unter http://akip.uk-koeln.de/akip-psycho-therapie-ambulanz/rz_akip_newsletter_web_2_thav_scout.pdf
Universität Bayreuth Institut für Sportwissenschaft (o. J.). *Bildung Bewegung Gesundheit Qualität entwickeln in Krippe, Kindergarten, Kita. Schatzsuche im Kindergarten.* Zugriff am 28.11.2012. Verfügbar unter www.sport.uni-bayreuth.de/spo_wiss_III/bildung-bewegung/de/fortbildung/elearning_kursangebot/schatzsuche
Universität Mannheim (o. J.). *Lise-DaZ. Linguistische Sprachstandserhebung. Deutsch als Zweitsprache.* Zugriff am 28.11.2012. Verfügbar unter www.lise-daz.de
Uslucan, H.-H. (2011). Resilienzpotentiale bei Jugendlichen mit Migrationshintergrund. In M. Zander (Hrsg.), *Handbuch Resilienzförderung* (S. 555–574). Wiesbaden: VS-Verlag.
Verein Programm Klasse2000 e. V. (o. J.) *Theoretischer Hintergrund und Evaluationsergebnisse.* Zugriff am 28.11.2012. Verfügbar unter www.klasse2000.de/uploads/pdf/theoret-hintergrund-2010.pdf
Viernickel, S. (2006). *Qualitätskriterien und -standards im Bereich der frühkindlichen Bildung und Betreuung.* Remagen: Ibus.
Viernickel, S. & Schwarz, S. (2009). *Schlüssel zu guter Bildung, Erziehung und Betreuung.* Berlin: GEW.
Viernickel, S. & Völkel, P. (2006). *Beobachten und Dokumentieren im pädagogischen Alltag* (2. Aufl.). Freiburg: Herder.
Viernickel, S. & Lee, H.-J. (2004). Beginn der Kindergartenzeit. In E. Schumacher (Hrsg.), *Übergänge in Bildung und Ausbildung – pädagogische, subjektive und gesellschaftliche Relevanzen* (S. 69–88). Bad Heilbrunn: Klinkhardt.

Vollmeyer, R. (2007). Motivationsförderung. In F. Petermann & W. Schneider (Hrsg.), *Angewandte Entwicklungspsychologie* (S. 308–388). Göttingen: Hogrefe.
Wahl, K., Alt, C., Hoops, S., Sann, A. & Thrum, K. (2006). Elterliche Erziehungskompetenz: Auskünfte aus empirischen Studien. In K. Wahl & K. Hees (Hrsg.), *Helfen »Super Nanny« & Co.? Ratlose Eltern – Herausforderung für die Elternbildung* (S. 31–43). Weinheim: Beltz.
Wahl, K. & Sann, A. (2006). Resümee und Ausblick: Welche Kriterien sollten kompetente Angebote der Elternbildung erfüllen? In K. Wahl & K. Hees (Hrsg.), *Helfen »Super Nanny« & Co.? Ratlose Eltern – Herausforderung für die Elternbildung* (S. 139–154). Weinheim: Beltz.
Waller, H. (2006). *Gesundheitswissenschaft* (4., überarb. u. erw. Aufl.). Stuttgart: Kohlhammer.
Wampold, B. E. (2001). *The great psychotherapy debate. Models, methods, and findings.* Mahwah, NJ: Lawrence Erlbaum Associates.
Waxman, H. C., Huang, S. L. & Padron, Y. N. (1997). Motivation and learning environment differences between resilient and non-resilient Lationo middle school students. *Hispanic Journal of Behavioural Science, 19*, 137–155.
Weinberger, S. (2010). *Kindern spielend helfen. Eine personzentrierte Lern- und Praxisanleitung* (4. Aufl.). Weinheim: Beltz.
Weinert, S. & Grimm, H. (2008). Sprachentwicklung. In R. Oerter & L. Montada (Hrsg.), *Entwicklungspsychologie* (S. 502–534). Weinheim: Beltz.
Weinert, S. & Lockl, K. (2007). Sprachförderung. In F. Petermann & W. Schneider (Hrsg.), *Angewandte Entwicklungspsychologie* (S. 92–134). Göttingen: Hogrefe.
Weiß, H., Neuhäuser, G. & Sohns, A. (2004). *Soziale Arbeit in der Frühförderung und Sozialpädiatrie.* München: Reinhardt.
Weißhaupt, S., Peucker, S. & Wirtz, M. (2006). Diagnose mathematischen Vorwissens im Vorschulalter und Vorhersage von Rechenleistungen und Rechenschwierigkeiten in der Grundschule. *Psychologie in Erziehung und Unterricht, 53*, 236–245.
Welter-Enderlin, R. & Hildenbrand, B. (Hrsg.). (2006). *Resilienz – Gedeihen trotz widriger Umstände.* Heidelberg: Carl-Auer.
Weltzien, D. (2011). Methodische Grundlagen hermeneutischer und prozessbezogener Verfahren. In C. Mischo, D. Weltzien & K. Fröhlich-Gildhoff (Hrsg.), *Beobachtungs- und Diagnoseverfahren in der Frühpädagogik* (S. 19–27). Kronach: Carl Link.
Welzer, H. (1993). *Transitionen. Zur Sozialpsychologie biografischer Wandlungsprozesse.* Tübingen: edition discord.
Werner, E. E. (2007). Entwicklung zwischen Risiko und Resilienz. In G. Opp, M. Fingerle & A. Freytag (Hrsg.), *Was Kinder stärkt: Erziehung zwischen Risiko und Resilienz* (2. Aufl.) (S. 20–31). München: Reinhardt.
Werner, E. E. (2000). Protective factors and individual resilience. In J. P. Shonkoff, S. J. Meisels (Hrsg.), *Handbook of early childhood intervention.* (S. 115–132). Cambridge: Cambridge University Press.
Werner, E. E. (1997). Gefährdete Kindheit in der Moderne: Protektive Faktoren. *Vierteljahreszeitschrift der Heilpädagogik, 2*, S. 192–203.
Wettstein, A. & Scherzinger, M. (2012). Intervention zwischen Wissenschaft und pädagogischer Praxis. In M. Fingerle & M. Grumm (Hrsg.), *Prävention von Verhaltensauffälligkeiten bei Kindern und Jugendlichen* (S. 174–188). München: Reinhardt.
Whitehurst, G. J., Falco, F. L., Lonigan, C. J., Fischel, J. E., DeBaryshe, B. D., Valdez-Menchaca, M. C. & Caulfield, M. (1988). Accelerating language development through picture book reading. *Developmental Psychology, 24*, 552–559.
WHO: World Health Organization (1994). *Life skills education in schools. Parts 1 and 2.* Geneva: WHO, Divisions of Mental Health.
Wiedebusch, S. (2007). Förderung emotionaler Kompetenzen. In F. Petermann & W. Schneider (Hrsg.), *Angewandte Entwicklungspsychologie* (S. 135–161). Göttingen: Hogrefe.
Wiezorek, C. (2006). Elternpädagogik jenseits der Pädagogisierung – Überlegungen zum pädagogischen Elternbezug aus anerkennungs-theoretischer Perspektive. In P. Bauer & E. J. Brunner (Hrsg.), *Elternpädagogik. Von der Elternarbeit zur Erziehungspartnerschaft* (S. 42–60). Freiburg: Lambertus.

WiFF/Deutsches Jugendinstitut (Hrsg.). (2011a). *Sprachliche Bildung. Grundlagen für die kompetenzorientierte Weiterbildung. WiFF Wegweiser Weiterbildung 1.* München: DJI/WiFF.
WiFF/Deutsches Jugendinstitut (Hrsg.). (2011b). *Zusammenarbeit mit Eltern. Grundlagen für die kompetenzorientierte Weiterbildung.* München: DJI/WiFF.
Wilkening, F. & Cacchione, T. (2007). Theorien dynamischer Systeme in der Entwicklungspsychologie. In M. Hasselhorn & W. Schneider (Hrsg.), *Handbuch der Entwicklungspsychologie* (S. 49–61). Göttingen: Hogrefe.
Willmann, M. (2012). *De-Psychologisierung und Professionalisierung der Sonderpädagogik. Kritik und Perspektiven einer Pädagogik für »schwierige« Kinder.* München: Reinhardt.
Wissenschaftlicher Beirat Frühe Hilfen (o. J). Begriffsbestimmung Frühe Hilfen. Zugriff am 09.12.2012. Verfügbar unter www.fruehehilfen.de/fruehe-hilfen/was-sind-fruehe-hilfen
Wittman, E. C. (2009). Mathematische Bildung. In L. Fied & Roux, S. (Hrsg.), *Pädagogik der frühen Kindheit. Handbuch und Nachschlagewerk* (2. Aufl.) (S. 205–211). Berlin: Cornelsen Scriptor.
Wolf, B. (2006). Elternarbeit. In L. Fried & S. Roux (2006). *Pädagogik der Frühen Kindheit* (S. 168–172). Weinheim: Beltz.
Wolff Metternich, T., Plück, J., Wieczorrek, E., Freund-Braier, I., Hautmann, C., Brix, G. & Döpfner, M. (2002). PEP – Ein Präventionsprogramm für drei- bis sechsjährige Kinder mit expansivem Problemverhalten. *Kindheit und Entwicklung, 11 (2)*, 98–106.
Wood, D. J. ,Bruner, J. & Ross, G. (1976). The Role of Tutoring in Problem Solving. *Journal of Child Psychology and Psychiatry, 17,* 89–100.
Wustmann, C. (2004). *Resilienz. Widerstandsfähigkeit von Kindern in Tageseinrichtungen fördern.* Weinheim: Beltz.
Wygotski, L. S. (1987). *Ausgewählte Schriften. Band 2: Arbeiten zur psychischen Entwicklung der Persönlichkeit.* Köln: Pahl-Rugenstein.
Yonas, M. A., Lewis, T., Hussey, J. M., Thompson, R., Newton, R., English, D. & Dubowitz, H. (2010). Perceptions of Neighborhood Collective Efficacy Moderate the Impact of Maltreatment on Aggression. *Child Maltreatment, 15 (1),* 37–47.
Zander, M. (Hrsg.). (2011). *Handbuch Resilienzförderung.* Wiesbaden: VS-Verlag.
Zentrum für Neurowissenschaften und Lernen (ZNL), *EMIL. Emotionen regulieren lernen.* Zugriff am 28.11.2012. Verfügbar unter www.znl-ulm.de/Themen/Exekutive-Funktionen/EMIL/emil.html
Ziegenhain, U. (2007a). Erziehungs- und Entwicklungsberatung für die frühe Kindheit. In F. Petermann & W. Schneider (Hrsg.), *Angewandte Entwicklungspsychologie* (S. 163–204). Göttingen: Hogrefe.
Ziegenhain, U. (2007b). Förderung der Beziehungs- und Erziehungskompetenzen bei jugendlichen Müttern. *Praxis Kinderpsychologie und Kinderpsychiatrie, 56,* 660–675.
Ziegenhain, U., Thurn, L., Künster, A. K., Besier. T., Roudil d'Ajoux, V., Böttinger, U., Fegert, J. M., Renner, I. & Kindler, H. (2011). Frühe Risiken für eine potenzielle Kindeswohlgefährdung – eine Untersuchung in Geburtskliniken des Ortenaukreises. *Das Jugendamt, 8,* 377–382.
Ziegenhain, U., Gebauer, S., Ziesel, B., Künster, A. K. & Fegert, J. M. (2010). *Lernprogramm Baby-Lesen. Übungsfilme für Hebammen, Kinderärzte, Kinderkrankenschwestern und Sozialberufe.* Stuttgart: Hippokrates Verlag.
Ziegenhain, U., Fries, M., Bütow, B. & Derksen, B. (2006). *Entwicklungspsychologische Beratung für junge Eltern. Grundlagen und Handlungskonzepte für die Jugendhilfe.* (2. Aufl.). Weinheim: Juventa.
Ziegenhain, U., Fries, M., Bütow, B. & Derksen, B. (2004). *Entwicklungspsychologische Beratung für junge Eltern. Grundlagen und Handlungskonzepte für die Jugendhilfe.* Weinheim: Juventa.
Zimmermann, M. A., Bingenheimer, J. B. & Notaro, P. C. (2002). Natural mentors and adolescent resiliency: A study with urban youth. *American Journal of Community Psychology, 30,* 221–243.
Zulliger, H. (1990). *Heilende Kräfte im kindlichen Spiel.* Frankfurt/M.: Fischer.

Die vorgestellten Konzepte und Programme im Überblick

Programm/ Konzept	AutorInnen/ Hauptquelle	Ziele/Bereich	Altersbereich	vorgestellt in Kapitel	Bemerkungen
A. Entwicklungsunterstützung im Alltag: Fördern von „Normalentwicklung"					
A1 Entwicklungsumwelt Familie					
Freiheit in Grenzen. Der interaktive Elterncoach	Schneewind, 2006	Stärkung/Förderung der Erziehungskompetenz der Eltern	3 bis 6 Jahre	4.1	Programm wurde auf der Grundlage des Konzepts von Baumrind (1971, 1991) entwickelt
Eltern-Ordner der BZgA	BZgA, o. J.	Informationen/ Wissensvermittlung zu zentralen Entwicklungs- und Gesundheitsthemen	Von der Geburt bis 15 Jahre	4.1	Die Informationen des Elternordners sind auf den Zeitpunkt der jeweiligen Früherkennungsuntersuchung bezogen
Auf den Anfang kommt es an	Ministerium für Arbeit, Soziales, Familie und Gesundheit Rheinland Pfalz www.vivafamilia.de. Ziegenhain, 2007a; Reichle, 1999	Stärkung/Förderung der Erziehungs- und Familienkompetenzen	Schwangerschaft und 1. Lebensjahr	4.1	Programm ist als Baukastensystem aufgebaut

Die vorgestellten Konzepte und Programme im Überblick

Programm/ Konzept	AutorInnen/ Hauptquelle	Ziele/Bereich	Altersbereich	vorgestellt in Kapitel	Bemerkungen
HIPPY	www.hippy-deutschland.de	Förderung der kindlichen Entwicklung durch die Unterstützung der Familien in strukturell benachteiligten Gebieten	4 bis 6 Jahre	4.1	HIPPY realisiert eine Kombination aus Komm- und Gehstruktur. Die Hausbesuche werden von paraprofessionellen Kräften durchgeführt. Das Programm richtet sich schwerpunktmäßig an sozial benachteiligte Familien
„Opstapje" Schritt für Schritt	Sann & Thrum, 2005	Förderung der kindlichen Entwicklung durch die Unterstützung der Familien. Ein Präventives Spiel- und Lernprogramm für sozial benachteiligte Familien	18 Monate bis 3 Jahre	4.1	Programmkonzeption lehnt sich an das Programm Opstapje aus den Niederlanden an. Ähnlich wie bei HIPPY (s. o.) werden paraprofessionelle Kräfte bei den Hausbesuchen eingesetzt
SAFE® – Sichere Ausbildung für Eltern	Brisch, 2007, 2010	Förderung einer sicheren Bindungsentwicklung zwischen Eltern und Kindern	Schwangerschaft und 1. Lebensjahr	4.1	Es werden zwei bedarfsspezifische Module angeboten
A2 Entwicklungsumwelt Kindertageseinrichtung					
Kinder Stärken! – Resilienzförderung im Setting Kindertageseinrichtung	Fröhlich-Gildhoff et al., 2011; Rönnau-Böse et al., 2008	Förderung von Lebenskompetenzen und Resilienz in einem multimodalen Ansatz	3 bis 6 Jahre	4.2.3	Konzept basiert auf Team- Organisationsentwicklung und bezieht Fachkräfte, Eltern und Kinder ein

Die vorgestellten Konzepte und Programme im Überblick

Lubo aus dem All	Hillenbrand, Hennemann, Hecklerer-Schell, 2008.	Programm zur Förderung der sozial emotionalen Kompetenzen von Kindern	3 bis 6 Jahre	4.2.3	Programm orientiert sich an den Erkenntnissen der sozial-kognitiven Informationsverarbeitung, der Risiko- und Schutzfaktorenforschung und der Resilienzforschung
Entdeckungen im Zahlenland	Preiß, 2009	Programm zur Förderung früher mathematischer Bildung	Ab 4 Jahren	4.2.3	Zur Förderung von Kindern ab 2 ½ Jahren ist zudem das Programm „Entdeckungen im Entenland" entstanden
MZZ – Mengen, zählen, Zahlen	Krajweski, 2007	Programm zur Förderung früher mathematischer Kompetenzen	Kinder im Vorschulalter	4.2.3	Dem Förderprogramm liegt das Entwicklungsmodell früher mathematischer Kompetenzen von Krajweski (2007) zugrunde
A3 Entwicklungsumwelt Grundschule					
Fit und stark fürs Leben	Burow, Aßhauer & Hanewinkel, 1998	Programm zur Persönlichkeitsförderung; Förderung der Lebenskompetenzen (WHO, „life-skills") zur Prävention von Gewalt, Aggression, Stress und Sucht	1. bis 8. Schuljahr	4.3.4	Die Unterrichtsmodule können fortlaufend eingesetzt, aber auch nur in einzelnen Schuljahren verwendet werden
PRiGS	Fröhlich-Gildhoff, Becker & Fischer, 2012a	Förderung der Resilienzfaktoren Selbst- und Fremdwahrnehmung; Selbststeuerung; Selbstwirksamkeit, soziale Kompetenz; Problemlösen und Stressbewältigung.	1. bis 4. Schuljahr	4.3.4	Konzept basiert auf einer Schul-/Organisationsentwicklung, kann jedoch auch in einzelnen Klassen umgesetzt werden
Lions Quest	Bauer, Langness & Hurrelmann, 2004	Programm zur Förderung der sozialen Kompetenzen (orientiert am „life-skills"-Ansatz der WHO)	10 bis 14 Jahre	4.3.4	Das dem LionsQuest entsprechende Programm für die Grundschule ist Klasse2000 (s. u.)

Die vorgestellten Konzepte und Programme im Überblick

Programm/ Konzept	AutorInnen/ Hauptquelle	Ziele/Bereich	Altersbereich	vorgestellt in Kapitel	Bemerkungen
Klasse2000	Bauer, Langness & Hurrelmann, 2004	Programm zur Förderung der sozialen Kompetenzen (orientiert am „life-skills" Ansatz der WHO)	1. bis 4. Klasse	4.3.4	–
Verhaltenstraining für Schulanfänger	Petermann et al., 2006	Förderung sozialer und emotionaler Kompetenzen, insbesondere zur Stärkung der Problem- und Konfliktlösefertigkeiten	1. und 2. Klasse	4.3.4	Programm basiert grundlegend auf Erkenntnissen der kognitiv-behavioralen Theorie
Verhaltenstraining in Grundschulen	Koglin et al., 2007	Ähnlich aufgebaut wie o. g. Verhaltenstraining für Schulanfänger. Zielbereiche liegen verstärkt auf der moralischen Entwicklung (Fairness; Eigenverantwortung, Zivilcourage)	3. und 4. Klasse	4.3.4	
Mich und Dich verstehen	Bieg & Behr, 2005	Programm zur Förderung der Emotionalen Sensitivität	8 bis 12 Jahre	4.3.4	Programm basiert auf der Persönlichkeitstheorie von Rogers
A4 Weitere Entwicklungsumwelten					
SaFE-Programm (Schools and Families Educating Children)	Tolan et al., 2004	Unterstützung von starken Familienbeziehungen und dem Aufbau von Netzwerken in der Nachbarschaft	0 bis 8 Jahre	4.4	–
Familienlotsen Hamburg-Hamm	Praxisdatenbank Gesundheitliche Chancengleichheit www.gesundheitliche-chancengleichheit.de/?id= main2&idx=44704	Förderung des sozialen Netzes der Familien	Von der Schwangerschaft bis zum 6. Lebensjahr	4.4	Die eingesetzte Methode der Familienlotsen ist die „ressourcenorientierte Netzwerkanalyse"

Die vorgestellten Konzepte und Programme im Überblick

B. Gezielte Prävention von Verhaltens- und Entwicklungsauffälligkeiten

B1 Entwicklungsumwelt Familie

Frühe Hilfen im Ortenaukreis (BW)	Böttinger, 2010a/b, Fröhlich-Gildhoff & Eichin, 2012	Stärkung der Elternkompetenz und der Eltern-Kind-Bindung durch Beratung und alltagspraktische Unterstützungsangebote	Schwangerschaft und ersten drei Lebensjahre des Kindes	5.1.1	Systematischer Zugang zu Familien über die Entbindungskliniken im Landkreis (Kooperationsvereinbarung)
Das Dormagener Modell (Stadt Dormagen Nordrhein-Westfalen)	Hilgers, Sandvoss & Jasper, 2009	Präventionskette mit dem Ziel, Familien zu positiv veränderten Lebensbedingungen verhelfen, durch die Stärkung der Eigenkräfte der Familie, das Erkennen von sozialen Notlagen und konkreten Hilfeleistungen	Von der Schwangerschaft bis ins Grundschulalter (Präventionskette)	5.1.1	Systematischer Zugang zu allen Familien durch das Babybegrüßungspaket
STEEP – Steps Toward Effektive, Enjoyable Parenting	Errickson & Egeland, 2006	Aufbau und Stärkung einer sicheren Bindung	In der Schwangerschaft und den ersten zwei Lebensjahren des Kindes	5.1.2	Programm basiert auf den Ergebnissen des Minnesota-Eltern-Kind-Projektes sowie auf bindungstheoretischen Erkenntnissen (Bowlby & Ainsworth)
EPB – Entwicklungspsychologische Beratung	Ziegenhain, Fries, Bütow & Derksen, 2004	Förderung von feinfühligem Elternverhalten	Von der Geburt bis zum 3. Lebensjahr	5.1.2	Programm basiert auf bindungstheoretischen Erkenntnissen und lehnt sich an das Entwicklungsmodell von Brazelton (1984) und Als (1982) an

231

Die vorgestellten Konzepte und Programme im Überblick

Programm/ Konzept	AutorInnen/ Hauptquelle	Ziele/Bereich	Altersbereich	vorgestellt in Kapitel	Bemerkungen
FFTE – Feinfühligkeitstraining für Eltern. Kurs zum Freiburger Trainingsprogramm „Wie sagt mein Kind, was es braucht?"	Hänggi, Schweinberger & Perrez, 2011	Stärkung der elterlichen Kompetenz/ feinfühligem Elternverhalten und der Unterstützung bei Interaktionsschwierigkeiten mit dem Kind	Säuglings- und Kleinstkindalter	5.1.2	Programm basiert auf den Erkenntnissen der Bindungsforschung und bezieht sich auf Ergebnisse der frühen Eltern-Kind-Interaktionsforschungen (Papoušek et al., 2004)
B2 Entwicklungsumwelt Kindertageseinrichtung					
EFFEKT –Entwicklungsförderung in Familien: Eltern und Kindertraining	Lösel et al., 2007; Beelmann, 2004	Förderung von sozialen Problemlösefertigkeiten der Kinder, Stärkung der Elternkompetenz	4 bis 7 Jahre	5.2	Das Präventionsprogramm EFFEKT war in eine komplexe Entwicklungs- und Präventionsstudie eingebettet (Erlangen-Nürnberger Studie)
Papilio –Vorbeugung gegen die Entwicklung von Sucht und Gewalt	Mayer et al., 2004, 2007; Barquero et al., 2005, 2007	Förderung von sozial-emotionalen Kompetenzen zur Verminderung von Verhaltensauffälligkeiten und zur Verhinderung der Entwicklung von Gewalt und Sucht	3 bis 6 Jahre	5.2	Die theoretische Grundlage für das Programm basiert auf einem Konzept der entwicklungsorientierten Sucht- und Gewaltprävention und orientiert sich an verhaltenstherapeutischen Verfahren
Verhaltenstraining im Kindergarten	Koglin & Petermann, 2006	Förderung von sozial-emotionaler Kompetenzen	3 bis 6 Jahre	5.2	–
EMIL – Emotionen regulieren lernen	TransferZentrum für Neurowissenschaften und Lernen (ZNL), Ulm	Förderung von Selbstregulationsfähigkeiten und sozialen Verhaltens	3 bis 6 Jahre	5.2	Programm knüpft am täglichen Handeln von pädagogischen Fachkräften im Kindergarten an. Reflexion des pädagogischen Handelns bezüglich der Förderung kindlicher Selbstregulationsfähigkeiten

Die vorgestellten Konzepte und Programme im Überblick

Name	Autor/Quelle	Beschreibung	Alter	Abschnitt	Anmerkungen
hören, lauschen, lernen	Küspert & Schneider, 2006	Förderung zur Erkennung der lautlichen Struktur gesprochener Sprache (phonologische Bewusstheit) zur Vorbereitung auf den Schriftspracherwerb	Vorschulalter	5.2.2	–
Rucksack-Projekt	RAA, o. J. www.rucksack-griffbereit.raa.de	Erweitern der Erziehungskompetenz der Eltern und systematische Sprachförderung von Kindern	4 bis 6 Jahre	5.2.2	Zielgruppe sind Eltern/Familien mit Migrationshintergrund
Kinder- und Familienbildung	Kinder und Familienbildung www.kifa.de	Stärkung der Eltern in ihren Erziehungs- und Bildungskompetenzen und systematischer und aktiver Einbezug in den Lernprozess ihrer Kinder	Vorschul- und Grundschulkinder	5.2.2	Zielgruppe sind Eltern/Familien mit Migrationshintergrund
Additional Early Mathematics	Van Luit & van de Rijt, 1998	Förderung numerischen Basisfertigkeiten sowie der Mengen-Zahlen-Kompetenzen bei rechenschwachen Kindern	4 bis 7 Jahre	5.2.3	–
Kalkulie	Gerlach et al., 2007	Förderung mathematischer Fähigkeiten	Schulanfänger und bis zum Ende des 3. Schuljahres	5.2.3	Um die individuelle Lernstufe eines Kindes erfassen zu können, gibt es neben dem Förderkonzept zusätzlich ein Diagnoseset an normierten Aufgaben
FEZ-Förderung des Zahlbegriffs	Peucker & Weißhaupt, 2008	Förderung mathematischer Fähigkeiten von Kindern mit einem Rechenstörungsrisiko	Vorschul- und Grundschulalter	5.2.3	–

Die vorgestellten Konzepte und Programme im Überblick

Programm/ Konzept	AutorInnen/ Hauptquelle	Ziele/Bereich	Altersbereich	vorgestellt in Kapitel	Bemerkungen
B3 Entwicklungsumwelt Grundschule					
FAUSTLOS	Cierpka, 2004b	Programm zur Prävention von aggressivem und gewaltbereitem Verhalten bei Kindern. Förderung sozialer Kompetenzen und Abbau von impulsiven und aggressiven Verhaltensweisen	1. bis 3. Klasse	5.3	„Faustlos" ist die deutsche Fassung des Programms „Second Step" (Beland 1988), das in den USA entwickelt wurde
Das Friedensstifter-Training. Grundschulprogramm zur Gewaltprävention	Gasteiger-Klicpera & Klein, 2006	Programm zum Erwerb neuer Handlungsstrategien im Umgang mit Konflikten sowie zur Erweiterung sozialer Kompetenzen	Grundschulalter	5.3	Programm kann auf Klassensowie auf Schulebene eingesetzt werden
PFADE – Programm zur Förderung alternativer Denkstrategien	Jünger, 2009, 2010	Programm zur Prävention von Verhaltensauffälligkeiten. Reduktion von externalisierenden wie internalisierenden Problemverhaltensweisen sowie dem Substanzmissbrauch der SchülerInnen	Grundschulalter	5.3	Das Programm PFADE basiert auf dem in den USA und Kanada breit implementierten und evaluierten Programm PATHS
AST – Anti-Stress-Training in der Grundschule	Backhaus et al., 2010	Förderung von Stressbewältigungsstrategien	8 bis 13 Jahre	5.3	Kann präventiv sowie therapeutisch eingesetzt werden (unterschiedliche Varianten)
ESSKI – Eltern und Schule stärken Kinder: Ein Mehrebenen-Ansatz zur Förderung der sozialen Kompetenz	Schmidt et al., 2008	Förderung der psychosozialen Gesundheit	Grundschulalter	5.3	Setzt auf der Ebene der Kinder, Eltern und Fachkräfte an
Lautgetreue Lese-Rechtschreibförderung	Reuter-Liehr, 2000	Förderung eines lautgetreuen Schriftspracherwerbs	Grundschulalter	5.3	–

Die vorgestellten Konzepte und Programme im Überblick

Programm	Quelle	Beschreibung	Altersbereich	Kapitel	Anmerkungen
Marburger Rechtschreibtraining	Schulte-Körne & Mathwig, 2000	Förderung des Schriftspracherwerbs	Grundschulalter	5.3	Übungen werden auf der Grundlage einer gezielten Diagnostik individuell auf das einzelne Kind bezogen
Dortmunder Zahlbegriffstraining	Moog & Schulz, 2005	Förderung mathematischer Fähigkeiten für rechenschwache Grundschulkinder	Grundschulalter	5.3	–
Training mit aufmerksamkeitsgestörten Kindern	Lauth & Schlottke, 2009	Förderung spezifischer Fertigkeiten der Eigensteuerung, einer Strategietraining zur Entwicklung eines bedacht geordnetem Vorgehen, Förderung des Transfers von Therapieinhalten auf die Schule	Grundschulalter	5.3	–
B4 Weitere Entwicklungsumwelten					
FuN – Familie und Nachbarschaft	Institut für Präventive Pädagogik	Stärkung der Familie im sozialen Umfeld.	Kein spezifischer Altersbereich	5.4	FuN ist ein Kooperationsmodell, bei welchem sich mindestens zwei Organisationen zusammenschließen
BigBrothers, BigSisters	Tierny, Grossman & Resch, 1995	Mentorenprogramm zur Förderung der Persönlichkeitsentwicklung	Kinder/ Jugendliche zwischen 6 und 16 Jahren	5.4	Das Mentorenprogramm wird von Ehrenamtlichen durchgeführt, welche durch eine Qualifizierung und begleitendes Coaching auf ihre Rolle vorbereitet werden
Balu und Du	www.balu-und-du.de	Mentorenprogramm zur Förderung außerschulischer Lernanregungen (Erweitern der Lebenswelt)	Grundschulalter	5.4	Das Mentorenprogramm wird ebenfalls durch zuvor geschulte Ehrenamtliche durchgeführt. Die Eltern der Kinder werden eng in das Programm eingebunden

Die vorgestellten Konzepte und Programme im Überblick

Programm/ Konzept	AutorInnen/ Hauptquelle	Ziele/Bereich	Altersbereich	vorgestellt in Kapitel	Bemerkungen
C. Unterstützung bei (Verhaltens-)Auffälligkeiten					
Konzept der pädagogischen Frühförderung	SGB IX	Eingliederungshilfe für Kinder, die von Behinderung betroffen oder von einer Behinderung bedroht sind	Vorschulalter	6.1	Grundsätzlich sind zwei Formen der Frühförderung zu unterscheiden: 1. Sozialpädiatrische Zentren 2. Frühförderstellen
Frankfurter Präventionsstudie	Leuzinger-Bohleber & Fischmann, 2010; Leuzinger-Bohleber et al., 2006	Förderung von Kindern mit einer ADHS-Auffälligkeit	Vorschulalter	6.2	Bezieht gesamte Organisation mit ein (Interventionsebenen: pädagogische Fachkräfte; Kinder; Eltern) Programm beinhaltet psychoanalytisch-pädagogische Angebote sowie ggfls. psychoanalytische Einzeltherapie
Olweus-Konzept	Olweus, 2006	Intervention bei Gewaltproblematiken	Schulkinder	6.2	Intervention erfolgt auf der Ebene der Schulgemeinschaft, der Klasse und der einzelnen SchülerInnen
Verhaltenstherapeutisch orientierte Programme					
THOP –Therapieprogramm für Kinder mit hyperkinetischem und oppositionellem Problemverhalten	Döpfner, Schürmann & Frölich, 2007	Therapieprogramm für Kinder mit expansiven Verhaltensweisen, besonders hyperkinetische Störungen oder oppositionelles Problemverhalten	3 bis 12 Jahre	6.4	Es handelt sich um eine Einzeltherapieprogramm

Programm	Autoren	Beschreibung	Altersbereich	Abschnitt	Anmerkungen
PEP – Ein Präventionsprogramm für 3- bis 6-jährige Kinder mit expansivem Problemverhalten	Plück, Wieczzoreck, Wolff Metternich & Döpfner, 2006	Prävention von expansivem Problemverhalten	3 bis 6 Jahre	6.4	Lehnt sich eng an o. g. Therapieprogramm THOP an. Besteht aus einem Eltern- und einem ErzieherInnenprogramm
THAV – Therapieprogramm für Kinder mit aggressivem Verhalten	Görtz-Dorten & Döpfner, 2010a,b	Therapieprogramm für Kinder mit diagnostiziertem aggressivem Problemverhalten	6 bis 12 Jahre	6.4	Multimodales Therapieprogramm, das die Ebene der Bezugspersonen (Eltern und LehrerInnen) mit einbezieht
Freunde für Kinder	Barrett, Webster & Turner, 2003	Verhaltenstherapeutisches Programm für Kinder mit sozial unsicherem bzw. ängstlichem und/oder depressivem Verhalten	7 bis 12 Jahre	6.4	Begleitend werden vier Elternabende angeboten
Mutig werden mit Til Tiger	Ahrens-Eipper & Leplow, 2004	Programm für sozial unsichere bzw. sozial ängstliche Kinder	5 bis 10 Jahre	6.4	Programm kombiniert Einzel- und Gruppensitzungen
D. Zusammenarbeit mit Eltern/Elternbildung					
Gordon Familientraining	Gordon, 1993; 1999	Förderung einer vertrauensvollen Beziehung zu den Kindern; Förderung eines kommunikativen Familienklimas	Kein spezifischer Altersbereich	7.2	–
Kess – kooperativ, ermutigend, sozial, situationsorientiert	Horst et al., 2003	Stärkung eines respektvollen & wertschätzenden Erziehungsstils der Eltern	Kein spezifischer Altersbereich	7.2	–
STEP – Systematic Training for Effective Parenting	Dinkmeyer, Sr. Dinkmeyer, Jr. & McKay, 2001	Förderung der Beziehungs- und Erziehungskompetenz der Eltern	Kein spezifischer Altersbereich	7.2	–
Starke Eltern – Starke Kinder® des DKSB	Honkanen-Schoberth, 2003	Förderung eines autoritativen Erziehungsstils	Kein spezifischer Altersbereich	7.2	–

Die vorgestellten Konzepte und Programme im Überblick

Programm/ Konzept	AutorInnen/ Hauptquelle	Ziele/Bereich	Altersbereich	vorgestellt in Kapitel	Bemerkungen
Eltern stärken mit Kursen in Kitas	Fröhlich-Gildhoff, Rönnau & Dörner, 2008	Stärkung der Elternkompetenzen, Sicherheit im Umgang mit dem Kind gewinnen	Eltern von Kindern in Kita und Grundschule	7.2	Verbindung zum Resilienzkonzept
Triple P – Positive Parenting Program	Markie-Dadds, Sanders & Turner, 2002	Stärkung der Erziehungskompetenz	Kein spezifischer Altersbereich	7.2	Verhaltenstherapeutisch angelegt. Hohe Bedeutung von klaren Regeln und Konsequenzen
ELTERN AG	Armbruster, 2006, 2011	Stärkung von belasteten Familien. Förderung des Empowerments	Eltern von Kinder im Vorschulalter	7.2	–
PALME – Elterntraining für alleinerziehende Mütter und ihre Kinder	Franz, 2009	Stärkung der Elternkompetenz und Stabilisierung der Mutter-Kind-Beziehung	Vor- und Grundschulalter	7.2	Bindungstheoretisch fundiertes Programm
KES – Kompetenztraining für Eltern sozial auffälliger Schüler	Lauth & Heubeck, 2005	Förderung der Erziehungskompetenz für Eltern von sozial auffälligen Kindern	Eltern von sozial auffälligen Kindern im Alter von 5 bis 11 Jahren	7.2	Verhaltensorientierte Vorgehensweise
Psychoedukation für Eltern in der Behandlung essgestörter Jugendlicher	Hagenah & Vloet, 2005	Gruppenprogramm zur Stärkung von Eltern essgestörter Jugendlicher	Eltern von Jugendlichen mit einer Essstörung	7.2	–

238

Stichwortverzeichnis

A

Affektabstimmung 46, 48
Affekte 45
alutogenese 108
Attribuierung 76
Auffälligkeit 63
Aufmerksamkeit 157
Autonomie 87

B

Bedarfsanalyse 187
Belastungsfaktoren 29
Beobachtung 54, 72, 83, 87, 88
Beobachtungsfehler 57
Bewältigung 28
Bewältigungserfahrungen 27
Beziehung 29, 41, 105
Beziehungsdreieck 38, 185
Beziehungserfahrungen 169
Beziehungsgestaltung 86
Bezugspersonen. 42
Bildungsbereiche 89
Bildungspläne 81
Bildungs- und Lerngeschichten 88
Bindung 43, 80, 135
Bindungserfahrungen 102
Bindungsforschung 140
Bindungsmuster 41
Bindungsrepräsentation 140
Bindungsrepräsentationen 41
Bindungsstörung 80
Bindungsstörungen 44
Bindungstypen 44
bio-psycho-soziales Entwicklungsmodell 25

C

Casemanagement 164
Chancengerechtigkeit 145

Classroom Managements 112
Collective Efficacy 122
Coping, 28

D

Deutsch als Zweitsprache 147
Diagnose 89
Diagnoseziffer 67
Diagnostik 18, 55, 111, 163
Diagnostik-Manuale 68
Differenzierung des Unterrichts 112
Dimensionale Klassifikation 68
Dimensionen von Erziehungsstilen 78
Dyskalkulie 149, 157
Dys-Regulation 45

E

Early Literacy 156
effektive Schule 107
Eingewöhnungskonzept 101
Eingewöhnungskonzept, 38
Elternbildung 128, 190
Elternbriefe 79
Eltern-Kind-Bindung 135
Eltern-Kind-Interaktion 45, 140, 164
Elternkurs 143, 183
Elternkurse 93, 190
Eltern-Ordner 79
Elterntraining 142
Emotionale Kompetenz 50
emotionale Perspektivenübernahme 46
emotional korrigierende Beziehungserfahrungen 165
Empathie 42, 49, 151
Entwicklung mathematischer Kompetenz 98
Entwicklungsabweichung 66
Entwicklungsaufgaben 25, 127, 169
Entwicklungsdiagnostik 54
Entwicklungsförderung 89

Entwicklungsgespräche 187
Entwicklungsräume 169
Entwicklungsstand 72
Entwicklungsstörungen 68
Entwicklungsumwelt 119
Entwicklungsumwelten 35
Entwicklungsverläufe 11
Entwicklung über die Lebensspanne 11
Entwickungstest 59
EPB – Entwicklungspsychologische Beratung 138
EPPE-Studie 76, 84
Ermutigung 108
ErzieherIn-Kind-Beziehung 83
Erzieherinnen-Kind-Bindung 86
Erziehungsberatung 180
Erziehungskompetenz 129
Erziehungskompetenzen 191
Erziehungspartnerschaft 184
Erziehungsstil 78
Erziehungsziele 77
Evaluation 13
expansive Verhaltensauffälligkeiten 176
Experiment 13
Explorations-Assistenz 86
Explorations-Unterstützung 86
Externalisierende Auffälligkeiten 69

F

Familienbildungsstellen 79
Familienzentren 188
Feinfühligkeit 42, 43, 137
Feinzeichen 45
Förderung im pädagogischen Alltag 146
Forschungsmethoden 13
Freizeitmaßnahmen 125
Fremden Situation 44
Frühe Hilfen 130
Früherkennungsuntersuchung 79
Frühförderstellen 162
Frühförderung 163

G

Gemeinde 120
Gemeinwesenarbeit 123
Gestaltung der Beziehung 87
Gesundheitsförderung 15
Gütekriterien 58

H

Handlungsleitlinien 161
Hausbesuch 129, 134
Heterogenität 104
Hilfen zur Erziehung 158, 179

I

ICD-10 67
Impulskontrolle 151
individualisierte Bildungsplanung 72, 73, 111
Individuelle Förderplanung 111
indizierte Prävention 15
infans-Bildungskonzept 88
Informationsverarbeitung 49, 76
inneres Arbeitsmodell 43
Interaktion 83
Internalisierende Auffälligkeiten 68
Interventionsebenen 173
intuitive Kompetenzen 45

J

joint attention 52

K

Kategorisierung 67
Kauai-Studie 29
Kinderschutz 130
Kinder- und Jugendhilfegesetz 179
Kindeswohlgefährdung 131, 132
Kind mit besonderen Bedürfnissen 168
Klassenrat 110
Klassifizierung der Verfahren 59
Klassifizierung von Beobachtungs- und Diagnoseverfahren 59
Kohärenzgefühl 30
ko-konstruktive Pädagogik 82
Kommunikationsfähigkeit 49
kompetente Erziehung 77
kompetenter Säugling 42
Kompetenzen der Fachkräfte 82
Kompetenzmodell 21
Komponenten des Spracherwerbs 97
Kongruenz 45
Kontrollerleben 51
Kontrollmöglichkeit 51
Kontrollüberzeugungen 107
Kooperation 39, 90

Kooperationen 108
Kooperation von Kita und Schule 103
Ko-Regulation 45, 127
korrigierende Beziehungserfahrungen 174
Kriterien 65
kritische Lebensereignisse 26
kulturelle Responsivität 41
kumulative Lernprozesse 73

L

Längsschnittstudien 13
Langzeitstudie NICHD 77
Lebenskompetenzen 113, 117
Lebenswelten 36
Lehrer-Schüler-Beziehung 105
Leistungserwartungen 107
LernbegleiterIn 112
Lernfeld-Didaktik 82
Lernstrategien 76
Lese-Rechtschreibstörungen 155
life skill 117

M

Manualisierung 21
mathematische Kompetenzen 98
Mensch-Umwelt-Interaktion 35
Mentalisierung 50
Mentorenprogramme 123
MentorInnen 160
MentorInnenprogramme 159
Metakognitionen 52, 89
Migration 39, 122
Migrationshintergrund 39, 85, 145, 149, 189
Moderatorfunktion 121
Motivation 118
multimodales Vorgehen 165
multiprofessionelles Vorgehen 161
Mutter-Kind-Beziehung 80
Mutter-Kind-Bindungen 84

N

Nachbarschaft 120
Netzwerk 123, 132
Netzwerke 158
NICHD- Studie 84
Normalverteilung 63
Normen 63, 120
Normierung 58
NUBBEK 84

O

Objektivität 58
Organisationsentwicklung 111, 114
Orientierungsqualität 85

P

pädagogische Handlungskonzepte 83
pädagogischer Dialog 55
Partizipation 106
passgenaue Angebote 187
passgenaues Handeln 16
Passgenauigkeit 149, 182
Passung 19, 27, 38, 71, 102, 103, 165, 171
Patenschaften 168
Peer-Beziehungen 123
Peergroup 148
Peerkultur 124
Peer Tutoring 76
Personzentrierte Psychotherapie 169
Perspektivenübernahme 50
Phasen der Emotionsregulation 47
phonologische Bewusstheit 145, 156
positive Erziehung 143
Positive Peerkultur 110
Potentialentfaltungscoach 73
Präkonzepte 89
Prävention 14, 20
Präventionskette 124, 133
Präventionskonzept 91
PRiK 92
primäre Prävention 14
privilegiertes Wissen 89
Problemlösefertigkeiten 142
Problemlösekompetenz 52
Problemlösen 34, 52, 117
professionelle Haltung 186
Projekt Kinder Stärken! 92
Prozessmodell 55
Prozessqualität 85
Psychoanalyse 169
Psychotherapie 71
Psychotherapieforschung 170
Public Health Action Cycle 16

Q

Qualitätsanforderungen 87
Qualitätsanforderung für gelingende Übergänge 103
Qualitätsentwicklung 83

Qualitätsmerkmale der Kindertagesbetreuung 85
Querschnittstudien 13

R

Rahmenbedingungen 71, 86, 149, 165
Regelmäßigkeit 51
Reliabilität 58
Resilienz 31
Resilienzfaktoren 33, 114
Resilienzförderung 37
Responsivität 45, 164
Ressourcen 31, 70
Ressourcenaktivierung 70
Ressourcenorientierung 138
Ressourcenperspektive 12
Risiko- und Schutzfaktoren 29
Rollenerwartungen 39

S

Schulfähigkeit 102
Schulkonzept 108
Schulkultur 106, 108
Schulprogramm 109
Schutzfaktoren 31
Schutz-Faktoren 29
Schwangerschaft 130
Screening 69, 131, 146
Seelische Erkrankung 67
sekundäre Prävention 14
Selbst 26
Selbstbehauptung 51
Selbstbild 172
Selbstempfinden 27
Selbstkontrolle 49, 79
Selbstkonzept 119
Selbstmanagement 118
Selbstreflexion 87
Selbstreflexivität 175
Selbstregulation 44, 79, 127
selbstreguliertes Lernen 76
Selbststeuerung 33
Selbststeuerungsfähigkeit 111
Selbst-Struktur 43
Selbst- und Fremdwahrnehmung 33
Selbstwirksamkeit 33, 51, 87
Selbstwirksamkeitserleben 102
Selbstwirksamkeitserwartungen 51, 107
Selektive Prävention 15
self-efficacy 51
sensitive Responsivität 46
Sensitivität 119, 140, 141

Setting-Ansatz 19, 107
Setting-Prävention 14
sinnstiftende Kommunikation 97
soziale Kompetenz 49
Soziale Kompetenz 34
soziale Kompetenzen 102, 142
soziale Kontrolle 121, 122
sozial-emotionale Kompetenzen 118, 144, 151
Soziale Normen 63
soziale Schicht 77, 99
soziale Unterstützung 28
Soziale Unterstützung 121
Sozialisationsbedingungen 184
Sozialpädiatrische Zentren 162
Sozialraum 37
Spiel 172
Spiralcurriculum 114, 117
Sprachentwicklung 96
Sprachförderung 145
Sprachförderung im Alltag 96
Standardisierung 21
Statistische Normen 63
Störung 66, 67
Störungsbilder 67
Stress 28, 34
Stressregulierung 86
Strukturgebung 166
Strukturqualität 85
Symptome 65
Systemische Therapie 169

T

tertiäre Prävention 14
Theory of Mind 50
Therapiebeziehung 169
Transition 38

U

Übergänge 36, 37, 101
Übergangskonzepte 190
Übersetzungsarbeit 173
Übertragungsbeziehung 172
Universelle Prävention 14

V

Validität 58
Verhaltensauffälligkeit 67
Verhaltensprävention 14

2012. 314 Seiten mit 31 Abb.
und 7 Tab. Kart.
€ 29,90
ISBN 978-3-17-020879-7

Hella Schick

Entwicklungspsychologie der Kindheit und Jugend

Ein Lehrbuch für die Lehrerausbildung und schulische Praxis

Pädagogen nehmen heute einen erzieherischen Auftrag wahr, der weit über die Vermittlung von Wissen hinausgeht: Sie sollen Lernstand und Leistungsdefizite ebenso erkennen können wie individuelle Lernprozesse und motivationale Ressourcen. Die Entwicklungspsychologie liefert hierfür wichtige Erkenntnisse. In dem Buch wird entwicklungspsychologisches Basiswissen vermittelt, das auch eine vertiefende Auseinandersetzung mit speziellen Teilgebieten ermöglicht. Neben zentralen entwicklungspsychologischen Konzepten wird die Entfaltung von körperlichen, intellektuellen, motivationalen, emotionalen und sozialen Funktionen und Fertigkeiten sowie der Persönlichkeit beschrieben und ihre Bedeutung für das pädagogische Handeln herausgestellt.

▶ www.kohlhammer.de

W. Kohlhammer GmbH · 70549 Stuttgart
Tel. 0711/7863 - 7280 · Fax 0711/7863 - 8430

Verhaltensstörung 67
Verhaltenstherapie 169
Vernachlässigung 129
Vernetzung 93, 130
Video 136, 138, 140
Video-Interaktionstraining 81
Vorbild 87
Vorbilder 107

W

Weltgesundheitsorganisation (WHO) 113

Wirkfaktor 170
Wirksamkeit 18
Wissen 90

Z

Zielgruppenspezifik 19
Zone der nächsten Entwicklung 52, 71
Zusammenarbeit mit den Eltern 93
Zusammenarbeit mit Eltern 83, 90, 107, 184
Zusammenarbeit mit Familien 83